Alan Gurney ist von Haus aus Schiffbauer und ein bekannter Designer von Hochseejachten. Seit Jahren widmet er sich der Entdeckungsgeschichte der Antarktis und hat zahlreiche Entdeckungsfahrten in den eisigen Süden begleitet.
Er lebt auf der schottischen Isle of Islay.

Alan Gurney

Der weiße Kontinent

Die Geschichte der Antarktis und ihrer Entdecker

Aus dem Englischen
von Michael Benthack

Die Deutsche Bibliothek – CIP-Einheitsaufnahme
Ein Titeldatensatz für diese Publikation ist bei
Der Deutschen Bibliothek erhältlich.

REISEN · MENSCHEN · ABENTEUER

© 2002 Neuausgabe
SIERRA bei Frederking & Thaler Verlag, München
in der Verlagsgruppe Random House GmbH
Alle Rechte vorbehalten
© 1997 by Alan Gurney
W. W. Norton & Company, Inc., New York
Titel der Originalausgabe:
Below the Convergence: Voyages toward Antarctica 1699 – 1839
© 1997 der deutschsprachigen Ausgabe
by Diana Verlag AG, München und Zürich
Wilhelm Heyne Verlag Gmbh & Co. KG, München
Titelfoto: Royal Geographical Society, London
Umschlaggestaltung: Atelier Seidel, Altötting
Produktion: Sebastian Strohmaier, München
Druck und Bindung: Clausen & Bosse, Leck
Das Papier wurde aus chlorfrei gebleichtem Zellstoff hergestellt.
ISBN 3-89405-158-2
Printed in Germany

www.frederking-und-thaler.de

Wer Kap Hoorn unter Segel umrundet hat, darf – so will es eine alte Tradition – nach dem Essen seinen Drink mit einem Fuß auf dem Tisch zu sich nehmen. Wer die Polarkreise überquert hat, darf beide Füße auf den Tisch legen. Dieses Buch ist letzteren gewidmet – gestern, heute und morgen.

Inhalt

Prolog 9

I	Terra australis incognita	11
II	Die Kunst, einen Hafen zu finden	44
III	Die Geißel der Meere	66
IV	Das Südpolarmeer	100
V	Edmond Halley und die *Paramore*	125
VI	James Cook	149
VII	Die Fahrt der *Resolution* und der *Adventure* ..	187
VIII	Ein Kontinent wird entdeckt	248
IX	Weddell und Brisbane segeln nach Süden ..	314
X	Weddell auf Feuerland	351
XI	John Biscoe: Die dritte Umsegelung	386
XII	Kemp und Balleny: Die letzten Entdeckungen durch Robbenjäger	415

Epilog 438
Karten 447
Danksagung 462

Bibliographie 463
Abbildungen 475
Register 477

Prolog

Wo entspringt der Nil? Gibt es eine Nordwestpassage vom Atlantik zum Pazifik nördlich des amerikanischen Festlands? Existiert auf der südlichen Halbkugel ein riesiger Kontinent? Solche Fragen haben jahrhundertelang unzählige Geographen, Kartographen und Forschungsreisende zu Spekulationen verleitet, ihre Phantasie angeregt und ihre Energien mobilisiert.

Im Jahr 460 v. Chr. führte das geheimnisvolle Geschehen der jährlichen – und offenbar unvermeidlichen – Überflutung des Niltals den Geschichtsschreiber Herodot bis zum ersten Katarakt bei Assuan. Erst im 19. Jahrhundert entdeckten Burton, Speke, Baker und Stanley auf ihren Expeditionen die Quellen des Nils. Die Suche nach einer Nordwestpassage hatte vielleicht einen beschränkteren Horizont: Sie begann im 16. Jahrhundert, wurde zunächst durch die Handelsinteressen Englands, im 19. Jahrhundert durch seine nationalistischen Strebungen vorangetrieben und im 20. Jahrhundert durch die Norweger im Geiste reinen Abenteurertums erfolgreich beendet.

Mit der Suche nach dem unbekannten Südland – der *Terra australis incognita* – hat es eine andere Bewandtnis. Das vorliegende Buch hat sich nicht zum Ziel gesetzt, die Ursachen für den hartnäckigen Glauben, es gebe einen solchen Kontinent, erschöpfend zu behandeln. Vielmehr sollen einige Fahrten der Forschungsreisenden, Robbenjäger und Walfänger in das südliche Eismeer nachgezeichnet werden, die über einen Zeitraum von 100 Jahren die Terra australis incognita von den

Erdkarten strichen, so daß schließlich ein sehr viel kleinerer Erdteil übrig blieb: Antarktika.

Die Annahme, die dieser Suche zugrunde liegt, muß jedoch erklärt werden. Und da die alten Griechen als erste die Hypothese aufgestellt haben, es gebe einen noch unentdeckten südlichen Erdteil, erscheint es nur angemessen, eine proteische Darstellungsform zu wählen, den Globus zu drehen, bestimmte Szenen und Unternehmungen herauszugreifen und ganz allgemein den olympischen Lauscher zu spielen.

I

Terra australis incognita

> Der Zweck der Reise ist in jeder Hinsicht ganz erfüllt, die südliche Halbkugel ausreichend erforscht und ein Schlußpunkt unter die Suche nach dem Südkontinent gesetzt, die manche Seemächte seit nunmehr zwei Jahrhunderten und die Geographen zu allen Zeiten beschäftigt hat. Vielleicht gibt es einen Erdteil oder eine große Landmasse nahe am Pol, das will ich nicht bestreiten. Ich bin, im Gegenteil, der Meinung, daß es dort Land gibt...
>
> *Journals of Captain James Cook,* 21. Februar 1775

Man schreibt das 4. Jahrhundert v. Chr.: Aristoteles schlendert mit seinen Studenten in den schattigen Wandelgängen des Lykeions in Athen auf und ab. Man diskutiert, was für jeden intellektuell Interessierten auf der Hand liegt: Die Erde ist eine Kugel und nicht, wie die Alten zur Zeit Homers annahmen, eine Scheibe. Die Gründe, die Aristoteles anführt, beruhen auf Beobachtungen: Reist man nach Norden oder nach Süden, so ändern sich die Sternbilder, und bei einer Mondfinsternis ist der Schatten der Erde, der auf den Mond fällt, immer rund. Daraus schließt der Philosoph: »Unsere Sinne beweisen, daß die Erde die Gestalt einer Kugel hat.« Da die alten Griechen großen Wert auf Gleichgewicht, Ordnung und Symmetrie legten, nahmen sie an, daß im Süden eine Landmasse existiert, ein Gegengewicht zur Landmasse im Norden. Vielleicht hatte der junge Alexander einige Jahre zuvor, als Aristoteles am makedonischen Hof sein Erzieher war, von diesen Theorien gehört.

Doch welchen Umfang hatte diese Kugel? Hundert Jahre nach Aristoteles, 240 v. Chr., wird der geniale griechische Gelehrte Eratosthenes von Kyrene zum Leiter der Bibliothek von Alexandria – damals eine wahre Weltstadt und Mittelpunkt von Forschung und Bildung – ernannt. Eratosthenes ersinnt ein Experiment, das durch seine Einfachheit besticht und mit dem sich der Umfang der Erde messen läßt. Einfallsreichtum beweisen auch die bei der Messung verwendeten »Instrumente«: die Sonne, ein tiefer Brunnen und ein Obelisk. Bei Syene (Assuan), von Alexandria rund 50 Tagesritte mit dem Kamel nach Süden (etwa 5000 Stadien), kennt Eratosthenes einen tiefen Brunnen, in den das Sonnenlicht am Tag der Sommersonnenwende um die Mittagsstunde senkrecht in den Brunnen fällt, ohne einen Schatten zu werfen. Am selben Tag in Alexandria gibt es zur Mittagszeit hingegen Schatten, wie er weiß. Daraus zieht er den Schluß: Mißt man den Schatten, den ein Obelisk unweit der Bibliothek von Alexandria wirft, und den Winkel der Sonnenstrahlen zum Obelisken, dann läßt sich der Umfang der Erde berechnen.

Als sich Eratosthenes bückt, um die Länge des Schattens zu messen, bestimmt er damit zugleich den Erdumfang. Der Winkel beträgt knapp $7^1/_2$ Grad – ungefähr ein Fünfzigstel eines Kreises. Also entspricht auch die Entfernung zwischen Alexandria und Syene in etwa einem Fünfzigstel des Erdumfangs. Daraus ergibt sich die Rechnung: 50 x 5000 = 250 000 Stadien. Das sind knapp 45 000 Kilometer, was dem tatsächlichen Erdumfang von etwas mehr als 40 000 Kilometern recht nahekommt. Mit diesem ingeniösen Experiment beginnt die Geodäsie – die wissenschaftliche Bestimmung von Form und Größe der Erde.

Drehen wir noch einmal rasch den Globus, und wir

sehen das Spanien im 1. Jahrhundert n. Chr. Dort übernimmt der römische Geograph Pomponius Mela viele Gedanken aus den Werken der griechischen Gelehrten und verfaßt auf lateinisch eine geographische Abhandlung mit dem Titel *De situ orbis*. Die Schriften von Herodot, Eratosthenes und Parmenides (der im 5. Jahrhundert v. Chr. lebende Philosoph hatte die Welt in Klimazonen eingeteilt) sind in dieses Werk eingegangen. Mela zufolge trennt ein äquatoriales Meer die aus Europa, Asien und Afrika bestehende Landmasse von einem großen südlichen Erdteil. Hierbei handelt es sich um das Land der Antichthonen, der Antipoden, der Menschen auf der gegenüberliegenden Seite der Erde. Nach Mela gibt es fünf Klimazonen. Am Äquator ist es so heiß, daß man dort nicht leben kann; die beiden polaren Erdgürtel sind so kalt, daß auch sie unbewohnbar sind; aber dazwischen gibt es eine gemäßigte nördliche und eine gemäßigte südliche Zone, in der Leben möglich ist. Dies war der Grundstein für die Spekulationen, Mythen und Irrtümer der nächsten Jahrhunderte.

»Im zweiten Jahrhundert des christlichen Zeitalters umfaßte das Römische Reich den größten Teil der Erde und den Teil der Menschheit mit der am höchsten entwickelten Kultur« – mit diesem Satz von klassischer Würde beginnt Edward Gibbon sein Meisterwerk *Geschichte des Verfalls und Untergangs des Römisches Reiches* (1776–1788). Rom mag durchaus der politische Mittelpunkt der damaligen Welt gewesen sein, aber das geistige Zentrum ist nach wie vor Alexandria. Zwischen den dichtgedrängten Regalen in den Bibliotheken dieser geschäftigen Großstadt liest und schreibt Claudius Ptolemäus (um 100 bis ca. 160 n. Chr.). Er wird der Nachwelt eine ganze Reihe von Werken und Erdkarten hinterlassen, in denen das geographische Wissen des

Altertums ihren höchsten Ausdruck findet. Auf seinen Karten erscheint der Norden oben und der Osten rechts – wie auf heutigen Karten. Zur Bestimmung der Lage von kleineren und größeren Städten verwendet er ein Koordinatensystem, das aus Breiten- und Längenkreisen besteht. Er geht das Problem des Maßstabs an und übt schneidende Kritik an seinen Zeitgenossen und Vorgängern, die die Landmassen entweder größer zeichneten, damit die Ortsnamen darin Platz fanden, oder kleiner, um weiße Flächen auf der Karte zu vermeiden. Er beschäftigt sich mit der Frage, wie man die runde Oberfläche der Erde auf ein ebenes Blatt Pergament zeichnet. Sein Vorschlag: Die Erdkarte in kleinem Maßstab sei durch regionale Karten in größerem Maßstab zu ergänzen. Anders gesagt: Er spricht sich für die Darstellungsweise aus, die wir aus heutigen Atlanten kennen. Die Berechnung geographischer Entfernungen stellt ihn vor ein schwieriges Problem; er empfiehlt die Verwendung eines Astrolabiums oder eines Gnomons, eines senkrechten Stabs, aus dessen Schattenlänge sich die Höhe des Sonnenstandes bestimmen läßt. Daraus ergibt sich die Breite der Entfernungen nach Norden und Süden. Allerdings wird es noch Jahrhunderte dauern, bis das Problem der geographischen Länge – die Entfernung nach Osten oder nach Westen – gelöst sein wird. Darüber, wie Reisende zurückgelegte Strecken schätzen, ärgert sich der Geograph. Er schreibt, daß man sich auf diese Leute nicht verlassen könne, weil »sie wegen ihrer Prahlsucht die Entfernungen vergrößern«. Kurzum, Ptolemäus möchte Geographie und Kartographie auf eine rationale Grundlage stellen. Dabei trifft er jedoch eine Auswahl aus den erhältlichen Informationen und fügt sie neu zusammen, was zu Fehlern führt; seine beiden großen Werke, das eine über die Astronomie und das andere über die Geographie, enthalten eine Reihe von Irrtümern, die sich auf die europäische Kultur verhängnisvoll auswirken sollten.

Im 3. Jahrhundert v. Chr. hatte Aristarchos von Samos die Theorie aufgestellt, wonach sich die Erde um die Sonne dreht. Ptolemäus entschied sich dagegen für die aristotelische Auffassung, für das geozentrische Weltbild, in dem sich die Sonne um die Erde dreht. Diese Lehre paßt später gut zum christlichen Dogma. Auch die übrigen Irrtümer werden die Wahrnehmungsweise der europäischen Forscher bis weit ins 18. Jahrhundert hinein beeinträchtigen. Seltsamerweise lehnte Ptolemäus die Erdumfangsberechnung des Eratosthenes ab; er zog die Berechnungen des griechischen Astronomen Poseidonios vor, dessen Messung die Erde um ein Viertel kleiner macht. Auf dieser zu kleinen Erde erstreckt sich das Mittelmeer viel zu weit Richtung Westen, und südlich des Äquators dehnt sich Afrika in östlicher Richtung aus, bis es sich mit China verbindet und der Indische Ozean zum Binnenmeer wird. Die Landmasse, die weiter im Süden liegt, ist *terra incognita,* unbekanntes Land. In dieser Vorstellung liegen ironischerweise zwei Fehleinschätzungen begründet, die zu zwei der bekanntesten Forschungsreisen geführt haben. Die Annahme einer zu kleinen Erde und eines zu großen Mittelmeers wird Christoph Kolumbus dazu verleiten, die Entfernung zwischen den Kanarischen Inseln und Japan betrage lediglich knapp 4000 Kilometer – in Wahrheit beträgt sie mehr als 16 000 Kilometer. Und die hartnäckige Vermutung, es gebe im Süden eine Terra incognita, wird James Cook zur zweiten seiner großen Weltumseglungen veranlassen.

Im 4. Jahrhundert n. Chr. gibt Basilius den Ton an, der den Geist des neuen christlichen Zeitalters prägte: »Welche Bedeutung hat es zu wissen, ob die Erde eine Kugel, ein Zylinder, eine Scheibe oder eine konkave Fläche ist? Wichtig ist doch zu wissen, wie man sich gegenüber der eigenen Person, gegenüber seinen Mitmenschen und gegenüber Gott verhalten soll.«

Mit olympischem Schulterzucken beobachten wir, wie im Jahr 391, einige Jahre nach Basilius' Tod, ein christlicher Pöbel die alten Tempel und Bildungsstätten in Alexandria plündert und zerstört. Dies ist der Beginn der christlichen Glaubenslehre, die für 1000 Jahre jede freie Erforschung der Natur beendet. Später wird Gibbon feststellen, daß die leeren Regale in den Bibliotheken »Bedauern und Empörung bei jedem Betrachter hervorriefen, dessen Verstand nicht völlig von religiösen Vorurteilen umnebelt war«. Ptolemäus' Werke – und die der anderen Gelehrten in jener aufgeschlossenen hellenistischen Welt – versinken unbemerkt im Sumpf der Intoleranz. Theologie ist alles, denn sämtliche Phänomene lassen sich aus der Heiligen Schrift erklären: »Er thront über dem Kreis der Erde«, und »er spannt den Himmel aus wie einen Schleier und breitet ihn aus wie ein Zelt, in dem man wohnt« (Jesaja 40, 22). Der Mittelpunkt dieser Scheibe ist Jerusalem, »das ich [Gott] mitten unter die Helden gesetzt habe und unter die Länder ringsumher« (Hesekiel 5, 5). Damit wird jeder Hinweis auf einen südlichen Erdteil mit kirchlicher Strenge getilgt. Im Jahr 741 exkommuniziert Papst Zacharias einen irischen Priester, der derlei von der Kanzel verkündet. »Denn das bedeutet das Eingeständnis, daß es Seelen gibt, die weder an der Sünde Adams noch an der Erlösung Christi teilhaben.« Zudem hatte der Auftrag an die Apostel gelautet: »Gehet hin in alle Welt und predigt das Evangelium aller Kreatur« (Markus 16, 15). Die Apostel waren nicht zu den Antipoden aufgebrochen, und deshalb durfte es diese Orte auch nicht geben. Die Annahme einer Terra australis incognita war Ketzerei. Über diese Denkweise urteilt ein heutiger Bibliothekar der Royal Geographical Society: »Das ist eine wenig erbauliche Geschichte.«

Aber die Religion hat die alexandrinischen Bildungszentren noch nicht völlig zerstört. Schon bald fegt ein weiterer Glaubenssturm durch Ägypten, entlang der Küste Nordafrikas bis auf die Iberische Halbinsel. Der Islam löst sich aus seiner Gefangenschaft in der Wüste. Der islamische General, der Alexandria erobert, fragt den syrischen Kalifen Omar, was mit den übrigen Bibliotheken geschehen solle. »Wenn die Schriften der Griechen mit dem Buch Gottes übereinstimmen«, antwortet der Kalif, »dann sind sie wertlos und müssen nicht erhalten werden; wenn sie nicht mit dem Buch Gottes übereinstimmen, dann sind sie schädlich und sollen vernichtet werden.« Aus dieser Denkfalle des Kalifen gibt es keinen Ausweg. Die Schriften wurden dann tatsächlich vernichtet – sie dienten als Brennmaterial in den öffentlichen Bädern. Doch Ptolemäus' Werke, die die Eiferer beider monotheistischer Religionen bekämpften, bleiben erhalten und werden ins Arabische übersetzt. Schließlich wird der Islam zum Hüter und Bewahrer des klassischen Erbes.

Wohlmeinende Menschen betrachten diese Entwicklung jedoch nicht nur als ununterbrochene, von der Theologie verschuldete Dunkelheit. Im Mittelalter zählt zu den beliebtesten Büchern der *Polyhistor* des Gaius Julius Solinus (3. Jahrhundert). Darin schreibt er schamlos vom römischen Naturforscher Plinius ab – man nennt ihn deshalb auch spöttisch »Plinius' Affen«. Dazu kommen freie Erfindungen von Tieren und fremdartigen Menschen, die angeblich die Erde bevölkern. Dennoch übt der *Polyhistor* einen dauernden Einfluß auf die im Dornröschenschlaf liegende Kartographie des Mittelalters aus, und wenn auch nur dadurch, daß das Werk sehr schön anzusehen ist. Verärgert wettert C. R. Beazley, ein Geograph des 19. Jahrhunderts, gegen Solinus' Einfluß auf die geographischen Vorstellungen des Mittelalters: »Niemand hat einen tiefer reichenden, aber auch schädlicheren Einfluß ausgeübt.«

Ein gutes Beispiel für diesen nachteiligen Einfluß ist die Herefordkarte aus dem 13. Jahrhundert. Darauf ist die Erde als runde Scheibe abgebildet, in ihrer Mitte liegt Jerusalem. Der Garten Eden und sogar die Arche Noah sind darauf verzeichnet. Länder und Inseln sind von Solinus' ersonnenen Fabelwesen bevölkert. Da gibt es Männer mit Hundeköpfen; einen Mann mit Hufen statt Füßen; einen mit langen, bis zu den Knien reichenden Ohren; Kannibalen, die menschliche Gliedmaßen kauen; Männer mit Köpfen, die aus der Brust ragen; am fabelhaftesten aber sind vielleicht die »Ymantopedes«, einbeinige Männer, die in der Gegend herumhüpfen, Purzelbäume schlagen und so große Füße haben, daß sie sich damit vor Sonne und Regen schützen können. Dennoch gehört nicht alles ins Reich der Fabel; denn man sieht auch einen Mann, der einen langen Stock in der Hand hält und an den Füßen lange, flache Bretter trägt: die älteste bekannte Abbildung eines Skiläufers.

Fridtjof Nansen, der etwas von Skiern verstand, teilte die Auffassung des erwähnten Bibliothekars der Royal Geographical Society und äußerte sich scharf zum Einfluß der Kirche auf das mittelalterliche Denken: »Das war die geistige Nahrung, die an die Stelle der Wissenschaft der Griechen trat. Die Geschichte der menschlichen Rasse durchläuft in der Tat Höhen und Tiefen.«

Im 15. Jahrhundert vollzieht sich abermals eine Wende. 1407 tauchen Ptolemäus' geographische und astronomische Werke in Europa auf. Sie haben den Weg über Konstantinopel genommen. Man fertigt eine neue Übersetzung an, diesmal aus dem Arabischen ins Lateinische; binnen zweier Jahre stehen die Werke und Karten den Gelehrten Europas zur Verfügung. Einige Jahre später gründet Prinz Heinrich von Portugal, »Heinrich der Seefahrer«, bei Sagres eine Seefahrtsschule (Nautische Akademie). Von hier aus, wo man auf das endlose Wogenmeer des Atlantiks blickt, am westlichsten Punkt des europäischen Kontinents, brechen die portugiesischen Karavellen zu ihren großen Entdeckungsfahrten auf.

Menschenseelen und Gewürze sind ungewöhnliche Anlässe für Forschungsreisen. Dennoch bilden die Suche nach einer Segelroute zu den Gewürzinseln der Molukken und die Bekehrung der Heiden die großen Triebkräfte hinter diesen Unternehmungen. Keine geringere Rolle spielt der unerschütterliche Wille des Prinzen. Denn seine Kapitäne sind doch ein wenig verzagt, als man ihnen befiehlt, in Gebiete zu segeln, wie sie Solinus gezeichnet hat, und in denen Ozeane brodeln und Ungeheuer nur darauf warten, die tollkühnen Seemänner zu verschlingen und ihre Schiffe zu versenken. Angespornt vom visionären Prinzen, gestützt auf ihren Glauben und gestärkt durch eine Kost aus Pökelfleisch, Stockfisch, Knoblauch, Olivenöl, Bohnen, Schiffszwieback und Mehl fahren die zähen und findigen Seeleute die Küsten Afrikas hinab und gelangen auf ihrer Suche nach Gewürznelken, Muskat, Pfeffer, Ingwer, Zimt und Menschenseelen schließlich in den Indischen Ozean.

1487 hat Bartolomeu Diaz die Südspitze Afrikas umrundet. Zehn Jahre später ist Vasco da Gama nach Indien gelangt. Der bei Ptolemäus von Land umschlossene Indische Ozean gehört ins Reich der Fabel. Während die Portugiesen die Küsten Afrikas nach einer östlichen Passage nach Indien auskundschaften, überredet ein selbstbewußter und redegewandter Genueser – die Portugiesen hatten ihn zuvor abgewiesen – die Spanier, eine Expedition für die Fahrt nach Westen zu seinem »Indien« zu finanzieren. Christoph Kolumbus richtet sich dabei nach den Karten des Ptolemäus, jongliert geschickt mit Zahlen, um den Preis hochzutreiben, und schätzt, daß die Entfernung von den Kanarischen Inseln bis nach Cipangu (Japan) 3860 Kilometer beträgt. Tatsächlich sind es mehr als 16 000 Kilometer; der Rest ist Geschichte.

Im Jahr 1493 veranlaßt die Habgier der beiden iberischen Mächte Alexander VI. – den weltlichsten aller Päpste – mit pontifikaler Allwissenheit eine päpstliche Bulle zu erlassen, die die Welt zwischen Spanien und Portugal aufteilt. Es geht um riesige Gebiete, wobei die Trennungslinie 100 Meilen westlich der Kapverden verläuft. Nachdem beide Parteien erbittert gefeilscht haben, einigt man sich schließlich auf eine Demarkationslinie, die mit dem Vertrag von Tordesillas 1494 besiegelt wird. Die neue Grenze verläuft 370 Meilen westlich der Kapverdischen Inseln. Alle neuentdeckten Länder westlich davon fallen an die Spanier, alle östlich davon an die Portugiesen. Weder das europäische Gerangel um Afrika im 19. Jahrhundert noch die Eroberung des nordamerikanischen Westens, noch die Sibiriens durch die Russen lassen sich mit dieser ungeheuerlichen Annektion vergleichen.

Die Neue Welt erweist sich als ein größeres Hindernis auf dem Weg zu den Reichtümern Indiens als Afrika. 1513 überquert der spanische Konquistador Vasco Núñez de Balboa die Landenge von Panama und erblickt den Pazifik. In einer dramatischen Geste watet er ins Wasser und nimmt im Namen Spaniens Besitz von allen Ländern, deren Küsten von diesem Ozean umspült werden. Das Meer nennt er »Südsee«. 1520 schlägt Ferdinand Magellan mit der nach ihm benannten Seestraße eine Bresche in das anscheinend unüberwindliche Bollwerk des amerikanischen Kontinents. Es dauert 37 Tage, bis sich seine drei Schiffe einen Weg durch die Meerenge gebahnt haben. Das südlich gelegene Land erhält den Namen »Tierra del Fuego« (Feuerland). Ob es sich dabei um eine große Landmasse oder nur um eine Insel handelt, wissen die Seefahrer nicht. Nur ein Schiff, die leckgeschlagene, stinkende und von Entenmuscheln überkrustete *Victoria* kehrt nach Spanien zurück. Achtzehn von Skorbut gezeichnete Seeleute, barfüßig, in Lumpen, die Gesichter hinter verfilzten Haaren und Bärten versteckt, taumeln im Gänsemarsch und mit brennenden Kerzen in den Händen zum Kloster von Santa María de la Vitoria in Triana. Dort danken sie der Muttergottes für die sichere Heimkehr, beten für die Seelen ihrer toten Gefährten und Ferdinand Magellans und tun Buße, »weil sie freitags Fleisch gegessen und das Osterfest an einem Montag gefeiert haben, da sie durch eine falsche Berechnung einen Tag verloren hatten«. Diese Bußfertigen, die ersten Weltumsegler, hatten sich in der Zeit verfangen, als sie die Datumsgrenze überquerten. Doch Kirchenleute, die die Erde für eine Scheibe halten, und die Glaubenslehren lassen sich nur schwer besiegen. Als Joshua Slocum Jahrhunderte später, im Jahr 1897, erstmals allein die Welt umsegelt, empfängt er in Durban drei Buren, die Präsident Kruger von Transvaal zu ihm entsandt hatte. Sie sollen die Richtigkeit von Slocums ungeheuerlicher Behauptung, er sei um die Erde *herum* gesegelt, überprüfen. Sie streiten ohne Ergebnis. Am Abend desselben Tages trifft Slocum einen von ihnen auf der Straße und beschreibt mit den Händen einen Kreis; doch der Mann ist unbelehrbar und macht seinerseits eine flache Handbewegung.

Im Jahr 1578 vertieft sich Sir Francis Drake, streitbar, spitzbärtig und Inbegriff des elisabethanischen Seefahrers – oder Piraten, je nachdem, welche Staatsangehörigkeit man hat –, in den Vertrag von Tordesillas. In 16 Tagen schlüpft er durch die Magellanstraße. Nachdem er in den Pazifik gelangt ist, blasen ihn stürmische Winde in südöstliche Richtung. Als der Wind nachläßt, segelt er nach Nordwesten und landet auf der Insel – oder in ihrer Nähe –, die sich später mit dem Namen »Kap Hoorn« brüstet. Hier legt er sich auf den Bauch, streckt die Arme und den Oberkörper über die steile Klippe des Kaps und verkündet grinsend, er sei der südlichste Mensch auf Erden. Südlich seiner ausgestreckten Arme liegt das glitzernde Meer. Hier erhebt sich »das äußerste Kap oder Vorgebirge ... bei 56 Grad ... und dahinter ist bis zum Süden hin kein Festland, keine Insel zu sehen, nur der Atlantische Ozean und die Südsee treffen sich in einem großen und freien Gebiet«. Heute kennt man dieses unruhige Gewässer, das sich von Kap Hoorn bis zur Antarktis erstreckt, als Drakestraße. 1919 hat die International Oceanographic Conference in London den Meridian von Kap Hoorn als Grenze zwischen dem Atlantik und dem Pazifik festgelegt. Drake hätte sich zweifellos gefragt, warum diese Festsetzung so lange auf sich warten ließ.

Welche Schlüsse ziehen nun die Kartographen aus

den Seereisen der Spanier, Portugiesen und Engländer? 1531 veröffentlicht der französische Mathematiker Oronce Finé eine hübsche Weltkarte, die Magellans Tierra del Fuego (Feuerland) als Teil eines riesigen Südkontinents abbildet, den er zuversichtlich als *Terra australis recenter invento sed nondum plene cognita* bezeichnet, als »das neu entdeckte, aber nicht ganz bekannte Südland«. 1570 bringt Abraham Ortelius sein *Theatrum orbis terrarum* (Welttheater) heraus. Die Sammlung von 70 Karten erlebt 40 Auflagen. Wie auf Finés Karte wird auch hier die Tierra del Fuego als Teil eines großen südlichen Erdteils dargestellt, als Landmasse mit einer Küste, die majestätisch um die Erde führt, komplett mit Vorgebirgen, Kaps, kleinen und großen Buchten und Flüssen. Ein Jahr vor Erscheinen des *Theatrum orbis terrarum* hatte ein Freund von Ortelius, ebenfalls ein Kartograph, eine Weltkarte mit einer neuen, revolutionären Projektion veröffentlicht. Gerhardus Mercator – sein Geburtsname war Gerhard Kremer – hatte diesen neuen Kartentyp für Seeleute entwickelt. Der Titel lau*tet: Neue und verbesserte Beschreibung der Welt, ergänzt und beabsichtigt für den Gebrauch durch Seefahrer.* Es wird indessen noch ein weiteres Jahrhundert vergehen, bis die vorsichtigen, konservativen Seeleute den praktischen Nutzen einer Seekarte würdigen, auf der sie zum erstenmal einen schnurgeraden Kurs zu einem entlegenen Land abstecken können.

Mercator und Ortelius veröffentlichen ihre Karten in den Niederlanden; ein Jahrzehnt später erklären die Bürger dieses Landes ihre Unabhängigkeit von Spanien und der verhaßten spanischen Inquisition. Das 15. und das 16. Jahrhundert hatten erlebt, wie die Karavellen und Galeonen der beiden iberischen Königreiche die Weltmeere durchpflügten. Das 17. Jahrhundert wird

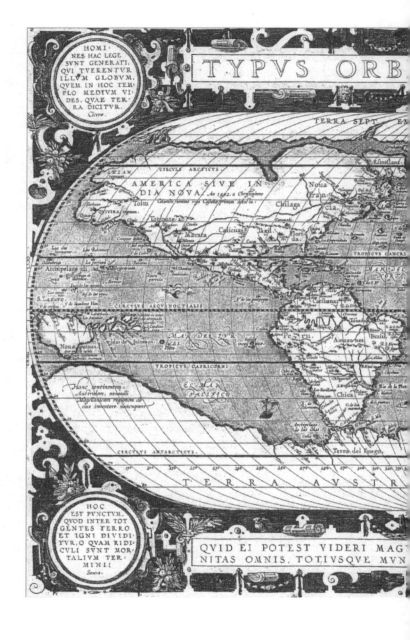

von den handeltreibenden Holländern bestimmt, die mit ihren bewaffneten Segelschiffen (Ostindienfahrer) die Portugiesen und Engländer aus Ostindien, dem Malaiischen Archipel, vertreiben. Am bedeutendsten ist die 1602 gegründete Vereinigte Ostindische Kompanie (Holländisch-Ostindische Kompanie). Sie bildet gleichsam den verlängerten Arm der Regierung und hält im holländischen Ostindienhandel das Monopol. Diese mächtige Handelsgesellschaft legt, ehe sie sich 1798 auflöst, den Grundstein für die überseeischen Besitzungen der Holländer und ätzt den Weltkarten die Inseln des ostindischen Raumes und die Nord-, Süd- und Westküsten Neuhollands (Australien) ein.

Die Kompanie war aus Handelserwägungen heraus entstanden, nicht zu Forschungszwecken; sie schrieb den holländischen Kaufleuten vor, daß nur ihre Schiffe nach Ostindien fahren durften – wobei sie entweder das Kap der Guten Hoffnung umfahren oder die Magellanstraße durchqueren mußten. Vielleicht waren sie von jenen Karten beeinflußt, die Feuerland als Teil der Terra australis incognita zeigen. Ein Mann war anderer Meinung. Isaak le Maire, Gründungsmitglied der Vereinigten Ostindischen Kompanie, war durch die Gesellschaft reich geworden – und er war desillusioniert. Handelsgesellschaften, die ein Monopol haben, bringen Männer hervor, die davon erdrückt werden. Le Maire war ein solcher Mann.

Die Durchfahrt durch die Magellanstraße war ausschließlich Schiffen der Ostindischen Kompanie gestattet. Deshalb müsse man, so meinte le Maire, eine neue Gesellschaft gründen – die Australische Kompanie – und nach einer Passage nach Indien südlich der Magellanstraße Ausschau halten. Drakes Vorgebirge, wo »sich der Atlantische Ozean und die Südsee ... in einem großen und freien Gebiet treffen«, könnte Seemannsgarn sein – oder vielleicht doch nicht?

Im Juni 1615 liegen zwei Schiffe vor Texel in den Niederlanden auf Reede: die 220 Tonnen große *Eendracht* mit Wilhelm Cornelius Schouten als Kapitän, und die Yacht – so nennen die Holländer ihre schnellen Segler – *Hoorn* mit 110 Tonnen, Kapitän ist Jan Cornelius Schouten. Oberkommandant der Expedition der Australischen Kompanie ist Jacob le Maire, Isaaks Sohn. Die *Hoorn* geht durch Beschuß vor der Küste Patagoniens verloren; aber am 29. Januar 1616 umfährt und benennt die *Eendracht* das südlichste Kap der Tierra del Fuego und segelt vom Atlantik in den Pazifik. Schouten schreibt ins Bordbuch: »Kap Hoorn bei 57° 48′ südlicher Breite. Umfahren um 8 Uhr abends.« Mit diesem lakonischen Eintrag beginnt das furchterregende Kap seinen Weg durch Erzählungen, Legenden und Sagen der Seeleute.

Die Fahrt der Holländer schreckt die Spanier auf. Das spanische Indienamt überträgt zwei hartgesottenen, kampferprobten und intelligenten Brüdern, Bartolomé und Gonzalo García de Nodal, das Kommando über zwei Karavellen von je 80 Tonnen. Die Mannschaft setzt sich aus zum Dienst gepreßten Portugiesen zusammen. Im September stechen die Schiffe von Lissabon aus in See – mit dem Auftrag festzustellen, ob die Holländer die Südspitze Südamerikas umsegelt haben oder nicht. Natürlich können sie nur bestätigen, daß die Berichte der Wahrheit entsprechen. Als Stürme sie von Kap Hoorn abtreiben, entdecken sie am 12. Februar 1619 56 Meilen in Südsüdwest eine menschenleere Inselgruppe. Die Diego-Ramirez-Inseln werden nach dem Geographen der Expedition benannt. 156 Jahre lang gelten diese öden, von Wind und Wellen umpeitschten

Inseln als das südlichste Land der Erde. Pflichtschuldig ändern die Kartographen ihre Weltkarten, um die neue Durchfahrt in die Südsee der Öffentlichkeit vorzustellen. Die Küsten der Terra australis incognita rücken nach Süden.

26 Jahre nach der Umsegelung von Kap Hoorn stechen zwei weitere holländische Schiffe von Batavia (Jakarta) aus in See. Es ist keine unabhängige Expedition, denn sie fahren unter der Flagge der Holländisch-Ostindischen Kompanie. Die Expedition ist Teil eines umfassenden Plans; sie soll »den südlichen Teil der Welt rund um den Globus« entdecken »und herausfinden, woraus er besteht, aus Land, Meer oder Eisbergen, und alles entdecken, was Gott dort geschaffen hat«. Hinter der Expedition stehen Anthony van Diemen, Generalgouverneur von Batavia, und Frans Jacobszoon Visscher, der brillanteste Navigationsoffizier im Dienst der Gesellschaft. Die beiden Schiffe sind die Yacht *Heemskerch* und die Fleute *Zeehaen*. Das Oberkommando hat Abel Janszoon Tasman. Visscher ist Chefnavigator.

Am 13. August 1642 erhält Tasman seine Instruktionen, und am darauffolgenden Tag segeln die beiden Schiffe los. Ziel ist die holländische Besitzung Mauritius. Es sind Anweisungen im Geist der Aufklärung: Die Eingeborenen jedes neuentdeckten Landes sollen mit Höflichkeit behandelt werden, und man rät den Holländern, »Geduld und Langmut zu beweisen und auf keinen Fall in Wut zu geraten«. Dieser Ratschlag mag bewundernswert erscheinen, hat jedoch nicht zur Folge, daß die Holländer den Einheimischen ohne Arglist begegnen. Schließlich handelt es sich um eine kommerzielle Unternehmung. So gibt man Tasman den schlauen Rat: Wenn die Eingeborenen »Euch im Austausch für Eure Waren Gold oder Silber anbieten, tut so, als hieltet Ihr dieselben in geringem Ansehen, und zeigt ihnen Kupfer, Zinn oder Blei, um so den Eindruck zu vermitteln, als ob wir die letztgenannten wertvoller fänden«.

Die beiden Schiffe bleiben einen Monat auf Mauritius und rüsten sich für die Fahrt nach Süden aus. Im Gebiet vom 52. bis zum 54. Grad südlicher Breite will man nach Süden segeln und nach Land suchen; und, wenn man kein Land sichtet, ostwärts bis zum Längengrad im äußersten Osten von Neuguinea fahren und von dort nach Norden, um die von den Fahrten der Holländer und der Spanier aufgeworfenen Fragen zu beantworten. Außerdem gibt es einen Plan für unvorhergesehene Fälle: Dann will man weiter Richtung Osten bis zur Küste Chiles segeln. Die dortigen Provinzen Chile und Peru mit ihren reichen Gold- und Silbervorkommen üben einen doppelten Reiz auf die Holländer aus: Dort kann man sein Verlangen nach Edelmetall stillen und zugleich das befriedigende Gefühl genießen, den verhaßten Spaniern gehörig eins auszuwischen.

Schließlich ist die Fracht verladen. Anfang November gelangt man bis 49° 4′ südlicher Breite. Schneefälle, Hagelschauer, Stürme und Kälte zwingen die Schiffsbesatzung, in gemäßigtere Breiten zurückzukehren. Deshalb geht man auf Ostkurs unter 44° südlicher Breite. Ende November kommt Land in Sicht. Am 1. Dezember gehen sie in einer geschützten Bucht vor Anker und nennen das Land Van Diemen's Land (das spätere Tasmanien). Man sieht keine Bewohner, aber Spuren von ihnen, denn in den Baumstämmen sind im Abstand von eineinhalb Metern Einkerbungen zu sehen. Vielleicht sind die Eingeborenen ja Riesen, vermutet man. Natürlich sind sie es nicht. Die Nachfahren dieser scheuen Menschen, die die Holländer still beobachten, sollen ein trauriges Schicksal erleiden. Es ist eine schreckliche Geschichte. Im Jahr 1803 besiedeln die Briten Tasmanien, das ihnen als Strafkolonie dient. Die Eingeborenen, die vom Land ihrer Vorväter vertrieben werden, setzen sich mit ihren primitiven Waffen zur Wehr. Ein Siedler berichtet: »Die Eingeborenen machten viele Schwierigkeiten und verhielten sich uns gegenüber hinterlistig ... wenn sie sich uns gegenüber nicht freundlicher zeigen, bleibt uns nur übrig, sie auf der Stelle niederzumachen.« 1830 wurde in Tasmanien das Standrecht eingeführt, und das Pogrom begann. Dazu gehörte, daß man die Insel weiträumig durchkämmte, wobei eine Linie bewaffneter Soldaten versuchte, die Eingeborenen wie eine Herde Jagdwild in die Sackgasse der Tasmanischen Halbinsel zu treiben. Selbstverständlich gelang es den meisten Einheimischen, die den Engländern zahlenmäßig überlegen waren, den ungeschickten Aggressoren zu entkommen. Doch am Ende gewannen die Siedler – sie drängten die Eingeborenen auf Flinders Island in der Bass-Straße zurück. Der letzte reinblütige Einheimische starb 1876.

Tasman bleibt nur kurz. Am 4. Dezember stechen die beiden Schiffe in See, denn auf dem Land »wird nichts angebaut, sondern alles wächst nach dem Willen Gottes wild«, und setzen ihren Kurs in östlicher Richtung fort.

Am 13. Dezember kommt wieder Land in Sicht. Wolkenverhangene Berge sind zu sehen, an der Küste schäumt weiße Brandung. Sie segeln die unwirtliche Küste entlang, bis sie einen geschützten Ankerplatz erreichen. Eine Stunde später sehen sie Lichter am Strand, die in der Abenddämmerung aufblitzen. Dann legen zwei Kanus ab und steuern auf die Schiffe zu. Kurz vor den Holländern stoppen die Ruderer. Sie rufen etwas in einer unbekannten Sprache und blasen auf etwas, was in den Ohren der Holländer wie maurische Trompeten klingt. Die Holländer erwidern die Rufe und spielen, um sich nicht ausstechen zu lassen, auf ihren europäischen Musikinstrumenten. Bei Einbruch der Dunkelheit ist das Stegreifkonzert vorbei. So endet der erste Kontakt zwischen Europäern und den Ureinwohnern Neuseelands, den Maori.

Die Eingeborenen von Van Diemen's Land waren scheu, ausweichend und geheimnisvoll gewesen. Am nächsten Tag zeigen sie sich von einer anderen Seite. Morgens umringen Kanus die Holländer. Plötzlich, ohne Vorwarnung, paddeln die Eingeborenen in einem der größeren Kanus wild drauflos und rammen ein Beiboot, das eine Nachricht zu einem der Schiffe bringen soll. In einer Gewaltorgie werden vier Mannschaftsmitglieder auf dem Beiboot zu Tode geprügelt. Die beiden Schiffe lichten die Anker und segeln von dem unglückseligen Ort fort. Die Holländer geben ihm den Namen »Mörderbucht« und fahren drei Wochen lang die Küste entlang. Als das Land nach Osten führt, verhindern ungünstige Winde, daß sie der Küstenlinie folgen können. Tasman segelt weiter nach Norden, tiefer hinein in den Pazifik. Schließlich kehrt die Expedition zehn Monate nach ihrer Abreise nach Batavia zurück. Die Direktoren der Kompanie nehmen die Nachricht von den Entdeckungen mit Zurückhaltung auf. Die Fahrt hat weder Handelsmöglichkeiten eröffnet noch Profit abgeworfen, und man bedauert, daß Tasman »bis zu einem gewissen Grad nachlässig bei der Erkundung der Situation, der Anordnung und der Natur der entdeckten Länder und Menschen verfahren ist und die Durchführung seines Auftrags einem wißbegierigeren Nachfolger überlassen hat«. Die Welt wird 85 Jahre auf die Geburt dieses wißbegierigeren Nachfolgers warten. Immerhin hat sich durch Tasmans Reise ein Großteil der Küstenlinie der Terra australis incognita in Luft aufgelöst.

Im selben Jahr, 1642, stirbt Galileo Galilei, Astronom, Mathematiker, Physiker und Begründer der exakten Naturwissenschaften. Einige Jahre zuvor hatte ihn die Inquisition gezwungen, auf Knien seiner ketzerischen Ansicht abzuschwören, wonach sich die Erde um die Sonne dreht. Er habe, heißt es, nach seinem Widerruf und während er sich erhob, leise gemurmelt: »Eppur si muove« (Und sie [die Erde] bewegt sich doch). Ein Jahr später wird Isaac Newton geboren. Von nun an wird das Licht eines neuen, wissenschaftlichen Zeitalters den Scheuklappenblick jesuitischer Priester weiten und die engen Gassen des christlichen Glaubens erhellen.

1660 gründet in London eine Gruppe neugieriger und gebildeter Gentlemen eine Gesellschaft zur »Physikalisch-Mathematischen und Experimentellen Gelehrsamkeit«, aus der sich die Royal Society entwickeln wird. Die Gründung ist symptomatisch für eine Epoche, in der die Fortschritte in Mathematik, Optik und Astronomie zu Verbesserungen in der Navigation führen, die für die Forschungsreisen im folgenden Jahrhundert entscheidend sind. Doch die Fortschritte in der Praxis gehen einher mit Spekulationen. 1694 wird Tasmans Bericht über seine Reise auf englisch verlegt, drei Jahre später erscheint William Dampiers *Neue Reisen um die Welt;* der widmet sein Werk dem Präsidenten der Royal Society. Es wird ein so großer Erfolg, daß es in wenigen Monaten drei Auflagen erlebt.

Dampiers Bildnis hängt in der National Portrait Gallery in London. Es zeigt ein recht verdrießliches Gesicht mit einer schweren Unterlippe und grüblerischem Blick. Die Bildunterschrift lautet: *Kapitän William Dam-*

pier: Freibeuter und Hydrograph – das ist eine faszinierende Bezeichnung, die Generationen von Schulkindern eine Ahnung vom romantisch-abenteuerlichen Leben beschert hat, anders als die eher ernsten und langweiligen Gestalten der britischen Geschichte. Dampier war also Seeräuber – aber auch ein Mann mit wissenschaftlichen Neigungen und einem forschenden Geist, der für das 18. Jahrhundert typisch ist, auch wenn seinen Kopf die für das 17. Jahrhundert typische lockige Haarpracht ziert. Im Jahr 1699 erscheint sein Werk *Abhandlung über die Winde, Brisen, Stürme, Tiden und Strömungen in den heißen Zonen,* das ihm später hohes Lob von Seefahrern wie Cook und Nelson einbringen wird. Dampiers Verleger, der ein gutes Gespür für die Wünsche seiner Leserschaft hat, bringt weitere Bände über die Fahrten anderer Freibeuter heraus.

Die Flut der Zeitschriften verstärkt die Spekulationen der Gelehrten über Größe, Gestalt, Lage, Einwohner und den möglichen Tauschhandel mit der Terra australis incognita. In der zeitgenössischen Literatur spiegeln sich ihre Marotten, Moden und Interessen wider. So ist es kein Wunder, daß Jonathan Swifts Phantasieland Lilliput nordwestlich von Van Diemen's Land liegt. Doch in seiner Schrift *Projekt zum allgemeinen Nutzen des Menschengeschlechts* unterzieht er die Autoren dieser schweren Lederbände voller geographischer Spekulationen beißender Kritik: »Der Verfasser hat, nachdem er so lange gearbeitet und so viel getan hat, um der Öffentlichkeit zu dienen und sie zu unterweisen, ohne Vorteil für sich daraus zu schlagen, endlich ein Projekt ersonnen, das allen Menschen zum größten Vorteil gereichen und seinem Autor ein hübsches Einkommen bescheren wird. Er beabsichtigt, zur Subskription, in 96 großen Folio-Bänden, eine exakte Beschreibung der

Terra australis incognita zu drucken, die er mit großer Sorgfalt und Mühe den Werken 999 gelehrter und gottesfürchtiger Verfasser entnommen hat ... Das Werk wird allen Menschen von großem Nutzen sein und gehört in alle Haushalte, denn es enthält genaue Berichte über alle Provinzen, Kolonien und Häuser in jenem weiten Land, in dem aufgrund eines allgemeinen Verhängnisses alle Gesetzesbrecher fortgeschafft werden ...«

Von unserer olympischen Warte aus betrachtet, kommt es nun zur Reife der Terra australis incognita: vom ptolemäischen Ei über Larve und Puppe nun zum schönsten Schmetterling. Doch dessen letztes und anmutigstes Stadium ist auch das flüchtigste. Einer der Schöpfer der gründlich durchdachten Schimäre war Alexander Dalrymple. Ein Bildnis aus seinen mittleren Jahren zeigt einen korpulenten Mann mit schmollenden Lippen, fleischig-rötlichem Gesicht und cholerischen Augen, die den Betrachter vorwurfsvoll anblicken. Dalrymple war ein Schotte, der seinen Mißmut pflegte. Nach eigenem Bekunden war er »eigensinnig genau« – eine Charakterisierung, die dem führenden Hydrographen der Admiralität gut zu Gesicht stand, denn auf diesen Posten wurde er 1795 befördert.

Dalrymple ist der Sproß einer hochangesehenen schottischen Familie, aus der bedeutende Juristen und Politiker hervorgegangen sind. 1752 tritt er in die Ostindische Kompanie ein und wird im Alter von 15 Jahren nach Madras geschickt. Der Orient fasziniert ihn. Mit unermüdlichem Eifer durchkämmt er dort in den nächsten 13 Jahren die Bibliotheken nach Seekarten und Einzelheiten über den Gewürzhandel und die Reisen im Pazifik. Geographie, Entdeckungsfahrten, Astronomie – all das beschäftigt seinen mächtigen Intellekt. Mit Fleiß, Energie und Sammelwut konstruiert er eine faszinierende Hypothese von einem weiten, fruchtbaren, dicht bevölkerten und unbekannten südlichen Kontinent. Aus dem Material spanischer, portugiesischer und holländischer Forschungsreisender entsteht ein imposantes Gebäude, gedeckt mit der offenbar unbezwinglichen Logik französischer Gelehrsamkeit.

1765 kehrt Dalrymple, der inzwischen Mitglied der Royal Society ist, nach England zurück. 1767 erscheint sein Werk *Ein Bericht über die Entdeckungen, die vor 1764 im südpazifischen Ozean gemacht wurden*; bald darauf, 1770 und 1771, kommen die beiden Bände des Werks *Eine geschichtliche Sammlung von Seereisen ... im südpazifischen Ozean* heraus. Damit will er beweisen, daß es im Südpazifik einen großen unbekannten Kontinent gibt. Die nördliche Küstenlinie liege irgendwo bei 28° südlicher Breite, und bei 40° südlicher Breite erstrecke sich das Land bis zum 100. Längengrad beziehungsweise 4596 Landmeilen, »eine größere Ausdehnung, als der gesamte zivilisierte Teil Asiens, von der Türkei ostwärts bis zum äußersten China«.

Der Advokat in Dalrymple argumentiert, der Handel mit einem Land von solcher Größe könne jenen mit den zwei Millionen undankbaren Menschen in den amerikanischen Kolonien ersetzen. Denn in diesem großen südlichen Erdteil lebten zweifellos über 50 Millionen Einwohner, und die »Brosamen von diesem Tisch reichten aus, die Macht, die Herrschaft und die Souveränität Britanniens zu bewahren, da damit alle Manufakturen und Schiffe Arbeit hätten«. Der Grund, weshalb niemand diesen Kontinent und seine Schätze entdeckt habe, liege in der Verzagtheit mancher Entdecker. Ein neuer Kolumbus, ein neuer Magellan werde gebraucht, und Dalrymple meint, für diese Aufgabe gut gerüstet zu sein. Er bekommt seine Chance.

Seine Rückkehr nach England fällt in eine Zeit, in der wegen des herannahenden Durchgangs der Venus vor der Sonnenscheibe unter den gelehrten Herren Europas helle Aufregung herrscht. Zwei französische Expeditionen, die in Peru und Lappland den Bogen des Meridians gemessen haben, konnten Sir Isaac Newtons Theorie, derzufolge die Erde keine vollkommene Kugel darstellt, sondern an den Polen abgeplattet ist, bestätigen. Man errechnet, daß der Erdumfang an den Polen um rund 67 Kilometer kürzer ist als am Äquator.

Der Venusdurchgang übersteigt jedoch die Messung irdischer Phänomene; denn hier handelt es sich um den ersten Schritt zur Ausmessung des Sonnensystems und des Universums: die Messung der Entfernung zwischen Erde und Sonne. Ein halbes Jahrhundert zuvor hatte Edmond Halley vorgeschlagen, die beiden Venusdurchgänge am 6. Juni 1761 und am 3. Juni 1769 von weit auseinander liegenden Beobachtungsstationen zu messen. Die nächsten Möglichkeiten würden sich erst wieder 1874 und 1882 bieten, und dann 2004 und 2012. Er wußte, daß er die Durchgänge im 18. Jahrhundert nicht mehr erleben würde, wünschte aber den Astronomen allen erdenklichen Erfolg. Am 6. Juni 1761 blicken 120 Beobachter aus neun Ländern in den Himmel. Doch die Gefahren der Reise, der Krieg, das Wetter und die unzulänglichen Instrumente stellen sich als Hindernisse heraus. Als man die Ergebnisse zusammenstellt, bleiben die Antworten unbefriedigend. Aber man hat ja noch 1769.

Einigermaßen überraschend ernennt die Royal Society ein Komitee, das die Beobachter empfiehlt, die zur Hudsonbai, zum Nordkap und in den Pazifik entsandt werden sollen. Der Astronomer Royal, Reverend Nevil Maskelyne, schlägt als Beobachtungsort ein trapezförmiges Gebiet im Pazifik vor. Es liegt zwischen 5° und 35° südlicher Breite, im Norden zwischen 172° östlicher Länge und 124° westlicher Länge, und im Süden zwischen 139° und 172° westlicher Länge. Damit befindet es sich in der Gegend, für die sich Dalrymple interessiert. Ein Teil des Trapezes überschneidet sogar Dalrymples unbekannten südlichen Kontinent. In der Königlichen Gesellschaft hält man ihn für den geeigneten Mann zur Entsendung in die Südsee, da er »ein fähiger Navigator ist und sich in Fragen der Observation gut auskennt«. Unterdessen befragt Maskelyne weitere Kandidaten, die darauf brennen, den Durchgang zu beobachten. Ein Mr. Charles Green ist bereit, für ein Jahresgehalt von 300 Pfund plus Spesen in den Süden zu fahren; Mr. William Wales in eine warme Gegend zu denselben Bedingungen. Green fährt dann tatsächlich nach Süden, aber den bedauernswerten Wales schickt man in die kalte Hudsonbai. Greens und Wales' Bedingungen verblassen allerdings neben denen, die Dalrymple stellt. Dieser fordert nicht weniger als das Oberkommando über ein Schiff des Königs und das Recht zur Auswahl sämtlicher Offiziere. Sollte er »im Laufe eines normalen Unglücks« das Schiff vor dem Eintreffen in der Südsee verlieren, war die Regierung verpflichtet, ein neues Schiff bereitzustellen. Einfache Bedingungen, wie Dalrymple meint, aber die einzigen, die ihn zufriedenstellen würden. In dieser Frage weiß er die Royal Society und einen gewissen Mr. Adam Smith hinter sich, auch er Schotte, Philosoph und eine aufstrebende Gestalt auf dem Gebiet der Nationalökonomie. Außerdem ist nicht zu übersehen, daß der Venusdurchgang für Dalrymple von zweitrangiger Bedeutung ist und ihn in erster Linie die Entdeckung des großen Südkontinents interessiert. Immerhin schreibt er an den Sekretär der Royal Society: »Wo ich mich auch im Juni 1769 befinden werde, so werde ich gewißlich keine Gelegenheit verstreichen lassen, eine für die Wissenschaft so wichtige Beobachtung wie den Venusdurchgang zu machen.«

Doch Dalrymples Bedingungen schockieren die Lordschaften in der Admiralität, denn schließlich stellen sie ja das Schiff und die Mannschaft für die Fahrt in die Südsee zur Verfügung. Der erste Lord, Sir Edward Hawke, schwört, er werde sich eher die rechte Hand abschlagen lassen, als eine derartige Vollmacht zu unterzeichnen. Man unterrichtet die Royal Society über die Haltung des Lords, aber Dalrymple hält an seiner Forderung – einer unhaltbaren Position – fest. Der neue Magellan, der neue Kolumbus verliert seine Chance, und Sir Edward Hawke bleibt die rechte Hand erhalten.

Die Royal Society begnügt sich damit, Ratschläge zu erteilen und Instrumente zu stellen sowie Mr. Green und den jungen, reichen Mr. Joseph Banks – der mit einem Gefolge von acht Personen und zwei Windhunden aufbricht – zu Beobachtern zu ernennen. Sie sollen die Tier- und Pflanzenwelt der Inseln und Länder im Pazifik untersuchen. Ihre Lordschaften beglückwünschen sich insgeheim und übertragen einem völlig unbekannten Kapitän der Royal Navy – der in den Rang eines Leutnants befördert wird – das Kommando über ihr Erkundungsschiff für die Fahrt in die Südsee. Die *Endeavour* und James Cook erscheinen auf dem Schauplatz der Geschichte.

Im nachhinein erscheint die Wahl Cooks naheliegend und logisch. Aber im April 1768, wenige Tage nachdem das kleine Nordseekohlenschiff *Earl of Pembroke* für 2800 Pfund von der Admiralität erworben und in *Endeavour* umgetauft worden war, hat sich wohl niemand etwas dabei gedacht, als bekannt wurde, der Kommandant heiße James Cook. Tatsächlich war Cook – man ernannte ihn neben Green zum zweiten Beobachter – der Royal Society bekannt, vor allem wegen seiner Beobachtungen der Sonnenfinsternis im Jahr 1767, als er die Küsten Neufundlands vermaß. Außerdem hatte er sich die Anerkennung der Royal Society verdient, da er »ein guter Mathematiker [war] und in seinem Beruf sehr fachkundig«. Auch schätzten ihn einige Beamte in der Admiralität wegen seiner einwandfreien Vermessung der Küstenlinien der Labradorhalbinsel, Neufundlands, Neuschottlands und des Sankt-Lorenz-Stroms. Einem dieser Beamten, dem Admiralitätssekretär Philip Steven, gebührt das Verdienst, Cooks Namen aus Dutzenden anderer qualifizierter Kandidaten ausgewählt zu haben. Die Entscheidung wurde vom Gouverneur von Neufundland – einem weiteren Mitglied der Royal Navy –, Sir Hugh Palliser, unterstützt.

Am 20. Mai 1768 ankert Kapitän Samuel Wallis nach seiner Weltumsegelung, die 637 Tage gedauert hat, mit seiner *Dolphin* in den Downs. Er berichtet, er habe in dem von Maskelyne entworfenen Pazifiktrapez eine neue Insel entdeckt. Die geographische Position von King George III Island (Tahiti) hatte er präzise auf 17° 30′ südlicher Breite und 150° westlicher Länge festgelegt. Den Längengrad habe man bestimmt, »indem man die Entfernung der Sonne vom Mond nahm und gemäß Dr. Maskelynes Methode berechnete, die wir nicht verstanden«. Wallis' Beschreibung der Insel, der Einwohner und der Position überzeugen die Royal Society und die Admiralität, daß sich hier ein idealer Beobachtungsposten für den Venusdurchgang befindet.

Am 26. August 1768 sticht die *Endeavour* bei Plymouth in See. An Bord sind 94 Seelen, Vorräte für über 18 Monate, festes Segeltuch, Stangen, Tauwerk und die besten Instrumente, die für die astronomische Beobachtung des Venusdurchgangs zur Verfügung stehen. In den Anweisungen, die die Lordschaften am 30. Juli unterzeichnen, wird Cook eingeschärft, nach Tahiti zu segeln, eine Sternwarte zu errichten und den Venusdurchgang zu vermessen. »Sobald diese Aufgabe durchgeführt ist, habt Ihr ohne jeden Zeitverlust wieder in See zu stechen und die weiteren Anweisungen in dem beigefügten versiegelten Päckchen auszuführen.«

In dem versiegelten Päckchen geht es um Dalrymples großen Südkontinent. Einige Seeleute auf der *Dolphin* wollen bei Sonnenaufgang südlich von Tahiti Bergspitzen gesehen haben. Gehören diese fernen Gipfel vielleicht zu diesem Erdteil? Ihre Lordschaften sind pragmatisch eingestellt und kommen deshalb nur vorsichtig auf das Thema zu sprechen: »Da doch Grund zur Annahme besteht, daß sich ein Kontinent oder Land von großem Ausmaß südlich des Weges befindet, den unlängst Kapitän Wallis auf dem Schiff seiner Majestät, der Dolphin, entdeckt hat (wovon Ihr hiermit eine Kopie erhaltet), oder südlich des Weges irgendeines anderen Seefahrers auf der Suche nach demselben...« Nachdem sich Ihre Lordschaften diese Last von der Seele gewälzt haben, wird Cook »hierdurch aufgefordert, mit der von Euch befehligten Bark in See zu stechen, sobald die Beobachtung des Durchgangs des Planeten Venus beendet ist, und die folgenden Anweisungen auszuführen«.

Die Instruktionen sind knapp, genau, und sie legen dem Adressaten keine allzu großen Einschränkungen auf. Man hat sie mit Sorgfalt verfaßt.

Ihr habt südwärts zu segeln, um den oben erwähnten Kontinent zu entdecken, bis Ihr zum 40. Breitenkreis gelangt, es sei denn, Ihr stoßt bereits früher auf Land. Solltet Ihr auf diesem Kurs den Kontinent oder irgendwelche deutliche Anzeichen davon nicht entdecken, habt Ihr die Suche in westlicher Richtung zwischen dem bereits erwähnten und dem 35. Breitenkreis fortzusetzen, bis Ihr ihn entdeckt oder auf die östliche Seite des von Tasman entdeckten und nun Neuseeland genannten Landes stoßt.

Sollte er auf den Kontinent stoßen, soll er die Küstenlinie vermessen, die Früchte des Meeres, der Flüsse und des Landes, außerdem Flora und Fauna und die Mineralien notieren sowie Proben der Samen von Bäumen, Früchten und Pflanzen einsammeln. Eingeborene sollen im Geiste der durch Vorsicht gemilderten Freundschaft behandelt werden. Entdeckt er keinen Kontinent, soll er die Küstenlinie Neuseelands auskundschaften und vermessen, sich in irgendeinem bekannten Hafen neu verproviantieren und entweder auf der Route um das Kap der Guten Hoffnung oder um das Kap Hoorn nach England zurückkehren.

Drei Jahre später hat er die Mission beendet. Die *Endeavour* geht in den Downs vor Anker, und Cook bricht nach London auf, um die Admiralität über seine Reise zu unterrichten. Sein Bericht erregt Staunen, er handelt von Abenteuern und Gefahren, romantischen Inseln, drohendem Schiffbruch und Untergang. Man hat den Venusdurchgang beobachtet; weite Teile eines theoretisch möglichen Südkontinents sind erfaßt; 5000 Meilen neuer Küstenlinie sind vermessen und Neuseeland und die Ostküste Australiens auf der Erdkarte eingezeichnet. Ihre Lordschaften und die Mitglieder der Royal Society sind hoch zufrieden. Keine Expedition hat so viele Proben und Exemplare von naturkundlicher Bedeutung mit zurückgebracht: mehr als 1000 neuentdeckte Pflanzen, Hunderte neuentdeckter Fischarten, Vogelgefieder, Häute von Säugetieren und »unzählige Insekten«. Die Seeleute in der Admiralität und die gelehrten Herren der Royal Society mögen sich über diese reiche Ausbeute freuen, die närrischen Mitglieder der Londoner High-Society aber sind hellauf begeistert von den Erzählungen über die Eingeborenen von Tahiti und ihren willigen Frauen und Mädchen. Oh, wie entzückend, daß man gerade auf diesem Eiland die Venus beobachtet hat! Hinter Fächern hört man anzügliches Geflüster über die Liebesabenteuer des jungen Mr. Banks.

Doch Banks steht nicht nur im Mittelpunkt Londoner Klatschgeschichten, er hat auch Känguruhhäute mitgebracht. In der Royal Academy stellt George Stubbs – der gefeierte Pferdemaler – ein Gemälde dieses absonderlichen Tieres aus. Vielleicht hat dieses Bild, oder auch ein Gespräch mit Banks, den bedeutenden Schriftsteller Samuel Johnson auf seiner Reise mit Boswell durchs schottische Hochland und auf die Hebriden dazu ermuntert, nach einem guten Abendessen den versammelten Freunden das Aussehen und die Gewohnheiten dieses seltsamen Tieres zu demonstrieren. Der ernste Gelehrte steht aufrecht da, nimmt seinen Rock, ahmt den Beutel des Känguruhs nach und streckt die Hände wie Fühler aus – und dann hüpft er mit großen Sätzen durchs Zimmer. Man wäre gern dabeigewesen. Dr. Johnsons Ansichten über die »unzähligen Insekten«, die Banks von der Reise mitgebracht hat, sind weniger schmeichelhaft: Es gebe in England schon genug Ungeziefer, das man untersuchen könne.

Doch inmitten der Lobeshymnen auf diese Reise von

weltgeschichtlicher Bedeutung läßt sich eine kritische Stimme vernehmen. Alexander Dalrymple meint, Cook habe es bei seinen Bemühungen, den Südkontinent zu finden, an Ausdauer fehlen lassen. Daß Dalrymple tatsächlich einen Spleen hatte, belegt ein Beispiel aus seinen Schriften. Kursiv und groß gesetzte Wörter und Sätze übersäen die Seiten: »Es soll immer noch ungeklärt sein, ob es einen SÜDLICHEN KONTINENT gibt oder nicht? Vier Reisen sind *unter ihrer Leitung* [der Admiralität] gemacht worden, während ich mit Nachdruck beteuert habe, sogar bei ihr, daß ich nicht *im Stande der Unwissenheit zurückgekehrt wäre*.«

Tatsächlich gab es in dem Ozean riesige unerforschte Gegenden, in denen sich das Südland befinden konnte. Außerdem wußte Dalrymple nicht, daß Cook insgeheim den Plan verfolgte, den Kontinent entweder zu finden oder dessen Existenz endgültig zu widerlegen. Hundert Jahre später schrieb Thomas Huxley, daß zu den großen Tragödien in der Wissenschaft die Zerstörung einer schönen Hypothese durch eine häßliche Tatsache zähle. Schon bald sollte das Schicksal der schönen, jahrhundertealten These von der Terra australis incognita endgültig besiegelt sein.

II

Die Kunst, einen Hafen zu finden

> Der Breitengrad ist recht ungewiß,
> und der Längengrad ist auch sehr vage.
>
> W. J. Prowse, The City of Prague, 1856

> Ich erstatte lediglich Bericht vom Längengrad (Hispaniolas), um den Leser zu warnen, daß es nichts Unsicheres gibt und daß keine bis heute ersonnene Methode zur Bestimmung der geographischen Länge irgendwelche feststehenden oder gesicherten Erkenntnisse erbracht hat.
>
> Jean-Baptiste Labat,
The Memoirs of Père Labat, 1693–1705, 1931

Die langen Entdeckungsreisen des 15. und des 16. Jahrhunderts über die Weltmeere bescherten den Seeleuten neue und knifflige Probleme. Die eine Schwierigkeit war die richtige Ernährung, die andere die genaue Navigation. Die drei Grundlagen der Küstennavigation – Log, Lot und Ausguck – reichten zur präzisen Ortsbestimmung neuer Landstriche und geographischer Entdeckungen nicht mehr aus. Die europäischen Seeleute standen, sobald sie die vertrauten Kaps, Vorgebirge und Meerengen hinter sich gelassen hatten, vor der heiklen Frage: Wo waren sie? Und in der pfadlosen Wasserwüste waren auch noch die einzigen Wegweiser unbeständig: Sonne, Mond, Sterne, Planeten.

Log, Lot und Ausguck bilden bis heute die heilige Dreifaltigkeit im Glaubensbekenntnis eines jeden Seemanns, und nur ein törichter Seefahrer mißachtet diese drei Glaubenssätze. Einzig die technischen Mittel haben sich geändert. Das Spielzeug des Wochenendseglers von heute ist aufgeputzt mit Satellitennavigationssystem, Log, Echolot und Radar – den digitalen Mikroprozessorversionen einer Sanduhr, eines Holzscheits, der geknoteten und der bleibeschwerten Leine.

Diese Dreieinigkeit berücksichtigt dreierlei: Geschwindigkeit, Zeit und Richtung. Die einfachste Methode, die Geschwindigkeit (Fahrt) eines Schiffes zu messen, kennt man unter der Bezeichnung »Holländer-Log«. Die Entfernung zwischen Bug und Heck ist dabei bekannt. Man wirft am Bug ein kleines Holzscheit ins Meer und zählt die Sekunden, bis es das Heck erreicht. Die Fahrtgeschwindigkeit läßt sich dann mit einer einfachen Formel berechnen*. Auf diese Weise hat man vermutlich auf der *Victoria* während der ersten Weltumsegelung die Fahrt berechnet. Eine ausgeklügeltere Methode, die mit der Geschwindigkeitseinheit »Knoten« arbeitet, beruht auf demselben Prinzip. Dieses einfache Verfahren tauchte zum erstenmal Mitte des 16. Jahrhunderts auf und wurde noch im 20. Jahrhundert verwendet. Dabei wird ein leicht beschwertes, aufrecht im Wasser stehendes Holzbrett (Logscheit) an einer Leine befestigt, in die man in bestimmten Abständen Knoten geschlungen hat. Das Log wird ins Meer hinabgelassen, und wenn der erste Knoten aufs Wasser trifft, dreht man eine halbminütige Sanduhr um. Ist der Sand durchgelaufen, zählt man die Knoten, die ins Wasser eingetaucht sind. Damit erhält man die Geschwindigkeit, gemessen in Knoten – Seemeilen pro Stunde. Auf

---

* Die Geschwindigkeit, gemessen in Knoten, hat die Formel $6e : s$, wobei e die Entfernung und s die Zeit in Sekunden ist.

einem gut geführten Schiff wurde das Log alle Stunde hinabgelassen; die Geschwindigkeit, die zurückgelegte Strecke und der Kompaßkurs wurden notiert und schließlich beim Wachwechsel alle vier Stunden ins Logbuch eingetragen.

Das Patent-Log ist eine Weiterentwicklung des gewöhnlichen Logs. Foxons »ewiges Log« wurde 1773 auf der Arktisreise von Kapitän Constantine Phipps ausprobiert. Auch James Cook benutzte es – zum erstenmal – auf der Fahrt mit der *Resolution* von Sankt Helena nach England. Das Patent-Log beruht auf dem archimedischen Schraubenprinzip. Am Außenbordende der Logleine wird eine sich drehende Schraube mitgeschleppt; die Anzahl der Seemeilen wird von einer Meßuhr an Bord des Schiffes abgelesen.

Aber auch die gröbsten Schätzungen der Tagesstrecke besagen wenig, wenn man die Richtung nicht kennt. Die nördliche Hemisphäre ist mit dem Polarstern gesegnet, der bei grober Navigation fest am Himmel zu stehen scheint. Bei nächtlicher Fahrt strahlt er als festes Leuchtsignal im Norden. Bei der Fahrt am Tag liefert die Sonne ein anderes, wenn auch bewegliches Leuchtfeuer. Für die Navigation auf hoher See in unbekannten Gewässern braucht man mehr. Den magnetischen Kompaß haben die Chinesen erfunden. Er gelangte mit arabischen Händlern nach Westen, breitete sich durch die islamischen Länder aus und wird erstmals zwischen 1180 und 1190 in den Werken Alexander Neckams, eines englischen, an der Pariser Universität lehrenden Mönchs, erwähnt. Mehr als jede andere Erfindung hat es der Kompaß den Europäern ermöglicht, jahrhundertelang die Weltmeere zu beherrschen – hierin nur der Kanone vergleichbar, die ebenfalls die Chinesen erfunden haben.

Das Lot ist ein bescheideneres Gerät, es mißt die Wassertiefe und die Art des Meeresgrunds. Dieses spitz zulaufende, in seiner Einfachheit schöne Stück Blei wird an einer Leine, unterteilt in Faden*, befestigt. An der Unterseite befindet sich ein Stück Talg, in dem sich der Untergrund abdrückt – grober Sand, feiner Sand, Sand und Muscheln, Schlamm usw. Das alles sind entscheidende Hinweise für den Küstenschiffer, der sich in kleinen und großen Buchten, in Meeresarmen und an der Küste genauestens auskennen muß. Für ihn ist von der nautischen Dreifaltigkeit das Lot am wichtigsten.

Die See kennt keine Nationalitäten. Daher handeln hier alle Anekdoten, in welcher Sprache sie auch erzählt werden, von denselben Themen. Eine erzählt von einem Schiffer, der seine Küste so gut kannte, daß er die genaue Position angeben konnte, indem er die Bodenprobe, die das Lot nach oben gebracht hatte, betrachtete, daran roch und schließlich schmeckte. Als er einmal einige Hühner von Bauer Brown an Bord hatte, rief er in dichtem Nebel nach dem Lot. Der Maat bestückte das Lot mit Talg und aus Spaß noch mit ein wenig Hühnermist. Das Lot wurde geworfen, die Tiefe ausgerufen. Der Schiffer sah sich das Bleilot mit dem Talg an, schmeckte es, hob den Blick und rief: »Mein Gott – schnell, Jungs, anluven, anluven, es ist was Furchtbares passiert, wir sind über dem Hof vom alten Brown!«

Die Erkenntnisse, die sich aus dem Talg gewinnen lassen, reichen jedoch nur für die Zwecke der Küstenschiffahrt. Die Orientierung auf den unergründlich tie-

---

* Ein Faden entspricht 6 englischen Fuß (1,829 Meter) – der Entfernung der ausgestreckten Arme eines durchschnittlich großen Mannes von Fingerspitze zu Fingerspitze.

fen und auf keiner Karte verzeichneten Meeren erfordert die Kenntnis von geographischer Breite und Länge; dazu aber muß man den Himmel beobachten – nicht den Meeresboden.

In diesem Koordinatensystem gibt es die Parallel- oder Breitenkreise, die von Ost nach West verlaufen, und die Meridiane, die Längenkreise von Nord nach Süd. Es wurde im 2. Jahrhundert v. Chr. von Hipparchus erfunden, dem griechischen Astronomen, Mathematiker, Vater der Trigonometrie und Schrecken von Generationen tintenbekleckster Schuljungen. Die Position eines Beobachters entlang eines Breitenkreises war ein lösbares Problem, denn sie kann durch die Messung der Höhe von Polarstern oder Sonne über dem Horizont berechnet werden. Die Instrumente sind einfach: das scheibenförmige Astrolabium (Winkelmesser), der Quadrant und der Kreuz- oder Jakobsstab (dieser wurde 1595 von John Davis zum englischen Quadranten oder Davisquadranten verbessert, der den Beobachter davor bewahrte, in die Sonne blinzeln zu müssen). Im 15. Jahrhundert standen Deklinationstafeln für die Berechnungen zur Verfügung. So ausgestattet konnte der Seemann bei gutem Wetter und Windstille die geographische Breite bis auf einige Meilen genau berechnen. Da das schwankende Deck eines kleinen Schiffes aber keine ideale Plattform für astronomische Beobachtungen ist, kann sich auch der beste Navigator bei der Berechnung des Breitenkreises ziemlich irren.

Durch die Bestimmung der Breite wußte der Seefahrer jedoch nur, wo er sich auf einer durchgehenden Linie befand, die um den Erdball führt. Um den genauen Standort auf dieser Linie zu finden, brauchte er noch eine andere Position – am besten eine, die senkrecht zum Breitenkreis steht: Wo sich diese Linien kreuzen, ist der Standort des Beobachters. X bezeichnet diesen Punkt. Aber die Festlegung dieser Positionslinie – der geographischen Länge – stellte ein viel schwierigeres und anscheinend unlösbares Rätsel dar.

Ein Autor des 16. Jahrhunderts tat dieses Problem als unerheblich ab. »Nun mag es einige geben, die sehr neugierig sind und eine Methode haben möchten, mit der sich die geographische Länge berechnen läßt«, schrieb er, »aber das ist Seeleuten zu lästig, da sie gründliche Kenntnisse der Astronomie erfordert. Deshalb warne ich jeden vor dem Gedanken, daß sich die Länge auf See durch irgendein Instrument bestimmen läßt. Kein Seemann sollte sich mit solchen Berechnungen herumplagen, sondern (gemäß der üblichen Vorgehensweise) lückenlose Aufzeichnungen und Berechnungen des zurückgelegten Weges seines Schiffes führen.«

Die Methode, »diese lückenlosen Aufzeichnungen und Berechnungen« vorzunehmen, bestand darin, die Geschwindigkeit und den gesteuerten Kompaßkurs zu notieren und dann Abtrift, Leeweg und Strömung mit einzubeziehen. Normalerweise waren diese allesamt Schätzungen. Die Methode heißt bezeichnenderweise auch »blinde Berechnung«. Und ein Seemann, der mit seinen Schätzungen nicht recht hatte, lief Gefahr, mit seinem Schiff in der Brandung zu zerschellen. Auf langen Reisen konnte es geschehen, daß man sich dabei um Hunderte, ja Tausende von Meilen irrte. Magellans Navigationsoffizier beispielsweise berechnete nach der furchtbaren Durchquerung des Pazifiks die geographische Länge der Philippinen um fast 3000 Meilen falsch. Kurzum: Die »blinde Berechnung« ist recht unsicher.

Menschenleben, Ladung und Geschäftsbeziehungen gingen verloren. Die Regierungen von Frankreich, Holland, Venedig und Spanien schrieben Geldprämien für die Lösung des Längenproblems aus. 1598 bot Philipp III. von Spanien 6000 Dukaten und eine lebenslange Pension von 2000 Dukaten. Doch niemand fand eine Lösung.

Dabei scheint sie verblüffend einfach. Die Erde dreht sich alle 24 Stunden einmal um die eigene Achse (360 Grad). Demnach »bewegt« sich die Sonne jede Stunde um 15 Längengrade weiter. Wenn man weiß, wie spät es etwa in London, Paris oder Madrid ist (dies nenne man den Hauptmeridian, wobei »Meridian« Mittag bedeutet), und durch die Beobachtung der Sonne die Mittagszeit auf seinem Meridian kennt, kann man seine Entfernung östlich oder westlich des Hauptmeridians errechnen. Damit hat man seine Länge gefunden. Dafür benötigt man jedoch zwei sehr genaue Meßinstrumente – eines, mit dem der Höhenstand der Sonne gemessen wird, und eine ausgereifte Uhr, die exakt die Zeit mißt. Auf Schiffen im 15. und 16. Jahrhundert gab es nur Sanduhren, die man alle halbe Stunde umdrehen mußte. Eieruhren.

1675 bezog Reverend John Flamsteed, der zum ersten Königlichen Astronomen des neuen Königlichen Observatoriums in Greenwich ernannt worden war, sein von Christopher Wren entworfenes Haus. Seine Aufgabe war es, »die Tafeln der Bewegungen des Himmels und die Orte der Gestirne« zu berichtigen, »um die ersehnten Längenkreise von Orten herauszufinden, damit die Kunst der Navigation und der Astronomie vervollkommnet werde«. Grundlage war der Nullmeridian: Er läuft durch die Sternwarte in Greenwich, weswegen die Zeitzoneneinteilung der Erde auf der Greenwicher Zeit beruht.

Erst 1714 beschloß das englische Parlament, eine staatliche Belohnung für die Berechnung der Längen auf See auszusetzen. Damals verdiente ein Handwerker bestenfalls 26 Pfund im Jahr, ein Vollmatrose der Royal Navy bezog einen Jahressold von 14 Pfund und sein Kapitän einen von 100 Pfund. Im Vergleich dazu war die ausgeschriebene Geldprämie recht beachtlich:

> 10 000 Pfund, wenn die Methode auf 1 Grad oder 60 Seemeilen genau ist;
> 15 000 Pfund, wenn die Methode auf $^2/_3$ Grad oder 40 Seemeilen genau ist;
> 20 000 Pfund, wenn die Methode auf $^1/_2$ Grad oder 30 Seemeilen genau ist.

Man rief ein »Board of Longitude« ins Leben, ein aus 22 Mitgliedern bestehendes Amt. Sobald eine Mehrheit von ihnen die Methode für »nützlich und praktikabel« hielt, sollte die Hälfte der Prämie ausgezahlt werden. »Nützlich und praktikabel« ist eine vieldeutige Formulierung. Weniger mißverständlich war die Zahlung des Restbetrags der Belohnung. Ein Schiff sollte nach der vorgeschlagenen Methode von einem Hafen der Britischen Inseln nach den Westindischen Inseln segeln; je nach dem Grad der Genauigkeit wurde dann die zweite Hälfte ausgezahlt.

Als man Sir Isaac Newton bat, sich an der Suche nach der Länge auf See zu beteiligen, antwortete er respektlos, er habe gar nicht bemerkt, daß sie verlorengegangen sei. Dennoch trat er dem Amt bei, das in den nächsten Jahrzehnten mehr als 300 Vorschläge prüfte.

Natürlich bildete die Prämie eine Einladung an zahlreiche verschrobene Typen und Exzentriker. Ein gewisser Mr. Owen Straton etwa behauptete, »ein selbst ersonnenes Instrument« zu besitzen, mit dem man die Länge bestimmen könne. Es war eine Sonnenuhr. Die damalige Suche nach einer geeigneten Methode erinnert durchaus an die Kreuzworträtselmanie mancher heutiger Zeitgenossen. Der Maler und Kupferstecher William Hogarth machte sich darüber in seiner Kupferstichserie »Leben eines Wüstlings« lustig. Eine Szene zeigt den Insassen einer Irrenanstalt, der sich inmitten seiner geisteskranken Gefährten friedlich mit dem Problem der geographischen Länge beschäftigt.

Hogarths Geisteskranker tut dies auf zweierlei Weise: mechanisch und astronomisch/mathematisch. Damit die mechanische Vorgehensweise Erfolg hatte, mußte ein Zeitmeßgerät von so großer Ganggenauigkeit und Qualität hergestellt werden, daß es auf längeren Reisen auch unter extremen Temperaturen und bei heftigen Schiffsbewegungen mit gleichbleibender Geschwindigkeit seinen Dienst tat. Noch gab es keine Uhr, die diese Bedingungen erfüllte. Daher zielten etwa 100 Vorschläge auf eine astronomisch/mathematische Lösung. Sie erforderte, daß man die Entfernung zwischen dem sich relativ schnell bewegenden Mond und den Fixsternen maß. Die Längenberechnung aufgrund der »Monddistanzen« hatte jedoch Nachteile: Die Berechnungen waren kompliziert, sie mußten präzise sein, und das Ganze hing davon ab, ob man exakte astronomische Tafeln zur Verfügung hatte.

Im Jahr 1731 wurde die astronomische Messung auf See deutlich besser: John Hadley erfand den Spiegelquadranten – ein Instrument, das viel leichter zu handhaben und weitaus genauer war als Davisquadrant, Astrolabium oder Kreuzstab. Um 1757 hatte Kapitän John Campbell es zum Sextanten weiterentwickelt. Um 1777 baute der geniale Ingenieur und Instrumentenmacher Jesse Ramsden einen »Teilungsapparat«, der die Bogen und Linienskalen mit einer bislang unbekannten

Präzision unterteilte. 1792 stellte Ramsden schließlich Sextanten her, die sich in Genauigkeit und Ausstattung mit Teleskopen, Nonien, Blenden und Spiegeln nicht mehr von den heutigen Instrumenten unterscheiden. Hadleys Erfindung hatte also, so schien es, den Ausschlag für die Monddistanzen-Methode gegeben.

Im Jahr 1474 hatte der deutsche Astronom Regiomontanus die Prinzipien der Monddistanzen-Methode formuliert. Doch sollten fast 300 Jahre vergehen, bis ein weiterer Deutscher, Tobias Mayer, fußend auf Newton, eine Serie genauer Mondtafeln zur Bestimmung der geographischen Länge schuf. Es ging ihm aber gar nicht darum, die Länge auf See zu bestimmen, sondern um die Genauigkeit im Kartenwesen. 1747 schrieb er, es sei »in der Geographie nur zu bekannt, daß für sehr viele, wenn nicht für die meisten bekannten Orte die Länge und die Breite genauer bestimmt werden müssen. Dies zu erreichen zählt zu den bedeutendsten Zielen der Astronomie ...« Und so kam es, daß ein deutscher Kartograph, Astronom und Mathematiker, der nie zur See gefahren war – ja, das Meer überhaupt nie zu Gesicht bekommen hatte –, 1755 in einer Denkschrift an den Präsidenten des Board of Longitude die Belohnung forderte.

Mayers Tafeln wurden von Dr. Nevil Maskelyne auf einer Reise nach Sankt Helena herangezogen, wo er 1761 den Venusdurchgang untersuchen wollte. Die Ergebnisse waren ermutigend, denn offenbar konnte man die Länge auf See bis auf 1 Grad oder 60 Seemeilen genau bestimmen. Mayer starb 1762, und ein Jahr darauf nahm Dr. Maskelyne dessen Tafeln in sein Werk *The British Mariners Guide* auf. Tobias Mayer wurde von dem promovierten Pastor mit keinem Wort erwähnt.

1765 billigte das englische Parlament Mayers Erben

die Summe von 3000 Pfund Sterling zu – obwohl Mayers Leistung die Hälfte der Prämie von 10 000 Pfund gerechtfertigt hätte. Im selben Parlamentsbeschluß wurde die volle zweite Hälfte der Prämie einem gewissen John Harrison zuerkannt. Damit er sein Geld überhaupt erhalten konnte, mußte das Parlament seinen Beschluß von 1714 ändern. Harrison sollte wenigstens zwei weitere Chronometer herstellen, außerdem verlangte man von ihm – und das war vielleicht noch kränkender –, seine lang und hart erarbeiteten Fertigkeiten und seine Sachkenntnis drei erfahrenen Mechanikern und drei rivalisierenden Uhrmachern zugänglich zu machen*. Damit war der Wettlauf zur Berechnung der geographischen Länge auf See voll entbrannt. Nun kam es zu einem Kopf-an-Kopf-Rennen zwischen den Verfechtern der Monddistanzen-Methode und den Uhrmachern.

1661 hatte der holländische Physiker und Astronom Christiaan Huygens die erste Pendeluhr entwickelt, die der Längenberechnung auf See dienen sollte. Assistiert hatte ihm dabei Alexander Bruce, der zweite Graf von Kincardine, der damals im Exil in Holland lebte. Nachdem Karl II. durch die Restauration den britischen Thron erlangt hatte, nahm Bruce zwei dieser Uhren mit nach England zurück, wo sie der englische Physiker und Direktor der experimentellen Abteilung in der Royal Society, Robert Hooke, an Bord der königlichen Yacht testete. Es erwies sich jedoch, daß eine Pendeluhr nicht in der Lage war, auf einem rollenden und krängenden Schiff die Zeit richtig anzuzeigen.

---

* Als dies Harrison 1765 auf einer Sitzung des Board of Longitude erfuhr, stürmte er aus dem Saal und schimpfte: »Solange ich einen Tropfen englisches Blut in mir habe, werde ich meine Zustimmung verweigern.«

Selbst mit Verfeinerungen des Uhrwerks, wozu gehörte, daß man das Pendel durch eine Ausgleichsfeder und eine Hilfsfeder ersetzte, die den Apparat in Gang hielt, während man die Hauptfeder neu aufzog, war noch immer keine Uhr konstruiert, die für die Verwendung auf See ausreichend genau und robust war.

Im selben Jahr, in dem das Längen-Amt gegründet wurde, prägte der englische Erfinder Jeremy Thacker den Begriff »Chronometer«*. Als diese Wortschöpfung 1714 in seiner Broschüre *Die Untersuchung der Länge* erschien, war John Harrison, ein aus Yorkshire gebürtiger Zimmermann, 21 Jahre alt. Bis zu seinem Tod im Jahr 1776 widmeten er und sein Bruder den größten Teil ihres Lebens dem Bau und der Vervollkommnung eines funktionsfähigen Chronometers.

John Harrison wurde als Sohn einer armen Zimmermannsfamilie im Weiler Foulby in Yorkshire geboren. Um dem kleinen Jungen nach einer Pockenerkrankung die Genesung zu erleichtern, legten die Eltern eine tickende Uhr auf das Kissen des Rekonvaleszenten. Damit steht der Berufsweg des kleinen John fest. Er tritt in die Fußstapfen des Vaters und erlernt das Zimmermannshandwerk; zugleich verdient er sich Geld dazu, indem er Vermessungsarbeiten annimmt. Abends aber studiert er bei blakendem Kerzenlicht Mechanik und Physik. Bald zeigt sich sein Genie. Er erfindet das Kompensationspendel, eine einfallsreiche Lösung für die Ausdehnung und Kontraktion des Zugs des normalen Pendels. 1728 faßt er den Entschluß, sich mit einem Chronometer um die Geldprämie zu bewerben, die für die Berechnung der geographischen Länge ausgelobt

---

* Erst im Jahr 1782 taucht der Begriff in den Protokollen des Board of Longitude auf.

worden war. Er packt seine Modelle und Zeichnungen zusammen, reist nach London und begibt sich auf die Suche nach finanzieller Unterstützung; er findet sie bei George Graham, einem führenden Uhrmacher.

Und so benötigte John Harrison, dem sein Bruder James hilfreich zur Seite stand, sieben Jahre für den Bau seiner ersten »See-Uhr«, die er 1735 fertigstellte. Heute befindet sie sich im Maritime Museum in Greenwich. Sie wiegt über 72 Pfund und paßt gerade in eine würfelförmige Kiste von knapp einem Kubikmeter Fassungsvermögen. Die vier Zifferblätter zeigen den Tag im Monat, die Stunden, die Minuten und die Sekunden an. Die Räder sind aus Holz. Mit ihren vielen Gegenankern, Gewichten, Drähten, Federn, Zähnen und Zahnrädern aus Messing wirkt sie ein bißchen komisch. Sie ist unter dem Namen H1 bekannt. Zum Gebrauch auf See wurde der ganze Apparat mit einer kardanischen Aufhängung in einer Holzkiste angebracht, deren Ecken auf Spiralfedern ruhten.

Fünf Mitglieder der Royal Society prüften die H1 und sprachen die Empfehlung aus, sie einem Test auf See zu unterziehen. Nachdem das Board of Longitude den Vorschlag akzeptiert hatte, segelte Harrison mit seiner Schöpfung an Bord der H.M.S. *Centurion* nach Lissabon. Die Ergebnisse waren so ermutigend, daß das Längengrad-Amt Harrison Geld für den Bau einer verbesserten Version vorstreckte. Die Neuschöpfung der Harrisons, bekannt als H2, wurde nie auf See erprobt. Sie war größer und schwerer als ihr Vorgänger und enthielt eine Reihe von Verbesserungen – aber nicht genug, um die Harrisons zufriedenzustellen. Eine weiterentwickelte Version, die H3, nahm 17 Jahre in Anspruch, in denen John Harrison allein an seiner Schöpfung arbeitete. Gleichzeitig schuf er sein Meisterwerk, die H4. Die

Vorgänger waren große, schwere und schwierig zu handhabende Geräte gewesen. Die H4 maß nur noch knapp 13 Zentimeter im Durchmesser; man konnte sie bequem in der Hand halten oder in die Rocktasche stecken. Aus einem Ungetüm war eine große Taschenuhr geworden.

1761 bat Harrison darum, seine beiden jüngsten Schöpfungen auf See testen zu dürfen. Schließlich wurde nur die H4 auf einer Reise nach Port Royal auf Jamaica und zurück einer Prüfung unterzogen. Harrisons Sohn William begleitete die H4 und beeindruckte den skeptischen Kapitän mit genauen Landungen auf Madeira und Jamaica. Weit schwieriger war es, das Amt zu überzeugen.

Für das Board of Longitude waren die Ergebnisse negativ. Die Länge von Port Royal, die die Uhr berechnet hatte (1,25 Minuten Abweichung), wurde mit der recht kleinlichen Begründung in Zweifel gezogen, daß der geltende Längenkreis (den man 18 Jahre zuvor nach der Beobachtung des Merkurdurchgangs berechnet hatte) selbst falsch sein könne. Nach einer stürmischen Rückfahrt erreichte die H4 die Länge des Zielhafens Portsmouth – sie wich lediglich 18 Meilen von dem geltenden Wert ab. Empört wies Harrison das Amt darauf hin, daß der Fehler nach einer fünfmonatigen Reise gerade mal etwas weniger als 2 Minuten betrage. Und – was wichtiger war –, daß die Geschwindigkeit, mit der eine Uhr zu schnell oder zu langsam gehe, bei der Beurteilung ihrer Qualität ebenfalls eine wichtige Rolle spiele.

Für die H4 wurde eine neuerliche Erprobung auf See angeordnet, und wieder fungierte William Harrison als Begleiter des kostbaren Geräts. John Harrison hatte eine Erklärung verfaßt, wonach die H4 bei 22 Grad Celsius genau gehen und eine Sekunde am Tag pro 12 Grad

Schwankung vor- oder nachgehen würde. Er schätzte, daß die H4 auf der Reise eine Sekunde pro Tag gewinnen würde. Im März 1764 fuhr die H. M. S. *Tartar* nach Madeira und Barbados. Harrisons Schätzungen fanden eine triumphale Bestätigung, da die H4 die Länge auf 10 Seemeilen genau berechnete. Die Prämie von 20 000 Pfund sollte bei einer Genauigkeit von bis zu 30 Seemeilen ausgezahlt werden. Auf den ersten Blick schien Harrison zu Recht Anspruch auf die 20 000 Pfund zu haben.

Auf Barbados hatte Nevil Maskelyne die Angaben der H4 mit Beobachtungen der Satelliten des Planeten Jupiter verglichen und geprüft. Maskelyne, der einige Monate zuvor losgesegelt war, hatte auf seiner Reise über den Atlantik die Methode der Längenberechnung mit Hilfe der Monddistanzen angewendet. Das Längen-Amt mußte nun zwei Verfahren beurteilen – Harrisons und Mayers – und ein endgültiges Urteil fällen. Aber jetzt steckte das Gremium in der sprichwörtlichen Zwickmühle. Das Dilemma lag in der Formulierung »nützlich und praktikabel«.

Beide Methoden waren nützlich – aber waren sie auch gleichermaßen praktikabel? Konnte denn wirklich ein anderer als Harrison eine genügend genau gehende Uhr konstruieren? Und – was ausschlaggebender war – wieviel würde sie kosten? Nevil Maskelyne räumte ein, daß die komplizierten Berechnungen mit Hilfe der Monddistanzen bis zu vier Stunden in Anspruch nahmen. Nur wenige bei der Royal Navy und noch weniger Kapitäne der Handelsmarine dürften dies besonders begeistert aufgenommen haben. Das Board of Longitude faßte daher einen Beschluß, mit dem niemand so richtig glücklich war. Mayers Erben und Anhänger empfanden die Prämie von 3000 Pfund als albern, und

Harrison stimmte erst nach monatelanger Überzeugungsarbeit den neuen Bestimmungen von 1765 zu.

Darüber hinaus irritierte Harrison, daß das Amt ihn offiziell ersuchte, die H4 im Königlichen Observatorium in Greenwich weiteren Prüfungen zu unterziehen. Dabei sollte ausgerechnet Nevil Maskelyne, der soeben zum Königlichen Astronomen ernannt worden war, in Personalunion als Richter und Geschworener fungieren. Mit einiger Berechtigung bezweifelte Harrison, daß Maskelyne – ein Verfechter der Längenberechnung mit Hilfe der Monddistanzen – ein unparteiisches Urteil fällen konnte – oder wollte. Das war dann auch der Fall. »Man kann sich nicht darauf verlassen«, orakelte der Königliche Astronom, »daß Mr. Harrisons Uhr bei einer sechswöchigen Reise nach den Westindischen Inseln die Länge bis auf einen Grad genau bestimmt; auch nicht, daß sie die Länge bis auf einen halben Grad über einen Zeitraum von mehr als 14 Tage bestimmt; zudem muß sie an einem Ort stehen, an dem die Temperatur einige Grad über dem Gefrierpunkt liegt.«

Da dieses Urteil der tatsächlichen Leistung der H4 auf zwei Reisen nach Westindien in keiner Weise gerecht wurde, machte Harrison schon bald darauf aufmerksam, daß der begriffsstutzige Königliche Astronom die relative Geschwindigkeit der Messung mit Hilfe des Chronometers nicht berücksichtigt habe. »Es ist nicht erforderlich, daß eine Uhr ihre Drehung exakt in jener Zeit vollzieht, welche die Erde benötigt, um ihre Drehungen zu vollziehen«, erwiderte Harrison barsch, »es genügt, wenn sie diese unveränderlich in einer *bekannten Zeit* ausführt. Dann wird die konstante Differenz zwischen der Länge der einen Drehung und der anderen nämlich anzeigen, wieviel die Uhr täglich gewinnt oder verliert. Dieses konstante Vorgehen oder Nachgehen bezeichnet man als *Abweichung;* diese wird der Zeit, die die Uhr anzeigt, entweder hinzugefügt oder abgezogen, wodurch man die tatsächliche Zeit erhält und folglich auch die Differenz der Länge.«

1766 kam die erste Auflage von Maskelynes *Nautical Almanack* heraus (der Almanach beruhte auf Mayers Mondtafeln und verringerte den Zeitaufwand zur Berechnung der Monddistanzen). Harrison hatte mit der Arbeit an seiner fünften Uhr begonnen; 500 Exemplare seiner Broschüre (31 Seiten lang, mit 15 Zeichnungen), in der er die Konstruktion seines Chronometers schilderte, waren »Auf Anordnung der Mitglieder des Board of Longitude« gedruckt und veröffentlicht worden. Dieselben Mitglieder ersuchten Mr. Larcum Kendall, die H4 nachzubauen. – 1770 hatte Harrison die H5 fertiggestellt, Larcum Kendall seine Kopie der H4. Kendall benötigte dafür drei Jahre, erhielt vom Board of Longitude 500 Pfund und wurde von William Harrison wegen der guten handwerklichen Arbeit gelobt, die später historische Bedeutung erlangen sollte. Ihre Bezeichnung – natürlich – K1.

1771 kehrte Leutnant James Cook mit der *Endeavour* nach seiner dreijährigen abenteuerlichen Reise nach England zurück. Joseph Banks, der wohlhabende junge Naturforscher, avancierte zum Liebling der Londoner Gesellschaft und wurde auf Bällen, Audienzen, Abendgesellschaften und Empfängen im vornehmen Londoner Stadtteil West End gefeiert. Cook wurde – ein kleiner Schritt – in den Rang eines Kommandanten befördert und kehrte nach Hause zu seiner Frau und seinen zwei Kindern in Mile End im weniger vornehmen Osten Londons zurück. Im stillen plante er bereits eine weitere Forschungsfahrt. Auf der *Endeavour* hatte Cook für die Längenberechnung auf See die Monddistanzen-

Methode angewendet. Die neue Reise – eine weitere Weltumsegelung – bot die ideale Gelegenheit, die neumodischen Uhren genauestens zu prüfen.

Harrison wandte sich mit dem Ersuchen an das Board of Longitude, daß Cook die H4 und die K1 mit auf die Reise nehmen solle. Auf die Genauigkeit dieser beiden Uhren wollte er seine Forderung nach dem Restbetrag auf die Prämie von 20 000 Pfund gründen. Die Bitte stieß auf taube Ohren. Aber nicht jedem Gesuch stellte man sich taub. Ab Oktober 1771 hatte Nevil Maskelyne im stillen darauf hingewirkt, daß auf der nächsten Reise zwei Beobachter des Königlichen Observatoriums und die »Uhr, die Mr. Kendall im Auftrag des Board hergestellt hat und die sich inzwischen im Besitz des Königlichen Astronomen befindet...«, mitfahren sollten. Weitere Uhren, die anderer Bauart waren und die John Arnold hergestellt hatte, sollten die K1 begleiten.

Nun betritt Seine Majestät König Georg III. die Bühne. Der oft geschmähte Monarch hatte lebhaftes Interesse am Problem der Längenberechnung gefaßt und John Harrison und seinem Sohn bereits eine Audienz gewährt. Harrison wandte sich jetzt an seinen Landesherrn und trug ihm den Fall vor: die sich schon lange hinziehende Auseinandersetzung mit dem Längengrad-Amt. Es heißt, König Georg habe dem Uhrmacher zugehört und gebrummt: »Bei Gott, Harrison, ich werde dafür sorgen, daß Euch Gerechtigkeit widerfährt.« So wurde Harrisons jüngster Schöpfung, der H5, eine zehnwöchige Prüfungsfrist im privaten Observatorium des Königs in Richmond gewährt. Nach zehn Wochen ging die Uhr nur viereinhalb Sekunden falsch. Der König war beeindruckt. Am 6. Mai 1773 reichte Harrison beim Parlament – mit der persönlichen Unterstützung des Königs – eine Petition ein, in der er um die ausstehenden 10 000 Pfund bat. Weniger als zwei Monate später bewilligte man dem achtzigjährigen Erfinder nicht 10 000, sondern 8750 Pfund. Das Board of Longitude und das Parlament hatten abermals ihre Pfennigfuchserei unter Beweis gestellt, so daß Harrison mit Recht schrieb, daß »ich hoffentlich der erste und, zum Wohle meines Landes, letzte sein werde, der sein Vertrauen auf einen Parlamentsbeschluß gesetzt hat«.

Drei Jahre später starb John Harrison. Doch zuvor kehrte Cook mit der *Resolution* von der Reise der Jahre 1771 bis 1775 zurück, auf der er die Welt und die Antarktis umsegelt hatte. Dabei hatte er Larcum Kendalls Kopie von Harrisons Meisterstück mitgeführt. Er war voll des Lobes über »unseren verläßlichen Freund, die Uhr« und »unseren getreuen Führer, die Uhr«. Den vielleicht wichtigsten Beweis für Harrisons Genius hatte die letzte Reiseetappe erbracht. Nach drei Jahren hatte Cook so großes Vertrauen zu der Uhr, daß er in Begleitung des Ostindienfahrers Dutton auf dem Weg von Kapstadt nach Sankt Helena seinen Plan änderte: »Ich habe mich auf die Qualität von Mr. Kendalls Uhr verlassen und daher den Versuch gewagt, die Insel auf direktem Kurs anzusteuern – sie hat uns nicht getäuscht, am 15. Mai kamen wir bei Morgengrauen an ...« Und ein junger Fähnrich auf der *Resolution* schrieb: »Am Tag, bevor wir St. Helena sichteten, signalisierten uns die Leute auf der *Dutton,* sie befürchteten, wir würden die Insel verfehlen, aber Käpten Cook hat sie ausgelacht und geantwortet, er würde ihren Klüverbaum in die Insel rammen, wenn sie es wollten ...«

Am Tag nachdem die *Resolution* bei Spithead Anker geworfen hatte, wurde Cooks »verläßlicher Freund, die Uhr« unter der Obhut des Schiffsastronomen, William Wales, mit der Postkutsche nach Greenwich gebracht und Nevil Maskelyne anvertraut. Der Königliche Astronom sah sich mit der herausragenden Leistung der K1 auf einer dreijährigen Reise konfrontiert. Doch mächtige und einflußreiche Männer, die sich mit Gremienpolitik auskennen und denen mächtige Männer das Ohr leihen, können politische Entscheidungen nach ihrer eigenen Fasson treffen. Maskelyne, der gerissene Verfechter der Längenberechnung mit Hilfe der Monddistanzen, war so einer. Der Erfolg der K1 führte zur Aufhebung aller Beschlüsse über die Bestimmung der geographischen Länge. 1774 verabschiedete das Parlament eine – in erster Linie von Maskelyne formulierte – Längengradverordnung. Die Uhrmacher sahen sich abschreckenden Forderungen gegenüber; die Prämien wurden um die Hälfte gekürzt. Hinzu kam ein brillanter Streich gesetzgeberischen Täuschungsmanövers, denn eine Dreiviertelmehrheit der Amtsmitglieder mußte der Methode ihre Zustimmung erteilen. So konnte Maskelyne recht zufrieden bemerken, daß er »den Mechanikern einen Knochen hingeworfen hatte, an dem sie sich die Zähne ausbeißen werden«.

Auf Cooks dritter und letzter Reise, auf der er den Tod fand, segelte die K1 abermals um die Erde. Ein weiteres Kendall-Chronometer, die K2, wurde von Kapitän Bligh an Bord der *Bounty* mitgeführt. Als Bligh und seine Gefährten nach der Meuterei in einem offenen Boot Meer, Wind und Wellen ausgesetzt wurden, behielten die Meuterer klugerweise die K2, mit deren Hilfe sie Pitcairn Island entdeckten. Dort blieb sie von 1789 bis 1808, als ein amerikanischer Robbenfänger, die *Topaz,* unter dem Kommando von Kapitän Mayhew Folger auf die Insel stieß. Zu Folgers Verwunderung war die Insel bewohnt. Geschenke wurden ausgetauscht. Dabei erhielt Folger den Azimutkompaß und das Kendall-Chronometer der *Bounty*. Danach nahm die *Topaz* Kurs auf die Juan-Fernández-Inseln. Man könnte meinen, die K2 hätte nun genügend Abenteuer erlebt – aber auf Juan Fernández plünderte ein geldgieriger spanischer Gouverneur die *Topaz*; und wieder war die K2 verschwunden. Später tauchte sie in Concepción in Chile auf, wo ein Spanier namens Castillo sie für drei Dublonen erstand. Nach seinem Tod im Jahr 1840 wurde die Uhr an Kapitän Herbert von der H. M. S. *Calliope* verkauft, der sie nach England zurückbrachte. Über ein halbes Jahrhundert war vergangen, seit sie an Bord der *Bounty* gebracht worden war.

In dieser Zeit hatte sich der Streit zwischen den Verfechtern der Monddistanzen-Methode und den »Mechanikern«, gelegt. Es war ein langer Prozeß gewesen. Seeleute sind konservativ eingestellt; schon allein die Kosten sprachen für die Längenberechnung mit Hilfe der Monddistanzen. Für Regierungen und für private Schiffseigner hat eine Investition von 10 Shilling in einen jährlich erscheinenden *Nautischen Almanach* mehr Anziehungskraft als die Ausgabe von 100 Pfund für eine neumodische Uhr. Daher zählten Chronometer auf Schiffen der Royal Navy erst nach 1825 zur Standardausrüstung.

Das Board of Longitude wurde 1828 aufgelöst. In den 114 Jahren seiner Existenz hatte es die Grundlagen der wissenschaftlichen Navigation gelegt, wobei das Chronometer und die Mondtafeln zusammengewirkt hatten. Schließlich trug das Chronometer den Sieg davon, doch erst 1908 verschwanden die Mondtafeln von den Seiten des *Nautischen Almanachs*.

Im Ausland begriff man recht schnell, welche Vorzüge das Chronometer bot. 1819 segelte Kapitän Fabian Gottlieb von Bellingshausen mit den beiden russischen

Forschungsschiffen *Wostok* und *Mirnij* nach England – damals die führende Nation in der Herstellung von Vermessungs- und Navigationsinstrumenten –, um Chronometer, Sextanten, künstliche Horizonte, Flächenmesser, achromatische Fernrohre und Seekarten zu erstehen. Die Expedition stand am Beginn ihrer welthistorischen Reise, auf der sie die Antarktis umrunden sollte und erstmals Land unterhalb des südlichen Polarkreises gesichtet wurde.

Die Sorgfalt, mit der die Russen ihre Instrumente auswählten, steht in deutlichem Gegensatz zu einem zeitgenössischen englischen Admiral, der einmal einen seiner Offiziere fragte, was er denn für eine verdächtig aussehende Kiste an Bord brächte. Als der Offizier antwortete, es handele sich um ein Chronometer, befahl der Admiral, die Kiste wieder an Land zu bringen, da er auf *seinem* Flaggschiff keine Schwarze Magie dulde.

Das letzte Wort soll aber einem Amerikaner gebühren, der sich fast zwei Jahrhunderte nach Harrisons Tod nach einem Dinner in Downing Street Nr. 10 erhob und einen Toast auf den Uhrmacher ausbrachte. Harrisons Erfindung, so sagte der Gast, habe dazu geführt, daß die Erde genau vermessen und kartographiert worden sei, ja daß der erste Mensch auf dem Mond gelandet sei. Der Gast war Neil Armstrong.

III

Die Geißel der Meere

Das Schicksal der Nationen hängt davon ab, wovon sich ihre Angehörigen ernähren.

Jean Anthelme Brillat-Savarin,
Physiologie des Geschmacks, 1825

Die Krankheit, die wir in England »Scuruie« und »Scurby« und auf dem Meer den »Scyrby« nennen.

Gerard's Herbal, 1597

Scorbutus..., Skorbut..., Scharbock..., Schorbock. Wie immer man diese Krankheit auch nennt – durch sie fanden im Laufe von vier Jahrhunderten mehr Seeleute den Tod als durch Kanonenkugeln, Musketenfeuer, Ertrinken und Schiffbruch zusammengenommen. Der Skorbut war der Schwarze Tod der Meere. Und die Symptome waren ebenso abscheulich wie die der Pest. Richard Hakluyt, der Verfasser des Bestsellers aus dem Jahr 1589, *Die wichtigsten Seefahrten, Reisen und Entdeckungen der englischen Nation,* schreibt: »Seeleute leiden unter verschiedenen typischen Krankheiten; das Zahnfleisch wird dick und schwillt an, so daß es weggeschnitten werden muß, die Beine schwellen an, und der ganze Körper wird wund und taub, so daß die Seeleute weder Hände noch Füße rühren können.«

Im 16. Jahrhundert war Skorbut eine weitere Erkrankung in der Pandorabüchse der Leiden, zu denen Pocken, Syphilis, Malaria, Ruhr, Typhus, Gelbfieber und Beulenpest gehörten. Es war eine Epoche, in der man

Krankheiten als normale Bedrohung des Lebens akzeptierte, also ebenso unvermeidlich wie Sonnenaufgang und Sonnenuntergang, wie Geburt und Tod. Und selbst den Schwarzen Tod (Pest) hielt man für eine besonders schlimme Strafe Gottes für sündige Menschen. Der heilige Cyprianus predigte: »Plagen euch Tod und Hungersnot? Leidet ihr unter Krankheiten? Suchen Epidemien die Menschheit heim? Das alles geschieht, weil ihr gesündigt habt.«

Doch neben der Vorstellung, der Skorbut sei eine Strafe Gottes, gab es auch noch andere Theorien. Vielleicht gab es ja eine Art Miasma, einen Krankheitsstoff in der Luft über den Ozeanen, vielleicht war es ungesund, den Äquator zu überqueren ... Was immer die Ursache war – Krankheiten gehörten nun mal zu langen Seereisen. Sir Richard Hawkins (der 1593 die Spitze Südamerikas umsegelt hatte und in den Pazifik gelangt war), wünschte, daß »ein gelehrter Mann darüber schreibe, denn die Krankheit ist die Geißel der Meere und das Verderben der Matrosen«.

Als Vasco da Gama in den Jahren 1497 bis 1499 von Portugal nach Indien und zurück segelte, kündigte sich auf verhängnisvolle Weise eine neue Gefahr in einem gefährlichen Beruf an. Da zwei Drittel der Mannschaft starben, mußte er aufgeben. Manche Überfahrten nahmen mehr als drei Monate in Anspruch. Kolumbus' längste Seereise über den Atlantik dauerte dagegen 50 Tage, die kürzeste 22 Tage.

Von den fünf Schiffen und den 265 Mann, die 1519 mit Magellan in See stachen, kehrten lediglich ein Schiff und 18 Mann nach Spanien zurück. Auf der fürchterlichen Fahrt über den Pazifik, als man drei Monate und 20 Tage überhaupt keine frischen Lebensmittel an Bord nehmen konnte, starben 19 Männer an Skorbut. Die übrigen, die kaum noch am Leben waren, mußten fauliges Wasser trinken, Schiffszwiebackpulver essen, das von Kornwürmern wimmelte und nach Rattenurin stank, Sägespäne kauen und an Ochsenhäuten nagen (man verwendete sie als Mittel gegen entzündete Wunden), die man fünf Tage in Salzwasser eingeweicht und dann über einem glühenden Feuer gegrillt hatte. Ratten wurden meistbietend versteigert. Auf der Heimreise von den Gewürzinseln war die vollbeladene *Victoria* 148 Tage unterwegs, ohne sich mit neuem Proviant versorgen zu können. Das führte bei der Hälfte der Besatzung, zu der auch Eingeborene vom Malaiischen Archipel gehörten, zum Tod durch Skorbut. Und so hatten die Lebenden den Gestank des Todes, vermischt mit dem Geruch von Gewürznelken, Zimt und Muskat, in der Nase, als sie die Toten ins Meer warfen, von denen die Christen, wie Pigafetta, der unermüdliche italienische Tagebuchschreiber der Reise, bemerkte, mit dem Gesicht nach oben in den Himmel emporschwebten und die Helden mit dem Gesicht nach unten in die Hölle niedersanken.

An Skorbut litten nicht nur Seeleute. Weil er rasch auftrat, heftig verlief und zahlreiche Todesopfer forderte, hielt man ihn zunächst für eine neue Krankheit. 1675 unterschied der Leibarzt Karls II. Mund-, Bein-, sauren Skorbut, Gelenk-, Magen-, Land- und Seeskorbut. Er nannte ihn »Londoner Krankheit«, hielt ihn für ansteckend und glaubte, daß auch Säuglinge daran erkrankten, wenn sie von Skorbut infizierten Eltern geküßt wurden. Sir Richard Hawkins, der 20 Jahre zur See gefahren war, schätzte die Zahl der Skorbuttoten auf 10 000. Wie viele andere sah auch er die Ursache darin, daß man sich längere Zeit der Seeluft aussetzte. Als Gegenmittel solle man die Decks mit Essig waschen und die Schiffe durch Verbrennen von Teer desinfizieren. Die beste Heilung aber biete »die Luft auf dem Land; denn das Meer ist der natürliche Lebensraum der Fische, und das Land der Menschen«. Es gebe jedoch noch eine andere Arznei – saure Apfelsinen und Zitronen. Hawkins: »Es ist ein wundersames Geheimnis der Macht und der Weisheit Gottes, daß er eine so große unbekannte Wirkung in diesen Früchten verborgen hat, die bei diesem Gebrechen zur sicheren Genesung führen.«

Aber nicht nur Apfelsinen und Zitronen heilten Skorbut. 1535/36 überwinterte Jacques Cartier mit drei Schiffen und 110 Mann Besatzung in Stadacona (Québec-Stadt). In dieser Zeit litten und starben die Huronen an einer Krankheit, die bald auch unter den Franzosen auftrat. Nach Cartiers Schilderung der Krankheit – und der Heilung – war es Skorbut.

> Die unbekannte Krankheit breitete sich unter uns auf die merkwürdigste Weise aus. Einige verloren alle Kraft und konnten sich nicht mehr auf den Beinen halten. Dann schwollen die Beine an, die Sehnen schrumpften. Bei anderen war die ganze Haut mit violetten blutigen Flecken übersät. Dann wurden die Knöchel, die Knie, Oberschenkel, Schultern, die Arme und der Hals befallen; Mund und Zahnfleisch wurden faulig, so daß alles Fleisch abfiel, bis hinauf zu den Wurzeln der Zähne, die schließlich ausfielen.

Nachdem mindestens 50 Indianer und 25 Franzosen gestorben waren, tauchte ein wundersames Heilmittel auf. Die Indianer zeigten den Franzosen, wie man ein Gebräu aus der Rinde und den Blättern eines Baumes zubereitete, den sie *Ameda* oder *Hanneda* nannten. Dieser

Trank führte recht schnell zur Heilung; es war ein Heilmittel, »das so gut wirkte, daß alle Ärzte von Montpellier und Löwen [führende medizinische Universitäten im damaligen Europa], wären sie mit allen Arzneien Alexandrias dort gewesen, in einem Jahr nicht so viel erreicht hätten, wie der Baum in einer Woche vollbrachte«.

Vermutlich war es der Lebensbaum *(Thuja occidentalis).* Cartier war begeistert und ließ junge Bäume ausgraben, die er nach Frankreich mitnahm, wo man sie in den königlichen Gärten in Fontainebleau anpflanzte.

Cartier hatte nach einer Nordwestpassage nach China gesucht. Sechzig Jahre später verbrachte eine holländische Expedition unter der Führung von Willem Bartensz, die nach einer Nordostpassage suchte, auf der öden russischen Insel Nowaja Semlja bei 76° nördlicher Breite einen noch quälenderen Winter im Nordpolarmeer. Höher im Norden hatte bis dahin kein Europäer überwintert. Nachdem das Schiff in Packeis geraten und zerdrückt worden war, errichteten 16 Männer und ein Schiffsjunge aus Planken und Treibholz eine kleine Hütte. Der Schiffszimmerer und der Schiffsjunge starben an Skorbut. Im Juni 1597 begaben sich die Überlebenden, die mittlerweile alle Symptome des Skorbuts zeigten, in offene Boote und segelten 600 Meilen bis zur Küste Rußlands. Es war eine der bemerkenswerten und weniger bekannten Fahrten mit einem kleinen Boot und verdient, mit jenen von Bligh und Shackleton auf eine Stufe gestellt zu werden. Willem Barentsz, der »Anführer und einzige Steuermann, auf den wir, außer auf Gott, unsere Hoffnung setzten«, starb auf der Fahrt. Kurz nach der Landung auf der Insel Walgatsch fanden sie ein Heilmittel gegen die Krankheit.

... auf dieser Insel fanden wir Leple-Blätter* in großer Menge, die uns außerordentlich guttaten. Es schien, als habe uns Gott bewußt hierher gesandt: Da wir viele Kranke an Bord hatten und wir alle so geschwächt waren, daß wir kaum rudern konnten, und uns einzig diese Blätter heilten, konnten wir uns nur wundern und Gott für seinen großen und unerwarteten Beistand danken, den er uns auf unserer gefahrvollen Reise gewährt hat. Darum aßen wir, wie gesagt, die Blätter aus der hohlen Hand, denn in Holland hatten wir viel von ihrer großen Kraft gehört, die noch viel größer als erwartet war.

Die Leple-Blätter gehören zum Löffelkraut – *Cochlearia officinalis:* Scharbocksheil oder Skorbutkraut.
Eine Frucht, ein Baum, eine Blütenpflanze: drei wirksame Heilmittel gegen die Geißel der Meere. Die Empfehlungen der anderen Heilmittel und Vorbeugemaßnahmen fußten auf dem Glauben, das Geheimnis liege in der Säuernis der Apfelsinen und Zitronen. Daraus schloß man: je bitterer der Geschmack, desto größer die Heilwirkung. Zu diesen zusammenziehenden und zweifelhaften Mitteln zählten Essig, Meerwasser und Vitriol (Schwefelsäure) – und für die glücklichen Seeleute von Bristol ein, zwei Schlucke heißen Wassers, das aus einer Quelle am Ufer des Avon hervorsprudelte. Die Heilmittel für Landratten waren weniger drastisch, aber wirksamer und schmackhafter: Portulak *(Portulaca oleracea),* Echte Brunnenkresse *(Nasturtium officinale),* Bachbunge *(Veronica beccabunga),* Petersilie *(Petroselinum*

---

* Löffelkraut. In der Mitte des 16. Jahrhunderts stellte der holländische Arzt Forestus eine Arznei gegen den Skorbut her, das eine Mischung aus Löffelkraut und Bachbunge *(Veronica beccabunga)* enthielt.

crispum), Kerbel *(Anthriscus cerefolium),* Walderdbeeren *(Fragaria vesca),* Gemeine Nachtviole *(Hesperis matronalis).* Das am weitesten verbreitete Mittel war aber das Skorbutkraut, eine Art des Löffelkrauts.

1676 erschien in London ein schmaler Band mit dem Titel *Cochlearia Curiosa: or the Curiosities of Scurvygrass* von Dr. Andreas Valentinus Molimbrochius (Moellenbrock). Das Buch war ursprünglich auf lateinisch geschrieben – der Universalsprache der Gelehrten und adligen Herren – und von dem Arzt Thomas Sherley ins Englische übertragen worden. Moellenbrock wußte guten Rat:

> ... nimmt man eine sehr kleine Menge Skorbutkraut, geschnitten oder gehackt, dem man den Saft von Zitronen oder sauren Apfelsinen hinzufügt, so ergibt dies eine schmackhafte Soße und ein wirksames Mittel gegen den Skorbut; ihre große Heilwirkung belegen die Menschen in Norwegen, da sie von dieser Krankheit verschont bleiben ...

Lord William Howard kaufte Löffelkraut für seine »Dame«; der Graf von Bedford spendete 4 Pence, damit »man Kindern ihr Ale [helles Bier] Löffelkraut tat«. Um zu zeigen, daß das Löffelkraut nicht nur der adligen Welt vorbehalten war, verordnete man den Patienten des St.-Bartholomäus-Krankenhauses in London Löffelkraut-Ale – vorausgesetzt, es wurde vom Arzt angefordert. Ale war außerdem das beliebteste Mittel, um aus dieser nützlichen Pflanze das Beste herauszuholen. Hier ein Rezept aus dem 17. Jahrhundert für ein solches Gebräu:

> Vom Saft des Skorbutkrauts einen halben Liter; vom Saft der Brunnenkresse ebensoviel; vom Saft der Zi-

chorie [Chicorée] einen viertel Liter; vom Saft der Erdrauch einen viertel Liter; das ergibt zweieinviertel Liter Ale; alles zusammen in ein Gefäß abfüllen.

Wer wohlhabend war und gern Pillen nahm, der konnte sich auch durch Dr. John Pechy weiterhelfen lassen, der 1696 sein Allheilmittel folgendermaßen annoncierte:

Die vortrefflichen Abfüll-Pillen von John Pechy, M.D.... Sie heilen den Skorbut, die verbreitetste Krankheit in unserem Königreich... Der Preis für jede Schachtel beträgt 1 Shilling Sixpence einschließlich Gebrauchsanweisung.

Was immer auch in Pechys Pillen enthalten war, billig waren sie jedenfalls nicht. Von der Summe, die eine Packung kostete, konnte ein Arbeiter mit seiner Familie eine ganze Woche lang leben.

Europäische Ärzte, darunter Wierus (1567), Forestus (1595), Eugalenus (1604) und Sennertus (1624) veröffentlichten Werke über den Skorbut; sie schrieben ihm ebenso viele Ursachen zu wie Heilmittel: »Überfließen von schwarzer Galle«, »Verschluß der Milz«, »Fäulnis der Körpersäfte«, »schwere Melancholie«, »ungesunde Luft«, »geschädigtes Blut«. Speziell beim Seemann hielten sie ihn für »eine notwendige Folge untätigen Lebens und einer aus gepökeltem Schweine- und Rindfleisch bestehenden Ernährung«. Der Satz stammt von 1696, geschrieben hat ihn Dr. William Cockburn, Stabsarzt der britischen Flotte.

Heute wissen wir, daß Skorbut eine Vitaminmangelkrankheit ist. 1912 veröffentlichte ein britischer Biochemiker, Frederick Hopkins, einen Aufsatz, in dem er behauptete, daß es außer Kohlehydraten, Eiweiß, Fett, Mineralien und Wasser auch noch andere Substanzen in der Nahrung gebe, die für einen guten Gesundheitszustand erforderlich seien; er nannte sie »hinzukommende Nahrungsfaktoren«. Im selben Jahr prägte der gebürtige Pole Casimir Funk mit einem brillanten Einfall, würdig einer modernen Werbeagentur, die Bezeichnung *Vitamin* für diese hinzukommenden Nahrungsfaktoren und stellte seine Theorie über Vitaminmangelerscheinungen vor. Doch erst 1932 wurde das letzte Stück in das komplizierte Skorbut-Puzzle gedrückt. Der ungarische Wissenschaftler A. Szent-Györgyi, der sich mit einem ganz anderen Problem beschäftigte, isolierte eine kristalline Substanz in den Nebennieren und – ganz passend – in Paprika. Dieselbe Substanz wurde auch in Zitronensaft isoliert. Man hatte das Vitamin C, Ascorbinsäure, entdeckt. Nach Tests an Meerschweinchen erwies es sich als wirksames Mittel gegen den Skorbut. Über 400 Jahre waren vergangen, seit Sir Richard Hawkins seine Beobachtungen über Apfelsinen und Zitronen angestellt hatte.

Die Bezeichnung »Antiskorbutikum« war 200 Jahre vor der Entschleierung des Geheimnisses geprägt worden. 1734 erschien in Leiden – Sitz der berühmten holländischen Universität und Zentrum der medizinischen Forschung – ein schmales, 85 Seiten umfassendes Werk mit dem Titel *Observatorium circa Scorbutum*. Der Autor war der Arzt Johannes Bachstrom, der die mittelalterlichen Vorstellungen von »schwarzer Galle« und »blutigen Körpersäften« verscheuchte, aber auch jene von den verschiedenen Skorbutarten. Er betrachtete alle Formen als ein und dieselbe Krankheit und machte über Ursache und Behandlung eindeutige, präzise Aussagen: Der Skorbut ist die Folge einer mangelhaften Versorgung mit frischem Gemüse. Die einzigen Heilmittel sind frisches Gemüse, frische Kräuter, Früchte und Beeren. Seeleuten riet er, sich stärker mit Gemüse zu verproviantieren; belagerten Soldaten, Pflanzen gegen Skorbut auf den Bollwerken anzubauen; Landratten, so viel Pflanzenkost wie möglich zu sich zu nehmen.

Der plötzliche Seemannstod von 2000 Menschen hatte zur Gründung des Board of Longitude und zur Erfindung eines brauchbaren Chronometers geführt. Eine andere katastrophale Fahrt der Royal Navy führte zu einschneidenden medizinischen Reformen und änderte den Lauf der Geschichte.

Am letzten Tag des Jahres 1600 unterzeichnete Königin Elisabeth I. eine Urkunde, die einer neu gegründeten Gesellschaft den Handel mit Ostindien erlaubte. Die Ostindische Kompanie war ins Leben gerufen, eine Kapitalgesellschaft mit fast 200 Anlegern. An ihrer Spitze stand der Graf von Cumberland; zu den Teilhabern gehörten Nicolas Barnsley, Kolonialwarenhändler, 150 Pfund; James Deane, Tuchhändler, 300 Pfund; Sir Richard Saltonstall und seine Kinder, 200 Pfund; Sir Stephen Seame, Oberbürgermeister von London, 200 Pfund. Die Flottille der Ostindischen Kompanie, die im Januar 1601 in See stach, unterstand dem Kommando von James Lancaster, einem erfahrenen elisabethanischen Seefahrer, der bereits nach Ostindien gesegelt war. Sein Flaggschiff hatte einige Flaschen Zitronensaft geladen – als einziges von fünf Schiffen. Es kam zu Fällen von Skorbut, gefolgt von den unvermeidlichen Todesfällen. Das Flaggschiff, die *Red Dragon,* war am wenigsten betroffen, denn Lancaster gab täglich einen Löffel Zitronensaft aus: »Der Saft hat eine viel bessere Wirkung, wenn die Mannschaft auf schmale Kost gesetzt wird und ganz auf Pökelfleisch verzichtet, wobei Pökelfleisch und die Tatsache, daß man sich auf See befindet, die einzigen Ursachen für die Ausbreitung dieser Krankheit sind.«

Nach dieser ersten Reise führten alle Schiffe der Ostindischen Kompanie Zitronensaft mit. Kapitän John Smith – der Gründer des Staates Virginia – wiederholte Lancasters Einschätzung in seinem 1627 erschienenen *Lehrbuch für den Seemann*. Darin empfahl er, daß Schiffe Gewürze, holländischen Käse, Speck, Wein, Hammelfleisch und Marmelade laden sollten, dazu »Zitronensaft gegen den Skorbut. Wer sagt, ich wolle die Leute mästen, statt sie zum Kampf anzuhalten, dem antworte ich, daß der Mangel an diesen lebensnotwendigen Gütern den Tod von mehr Männern in irgendeiner englischen Flotte verursacht hat, als seit 1588 [das Jahr der Seeschlacht mit der spanischen Armada] im Kampf gefallen sind.«

Aber nicht nur die pragmatischen englischen Seeleute erkannten den Nutzen des Zitronensaftes. Die Holländer Willem Schouten und Jacob le Maire kauften den Eingeborenen von Sierra Leone 25 000 Zitronen ab, »alles gegen ein paar Perlen und einige schlechte Nürnberger Messer«, ehe sie zu ihrer historischen Umseglung von Kap Hoorn im Jahr 1616 aufbrachen. Die Spanier beluden seit Anfang des 17. Jahrhunderts ihre Schiffe, die regelmäßig zwischen den Philippinen und Mexiko verkehrten, mit »agrio de limón« (Zitronensaft) und »jarabe de limón« (Zitronensirup).

Offenbar wollte die Admiralität in London weder aus früheren Erfahrungen noch aus den Ratschlägen englischer Seefahrer, noch aus der Praxis auf den Schiffen der Ostindischen Kompanie Lehren ziehen. Das waren ja nur Kauffahrer, und deshalb hatten sie nichts zu melden, schon gar nicht bei einer königlichen Kommission.

1740 entsandte die Admiralität ein Geschwader aus fünf Kriegsschiffen, einer Korvette und zwei Proviantschiffen mit einer Besatzung von insgesamt 2000 Mann. Kommandant war Kapitän George Anson, das Ziel, die spanische Vorherrschaft im Pazifik zu brechen. Und Kriegsbeute zu machen. Machtpolitik und Plünderungen. Mit erstaunlicher Dummheit halste die Admiralität dem fähigen und geduldigen Anson 260 gebrechliche Veteranen (die meisten von ihnen zwischen 60 und 70 Jahre alt) und über 200 unerfahrene Marinerekruten auf. Sie sollten die Landstreitmacht bilden. Ursprünglich hatte man Anson 500 Ruheständler versprochen, aber »alle, die Beine hatten und Kraft genug, Portsmouth zu Fuß zu verlassen, desertierten«. Die Verbliebenen – allesamt Veteranen – schifften sich mit großer »Sorge ein, die sich auf ihren Mienen spiegelte und in die sich noch die Empörung mischte, daß man sie ihrer Ruhe entrissen hatte und zu einer erschöpfenden Beschäftigung zwang«. Sie hatten auch ihr Todesurteil unterschrieben.

Ausrüstung und Verproviantierung der Schwadron lassen sich nur als kriminell bezeichnen. Vier Jahre später kehrte ein Schiff mit weniger als 200 Mann nach England zurück; aber die Kriegsbeute wurde auf eine halbe Million Pfund Sterling geschätzt. Die Verluste waren hoch: 1000 Mann waren an Skorbut gestorben, mehr als 300 an Typhus und Ruhr, vier im Kampf, und die übrigen hatte man durch Schiffbruch, Unfälle, Verhungern und Desertion verloren. Anson wurde in den Adelsstand erhoben, und Richard Walter, Kaplan der H. M. S. *Centurion*, schrieb den Bestseller *Eine Reise um die Welt*.

Die hohen Verluste dieser Unternehmung veranlaßten einen achtundzwanzigjährigen Arzt der Royal Navy, Dr. James Lind, zu einer Untersuchung. Zunächst machte er sich daran, sämtliche zum Thema »Krankheiten« erschienene Literatur durchzusehen, danach studierte er die Berichte der Expeditionen. Auch Ansons Reise ließ einige verwirrende Fragen offen. Warum starben zum Beispiel die Kranken der *Centurion*, die man auf die Insel Juan Fernández gebracht hatte, weiterhin, während jene genasen, deren Gesundheitszustand noch schlechter war – so daß sie sich nicht einmal mehr rühren konnten – und die daher an Bord der *Gloucester* geblieben waren? Die Antwort war offenbar, daß die Männer auf der *Gloucester* frisches Gemüse zu essen bekommen hatten, wohingegen man auf der *Centurion* meinte, die Landluft allein werde die Seeleute heilen.

Linds Nachforschungen wiesen allesamt darauf hin, daß Zitrusfrüchte das beste Heilmittel gegen Skorbut sind. 1747 hatte Lind an Bord der *Salisbury* Gelegenheit, seine These zu überprüfen. Unter Ärzten gilt seine Arbeit als klassisches Beispiel für eine Studie mit Kontrollverfahren. Für seine Untersuchung wählte er zwölf an Skorbut erkrankte Seeleute aus. Alle Patienten wurden im selben Quartier gehalten und bekamen den gleichen Proviant – aber mit unterschiedlichen Beifügungen. Zwei Männern gab man jeden Tag einen Viertelliter Apfelwein; zwei nahmen dreimal täglich 25 Tropfen *elixir vitriol* ein; zwei erhielten dreimal täglich zwei Löffel Essig; zwei tranken täglich einen halben Liter Meerwasser; zwei bekamen eine Paste »von der Größe einer Muskatnuß«, bestehend aus Knoblauch, Senfkörnern, Rettich, Peru-Balsam und Balsam-Myrrhe; zwei aßen täglich zwei Apfelsinen und eine Zitrone »mit Heißhunger zu verschiedenen Zeiten auf leeren Magen«. Einer der Apfelsinen-und-Zitronen-Patienten konnte nach einer Woche wieder Dienst tun, der andere ein paar Tage später, dann folgten die Apfelwein-Männer.

1753 veröffentlichte Lind seine Forschungsergebnisse

in der epochalen Schrift *Abhandlung über den Skorbut,* in der er empfahl, auf allen Schiffen der Royal Navy Zitronensaft auszugeben. Die Admiralität ließ dieser Ratschlag völlig kalt. Statt dessen zogen es die Lords vor, ihre Hoffnung – von keiner Erfahrung getrübt – auf zwei »Substanzen« von zweifelhaftem Nutzen als Antiskorbutmittel zu setzen. Die eine, Sauerkraut, wurde der Admiralität von einem Arzt empfohlen, der schrieb, es handle sich dabei um »ein deutsches Gericht ..., das nichts weiter als Kohl ist, den man kleingeschnitten, gepreßt und auf eine Weise eingelegt hat, daß er lange haltbar ist. Dieses Gericht wird von Seiner Majestät sehr geschätzt, und es wäre sicherlich kein Nachteil für die Seeleute, wenn sie neben ihrem Fleisch etwas essen müßten, das ihr Souverän als Delikatesse schätzt.« Sauerkraut hilft so gut wie gar nicht gegen Skorbut. Und das andere Mittel hat überhaupt keine Wirkung als Antiskorbutikum. Es handelte sich dabei um Malzextrakt, den Dr. David MacBride entwickelt hatte und der zum üblichen Antiskorbutmittel in der Königlichen Marine wurde. 1767 verkündete das *Sick and Hurt Board* (die Abteilung innerhalb der Admiralität, die sich mit der Gesundheit der Marineangehörigen befaßte), daß sie Apfelsinen und Zitronen als Antiskorbutmittel für wirkungslos halte. Zur gleichen Zeit bestätigten spanische und portugiesische Ärzte Linds Auffassung, wonach »der Saft von Zitronen und bitteren Apfelsinen das wirksamste Heilmittel und ein sicheres Mittel zur Vorbeugung« gegen Skorbut sei. Außerdem sei »es überflüssig, intelligenten Portugiesen gegenüber die Wirkungen von Zitronen und bitteren Apfelsinen zu rühmen, da sie allesamt wissen, daß dieses Obst das allerbeste Heilmittel gegen die Krankheiten der Seefahrer ist«.

Mag sein, daß die Admiralität Apfelsinen und Zitronen für wirkungslos hielt, doch die Wirksamkeit der von ihnen gewählten Antiskorbutmittel läßt sich an den 2400 Skorbutkranken ablesen, die im Frühling 1780 nach einer sechswöchigen Blockadekreuzfahrt vor der französischen Küste von der Kanalflotte an Land gebracht wurden. In der Admiralität saßen jedoch nicht nur Dummköpfe in blauen Röcken. Nachdem sie 1795 mit den Ratschlägen Sir Gilbert Blanes (ein hoher Beamter des *Sick and Hurt Board* und Anhänger von Lind) und Dr. Thomas Trotters, Arzt der Kanalflotte, bombardiert worden war, holte sie schließlich die Fahne ein und ordnete an, auf den Schiffen Seiner Majestät Zitronensaft und Zucker auszugeben.

Die Unze Zitronensaft und die eineinhalb Unzen Zucker wurden normalerweise den Rumrationen zugefügt. 1760 verzeichnete das Marinekrankenhaus in Haslar 1754 Fälle von Skorbut, 1801 einen Fall. Das war 50 Jahre nach Linds Empfehlung und 200 Jahre nach dem Beschluß der Ostindischen Kompanie, Zitronensaft an die Mannschaften zu verteilen. Reeder von Handelsschiffen erwiesen sich als ebenso begriffsstutzig und knauserig wie die Admiralität; erst nach zwei Parlamentsgesetzen (1854 und 1894) waren die Schiffseigner gezwungen, an ihre Seeleute täglich eine Ration Zitronen- oder Limonensaft auszuteilen. Der britische »Limejuice[Limonensaft]-Seemann« war geboren und damit der leicht herablassende Begriff »limey«, mit dem Amerikaner heute bisweilen Briten titulieren.

In den Napoleonischen Kriegen, die die Royal Navy auf eine Zerreißprobe stellten, kaufte Admiral Nelson für die Seeleute der britischen Blockadeflotten auf Sizilien 50 000 Gallonen (eine Gallone = 4,54 Liter) Zitronensaft (zu 1 Shilling pro Gallone). Sir Gilbert Blane, der schätzte, daß »fünfzig Zitronen den gleichen Nutzen für die Flotte haben wie ein Seemann«, wies nach der Niederlage Napoleons darauf hin, daß man diesen Kampf auf See verloren hätte, wenn die Royal Navy ebenso viele Todesfälle aufgrund von Krankheiten zu beklagen gehabt hätte wie während des nordamerikanischen Unabhängigkeitskriegs. (Wenn man 1753 Zitronensaft ausgegeben hätte – was Lind empfohlen hatte –, dann hätte der Krieg in Amerika vielleicht einen anderen Ausgang genommen.) Die Zitrone hatte sich als ebenso mächtig wie eine Breitseite erwiesen.

Diese Geschichte, die von Skorbutkraut, Apfelsinen und Zitronen handelt, habe ich als ruhigen, wenn auch langsamen Entwicklungsprozeß dargestellt. Darin stecken jedoch ebenso viele Ecken und Kanten wie in der biologischen Evolution. So hat ausgerechnet jener Seefahrer, dessen höchstes Interesse der Gesundheit seiner Mannschaft galt, unabsichtlich dazu beigetragen, daß die Austeilung des Zitronensaftes erst 1795 eingeführt wurde.

An Bord eines Schiffes, das von James Cook kommandiert wurde, starb kein einziger Mann an Skorbut. So etwas war bis dahin noch nicht vorgekommen. Auf der *Endeavour* hatte er tatsächlich Männer an Ruhr und Malaria verloren; aber das war in Batavia geschehen, im *fenua mate*, dem Land, das tötet. Für die erstaunliche Gesundheitsbilanz auf der *Resolution* wurde Cook zum Mitglied der Royal Society ernannt und erhielt die Copley-Medaille. Sir John Pringle setzte in seiner Ansprache als Präsident alle rhetorischen Segel: »Wenn Rom die *Bürgerkrone* demjenigen verlieh, der das Leben eines einzigen Bürgers rettete, welche Ehrenkränze gebühren dann dem Mann, der, nachdem er selbst viele gerettet hat, die Mittel ... beibehält, durch die Britannien nun auf den Reisen in fernste Gebiete viele ihrer furchtlosen Söhne, der Matrosen, vor dem Tod bewahrt ...« Zu diesen Seeleuten gehörte Thomas Perry von der *Resolution*, der Cook in schlichten Versen würdigte:

> We are all hearty seamen no cold did we fear
> And we have from sickness entirely kept clear
> Thanks be to the Captain he has proved so good
> Amongst all the Islands to give us fresh food.*

Thomas Perry hatte recht. Eine freigebige Admiralität hatte Cook mit zahlreichen Artikeln versorgt, die man für Antiskorbutmittel hielt: Sauerkraut, Malzwürze, Karottenmarmelade (Baron Storsch aus Berlin hatte sie als »sehr bedeutendes Antiskorbuticum« empfohlen), Brühwürfel, Zitronen- und Apfelsinensirup, Fichtenextrakt. Die Sirupherstellung war ein Verfahren, das Lind empfohlen hatte, weil es die Möglichkeit bot, Apfelsinen- und Zitronensaft haltbar zu machen; zu seiner Herstellung dickte man den Saft durch Erhitzen ein – wodurch die antiskorbutische Wirkung mit Sicherheit verlorenging. Der Fichtenextrakt läßt an Cartiers kanadischen Zauberbaum denken. Lind hatte auf die russische und die schwedische Behandlung des Skorbuts mit einem Bier aufmerksam gemacht, das man aus den Nadeln und Schößlingen junger Kiefern herstellte. Auch MacBride empfahl: »Trockene Fichte, wenn man sie ungefähr eineinhalb Stunden in Wasser kocht, ergibt ein gutes Bier ... die Fichten kann man an jedem trockenen Ort zwei bis drei Jahre nach dem Einschlagen aufbe-

---

* Wir sind tapfere Seeleute, wir fürchten keine Kälte/Und wir sind alle gesund geblieben/Das verdanken wir unserem Kapitän, er war so klug und gut/und gab uns auf allen Inseln frische Lebensmittel.

wahren.« Das Getränk muß ebenso ungenießbar wie nutzlos gewesen sein.

Cook hatte bei seinem jahrelangen Aufenthalt an der kanadischen Küste vermutlich Erfahrungen mit frisch hergestelltem Sprossenbier (aus Rottannenextrakt) gesammelt. Daher unterließ er es nie, Bier zu brauen, wenn sich die Gelegenheit dazu ergab, und an den Küsten jedes neuentdeckten Küstenstrichs Schößlinge zu sammeln. Sprossenbier wurde in den USA noch bis zum Ende des 19. Jahrhunderts hergestellt; der lakonische Stil des folgenden Rezepts bezeugt, das es ursprünglich aus Neuengland stammt:

Ein halber Liter guter Fichtenextrakt, 12 Pfund Melasse, 13 Liter Wasser. Alles kochen und 1 Stunde stehen lassen. 3 oder 4 Gallonen Wasser, 500 Gramm Hefe hinzufügen (das Wasser sollte handwarm sein). In ein 45-Liter-Faß gießen. Abfüllen. Arbeiten lassen. Verspunden. In Flaschen füllen.

Tatsächlich waren Cooks Lebensmittel als Antiskorbutika praktisch wirkungslos. Da er aber darauf achtete, daß seine Schiffe sauber, trocken, desinfiziert und warm waren, abgestandenes Wasser bei jeder Gelegenheit durch frisches ersetzt wurde und daß alles Eßbare gesammelt wurde, was schwamm, flog, ging und wuchs, blieben seine Leute bei guter Gesundheit. Er schrieb dazu: »Wir kamen an Orte, an denen weder die Kunst des Menschen noch der Natur frische Nahrung lieferte, weder aus dem Tier- noch dem Pflanzenreich. Meine größte Sorge galt deshalb, diese durch jedes in meiner Macht stehende Mittel zu besorgen. Darum verpflichtete ich die Leute, sowohl durch mein Vorbild als auch durch meine Autorität, davon Gebrauch zu machen.«

Nur wenige Offizier in der Royal Navy dachten so. Die Seeleute verfluchten Cook wegen seiner gastronomischen Abenteuer – und wünschten, wie einer schrieb, »daß er sein Leben lang solch verdammtes Zeug, gemischt mit seiner Brühe, essen muß. Dennoch war keiner von uns so dumm, nicht zu wissen, daß er alles richtig machte.« Sein Beispiel vor Augen, schleppten sich diese hartgesottenen, rauhen und ungebildeten Matrosen »mit einem Taschentuch voller Grünzeug« aufs Schiff zurück, nur um ihren Kapitän zufriedenzustellen.

Cooks brillante Leistung und auch seine Ratschläge bestärkten die Admiralität in der Überzeugung, daß sie mit ihrer Entscheidung für Sauerkraut und Malzextrakt richtig liege. Auch andere Nationen folgten Cooks Beispiel. Und so können wir recht gelassen zuschauen, wie 1789 Alessandro Malaspina, ein italienischer Seefahrer, in Cádiz – in dem Hafen gab es Apfelsinen und Zitronen im Überfluß – die Herstellung von Sauerkraut und Malzextrakt sorgfältig überwachte, ehe er eine fünfjährige Forschungsfahrt der Spanier in den Pazifik und nach Alaska führte. Die Reise erbrachte keine neuen Entdeckungen, sondern zeichnete sich wegen ihrer Leistungen auf den Gebieten der Vermessung, Hydrographie und Naturwissenschaft aus – und auch wegen ihrer beeindruckenden Gesundheitsbilanz: Kein Mann starb an Skorbut. Aber Malaspina führte neben dem Sauerkraut und dem Malzextrakt aus dem Norden ja auch die Zitrusfrüchte aus dem Süden mit.

Es gibt eine letzte, überraschende Wendung in dieser kleinen Geschichte rund um den Zitronensaft. Die Sirupmethode zur Konservierung des Zitronensaftes wurde fallengelassen und durch eine fünfundzwanzigprozentige Beifügung von Rum zum frischgepreßten Saft ersetzt, wobei der Alkohol als Konservierungsmittel diente (zweifellos mit aufrichtiger Zustimmung der Seeleute). Diese obligatorische Zuteilung löschte die Geißel der Meere in der Königlichen Marine praktisch aus. Tatsächlich wurde der Skorbut zu einer ziemlich seltenen Krankheit, so daß 1830 ein renommierter Arzt einen Fall von Skorbut als Gaumenkrebs diagnostizierte: Er kannte sich bei Skorbutsymptomen nicht aus.

Nach den Napoleonischen Kriegen richtete die siegreiche Royal Navy ihre Aufmerksamkeit auf die Arktis. Wieder einmal lockte die Nordwestpassage, diesmal aus Gründen, in denen weniger Romantik als krasser Geschäftssinn mitschwang. Außerdem ging es um Machtpolitik. Der russische Bär hatte seine Tatzen über die Beringstraße gestreckt und nach Teilen des nordamerikanischen Kontinents gegriffen, wobei sich russische Handelsstationen und Siedlungen weit nach Süden, fast bis nach San Francisco*, erstreckten. Zwischen 1818 und 1852 entsandte die Royal Navy ihre Schiffe in die Arktis – mit kleinen Fässern, die mit Alkohol angereicherten Zitronensaft enthielten, damit er bei einer tieferen Temperatur gefror. So blieben die Seeleute weitgehend vom Skorbut verschont.

In den sechziger Jahren des 19. Jahrhunderts bezog die Admiralität ihre Zitrusfrüchte nicht mehr aus Sizilien, Malta und Portugal und Madeira, sondern von den Westindischen Inseln, die zum Empire gehörten, außerdem waren die Limonen dort billiger. 1875 und 1876 dezimierte der Skorbut eine Arktisexpedition der Royal Navy unter Kapitän George Nares mit zwei Schiffen

---

* An der Mündung des Russian River, 60 Meilen nördlich von San Francisco, befand sich eine russische Siedlung. Die Grenze zwischen den russischen und den britischen Arktisgebieten wurde 1825 auf 141° westlicher Länge festgelegt.

und 121 Mann Besatzung. Die Plage der Meere war zurückgekehrt. Der Limonensaft verlor seinen guten Ruf als Mittel gegen den Skorbut.

Heute wissen wir, daß Limonensaft halb soviel Vitamin C enthält wie Zitronensaft. Bei einem Seemann, der sich von eingemachten Lebensmitteln ernährt, die keine oder nur geringfügige Mengen der lebensnotwendigen Ascorbinsäure enthalten, kann die tägliche Ration von rund 30 Milliliter Zitronensaft den Skorbut so eben in Schach halten. Dieselbe Menge Limonensaft vermag das nicht. 1911 äußerte sich der schottische Polarforscher und Wissenschaftler William Bruce abfällig über den Limonensaft, der »keinen Schaden anrichtet«, und »in anderer Hinsicht vielleicht nützlich ist oder auch nicht«. Bruce führte Skorbut auf die damals unter Ärzten modische Theorie der Vergiftung mit Ptomaine (Leichengifte) zurück, so daß Dosenlebensmittel nur als Nahrungsergänzung Verwendung finden sollten. Vorbeugung und Heilung in den antarktischen Regionen bestehe darin, von den Erzeugnissen des Landes zu leben und »sich vom ausgezeichneten Fleisch der Robben und Fische ... von den Eiern sowie dem Fleisch der zahllosen Pinguine und anderer Vögel zu ernähren«. Aus diesen Sätzen spricht der Geist James Cooks.

Skorbut hängt mit der Ernährung zusammen. Seit dem 15. Jahrhundert, das die Portugiesen das Zeitalter der »Entdeckungen« nennen, bis ins 19. Jahrhundert hatten Segelschiffe ungefähr die gleichen Lebensmittel an Bord. Shakespeares Schiffer, Schiffsreiniger, Bootsmänner, Kanoniere und deren Gehilfen: sie alle hätten mit denen in C. S. Foresters Romanen die Plätze tauschen können und kaum einen Unterschied festgestellt – außer daß die Männer unter Kapitän Hornblower Rum statt Brandy tranken.

Der Grund lag in der Haltbarmachung von Lebensmitteln. Bis in die ersten Jahrzehnte des 19. Jahrhunderts hatten sich die Verfahren zur Nahrungsmittelkonservierung fast 300 Jahre kaum gewandelt. Schon unsere frühen Vorfahren kannten die Konservierung durch Trocknen an der Sonne oder durch Rauch. Bei Homer finden sich Stellen über das Einsalzen. Das Einlegen in Essig, Senf, Salz und Honig war im 1. Jahrhundert n. Chr. üblich. Die Römer verwendeten Eis. Die Käseherstellung ist eine Art Konservierung von Milch. Wenn man den Gedanken weiterführt, kann man sagen, daß Gerste im Bier und Trauben im Wein erhalten bleiben.

In der Mitte des 16. Jahrhunderts, ehe Spanien, England, Holland und Frankreich Siedlungen in Nordamerika gegründet hatten; ehe die Engländer die »Mystery and Company of Merchant Adventurers for the Discovery of Regions, Dominions, Islands and Places Unknown« (»Die geheime Gesellschaft der Abenteuer-Kaufleute zur Entdeckung von Gegenden, Besitzungen, Inseln und unbekannten Orten«) gegründet hatten, nach Archangelsk gesegelt und über Land nach Moskau gereist waren (der erste kleine Schritt in jener außergewöhnlichen Unternehmung, die zur Vorherrschaft über ein Viertel der Landmasse der Erde und nahezu einem Viertel der Weltbevölkerung führte und bewirkte, daß man ihr eine internationale Sprache hinterließ) – vor allen diesen Ereignissen bestand die Proviantration für vier Tage der Woche, die einem Seemann im England Heinrichs VIII. zustand, aus einem Pfund Schiffszwieback, einer Gallone Bier und einem Pfund Fleisch; an den restlichen Tagen gab es Käse und Dörrfisch.

Im zweiten Jahrzehnt des 19. Jahrhunderts, als Moskau in Flammen stand und plündernde französische Soldaten durch die Außenbezirke zogen, als Washington von den

Briten besetzt und geplündert wurde – die Beute war mäßig –, bestand die Tagesration für einen Seemann der Royal Navy unter König Georg III. aus einem Pfund Schiffszwieback und einer Gallone Bier, dazu pro Woche zwei Pfund knochiges, gepökeltes Schweinefleisch, vier Pfund knochiges, gepökeltes Rindfleisch, 350 Gramm Käse, 240 Gramm Butter, 2 Pfund getrocknete Erbsen und 3 Pfund Hafergrütze. In jeder Woche gab es drei fleischlose Tage, »Banjantage«, so genannt nach der sich vegetarisch ernährenden Banjankaste in Indien.

Auf längeren Seefahrten nach Süden wurde die Butter (sie wurde ranzig und diente dann als Schmiermittel für die Blocks) durch Olivenöl ersetzt, die Hafergrütze durch Reis und das Bier (es wurde schnell schal) durch Wein und Branntwein. Die Käseration bestand aus dem berüchtigten Suffolk- und Essexkäse, der so hart war – und sich deshalb besser hielt –, daß die Seeleute daraus Knöpfe für ihre Kleidung schnitzten. Man kannte ihn auch unter der Bezeichnung »Suffolk-Daumen« oder »Suffolk-Hammer«. Samuel Pepys hat ihn unsterblich gemacht, als er schrieb, seine Frau zürne mit »der Dienerschaft, weil sie den Suffolkkäse nur murrend essen«. Er kostete nur halb soviel wie bessere Käsesorten, und sein Ruf brachte ihm die folgenden Knittelverse ein:

> They that made me were uncivil
> For they made me harder than the devil,
> Knives won't cut me, fire won't sweat me
> Dogs bark at me but won't eat me.*

---

* Die, die mich herstellten, waren unhöflich/denn sie machten mich härter als der Teufel/kein Messer kann mich schneiden, kein Feuer bringt mich zum Schwitzen/Hunde bellen mich an, aber essen wollen sie mich nicht.

James Cook, der Dienst auf dem Unterdeck geleistet und dort diesen gräßlichen Käse kennengelernt hatte, bestand darauf, daß seine Schiffe den schmackhafteren Chesterkäse an Bord nahmen.

Als sich die Armen Englands von Brot, Käse und getrockneten Erbsen ernährten, erscheint die Ration der Seeleute – auch wenn sie in ernährungsphysiologischer Hinsicht katastrophal war – größer als die der Mitbürger an Land. Aber die Rationen auf dem Papier unterschieden sich erheblich von jenen in den Fässern. Um Verluste bei der Lagerung auszugleichen, war es nach 1776 einem Schiffsproviantmeister gestattet, mit einer Art Zaubertrick die Rationen um ein Achtel zu kürzen. Die Proviantmeister – vielleicht die meistgehaßten Deckoffiziere – waren in erster Linie Geschäftsleute, die einen Gewinn einstreichen wollten; einige verkauften sogar regelmäßig die Schiffsvorräte und steckten die Erträge in die eigene Tasche. Der Antrag der Proviantmeister, Rationen von 14 Unzen auf das Pfund (ein Pfund sind 16 Unzen) auszuteilen, wurde von der Admiralität genehmigt, um den Verlust auszugleichen: »von Brot, weil es brach und in Staub zerfiel; von Butter, weil der Teil, der neben das Butterfaß fällt, nicht zugeteilt werden kann; von Käse, weil er durch Schimmel und Fäulnis verwest und von Maden und anderem Ungeziefer gefressen wird; von Erbsen, Hafermehl und feinem Mehl, weil sie von Schaben, Kornwürmern und anderem Ungeziefer gefressen werden«. Das Gesuch ist ein vielsagender Beleg für die Qualität der Nahrungsmittel. Das Verproviantierungsamt der Admiralität in Deptford nannte man auch »Alten Kornwurm«.

Ranziges Schweinefleisch, fauliges Rindfleisch, schales Bier und Wasser, wurmzerfressener Schiffszwieback, das war die normale Kost der Matrosen – ob es sich nun um

Marineseeleute, Walfänger oder Robbenjäger handelte –, die in die Südsee vorstießen. Manchmal führten die Schiffe Frischfleisch mit: Doch lebende Schafe, Ochsen, Schweine, Ziegen und Hühner waren meist für die Offiziersmesse bestimmt. Eine Ziege gelangte zu Ruhm, weil sie zweimal die Welt umsegelt hatte: Sie war wegen ihrer Milch – nur für die Offiziere – an Bord gebracht worden. Sie fuhr mit Kapitän Samuel Wallis auf der *Dolphin* (1766–1768) nach Tahiti; die Bewohner bekamen dabei erstmals Europäer und eine Ziege zu Gesicht. Für die Tahitianer war es ein denkwürdiges Erlebnis, denn die Ziege stieß einen von ihnen ins Hinterteil. Der sprang voller Entsetzen über Bord, »die übrigen folgten überstürzt seinem Beispiel, als sie sahen, was geschehen war«. Die Ziege kehrte auf der *Endeavour* nach England zurück und graste glücklich und zufrieden im Garten von Cooks Wohnhaus in Mile End. Um den Hals trug sie ein silbernes Halsband mit einem Zweizeller, den Dr. Samuel Johnson ihr zu Ehren gedichtet hatte – auf lateinisch und mit klassischer Bildung. Was sonst sollte man von einem Doktor erwarten?

> Perpetui, ambita bis terra, praemia lactis
> Haec habet, altrici Capra secunda jovis.

James Boswell übertrug das in einen Vierzeiler:

> In fame scarce second to the nurse of jove
> This Goat who twice the world has traversed round
> Deserving both her master's care and love,
> Ease and perpetual pasture now has found.*

---

* Die Ziege, deren Ruhm fast dem der Amme des Zeus gleichkommt/die zweimal um die Erde fuhr/und die Fürsorge und die Liebe ihres Herrn verdient/hat nun Ruhe und ewiges Weideland gefunden.

Die Ziege starb am 28. März 1772. Die Admiralität soll sie kurz vor ihrem Tod als Pensionärin im Seemannshospital zu Greenwich zugelassen haben.

Auf allen Schiffen gab es Frischfleisch, das keine Behörde genehmigt hatte und das der Waage des Proviantmeisters unbekannt war: Ratten. Magellans Männer auf der ersten Weltumsegelung aßen Ratten. Ebenso Bougainvilles Leute (Matrosen wie Offiziere – der Prinz von Nassau bezahlte 6 Sous pro Stück und fand sie äußerst schmackhaft) auf der ersten französischen Weltumsegelung von 1766 bis 1769. 1792 schrieb ein Seemann auf der *Active*, daß die Mannschaft die Ratten häutete und grillte und die Tiere wie Kaninchen schmeckten. Aber auch Offizieren schmeckten sie hervorragend; so kaufte Baron Raigersfeld mit Schiffszwieback und Käse gefütterte Ratten, die er würzte und grillte, da sie eine willkommene Abwechslung zum fetten Schweinefleisch waren. Der amerikanische Forschungsreisende Dr. Elisha Kent Kane aß Rattenfleisch in der Arktis, als sein Schiff zwei Winter lang im Eis festsaß. Zunächst wollte er die Tiere vergasen, was fast zu einer Katastrophe geführt hätte, dann verspeiste er sie. »Der Widerwille meiner Gefährten, mit mir die Tafelfreuden dieses ›kleinen Rehs‹ zu teilen, brachte mir häufig den Vorteil einer Suppe mit frischer Fleischeinlage, die ohne Zweifel dazu beitrug, daß ich gegen den Skorbut einigermaßen immun war.« Kane war zufällig einer Wahrheit auf die Spur gekommen: Ratten haben nämlich im Körper ein Enzym, das Vitamin C synthetisiert, so daß der Verzehr der Tiere ein wirksames Mittel gegen Skorbut ist. Tatsächlich heilt der Konsum der meisten Fleischarten, wenn man das Fleisch frisch erlegt und dann entweder roh oder *juste à point* verzehrt, Skorbut. Lediglich bei Meerschweinchen, Affen und Menschen fehlt das Enzym.

Labskaus (Eintopf), Skilligolee (Hafergrütze), Burgoo oder Schottischer Kaffee (Hafergrütze mit gesalzenem Fleisch), Erbsenpudding (getrocknete, in einem Beutel gekochte Erbsen), harter Nagel (Schiffszwieback und Pökelfleisch), haschierter Cracker (eingeweichter Schiffszwieback und Pökelfleisch), weicher Nagel (weiches Weißbrot und Butter – nur für Offiziere) – das war die ewig gleiche Seemannskost. Das eingepökelte Rindfleisch – amerikanische Seeleute nannten es »altes Pferd« – mußte man in einem »Geschirr-Faß« einweichen: ein weiterer trockener Kommentar über dessen Inhalt. Die völlig ungenießbaren Fleischstücke, die man im Vorderdeck servierte, spießte man mit einem Futteralmesser auf, und sie wurden zum folgenden Gedicht in die Luft gehalten:

> Old horse! old horse! what brought you here?
> From Sacarap' to Portland Pier
> I carted stone for many a year.
> I laboured long and well, alack,
> 'Till I fell down and broke my back
> They picked me up with sore abuse
> And salted me down for sailor's use.
> The sailors they do me despise,
> They pick me up and damn my eyes,
> They eat my flesh and gnaw my bones
> And throw the rest to Davy Jones.*

---

* Altes Pferd! Altes Pferd! Was hat dich hierhergebracht?/Von Sacarap zum Portland-Pier/habe ich viele Jahre Steine gekarrt./Ach, ich hab' lang und gut gearbeitet/bis ich fiel und mir das Kreuz brach/man hob mich auf und beschimpfte mich wüst/salzte mich ein zum Gebrauch der Matrosen./Die Matrosen nehmen mich in die Hand und verfluchen mich/sie essen mein Fleisch und nagen an meinen Knochen/und werfen den Rest fort.

Der Gaumen eines Seemanns war abgehärtet durch diese grobe Kost und nicht weniger schwielig als seine Hände. Gute Köche waren eine Seltenheit. Der Satz: »Gott schickt Fleisch, der Teufel schickt Köche« faßt die Haltung der Seeleute zusammen. In dieser Hinsicht erging es den Seeleuten der Royal Navy schlechter als denen der Handelsmarine. 1704 befahl die Admiralität, bei der Einstellung von Köchen, »Krüppeln und verstümmelten Personen, die Pensionäre der Staatskasse in Chatman [einem Seemannshospital] sind, den Vorzug zu geben«. Die Pflichten eines Schiffskochs wurden kurz folgendermaßen festgelegt:

Pflichten des Kochs

1. Ihm obliegt die Pflege des Fleisches im Einweich-Faß.
2. Bei stürmischem Wetter hat er das Fleisch vor Verlust zu schützen.
3. Er hat die Lebensmittelvorräte zu kochen und an die Mannschaft auszuteilen.

Nach der Ernennung seines Schiffskochs schrieb Cook einen Beschwerdebrief ans Marineamt: »Der Mann, den Ihr freundlicherweise zum Koch auf der Bark Seiner Majestät, der *Endeavour,* ernannt habt, ist lahm und gebrechlich und nicht in der Lage, seinen Dienst ohne fremde Hilfe zu verrichten. Da ihm zudem seine Stellung sichtlich mißfällt, ersuche ich Euch, einen anderen Mann zu ernennen.« Das Marineamt war klug genug, einen anderen Mann, einen gewissen John Thompson, zu ernennen. Der hatte die rechte Hand verloren. Cook legte erneut Beschwerde ein, aber das Amt ließ sich in diesem Punkt nicht beirren. So segelte die *Endeavour* mit einem einhändigen Schiffskoch los.

Ein »Lebensmittel« jedoch wurde mit großem Genuß und mit allgemeiner Zustimmung konsumiert: Rum. Es war eine Epoche, in der man kräftig trank und in der William Hogarth die Armen Londons in seiner Kupferstichserie »Gin Lane« (Schnapsgasse) karikierte, in der die Gentlemen Rotwein, Portwein, Champagner, Brandy tranken und der Edelmann sowie der Pfarrer auf dem Lande vier Flaschen an einem Abend konsumierten. Damals wurde der Rum an Bord recht großzügig bemessen. Jeder Versuch, die Rumration anzutasten, führte zu »Murren in der Flotte«. 1740 hatte sich Admiral Vernon (der einen Überrock aus grobem Stoff, Grogram, trug, was ihm den Spitznamen *Old Grog* einbrachte) bemüht, »diesen Drachen Trunkenheit aus der Flotte zu verjagen«. Damit bewies er den Mut – oder die Unbesonnenheit –, die Verdünnung der hochprozentigen Rumration anzuordnen. Der tägliche Viertelliter Rum wurde mittags und um 6 Uhr nachmittags ausgeteilt und mit einem Achtelliter Wasser verdünnt. Die Männer nannten das Getränk sofort »Grog«, vielleicht aus Bewunderung für Old Grogs Kühnheit, sich in ihre Rumration einzumischen. Zur Zeit Admiral Nelsons wurde die Grogration mittags zur flotten Melodie von *Nancy Dawson* oder *Drops of Brandy* ausgeteilt, im Verhältnis 1:3 gemixt. Später wurde der Rumanteil noch weiter verringert. 1970 wurde diese altehrwürdige Tradition der Royal Navy zu Grabe getragen – und mit ihr auch der kleine und der große »Schluck«, die flüssige Währung auf dem Unterdeck.

1806 erprobte die französische Marine eingemachtes Fleisch, Obst und Gemüse, die in Glasbehälter abgefüllt waren. Das Verfahren hatte ein Konditor, Nicolas Appert, entwickelt. 1809 verlieh ihm ein dankbarer Napoleon eine Geldprämie von 12 000 Francs und den Titel

»Wohltäter der Menschheit«. Die Nahrungsmittel wurden in Einmachgläsern erhitzt, die man darauf mit Kork versiegelte. Die Idee überquerte den Ärmelkanal. 1812 begann die Faktorei Donkin & Hall in der Blue Anchor Road, Bermondsey, Fleisch in Blechdosen einzumachen. Sie trugen die französische Aufschrift *bouilli* (gekochtes Fleisch). Die Konservenindustrie war entstanden, das Büchsenfleisch geboren.

Ab 1814 wurden britische Arktisexpeditionen mit Büchsenrindfleisch, -hammelfleisch, -kalbfleisch und Gemüsekonserven ausgerüstet. Die russische Arktisexpedition in den Jahren 1815 bis 1818 unter Otto von Kotzebue hatte Donkin & Hall-Produkte an Bord, die man ausgezeichnet fand. Eine russische Antarktisexpedition unter Fabian Gottlieb von Bellingshausen legte einen kurzen Besuch in England ein, um sich mit Seekarten, Navigationsinstrumenten und »Mr. Donkins ... speziell konservierten frischen Suppen mit Gemüse und Fleischextrakt« zu versorgen. Die französische Korvette *Astrolabe* führte auf ihrer Pazifikfahrt 1826 bis 1829 Apperts eingemachte Lebensmittel mit – auch in Dosen, nicht in Glasbehältern; sie waren kein Erfolg, weil das geschmorte Hühnerfleisch größtenteils verdorben war. Als der Kommandant der Expedition, Dumont d'Urville, 1838 bis 1840 in den Pazifik und die Antarktis zurückkehrte, hatte er sich mit Konserven von Noël & Taboureau verproviantiert, die ein neues Herstellungsverfahren verwendeten. Die 30 Kilogramm schweren Behälter waren ein noch größerer Flop als Apperts Schmorhuhn, denn sieben Wochen nach der Abreise aus Toulon begannen sie zu explodieren.

Die Briten hatten mehr Erfolg. 1839 nahmen die *Erebus* und die *Terror* vor ihrer Antarktisreise 26 Tonnen Konserven an Bord, darunter Rindfleisch, Hammelfleisch, Kalbfleisch, Ochsenschinken, Gemüsesuppe, Karotten, Petersilie, Runkelrüben, Zwiebeln und weiße Rüben. Nach der Reise empfahl Sir James Clark Ross, alle Schiffe der Royal Navy mit eingemachten Lebensmitteln auszurüsten. Die Admiralität reagierte diesmal deutlich rascher als auf Linds Empfehlung. Noch im selben Jahr, 1847, wurden Lebensmittel in Büchsen Teil der üblichen Verproviantierung (seit 1831 hatten sie zu den »Tröstungen der Kranken« auf Schiffen gezählt). Doch bald fiel der neue Proviant, wie der Limonensaft, in Ungnade. Die Admiralität bestellte Proviant in so großen Mengen, daß die Hersteller die Behälter vergrößerten. Aus 1 bis 6 Pfund schweren Packungsgrößen wurden 10 bis 14 Pfund schwere Büchsen; der Inhalt der größeren stellte sich als verdorben heraus. Die Verlustquote erreichte ein solches Ausmaß (in einem Jahr mußten in einem Lager über 50 Tonnen Büchsenfleisch eines Herstellers für ungenießbar erklärt werden), daß man einen Ausschuß mit der Untersuchung des Falls beauftragte. Das Ergebnis war unter anderem, daß man das Fassungsvermögen der Behälter auf 6 Pfund begrenzte, was wiederum dazu führte, daß die Admiralität ihre eigene Büchsenfabrik in Deptford errichtete.

Daß man die Größe der Büchsen begrenzte, war eine kluge Entscheidung. Sie beruhte auf Erfahrung, denn Louis Pasteur hatte noch nicht seine Forschungsergebnisse über die Rolle von Mikroorganismen bei Fermentierung und Fäulnisprozessen veröffentlicht. Damals dachte man, es genüge, zur Haltbarmachung des Inhalts die Luft aus den Büchsen zu entfernen. Heute wissen wir, daß die großen Fleischkonserven in der Mitte nicht ausreichend erhitzt wurden – und dort überlebten die Bakterien, die den restlichen Inhalt verseuchten.

Die Eßgewohnheiten einer Nation, die regionalen Unterschiede, und überhaupt die Einstellung zum Essen hatten damals entscheidenden Einfluß darauf, welchen Proviant die Schiffe an Bord nahmen. Für französische Seeleute blieb die Verpflegung mehr als 100 Jahre unverändert. 1689 hatte Jean-Baptiste Colbert sie festgelegt. Sie bestand aus Schiffszwieback, gepökeltem Rindfleisch, eingesalzenem Kabeljau, Speck, Käse, getrockneten Erbsen, getrockneten Bohnen, Speiseöl, Essig, Wein und Brandy sowie eingelegtem Gemüse, das Offizieren und Kranken vorbehalten war. Sonderbarerweise zogen die französischen Seeleute englisches Pökelfleisch dem eigenen vor. Wurde ein englisches Schiff erbeutet, fand unter etlichen anderen Dingen englisches Rindfleisch als erstes ein neues Zuhause.

1647 nannte Estienne Cleirac die Franzosen *gastrolâtres*-Feinschmecker, eine Charakterisierung, die von Père Labat in seinen Aufzeichnungen gestützt wird. Dieser liebenswürdige und lebenslustige Priester fuhr 1693 nach den Westindischen Inseln; die üppigen Gelage an Bord der *Loire* konnten sich wohl nur auf einem französischen Schiff zutragen. Zum Frühstück gab es frisches Brot, Butter, Käse, gekochten Schinken oder Pastete, ein Ragout oder Frikassee sowie »ganz exzellenten Wein«; zum Mittagessen Hühnerbrühe, irisches Rindfleisch *du petit salé*, Hammel- oder Kalbfleisch, Hühnerfrikassee, zwei Ragouts, zwei Salate, Käse, Marmelade, gedämpftes Obst und Nüsse. Das Abendessen war ganz ähnlich, allerdings wurde mehr Wein getrunken. An Bord standen zwei große, mit Erde gefüllte Kisten, in denen Chicorée wuchs (und die Tag und Nacht bewacht wurden, um diebische Ratten und gewöhnliche Matrosen fernzuhalten). Als der Chicorée aufgegessen war, wurden in der Kiste Salat und Rettich ausgesät.

Als der Geistliche einige Jahre später in der Karibik

an Bord eines französischen Dreimasters war, der mit zwei Kanonen, aber nur einer Kanonenkugel bewaffnet war, notierte er, man habe sie nicht abfeuern können, weil man mit ihr die Senfkörner für den *cochon boucanné* zerstampfte. Ein gutes Beispiel für La Rochefoucaulds Aphorismus: »Essen ist eine Notwendigkeit, aber intelligent zu essen ist eine Kunst.«

Dagegen ein Ereignis aus den *Memoirs of William Hickey*, das sich an Bord der *Plassey* der Ostindischen Kompanie auf dem Weg von England nach Indien zutrug: kein frisches Brot, nur harter Schiffszwieback, »ungewöhnlich schlecht und hart«, ja so hart, daß man eine Wette über 5 Guineas abschloß: Keiner von Hickeys Gefährten würde ihn – nur mit Zähnen und ohne Wasser – in vier Minuten hinunterbekommen. Einem gelang es, wobei er sechs Sekunden vor Ablauf der Zeit fast daran erstickt wäre. Essen wurde zu einem Hasardspiel.

Labat und Hickey beschreiben die grundverschiedene Einstellung ihrer Heimatländer zum Essen. Wenn man Brillat-Savarins Aphorismus »Sag mir, was du ißt, und ich sage dir, wer du bist« zu Ende denkt, dann lassen sich die Eßgewohnheiten einer Nation leicht erschließen. Fünfzig Jahre vor Labat schilderte De Rochefort in seiner *Naturgeschichte der Antillen Amerikas* die gastronomische Einstufung der Europäer durch die karibischen Indianer: Die Spanier seien schlechthin ungenießbar, da zäh und voller Knorpel; die Holländer fad; die Engländer schmeckten etwas besser; die Franzosen aber seien eine Delikatesse.

An Bord amerikanischer Schiffe gab es die gleichen Nahrungsmittel wie in den Präriewagen der ersten Siedler: Fässer mit gepökeltem Schweinefleisch, Mehl, Melasse, Bohnen, Kaffee, Rum und Whiskey. In Rio de Janeiro stellte man nach der ersten Reiseetappe der nordamerikanischen Forschungsreise von 1838 bis 1842 fest, daß 125 Gallonen Whiskey aus den Fässern der *Vincennes* ausgelaufen waren. Matrosen sind einfallsreich, wenn es um Whiskeyfässer geht. Vielleicht war es kein natürliches Leck.

Der gewaltige Konsum von Wein, Bier und Spirituosen der Seeleute im 18. und 19. Jahrhundert zählt zu den besonders niederschmetternden Aspekten der ohnehin katastrophalen Kost. Mißt man die Energiezufuhr – den »Brennstoff« – in Kalorien, springt einem sofort die Tatsache ins Auge, daß Alkohol mehr als die Hälfte der Energie lieferte. Hätte es also den Wein, das Bier und den Rum nicht gegeben, dann hätte wohl die Seemannskost nicht genügend Kalorien enthalten, um den Federhalter eines Schreibers der Admiralität zu halten.

Die heutigen Gesundheitsfanatiker, die eifernden Apostel einer gesunden Ernährung und einer aktiven Lebensweise, deren Credo eher dem vergänglichen Körper als der Seele gilt, deren Ikonen Joggingschuhe und Fitneßgeräte sind und die Wein, Bier oder alles Hochprozentige, wenn es denn über ihre Lippen kommt, puritanisch in »Einheiten« messen, würden diese Seeleute wohl für chronische Alkoholiker halten. Es ist ein ernüchternder Gedanke, daß die Schiffe Seiner Britannischen Majestät mit unverbesserlichen Trunkenbolden bemannt waren. Immerhin paßt dazu, daß sie nach dem Sieg bei Trafalgar den Leichnam ihres Admirals in einem Faß mit Alkohol nach England überführt haben.

IV

Das Südpolarmeer

> Ich bin der festen Überzeugung, daß es nahe dem Pol ein Land gibt, dem der größte Teil des Eises entspringt, das sich über diesen riesigen Südlichen Ozean ausbreitet.
>
> *Journals of Captain James Cook*, 6. Februar 1775

Fast drei Viertel der Erdoberfläche sind von Salzwasser bedeckt. Die Führer in dieses riesige Gebiet – die Baedeker der Ozeane – werden von den hydrographischen Ämtern der Vereinigten Staaten und Großbritanniens veröffentlicht. Die amerikanischen *Sailing Directions* erscheinen als Loseblattsammlung. Die britischen *Pilots* sind schön gebundene Bände, würdig eines jeden Bücherbords. Der Inhalt ist gleich.

Die *Pilots* umfassen insgesamt 73 Bände und behandeln die Küsten und Meere der Welt. Sie sind in dunklem marineblauen Leinen mit Goldlettern gebunden und numeriert. Wenn sie wie paradierende Matrosen auf den Buchregalen eines Kartenzimmers stehen, bieten sie ein imposantes Bild nautischer Informationen. Die einzelnen Bände liefern gute Auskünfte über Gezeiten, Meeresströmungen, Riffe, Untiefen und Ankergründe, doch besitzen sie nicht gerade einen poetischen Stil. Der englische Autor Hilaire Belloc stieß freilich in einem der Bände auf einen merkwürdigen Satz. Er ist von wahrhaft homerischer Qualität: »Der Seemann tut jedoch gut daran, diese Passage bei Gezeitenwechsel, Auffrischen des Windes oder Einbruch der Dunkelheit zu meiden.«

Band Nr. 9 ist der *Antarctic Pilot*. Der vollständige Titel klingt nach großen Abenteuern und Forschungsreisen. Er lautet:

Der
Antarktische Lotse,
umfassend
die Küste von Antarktika
und
alle Inseln südwärts der üblichen
Schiffsrouten

Kurzum: Der *Antarktische Lotse* ist der wichtigste Reiseführer für jeden, der ins Südpolarmeer fährt. James Cook, der als erster eine Expedition dorthin führte, hatte festgestellt, daß hier gleiche Bedingungen herrschen: Klimaverhältnisse, Winde, Strömungen, Tier- und Pflanzenwelt, und hatte das Meer »Southern Ocean«, Südlicher Ozean, genannt. Doch wo befinden sich die Grenzen dieses Eismeeres? Und vor allem – wo liegt seine nördliche Grenze?

Die zweite Auflage erschien 1948 – und hat kein Problem mit dieser Frage. Unumwunden heißt es dort: »Die Bezeichnung ›Südlicher Ozean‹ gilt für den Teil der Erdkugel, der von einer gedachten Linie, welche die südlichen Teile Südamerikas, Afrikas, Australiens und Neuseelands verbindet, und im Süden von der Küste Antarktikas begrenzt wird.« In der vierten Auflage (1974) heißt es schon ungenauer: »›Südlicher Ozean‹ ist die nicht allgemein akzeptierte Bezeichnung, die viele britische Wissenschaftler für die polare Wassermasse nördlich des antarktischen Kontinents verwenden; ihre nördliche Grenze läßt sich nicht genau bestimmen, sie liegt ungefähr bei 55° südlicher Breite.«

Russische Meereskundler schlagen sich auf die Seite

ihrer britischen Brüder und bevorzugen die Definition in der zweiten Auflage. Das Hydrographic Center der Vereinigten Staaten weicht in ihren »Segelanweisungen für die Antarktis« dieser Frage geschickt aus und erwähnt den »Südlichen Ozean« mit keinem Wort – nicht einmal einen Antarktischen Ozean. Den US-amerikanischen Wissenschaftlern wird zur Kleinschreibung geraten, südlicher Ozean. Die Internationale Ozeanographische Kommission der UNESCO hat die Schreibweise »Südliche Ozeane«, also den Plural, gewählt, was überhaupt keinen Sinn ergibt. Chile und Argentinien wollen aus politischen Erwägungen mit dieser Bezeichnung nichts zu tun haben (sie betrachten den Südpazifik und den südlichen Atlantik als ihren privaten Amtsbereich).

Mit der Weite dieses Ozeans kommt man leichter zurecht als mit seiner Benennung. Ein einsamer und entschlossener Segler, der den Bug seines Schiffs in die Richtung der aufgehenden Sonne wendet und Kap Hoorn hinter sich läßt, kann unter 56° südlicher Breite den Erdball umsegeln. Gebräunt von Wind und Sonne trifft er wieder am Kap ein, nachdem er mehr als 12 000 Meilen über den Ozean gesegelt ist, ohne Land gesichtet zu haben; seine einzigen Begleiter waren Seevögel, Wale, Delphine und vielleicht ein einsamer Eisberg.

Ein ähnlicher Segler, der von den felsigen Gestaden Labradors unter 56° nördlicher Breite nach Osten segelt, unternimmt eine kurze Fahrt von 1850 Meilen, ehe ihm die Insel Jura vor der Westküste Schottlands den Weg versperrt. Von hier aus geht die Reise um die Welt mehr zu Land als zu Wasser weiter. Wenn er will, kann er auf seiner Odyssee nach Osten mit kleinen Abstechern das einsame Bauernhaus auf Jura besuchen, in dem George Orwell seinen Roman *1984* geschrieben hat; den Dudelsackpfeifern auf den Festungswällen von Edinburgh

Castle lauschen und am Kulturfestival teilnehmen; wie Hamlet durch die Gänge von Elsinore Castle schlendern; auf dem Roten Platz in Moskau über das Leninmausoleum nachdenken; die Handelswege der Wikinger des 9. und 10. Jahrhunderts auf der Wolga kreuzen und die Kazanuniversität aufsuchen, wo Lenin und Leo Tolstoi studiert haben; den weiten Wasiugansumpf in Sibirien durchqueren und seine Reise mit der Transsibirischen Eisenbahn fortsetzen; das Stanowoigebirge in Ostsibirien überqueren; wieder in See stechen, sich auf eine kurze Seereise über das Ochotskische Meer begeben, gefolgt von einer noch kürzeren Landreise über die Halbinsel Kamtschatka und einer weiteren Seereise über das Beringmeer, ehe ihm das Küstengebirge der Alaska Peninsula den Weg versperrt; durch den Dawson Creek zur Endstation des Trans-Alaska Highway reisen; und schließlich die Weite Kanadas durchqueren. Er hätte eine Haut, gesprenkelt mit den schönsten Insektenstichen der nördlichen Hemisphäre, einen Geist, vollgestopft mit Eindrücken aus Geschichte, Kultur, Politik und Literatur, sowie eine dicke Tasche mit billigen Souvenirs, was er noch bedauern wird.

Der Reisende im Süden hätte einen offenbar öden, weiten Ozean überquert, der keine Geschichte kennt und uninteressant ist. Vielleicht wäre ihm Dantes Welt in den Sinn gekommen, in der die nördliche Halbkugel aus Land und die südliche aus Wasser besteht, lediglich der Läuterungsberg Purgatorio aus den Tiefen des Meeres emporragt.

Es hätte auch Grenzen gegeben. Nicht solche, die durch Warnschilder, Flaggen, Zäune und uniformierte Soldaten markiert werden, sondern dauerhaftere, wie sie etwa von Flüssen, Wüsten und Gebirgsketten gebildet werden. Ungefähr 800 Meilen vor der Küste rund um Antarktika, zwischen dem 50. und 60. Breitengrad, wechseln Temperatur und Salzgehalt des Wassers. Hier strömt das kalte Oberflächenwasser, das den Kontinent umgibt, unter das wärmere Wasser der subpolaren Region. Die Meereskundler nennen das Gebiet antarktische Konvergenz oder Polarfront.

Für die Mannschaft eines nach Süden segelnden Schiffes ist die Grenze deutlich zu erkennen. Binnen weniger Stunden sinken Wasser- und Lufttemperatur drastisch gegen Null; Nebel und Dunst kommen auf. Plankton und Bodensedimente ändern sich: Die Polarfront ist eine feste bio-geographische Grenze.

Am deutlichsten zeigt sich der Einfluß der Konvergenz an den unterschiedlichen Klimaverhältnissen, die auf zwei Inseln im Südatlantik herrschen. Die Staateninsel, vor der Südostspitze Feuerlands, ist zwar rund 1000 Meilen von Südgeorgien entfernt, liegt aber auf demselben Breitengrad. Sie ist dicht bewaldet, das Klima ist feucht, windig und kühl. Südgeorgien dagegen ist baumlos, windig; Dauereis und Schnee bedecken mehr als die Hälfte der Insel, und Gletscher schieben sich bis ins Meer. Auf dem entsprechenden Längenkreis wendet sich die Polarfront wegen der Beschaffenheit des Meeresbodens und der Strömungen in einem weiten Bogen nach Norden und umfaßt Südgeorgien, während die Staateninsel in gemäßigteren Gewässern liegt.

Manchmal wird im Denken der Menschen ein Tier wegen seiner vollkommenen Angepaßtheit an eine rauhe, feindliche Umwelt zu dessen Repräsentanten. Was der Eisbär für die Arktis, der Pinguin für die Antarktis und das Kamel für die Wüste ist, ist für das Südpolarmeer der Wanderalbatros. Mit einer Flügelspannweite von 3,50 Meter ist dieser prächtige Vogel, der mühelos über den schaumgekrönten Wellen schwebt, der Inbegriff dieses südlichen Gewässers. Nachdem sich der Jungvogel zu Beginn seiner drei- bis fünfjährigen Wanderschaft zögernd von seinem Geburtsort auf Südgeorgien in die Lüfte erhoben hat, umkreist er in endlosen Flügen den Globus über dem Südpolarmeer, bis er wieder in seine Heimat zurückkehrt.

Keinen anderen Kontinent umschließt eine derart riesige Wasserwüste. Endlos umspülen Dünung, Wellen und Wasserströmungen bei vorherrschenden westlichen Winden den Kontinent; die einzige Behinderung stellt dabei die rund 1000 Kilometer breite Verengung zwischen Südamerika und der Antarktischen Halbinsel dar.

Untersuchungen haben ergeben, daß eine östliche Strömung mit einer Geschwindigkeit zwischen 5 und 18 Meilen pro Tag hier vorherrscht. Aber auch die Natur stellt Strömungsexperimente an: Am 5. März 1961 wurden bei einem unterseeischen Vulkanausbruch 50 Kilometer nordwestlich der Sawodowskij-Insel, der nördlichsten der Süd-Sandwich-Inseln, Millionen Tonnen von Bimsstein aus dem Meer emporgeschleudert. Neun Tage später berichtet die H.M.S. *Protector*, daß eine Schicht von Bimssteinpartikeln, die so dick war, daß sie die Ansaugleitungen des Schiffes blockierte, rund 5000 Quadratkilometer des Meeres bedeckten. Anfang 1964 erreichte die Schicht die Küste Neuseelands, wobei die größeren Stücke wie Badewannenspielzeug mit einer Geschwindigkeit von 16 Meilen am Tag vor dem Wind segelten. Ausgefeilter und teurer was das Verfahren, das man 1978/79 zur Messung der Temperatur und des Luftdrucks anwandte. Zahlreiche Treibbojen wurden auf die Reise geschickt, die mehrmals täglich ihre Position und Klimainformationen an einen Satelliten übermittelten. Die durchschnittliche Abtrift betrug 13 Meilen pro Tag. Zu demselben Schluß war 150 Jahre zuvor

Kapitän James Clark Ross auf der *Erebus* und der *Terror* gekommen. Nachdem er von den Kerguelen Richtung Osten nach Tasmanien aufgebrochen war, fiel ihm auf, daß sich die Schiffe nach der geographischen Bestimmung 12 bis 16 Meilen vor der täglichen Besteckrechnung befanden. Nach zwei Tagen ohne Berechnung von Länge und Breite stellte sich heraus, daß man sich 58 Meilen weiter östlich befand, als man eigentlich sein sollte. In der heutigen Zeit mit ihren Satellitennavigationssystemen kann man sich das gar nicht vorstellen; um so aufschlußreicher sind solche alten Aufzeichnungen, die die Gefahren der Navigation mit Hilfe von Himmelsbeobachtung und »blinder« Berechnung veranschaulichen: Sie beschwören Bilder von plötzlichen und katastrophalen Schiffbrüchen an einer der vielen öden Inseln herauf, die wie Fallen im Südpolarmeer liegen. Vor einer dieser Inselgruppen, den Aucklandinseln südlich von Neuseeland, und auf der Schiffahrtsroute von Australien nach Kap Hoorn, gingen innerhalb von 40 Jahren neun Schiffe und mehr als 100 Menschenleben verloren.

In der grenzenlosen Wasserwüste, aufgepeitscht von Westwinden – den »brüllenden Vierzigern«, wie man sie im Zeitalter der Rahsegler nannte –, bauen sich schwerer Seegang und hohe Wellen auf. Durch James Cooks Tagesaufzeichnungen während der Monate, die er dort verbrachte, ziehen sich Eintragungen wie »sehr hoher Seegang«, »starker Seegang«, »riesiger Seegang«, »gewaltiger Seegang«, »gewaltige See«, »die See ging gewaltig hoch«. Cook war kein Mann, der zu Übertreibungen neigte. Satelliten haben im Südpolarmeer »signifikante Wellenhöhen« von 12 Metern gemessen, was Cooks lakonische Eintragungen bestätigt. Nun beschreibt die »signifikante Wellenhöhe« die durchschnittliche Höhe jeder dritten Welle in einem Zeitraum von 20 Minuten. Die maximale Wellenhöhe in dieser Zeit ist aber häufig zweimal so hoch wie die »signifikante Wellenhöhe«. Die Russen verzeichnen in ihren Karten nahe den Kerguelen maximale Wellen zwischen 25 und 30 Metern. 30 Meter hohe Brecher sind der Stoff, aus dem die Alpträume der Seeleute sind.

Der Kontinent, den dieser fürchterliche Ozean umschlingt, schreckt aber nicht nur durch Sturm und Wellen ab. Im Winter friert mehr als die Hälfte des Ozeans unterhalb der Konvergenzzone allmählich zu, was den Kontinent für Monate in eisernem Griff hält.

Wegen des Salzgehaltes bildet und verhält sich Eis aus Meerwasser anders als Süßwassereis. In der anschaulichen Beschreibung der *Sailing Directions for Northern Canada:* »5 Zentimeter Süßwassereis können einen schweren Mann tragen, aber 5 Zentimeter Meereis tragen nicht einmal ein krabbelndes Kind.« Unterschreitet die Temperatur des Meerwassers den Gefrierpunkt, der vom Salzgehalt abhängig ist, bildet sich bei ruhiger See Neueis. Eine sanfte Dünung bricht die dünne Fläche wieder auf, schiebt die Stück zu rundlichen Formen mit hochgestülpten Rändern zusammen – die Meeresoberfläche scheint auf wundersame Weise von gefrorenen Seerosen bedeckt zu sein. Die Eisschollen werden zusammen- und übereinandergeschoben; es entsteht festes, dichtes Packeis, das etwa 18 Millionen Quadratkilometer des Südpolarmeeres bedeckt – das ist eine Eisfläche von der Größe Südamerikas. Nach dem September, wenn Frühling und Sommersonne zurückgekehrt sind, lockert sich der Kordon langsam, und die schmelzenden Eisfelder treiben mit der Meeresströmung davon. Doch mehr als zweieinhalb Millionen Quadratkilometer Meereis trotzen der Sommersonne und bilden einen Eisrand, der Segelschiffe von weiten Abschnitten der antarktischen Küste fernhält.

Wenn ein Segelschiff die Polarfront auf südlichem Kurs gekreuzt hat, trifft es auf große Gebiete mit Treibeis. Es beginnt die gefährliche Fahrt durch ein sich ständig wandelndes Labyrinth von Eisfeldern. Doch als erstes, oft sogar noch vor der Überquerung der Konvergenz, sieht man die sogenannten Eisinseln: Tafeleisberge, die vom Schelfeis abgebrochen sind. Sie sehen ganz anders aus als jene der Arktis; sie sind oben abgeflacht und oft kilometerlang. Wenn sich die hohen Wellen an ihnen brechen, kann man sie durchaus für Inseln halten.

Die frühen Reisenden, die nicht zur eigentlichen Schiffsbesatzung zählten – die »Gentlemen-Forscher«, wie die Seeleute sagen, wenn sie von den Künstlern, Naturforschern und Astronomen sprechen –, waren von der neuen Naturlandschaft tief beeindruckt. »Gefühle der Ehrfurcht und der Bewunderung«, »majestätische Größe«, »unvorstellbare Erhabenheit«, »auf zarte Weise wunderschön«, »ein merkwürdig furchtgebietender Anblick« – solche Wendungen tauchen in den Reiseberichten immer wieder auf. Das »Erhabene«, Inbegriff des romantischen Zeitalters, garniert diese Prosa wie Rosinen einen Mehlpudding.

Für den nüchternen Seemann waren die Eisberge nichts anderes als eine weitere Gefahr. Sie hatten nur einen einzigen Vorteil: Sie boten, wenn sie groß genug waren, im Windschatten Schutz und lieferten, wenn sie klein genug waren, Eisbrocken, die man zu Süßwasser schmelzen und somit die Wasserversorgung an Bord sichern konnte.

Die frühe Erforschung der antarktischen Küste wurde von den Jahreszeiten bestimmt; sie war erst möglich, wenn das winterliche Packeis aufbrach. Bis in die Zeit nach dem Zweiten Weltkrieg und den ersten Antarktisvermessungsflügen blieb der größte Teil des Küstenverlaufs unklar. Die Unsicherheit spiegelte sich in den gestrichelten Linien auf der Karte.

Die Packeismauer ist jedoch nicht ganz undurchdringlich. Ihre Schwachstellen sind die Süd-Shetland-Inseln, Teile der Antarktischen Halbinsel, die Ostküste des Weddellmeeres und – am berühmtesten – das Ross-Schelfeis und die Rossinsel.

In den Sommermonaten liegt die Temperatur auf den Süd-Shetland-Inseln über dem Gefrierpunkt, was ihnen beim Personal von Polarstationen den Spitznamen »Bananen-Gürtel« eingetragen hat. Die relative Wärme und die stürmischen Tiefdruckgebiete, die häufig über die Antarktische Halbinsel hinwegziehen, lassen das Wintereis um einiges schneller aufbrechen.

Im Osten des Weddellmeeres liegen die Dinge anders. Dort tragen die östlichen Winde und eine vergleichsweise warme Unterwasserströmung vom Indischen Ozean her zum Aufbrechen des Eises bei. Allerdings zieht sich von der Spitze der Halbinsel eine Packeisbarriere nach Osten, die jede Einfahrt ins Weddellmeer bis zum Spätsommer verhindert. Diesem Eisstrom begegneten Cooks *Resolution* und *Adventure* 1773 und die Walfänger in diesem Jahrhundert. Im Rossmeer öffnen Wind und Strömung einen Korridor durch das Packeis, der ungefähr auf dem 180-Grad-Meridian ins Herz der Antarktis folgt: Auf dieser Route gelangten die Schiffe von Ross, Scott, Shackleton, Amundsen und Byrd bis zur Rossinsel und zum Ross-Schelfeis – und damit so weit nach Süden, wie ein Schiff fahren kann.

Dieser ferne und menschenfeindliche Ozean mit seinen gewaltigen Wogen und Dünungen, mit den ständigen Tiefdruckgebieten, die den Kontinent endlos umkreisen, mit den Eisbergen und dem Packeis, mit dem Oberflächenwasser mit einer Temperatur nahe dem Gefrierpunkt und den verstreuten menschenleeren, unwirtlichen Inseln – das alles, Tausende Kilometer von den großen Städten des Nordens entfernt, will uns nicht gerade als ein Magnet für die Flotten und Tausende von Männern erscheinen, die in den letzten 200 Jahren die lange Fahrt nach Süden angetreten haben. Manche waren auf Entdeckungsreise, doch die meisten wollten Robben und Wale jagen.

In Wirklichkeit ist das Südpolarmeer südlich der Polarfront ein fruchtbares, lebendiges Gewässer, in dem ganz unterschiedliche Tiere leben, die berühmter sind wegen ihrer Menge als wegen ihrer Vielfalt. Wer bei der Fahrt durchs Treibeis über die Reling schaut, kann die Ursache dieses Reichtums sehen: Es sind gelblichbraune Flecken auf der Unterseite der Eisschollen: Meeresalgen. Eine von ihnen, die *Phaeocystis poucheti*, wächst in einer solchen Fülle, daß sie Planktonnetze mit ihrer gallertigen Masse verstopfen kann. Als Meeresbiologen noch fluchten, starken Schnaps tranken, Tabak kauten und rauchten, hießen sie »Holländers Tabaksaft«.

Hier gibt es also eine Meeresweide, das Phytoplankton, auf dem Kleintiere, das Zooplankton, grasen. Eines von ihnen, das etwa 5 Zentimeter lange, garnelenartige Krustentier *Euphausia superba*, ernährt wiederum Seevögel, Pinguine, Robben und Wale. Die alten Walfänger nannten den Blauwal, *Balaenoptera musculus*, »Schwefelboden«-Wal wegen der Schicht gelblichgrünen Phytoplanktons, die seine natürliche Farbe abdunkelte. Ein Blauwal im Südpolarmeer veranschaulicht die ungewöhnlich kurze Nahrungskette auf einen Blick – vom Phytoplankton zum Zooplankton bis zum größten Säugetier des Planeten.

> Big floes have little floes all around about 'em,
> And all the yellow diatoms couldn't do without 'em.
> Forty million shrimplets feed upon the latter.
> And *they* make the penguin and the seals and whales much fatter.*

Dies schrieb Thomas Griffith Taylor, ein Geologe auf der zweiten Antarktisexpedition (1910–1911) des Kapitäns Robert Falcon Scott. Elf Garnelenarten bilden den Krill (das norwegische Wort für Fischbrut); am bedeutendsten ist der Krillkrebs *(Euphausia superba)*. Die Krebstiere finden sich rund um den Kontinent südlich der Konvergenz. Besonders zahlreich sind sie bei den Süd-Shetland-Inseln, Südgeorgien und westlich der Süd-Sandwich-Inseln. Sie bilden so große Schwärme, daß sich das Meer rosa verfärbt. Und doch schwimmen sie mit größter Präzision, parallel und mit den Köpfen voran, alle in eine Richtung. 1981 wurde vor Elephant Island ein riesiger Krillschwarm gesichtet und auf über 2,5 Millionen Tonnen geschätzt (pro Jahr werden weltweit etwa 70 Millionen Tonnen Fisch gefangen). Da er Schwärme bildet, ist Krill eine leichte Beute für den Blauwal und andere Jäger, einschließlich des Menschen. Aber ein erwachsener Blauwal braucht pro Tag auch rund 4 Tonnen Krill.

---

* Große Eisschollen werden umringt von kleinen Schollen/die vielen gelben Algen könnten gar nicht ohne sie auskommen./Vierzig Millionen Garnelchen ernähren sich von den letzteren/und *diese* machen die Pinguine, Robben und Wale noch dicker.

Heute ist die Chance, in den antarktischen Gewässern einen Blauwal zu sichten, ziemlich gering. 1930/31 wurden mehr als 31 000 Blauwale abgeschlachtet, was dem Bestand einen tödlichen Schlag versetzt hat. Inzwischen ist er auf einen kümmerlichen Rest geschrumpft – vielleicht beträgt er noch 2 Prozent der ursprünglichen Population.

Am ehesten sieht man noch, zumal in den Gebieten der Krillschwärme, Finn-, Sei-, Hecht-, Südkaper-, Buckel-, Pott- und Schwertwale. Unter den Bartenwalen ist der Buckelwal wegen seiner langen Flossen – sie messen ein Drittel der Körperlänge – und seiner charakteristischen Tauchfolge wohl der auffälligste: Erst kommt eine langsame, rollende Drehung, dann ein träges Heben des Schwanzes hoch in die Luft, dann das endgültige Hinabgleiten in die Tiefe. Wohl nie vergißt man den Anblick, wie ein Buckelwal den riesigen bogenförmigen Schwanz wie ein Segel hebt, sich mit ausgestreckten Flossen herumdreht – so, als ob sich ein Kind mit ausgestreckten Armen im Kreis dreht; und dann taucht er langsam und geschmeidig hinab. Wenn man Glück hat, sieht man den Wal mit einem gewaltigen Rückwärtssalto aus dem Wasser springen – 40 Tonnen Wal, die sich in die Lüfte heben.

Wegen seiner Gefräßigkeit berüchtigt ist der Schwert- oder Mörderwal. Wenn man ein Rudel Schwertwale am Rand des Packeises das Wasser durchpflügen sieht, spürt man einen Schauder. So etwas kennt man aus zahllosen Kriegsfilmen. Die Kamera tastet das Meer ab und stellt sich auf das verräterische Kielwasser des Periskops eines U-Bootes ein ... dort, unter dem unheilvollen Periskop, lauert etwas Schreckliches. Diese Wirkung geht auch von der großen Rückenflosse des Schwertwals, seinem auffälligsten Merkmal, aus.

Der Große Schwertwal ist relativ klein, er mißt nur 7 bis 9 Meter. Die große Rückenflosse kann beim erwachsenen Männchen bis zu 1,80 Meter emporragen. Der Körper ist schön und auffällig schwarzweiß gezeichnet, wobei bei den antarktischen Walen eine Algenschicht die weißen Flecken gelblich färbt. In den Wasserrinnen im Packeis und zwischen den Eisfeldern jagen die Tiere Robben, Pinguine, Tintenfische, Fische und sogar andere Wale.

Wie die meisten Tiere, die im Rudel jagen, sind die Mörderwale sehr intelligent. Wenn eine Robbe allein auf einer Eisscholle liegt, stürzt der Wal diese von unten um, so daß sie hilflos in den Tod rutscht. Der Autor hat einmal erlebt, wie sechs Schwertwale in Kiellinie schnell auf eine Scholle zuschwammen, auf der eine schläfrige Robbe lag. Mit raschen Wendungen wühlten sie das Wasser auf, bis die Wellen über die Scholle schwappten und die Robbe mit sich rissen.

1911 hatte die *Terra Nova* unter Scott am Festeis festgemacht. Man lud gerade Vorräte für das Winterquartier auf der Rossinsel aus, rund 2 Kilometer entfernt. Der Fotograf Herbert Ponting wollte ein paar Aufnahmen von Eisbergen machen und packte einen Schlitten mit seiner Kameraausrüstung. In der Nähe, am Rand des Eises, durchstreifte ein halbes Dutzend Mörderwale das Wasser. Mit einem Warnruf machte Scott Ponting auf die Wale aufmerksam. Der sah in ihnen ein schönes Fotomotiv; die Wale hielten ihn und die Hunde wohl für sonderbare, vermutlich aber schmackhafte Leckerbissen. Sie tauchten unter das Eis und stiegen unter lauten, »donnernden Geräuschen« auf. Das Eis barst unter Ponting, der seine Kamera packte, von Scholle zu Scholle sprang, rannte, um sich in Sicherheit zu bringen, wobei ihm der Gedanke durch den Kopf fuhr, daß der erste Biß gewiß sehr unangenehm sein, der zweite aber bestimmt keine große Rolle mehr spielen würde. Es hätte ihn wohl kaum getröstet, wenn ihm erfahrene Meeresbiologen versichert hätten, daß noch kein Mensch von einem Mörderwal gefressen worden sei. Leutnant Victor Campbell, bei seinen Gefährten auf der *Terra Nova* als der »böse Maat« verschrien, schrieb über den Vorfall in sein Tagebuch: »Was für eine Ironie, gefressen zu werden, weil man für eine Robbe gehalten wird, und wieder ausgespuckt zu werden, weil man ein Mensch ist ...« Noch sarkastischer war er in einem Brief an seine Schwester, in dem er »ein Mensch« durch »nur ein Fotograf« ersetzte.

Etwa 100 Kilometer weiter nördlich, bei Kap Royds auf der Rossinsel, steht die leere Winterquartierhütte der Expedition Shackletons – inzwischen Sir Ernest Shackleton – von 1907 bis 1909. Sie liegt in einer Senke zwischen den Vulkanfelsen der Insel, dicht bei der südlichsten Kolonie von Adeliepinguinen. Rund 80 Kilometer von Kap Royds entfernt, auf der gegenüberliegenden Seite der Rossinsel bei Kap Crozier, befand sich die damals einzig bekannte Kolonie von Kaiserpinguinen. Beide Arten zählen zu den wohl berühmtesten Pinguinen: der Kaiserpinguin wegen seiner Größe – er ist der größte lebende Pinguin – und der Adeliepinguin wegen seiner schwarzweißen Livree.

Die wissenschaftlichen Bezeichnungen für Tiere und Pflanzen langweilen für gewöhnlich den Laien. Es ist aber ganz erhellend, ergötzlich, verwirrend und manchmal auch amüsant, im Lumpensack der volkstümlichen und wissenschaftlichen Bezeichnungen der Tiere der Antarktis zu wühlen. *Homo sapiens*, dieser quantifizierende, katalogisierende und bürokratische Primat, will Ordnung in eine scheinbar anarchische Welt bringen.

Das macht sie weniger furchteinflößend. Der schwedische Naturforscher und Arzt Carl von Linné, geboren 1707, hat die moderne biologische Systematik der wissenschaftlichen Klassifikation begründet: ein zweinamiges System, mit dem Gattung und Art von Flora und Fauna beschrieben werden. Die Sprache ist eine barbarische Mischung aus pseudolateinischen Ausdrücken und griechischen Stammwörtern.

Die etymologische Herkunft des Wortes »Pinguin« verliert sich im Nebel der Zeit, in diesem Fall des nördlichen Nebels. Funk Island vor der Küste Neufundlands hieß bei den englischen Seeleuten des 16. Jahrhunderts »Penguin Island«. Vermutlich wurde sie so nach dem inzwischen ausgestorbenen flugunfähigen Riesenalk benannt, der hier in großer Zahl genistet hat. Die hilflose Beute ließ sich mühelos töten; das Fleisch wurde entweder frisch oder eingesalzen zur Verproviantierung der Schiffe verwendet. So übertrugen englische Seeleute den Namen für den flugunfähigen Vogel des Nordens auf den flugunfähigen Vogel des Südens.

Manche Fachleute behaupten, das Wort stamme vom walisischen *pen gwyn,* was soviel heißt wie weißköpfig –, aber der Riesenalk hatte einen schwarzen Kopf, andere verweisen auf das lateinische *pinguis,* was »fett« bedeutet. Wieder andere leiten es vom englischen »pin-wing« (Knopf-Flügel) her, was sich auf die kleinen Flügel beziehen soll. Auf einer Karte aus dem 16. Jahrhundert erscheint Funk Island als Puanto(»stinkende«)-Insel, was mit den Exkrementen (Guano) der hier zahlreich brütenden Meeresvögel zu tun haben könnte. Vielleicht hat auch irgendein längst vergessener walisischer Seemann in seiner Sprache die Insel wegen ihrer Guanoschicht als »weißköpfig« bezeichnet – dann wurde der Name auf den Riesenalk übertragen.

Die wissenschaftliche Bezeichnung für den ausgestorbenen Riesenalk lautet *Pinguinus impennis*, federloser Pinguin. Doch der Riesenalk hatte Federn, er gehört auch nicht den *Sphenis-ciformes an* – der Ordnung aller Pinguine (Pinguine zeichnen sich dadurch aus, daß sie eine Ordnung und eine Familie – *Spheniscidae* – bilden). Nun ist *spheniscus* die latinisierte Form eines griechischen Wortes mit der Bedeutung »Keil«; aber der Pinguin hat wenig Keilförmiges, es sei denn, man denkt an seinen keilförmigen Schwanz und – mit viel Phantasie – an seine kurzen Flügelstummel.

Jedenfalls wurde das englische »penguin« erstmals während der dritten Weltumsegelung in den Jahren 1586 bis 1588 von Thomas Cavendish auf der *Desire* verwendet. Cavendish legte in der Magellanstraße auf denselben Inseln einen Zwischenstopp ein, vor denen Sir Francis Drake neun Jahre zuvor vor Anker gegangen war. Drake hatte dort »große Bestände an flugunfähigen Vögeln vorgefunden, so groß wie Gänse, von denen wir in weniger als einem Tag 3000 töteten und uns gründlich davon verpflegten«. Cavendish und seine Leute folgten Drakes Beispiel und »töteten und salzten große Mengen von Pinguinen als Proviant ein«. In den folgenden zwei Jahrhunderten bürgerte sich der Name auch in anderen Sprachen ein. Darüber ärgerte sich im 18. Jahrhundert der französische Naturforscher Comte du Buffon: dumme englische Seeleute, die irrtümlich einen ganz anderen südlichen Vogel für den nördlichen Riesenalk hielten. Daher machte er den Vorschlag, den südlichen Vogel *manchot* zu nennen, was soviel wie »einarmig« bedeutet. Da aber der Pinguin zwei deutlich ausgeprägte Flügel – oder Arme – besitzt, hatte der bedeutende Naturforscher keine sehr glückliche Wahl getroffen. Englisch »penguin« hat sich durchgesetzt:

pinguino auf spanisch, *Pinguin* auf deutsch, *pingvin* auf dänisch und schwedisch, und die Franzosen fügten sich schließlich und akzeptierten *pingouin*, wobei *manchot* auch weiterhin verwendet wird.

Aber wie steht es mit den volkstümlichen und den wissenschaftlichen Bezeichnungen für die Pinguinarten, die die frühen Seefahrer im Südpolarmeer sahen? Nehmen wir zunächst den Kaiserpinguin, *Aptenodytes forsteri*. Der erste Teil, die Gattungsbezeichnung, bedeutet »Taucher ohne Federn«; zwar taucht der Kaiserpinguin – wie alle Pinguine –, aber er ist keinesfalls ohne Federn.

Die ersten Häute und Kadaver von Kaiserpinguinen kamen in Fässern mit hochprozentiger Salzlake 1843 nach Europa, an Bord der *Erebus* und der *Terror*. In London erklärte John Gray, der Leiter der zoologischen Abteilung im Britischen Museum, es handle sich um eine neue Spezies, und nannte sie *forsteri*. Damit wollte er Johann Reinhold Forster ehren, Naturforscher an Bord der *Resolution* – obwohl es zweifelhaft ist, ob Forster auf der Reise mit Cook jemals einen Kaiserpinguin zu Gesicht bekommen hat.

Ross und die Naturforscher auf der *Erebus* und der *Terror* griffen zu recht ungewöhnlichen Methoden, um die Vögel zu töten:

> In den letzten Tagen sahen wir viele große Pinguine, mehrere wurden lebend gefangen und an Bord gebracht. Tatsächlich erwies sich das Töten als sehr schwierig – und als äußerst grausam, bis wir auf Blausäure zurückgriffen, wovon ein Löffel den Zweck in weniger als einer Minute erfüllte. Das Gewicht der gewaltigen Vögel betrug zwischen 60 und 75 Pfund. Der größte wurde von der Besatzung der Terror getötet und wog 78 Pfund.

Etwas kleiner als der Kaiserpinguin ist der Königspinguin *Aptenodytes patagonica*. Johann Reinhold Forster hatte einige auf Südgeorgien getötet; die Artenbezeichnung entspringt der irrigen Annahme, daß die Vögel in Patagonien brüteten.

Und was ist mit den kleineren Pinguinarten, die die frühen Seeleute vorfanden? Der englische Schriftsteller Oliver Goldsmith schrieb kurz vor seinem Tod im Jahre 1774 in einem Buch über Naturgeschichte, daß »unsere Seeleute ... diesen Vögeln [Pinguinen] sehr schlichte, aber auch treffende Namen wie Arsch-Füße verleihen«. Das machten nicht nur Seeleute. Der Gattungsname der drei Arten des *Pygoscelis*-Pinguins kommt aus dem Griechischen und besteht aus pygo, »Steiß«, und scelos, »Bein«, also der »steißbeinige« Pinguin.

Der Artenname des *Pygoscelis antarctica*, des Zügelpinguins, berücksichtigt die Tatsache, daß der Vogel, nach dem Kaiserpinguin und dem Adeliepinguin, der am südlichsten in der Antarktis brütende Pinguin ist. Der volkstümliche Name rührt vom auffälligen schwarzen Streifen unter dem Kinn her, der dem Kinnriemen eines Helms ähnelt. Der Adeliepinguin, *Pygoscelis adeliae*, benannt nach der Ehefrau des französischen Antarktisforschers Dumont d'Urville, brütet noch weiter im Süden. *Pygoscelis papua*, der Eselspinguin, erhielt seinen wissenschaftlichen Namen von Johann Reinhold Forster, der sich aber gewaltig irrte, wenn er annahm, die Vögel brüteten auch auf Papua oder Neuguinea. Sein populärer Name »Gentoo«, der zum erstenmal auf den Falklandinseln im 19. Jahrhundert auftaucht, ist die anglisierte Version des portugiesischen *gentio* (»adlig«); so haben die Muslime Indiens die Hindus genannt. In einem englischen Reisebuch aus dem 18. Jahrhundert ist die Rede von »Jentoo tanzenden Mädchen von Madras«. Vielleicht erinnerte der farbenprächtige Kopf des Pinguins mit seinem roten Schnabel und der weißen Zeichnung über den Augen einige Seeleute auf den Falklandinseln an ein wärmeres Klima und an die geschminkten Bajaderen Indiens.

Außerdem brüten auf den Falklandinseln die Felsenpinguine, *Eudyptes crestatus*, die Goldschopfpinguine, *Eudyptes chrysolophus*, und die Schopfpinguine, *Eudyptes crysolophus*. Der Gattungsname *Eudyptes* bedeutet »guter Taucher«. Beide Arten haben einen gelblichen Haarschopf über den Augen; *crestatus* steht für »schopfig« und *crysolophus* für »goldschopfig«. Wer einmal gesehen hat, wie ein Felsenpinguin aus dem Meer auftaucht und eine felsige Klippe zu seiner Brutkolonie hinaufhüpft, wird sofort verstehen, wie es zu seinem gewöhnlichen Namen gekommen ist.

Der Magellanpinguin ist der letzte in unserer Aufzählung. Er brütet auf den Falklandinseln und im Süden Südamerikas. Er trägt den Gattungsnamen *Spheniscus* und den Artennamen *magellanicus*, der sich auf eines seiner Brutgebiete, die Magellanstraße, bezieht. Zweifellos war er der erste Pinguin, den Europäer zu Gesicht bekommen haben.

Auf einigen Falklandinseln, auf Südgeorgien, der Macquarie-Insel, den Kerguelen, der Heard-Insel und den Süd-Shetland-Inseln lieferten sie den Robbenjägern Fleisch, Eier und Tran. Bis auf die unbrauchbaren Federn erfüllten sie damals dieselbe Aufgabe wie die Hausgänse in Nordeuropa. Im Meer bieten sie den verblüffenden Anblick einer Gruppe von Tieren, die aus dem Wasser auftauchen wie kurze, gedrungene Geschosse im Tiefflug; auf dem Packeis stehen sie feierlich beisammen. Als die *Terra Nova* 1910 auf dem Weg zur Rossinsel vom Packeis aufgehalten wurde, stieß sie wiederholt auf solche Gruppen von Adeliepinguinen. Die Männer kamen an Deck und sangen einen der damals beliebten Schlager; eine Zelle lautete: »denn sie hat Ringe an den Fingern, Schellen an den Füßen, Elephanten, auf denen sie reitet, wohin sie auch will«. Cecil Meares beendete das Ständchen mit seiner vollen, aber wenig wohlklingenden Stimme: »God save the King«, und die Pinguine, die von dem Gassenhauer ganz bezaubert waren, watschelten davon. Die kleine Episode verrät die Faszination, die von diesen menschenähnlichen Geschöpfen ausging, von ihrem aufrechten Gang und ihren Kolonien voll geschäftiger Betriebsamkeit, in denen es genauso zuging wie in einer lärmenden Großstadt. Mir fällt kein anderes Tier ein, das Männer zum Chorgesang angeregt hat.

Für den Seemann an Bord eines Schiffes, das die einsamen Weiten des Südpolarmeeres befuhr, waren Albatrosse und Sturmvögel ständige Begleiter. Seeleute auf Segelschiffen waren Meister der Improvisation. Die Albatrosse, die man auf See schoß oder fing, sind dafür stumme Zeugen. Geschickte und geduldige Finger verwandelten die hohlen Knochen in Pfeifenhälse und die großen Schwimmhäute in Tabaksbeutel. Die kleineren Vögel blieben von dieser Verwandlung verschont: Für die Männer, die unter engen Verhältnissen leben mußten, waren sie freundliche Gefährten, von denen ein Hauch von Freiheit ausging. Hier, vom Mittelpunkt ihrer vom Horizont begrenzten Welt, beobachteten die Männer die kleinen, eleganten und flatternden Sturmvögel, die auf dem Wasser zu gehen scheinen; die geisterhaften Sturmschwalben mit grauen Rücken, die schnell und scheinbar ziellos ganz dicht über den Wellen dahingleiten; die untersetzten Tauchersturmvögel, die flügelschlagend in die Wellen eintauchen und wieder emporschießen wie Kugeln durch ihr Ziel; Schwärme der schönen schwarzweiß gemusterten Kaptauben, die mit den Wogenkämmen spielen und gern den Schiffen folgen, und, nahe Eisbergen und Packeis, die zarten, schneeweißen Schneesturmvögel, die in der Eislandschaft wie Phantome umhergleiten.

Hier, inmitten des Packeises, leben vier der sechs Robbenarten der Antarktis; sie schwimmen in den Wasserrinnen oder liegen auf den Eisschollen. Vom Schiff aus sieht man am ehesten die Krabbenfresser. Anders als der Name vermuten läßt, fressen diese Robben keine Krabben, sondern verzehren riesige Mengen Krill. Ihre Zahnhöcker greifen ineinander und bilden eine Art Filter, wodurch der Krill im Maul bleibt. Der Krabbenfresser ist auch die am stärksten vertretene Robbenart: Mehr als die Hälfte aller Robben der Erde sind Krabbenfresser. Viele haben tiefe, parallel verlaufende Narben. Diese Robben hatten Glück; als Jungtiere konnten sie einer anderen Robbe, dem Seeleoparden, entkommen.

Wie der Schwertwal ist auch der Seeleopard ein vielseitiger und flinker Jäger. Vor einer Pinguinkolonie packt er ein unaufmerksames erwachsenes oder ein jüngeres Tier. Doch Warmblüter sind nicht seine einzige Beute. Seine Nahrung besteht zu fast 40 Prozent aus Krill. Seine Zähnen ähneln denen des Krabbenfressers. Allerdings sind sie länger und schärfer. Sie dienen als Filter, und er kann mit ihnen Fische packen und Fleisch zerkleinern.

Ganz anders die Weddellrobbe: Sie wirkt schläfrig und behäbig wie ein freundlicher und gut genährter Londoner Clubmensch, der meistens in seiner Umgebung bleibt – hier: im Treibeis. Die Weddellrobbe ist der Inbegriff einer Robbe: runder Kopf, große runde Augen, rundliche, mollige Gestalt – das reine Kindchenschema, mit dem Umweltschutzorganisationen einer modernen, tierlieben Öffentlichkeit Geld aus der Tasche ziehen.

Die Weddellrobbe entfernt sich nie weit von ihrem Eisloch und hält sich immer nahe dem Eisrand auf. Sie ist gesellig; außerhalb des Wassers findet man sie meistens in einer Gruppe mit einem Dutzend oder mehr Artgenossen. Um ihre füllige Form zu wahren, ernährt sie sich von Fisch, Tintenfisch und Krebstieren, die sie in dunklen Tiefen aufspürt. An Land oder auf dem Eis bewegt sie sich wenig, ist aber sehr aktiv im Wasser: Sie kann 600 Meter tief tauchen und mehr als eine Stunde unter Wasser bleiben. Um ihre Eislöcher offenzuhalten – und das muß sie im Winter ständig –, benutzt sie das Gebiß in einer schwingenden, sägenden Bewegung, wodurch sich die Zähne schließlich bis zum Gaumen abnutzen. Für die Weddellrobbe bedeutet das den Tod.

Am schlechtesten kommt man an die Rossrobbe heran. Im Januar 1841 sichtete die Expedition der *Erebus* und der *Terror* einen ungewöhnlichen Seehund auf dem Packeis. Die Begegnung nahm ein blutiges Ende. Ein Sergeant der königlichen Marine war als erster auf dem Eis und schlug dem Tier den Schädel ein. Man brachte drei Schädel dieser bis dahin unbekannten Robbenart nach England, wo sie nach James Clark Ross, dem Kommandanten der Expedition, benannt wurde. In den nächsten 100 Jahren wurden lediglich 50 weitere Tiere gesichtet: Nicht, daß es sich um eine besonders seltene Robbenart handelt, man bekommt sie nur selten zu Gesicht, da ihr bevorzugter Lebensraum das schwer zugängliche Packeis ist. Wenn man die Robbe mit ihrer kurzen Schnauze sowie den großen Augen in dem breiten Kopf genau anschaut und die Phantasie spielen läßt, kann leicht ein anderes Bild entstehen: Der Kopf hebt sich, die Kiefer öffnen sich weit, Hals und Rumpf blähen sich wie eine Kropftaube – wenn man ihr nun im Geiste noch eine blonde Perücke aufsetzt, ihr eine Lanze in die Flosse drückt, so haben wir eine antarktische Walküre mit wogendem Busen vor uns, die gleich eine Wagner-Arie schmettern wird.

Alle diese Robben leben im Packeis und blieben deshalb von der Ausrottung verschont, der See-Elefanten und die antarktische Pelzrobbe zum Opfer gefallen sind. Beide Arten haben Menschen in die Antarktis gelockt – erstere wegen ihres Fetts, letztere wegen ihres Pelzes und beide, weil sie an Land brüteten. Ihre Naturgeschichte und ihr Schicksal sind so eng mit dem Menschen und den frühen Entdeckungen im Südpolarmeer verknüpft, daß man beides nicht in einem Absatz abhandeln kann. Kurzum: In diesem Buch geht es ebenso um Robben wie um ihre Jäger.

Betrachten wir also diesen Ozean unterhalb der südlichen Polarfront in der zweiten Hälfte des 18. Jahrhunderts: riesig, unwirtlich, fruchtbar, in dem es von Leben nur so wimmelte und der einen leeren, kalten und öden Kontinent umgab. Hier im entlegendsten Teil der Welt war die letzte Barriere, die noch kein Mensch betreten hatte, nachdem der *Homo sapiens* seinen Exodus aus Afrika und die 60 000 Jahre während Wanderung über die Erde begonnen hatte. Der kolonisierende und gesellige Zweibeiner hatte sich nach Norden bis zum äußersten Ende der Länder am Nördlichen Eismeer ausgebreitet, nach Süden bis nach Australien und Tasmanien. Er hatte auf abenteuerlichen Fahrten die verstreuten Inseln des Pazifiks und Neuseeland bevölkert und war nach Osten durch Asien zum amerikanischen Kontinent und dort hinab zum südlichsten Punkt gelangt: Tierra del Fuego, Feuerland, das bereits am Südpolarmeer liegt. Der Mensch hatte sich über den Erdball ausgebreitet – von den Eskimos (Inuit) unter 78° nördlicher Breite auf Grönland bis zu den Yámana auf Feuerland unter 56° südlicher Breite nahe Kap Hoorn. Als ob sie sich in einer feindlichen Welt stützen und sich ihrer Einzigartigkeit versichern wollten, nannten sich beide Völker »Menschen«.

Am 17. Januar 1773, zwischen 11 und 12 Uhr mittags, überqueren erstmals zwei Schiffe mit mehr als 200 Mann Besatzung den Südpolarkreis. Später am selben Tag lagen sie, ohne es zu ahnen, rund 120 Kilometer vor dem antarktischen Kontinent, weil das Packeis ihnen den Weg versperrte. Kapitän James Cook schlug mit den Männern der *Resolution* und der *Adventure* ein neues Kapitel in der Erforschung der Pole auf.

V

Edmond Halley und die »Paramore«

> Er erhielt Urlaub und ein *viaticum* [Reisegeld] von seinem Vater, zur Insel *Sancta Helena* zu reisen, einzig um des Fortschritts der Astronomie willen, nämlich um den Globus der südlichen Hemisphäre zu verbessern, der bis dato ganz fehlerhaft gewesen, da man ihn lediglich nach Beobachtungen unwissender Seeleute gezeichnet hatte ... Bei seiner Rückkehr präsentierte er seine Planisphäre mit einer kurzen Beschreibung Seiner Majestät, der davon sehr angetan war, erntete aber nichts außer Lob.
>
> John Aubrey, *Brief Lives*, entstanden zwischen 1669 und 1696

Archimedes und das Bad, Newton und der Apfel, Halley und der Komet, Darwin und der Affe, Einstein und $E = mc^2$. Diese Assoziationen kennt jeder Mann auf der Straße – bis auf Edmond Halley, der Freund Isaac Newtons; er tritt nur alle 76 Jahre ins Bewußtsein der Öffentlichkeit, wenn sich der nach ihm benannte Komet der Erde nähert. Es ist unglaublich, daß nur seine Vorhersage der periodischen Wiederkehr des Kometen in allgemeiner Erinnerung geblieben ist.

Edmond Halley war mehr als nur ein Astronom. In einer Zeit, in der Gelehrte auf vielen Gebieten bewandert waren, war er der größte Universalgelehrte: Astronom, Mathematiker, Geophysiker, Meteorologe, Landvermesser, Kartograph, Hydrograph, Erfinder, Navigator und Seefahrer. 1656 in eine wohlhabende Handelsfamilie geboren – sein Vater war Seifensieder und Salzkaufmann und bezog aus seinen Immobilien Erträge von 1000 Pfund pro Jahr –, zeigte Halley seine wissenschaftliche Frühreife im Alter von 16 Jahren, als er die magnetische Abweichung vom geographischen Nordpol errechnete. Mit 17 war er »sehr bewandert in Latein, Griechisch und Hebräisch« und begann sein Studium im Queen's College zu Oxford. Am stärksten zog ihn aber die kühle, logische Schönheit der Mathematik und der Astronomie an. Jahre später schrieb er: »Von zartem Alter an zeigte ich eine deutliche Neigung zur Mathematik; und als ich mich vor sechs Jahren (1672) zum erstenmal ganz der Astronomie widmete, bezog ich aus ihrem Studium so viel Vergnügen und Freude, wie es einer, der darin keine Erfahrung hat, kaum glauben mag.«

Noch als Student in Oxford veröffentlichte Halley seine erste wissenschaftliche Abhandlung über die elliptische Umlaufbahn der Planeten in den *Philosophical Transactions* der Royal Society. Es war die erste von 80 Abhandlungen. Während seines Studiums trat er an den Sekretär der Royal Society mit dem Vorschlag heran, die Gestirne der südlichen Halbkugel zu katalogisieren und ihre richtige Position zu bestimmen. Das ergebe dann ein Gegenstück zu den Sternkatalogen der nördlichen Hemisphäre, die Hevelius in Danzig, Cassini in Paris und Flamsteed in England zusammengestellt hatten. Die klugen Gentlemen der Royal Society stimmten dem Ersuchen zu, Karl II. unterstützte es, Halleys Vater steuerte 300 Pfund bei, und die Ostindische Kompanie sorgte für die Beförderung.

Halley konnte sich vor Freude über sein Glück kaum fassen und begann sogleich mit dem Bau geeigneter Meßinstrumente. »Da ich nun sicher bin, daß ich fahren werde, ließ ich einen Sextanten mit einem Radius von 5^1/$_2$ Londoner Fuß bauen; der Rahmen besteht aus Eisen, der Arm, der Gradbogen und die Skalen aus Messing. Der Sextant ist mit einem Teleskop statt mit offenen Visieren ausgestattet; damit alle erforderlichen Bewegungen ohne Mühe ausgeführt werden können, ruht der Sextant auf zwei gezahnten Halbkreisen, die im rechten Winkel zueinander liegen und von Endlos- (oder Archimedischen) Schrauben gedreht werden, wodurch sich die Planspiegel des Sextanten auf jedes gewählte Gestirnspaar einstellen lassen. Außerdem habe ich einen Quadranten von ungefähr zwei Fuß im Durchmesser ...«

Im November 1676 brachen der einundzwanzigjährige Halley und ein Assistent nach Sankt Helena auf (das vulkanische Eiland im Südatlantik, auf dem Napoleon Bonaparte sein Exil verbringen und sterben sollte). Im Gepäck hatte er seine gewichtigen Sextanten, Quadranten, Mikrometer, mehrere Fernrohre – eines maß rund 7 Meter – sowie eine Pendeluhr. Man verbrachte ein Jahr auf der Insel, in dem Halleys »Himmelsernte« 341 Sterne erbrachte. Nach seiner Rückkehr nach England begann er mit der Katalogisierung der Sterne und dem *Catalogus stellarum Australium*, dem ersten gedruckten Buch über die mit dem Fernrohr gemessenen Sternpositionen. Klugerweise benannte er ein südliches Sternbild nach König Karl und schenkte dem liederlichen und hinterhältigen Monarchen ein Exemplar. Der König revanchierte sich und verlangte von der Universität Oxford, Halley den akademischen Titel »magister artium« zu verleihen, und zwar ohne die Vorbedingung, »für diesen Grad irgendwelche vorherigen oder folgenden Prüfungen absolvieren zu müssen«. Im selben Jahr, 1678, wurde

Halley in die Royal Society gewählt. Vor ihm lag eine glänzende Karriere.

In den nächsten beiden Jahrzehnten besuchte Halley den Astronomen Hevelius in Danzig; er begab sich auf die obligatorische »grand tour« durch Europa, auf der er auch einige Zeit im Hause Jean Cassinis verbrachte, des Direktors des Pariser Observatoriums. Dort galt er bald als »charmanter Mann von seltener Intelligenz«. 1682 heiratete er Mary Tooke. Zwei Jahre später reiste er zum Gedankenaustausch mit Isaac Newton ans Trinity College in Cambridge. Aus der Begegnung erwuchsen Freundschaft und gegenseitige Achtung. Anlaß für Halleys Besuch bei Newton war der Wunsch, einen mathematischen Beweis für die Bewegungen der Planeten zu erhalten. Keplers Gesetze waren ja schön und gut, aber es stellte sich doch die Frage nach dem *Warum*. Der 14 Jahre ältere Newton sagte, er habe die Antwort, sie befinde sich irgendwo unter seinen Unterlagen, war aber nicht aufzufinden. Wie auch immer, Newton wollte alles noch einmal durchrechnen und den Beweis Halley zuschicken. Einige Monate später trafen Newtons Berechnungen in London ein. Halley – selbst bestimmt kein schlechter Mathematiker – war erstaunt und hoch erfreut, weil sie so elegant waren. Nach seiner Rückkehr nach Cambridge und weiteren Gesprächen mit Newton befand er sich in der gleichen Lage wie ein Archäologe, der auf Funde von überragender Originalität und Schönheit stößt. Die Erkenntnisse mußten öffentlich gemacht werden.

Den menschenscheuen Newton hatten die heftigen Kontroversen, die sich an seiner Theorie entzündet hatten, derzufolge weißes Licht eine Mischung aus dem Licht aller Farben sei, arg mitgenommen. Darum widerstrebte es ihm, weitere Arbeiten zu veröffentlichen.

Edmond Halley, porträtiert von Thomas Murray

Aber da Halley fest davon überzeugt war, daß diese Schätze das Licht der Welt erblicken mußten, machte er sich mit Charme und diplomatischem Geschick daran, Newton zu überreden, seine verschiedenen Arbeiten in einer großen Abhandlung zusammenzufassen – zum Ruhm der Wissenschaft.

Drei Jahre nach dem ersten Treffen zwischen Halley und Newton erschien die *Philosophiae naturalis principia mathematica*, die *Principia*, wie man sie bis heute nennt.

Halley hatte an dem Werk mitgearbeitet, es redigiert und finanziert. Diese große wissenschaftliche Abhandlung der Newtonschen Physik aus dem 17. Jahrhundert enthielt die Lehrsätze, mit deren Hilfe Wissenschaftler und Computer des 20. Jahrhunderts das Raumfahrtprogramm entwickelten. Im 19. Jahrhundert kommentierte jemand Halleys Bemühungen, daß ohne ihn die *Principia* »... nicht ersonnen worden wäre, und wenn ersonnen, dann nicht geschrieben, und wenn geschrieben, dann nicht gedruckt«.

Nachdem Halley die *Principia* bis zum Druck begleitet hatte, wandte er sich mit der Erfindung einer Tauchglocke der unterseeischen Welt zu. In der Glocke könnten »drei Männer $1^3/_4$ Stunden in zehn Faden Tiefe unter Wasser bleiben, und zwar ohne die geringste Unbequemlichkeit und Einschränkung«. Der Erfinder tauchte auch selbst. Dazu benutzte er einen primitiven Taucheranzug; er wärmte sich mit »einem doppelten oder dreifachen Flanellhemd oder gestrickten wollenen Rock und hielt das Wasser durch einen sehr gut geölten, ledernen Anzug ab, der maßgeschneidert war und eng am Körper anlag«. Halleys Erfindungen für die Arbeit unter Wasser waren so erfolgreich, daß er eine Gesellschaft zur Bergung von Schiffswracks gründete.

Die Bergung von Schiffswracks war schon eine gute Sache, aber die Lösung der quälenden Frage, wie man die Länge auf See berechnete, war noch wichtiger. Weder Halley noch Newton waren der Meinung, daß man zum Zweck der Navigation auf See einen Uhrmechanismus herzustellen vermochte, der ausreichend genau ging. Die Antwort lag in den Sternen und Planeten – oder vielleicht in der Deklination, der Abweichung der Magnetnadel vom geographischen Norden.

Im März 1693 lag den Herren der Royal Society ein

eng beschriebenes Blatt Papier vor. Auf ihm stand in eleganter gestochener Schrift: »Vorschlag der Herren Middleton und Halley, den Globus zum Zwecke der verbesserten Navigation zu vermessen.« Der Vorschlag war klipp und klar. Man erbat darin die Hilfe der Royal Society, ihre guten Verbindungen für die Beschaffung eines kleinen Schiffes – nicht größer als 60 Tonnen – für eine Fahrt von Osten nach Westen »durch die große Südsee« spielen zu lassen. Dabei sollten die magnetischen Abweichungen auf den Weltmeeren gemessen und Methoden zur Bestimmung der Länge auf See geprüft werden. Die Kosten der Expedition wollte Mr. Middleton tragen, die Beobachtungen Mr. Halley ausführen. So begann mit einem aus etwa 300 Wörtern bestehenden Vorschlag die erste rein wissenschaftliche Forschungsreise.

Binnen dreier Monate beauftragte die Admiralität ihre Werft in Deptford mit dem Bau eines Schiffes von 80 Bruttoregistertonnen. Acht Monate später benachrichtigte Deptford Ihre Lordschaften, daß die »neue Pinke, die wir hier bauen, jederzeit vom Stapel laufen kann...« Die kleine Pinke wurde pünktlich mit der Springflut vom Stapel gelassen, auf den Namen »Paramore« getauft und der Royal Navy übergeben. »Pinke« stammt aus dem Holländischen und bezeichnet ein Schiff, das so anspruchslos ist wie ein holländischer Holzschuh; in der Royal Navy dienten Pinken meist als Proviantschiffe. Für ein Forschungsschiff war es ein Winzling; knapp 20 Meter lang, etwas mehr als 5 Meter breit, drei Masten, schmales Heck, breiter Bug, mit flachem Boden und geringem Tiefgang. Es flößte nicht gerade Vertrauen ein.

Nach der ersten hektischen Betriebsamkeit folgte eine zweijährige Pause, bis die Expedition richtig in

Die *Paramore*

Gang kam. Am 4. Juni 1696 wurde Halley zum Kapitän der *Paramore* ernannt. Da die sparsame Admiralität das Schiff als »in einer privaten Angelegenheit fahrend« einstufte, wollte sie zwar Besatzung und Schiff bereitstellen, aber Kapitän Halley – oder die Royal Society – garantierten den Sold der Seeleute für zwölf Monate. Doch als die Finanzierung geregelt war, traf die Admiralität die Anweisung, daß die *Paramore* im Dock verbleiben solle. Man hatte Halley zur Münzanstalt in Chester zurückbeordert, damit er dort die Zurücknahme der alten Münzen und die Prägung der neuen überwache, wofür man einen ehrlichen Mann brauchte. Anfang 1698 betritt der 26jährige russische Zar unter dem leicht durchschaubaren Inkognito Peter Michailow den Schauplatz. In Begleitung eines großen

Gefolges russischer Trinkkumpane will er in Deptford den Schiffsbau der Engländer studieren. Das Inkognito stürzt die Länder, die der spätere Peter der Große besucht, in einige Verlegenheit. Denn natürlich muß man auf die königlichen Wünsche eingehen, auch wenn sie offiziell von einem einfachen Bürger gestellt werden.

So bat der Zar auch um eine Unterredung mit Halley über wissenschaftliche und Schiffahrtsthemen – Bereiche, für die er sich stark interessierte. Er traf auf einen so unterhaltsamen Gesprächspartner, daß sie häufig gemeinsam dinierten. Vielleicht entsandte er nach einem dieser Abendessen ein weiteres Gesuch an die englische Regierung, in dem er darum bat, man möge die *Paramore* seeklar machen; und so stand der Zar am Ruder, als die *Paramore* ihre ersten Fahrten unternahm. Vielleicht veranlaßte ihn dies zu der Äußerung, er sei »lieber Admiral in England als Zar in Rußland«.

Halley hatte unterdessen seine Arbeit an der Münze beendet. Nun brach auf der *Paramore* rege Betriebsamkeit aus: Man hörte die Holzhämmer der Zimmerleute, die rauhen Rufe der Seeleute und das Rollen der Fässer mit gepökeltem Rindfleisch, gepökeltem Schweinefleisch, Mehl, Käse und getrockneten Erbsen. Von der Admiralität war nämlich folgende Anweisung ergangen. Da »Seine Majestät geruht, Mr. Halley die Pinke *Paramore* für eine Reise nach Ostindien oder die südlichen Meere zu überlassen, erteilen Wir Euch hiermit die Anweisung, zu veranlassen, daß sie sofort für eine solche Reise ausgerüstet wird und geeignete Vorräte für zwölf Monate an Bord nimmt...« Wenige Tage später, am 19. August 1698, wurde Halley zum zweitenmal zum Kapitän der *Paramore* ernannt.

Fast zwei Monate danach wurde ein weiterer Offizier

für die *Paramore* bestellt: Edward Harrison erhielt mit acht Dienstjahren die Ernennung zum Steuermann und Leutnant. Doch die Lords hatten keine glückliche Wahl getroffen.

1694 hatte Harrison bei der Royal Society einen Lösungsvorschlag zur Errechnung der Länge auf See eingereicht. Der Aufsatz war kühl aufgenommen worden; Halley – damals Sekretär der Royal Society – hatte die Idee für undurchführbar gehalten. Harrison hatte die Abhandlung zu einem Buch erweitert, das er 1696 unter dem Titel *Idea longitudinis* publizierte. Es wurde ähnlich aufgenommen wie der Aufsatz.

Der Offizier litt noch immer unter der Zurückweisung durch die Royal Society. Und nun sollte er auch noch von jener Landratte Befehle entgegennehmen, die daran mitschuldig war. Halley ahnte nichts von der gekränkten Seele des Marineoffiziers.

Einige Tage, nachdem Harrison seine Stelle angetreten hatte, erhielt Halley seine Order von der Admiralität. Der Inhalt war nicht überraschend, denn er beruhte auf seinen Empfehlungen:

Da Seine Majestät geruht, Euch die Pinke Paramore zu überlassen, damit Ihr auf einer Expedition die Kenntnisse von Länge und Abweichungen des Kompasses erweitert, und da das Schiff auf Anweisung seiner Majestät nun für die besagte Expedition fertiggestellt, bemannt und mit Vorräten und Lebensmitteln versorgt ist, ergeht an Euch der Befehl, sofort gemäß folgenden Anweisungen loszusegeln: Ihr seid gehalten, auf schnellstem Wege südwärts über den Äquator zu fahren und dort an der Ostküste von Südamerika und der Westküste Afrikas die Abweichungen der Kompaßnadel wie auch die wahre

Länge und Breite der Häfen, die Ihr anlauft, mit größtmöglicher Genauigkeit zu beobachten.

Ebenso habt Ihr, ohne zu weit von Eurem Kurs abzuweichen, ähnliche Beobachtungen von möglichst vielen Inseln in den Meeren zwischen den erwähnten Küsten anzustellen; und wenn es die Jahreszeit gestattet, habt Ihr so weit in das Meer vorzudringen, bis Ihr die Küste der Terra Incognita entdeckt, die zwischen der Magellanstraße und dem Kap der Guten Hoffnung liegen soll. Von dieser Küste sollt Ihr sorgfältig die wahre Position feststellen.

Außerdem sollte Halley die englischen Plantagen auf den Westindischen Inseln anlaufen, »um ihre geographische Lage zu bestimmen« und »keine Gelegenheit auslassen, die magnetischen Abweichungen zu notieren, wovon Ihr in Eurem Tagebuch genaue Eintragungen vorzunehmen habt«.

Eine Erdumsegelung wird mit keinem Wort erwähnt. Am 20. Oktober segelte die *Paramore* mit ihrer zwanzigköpfigen Besatzung die Themse hinunter. Die folgenden Wochen verliefen für Halley, der sein erstes Kommando innehatte, enttäuschend. Die Pinke war zwar 1694 vom Stapel gelaufen und hatte auch einige kurze Fahrten mit dem jungen russischen Zaren unternommen. Dennoch: Es war ihre Jungfernfahrt, und wie bei so vielen Jungfernfahrten gab es Probleme: Die *Para*more segelte schlecht gegen den Wind; noch ärger war, daß sie leckte und der Sandballast die Handpumpen verstopfte. Halley fuhr nach Portsmouth und lief die dortige Marineschiffswerft an. Hier wurde das Schiff neu kalfatert, der Sand gegen Schotter ausgetauscht. Am 22. November waren die Reparaturarbeiten abgeschlossen. Die *Paramore* schloß sich der Flotte des Konteradmirals John

Benbow an, die vor der Isle of Wight ankerte und auf günstigen Wind wartete; ihr Ziel waren Madeira und die Westindischen Inseln. Sie konnte der leicht bewaffneten *Paramore* Schutz vor den Überfällen maurischer Piraten bieten.

In Madeira blieb die *Paramore* zurück, um den obligatorischen Madeirawein an Bord zu nehmen. Dann nahm Halley Kurs auf die Kapverdischen Inseln, wo die *Paramore* ausgerechnet von zwei englischen Handelsschiffen beschossen wurde, da man sie für ein Piratenschiff hielt. Doch die Engländer waren nervös und schossen daneben. Die Insel lieferte Brennholz und Wasser zu »sehr extravaganten Preisen«, wie Halley notierte, dann steuerte die *Paramore* in den offenen Atlantik. Es folgten sieben entbehrungsreiche Wochen. Die *Paramore* geriet in Flauten, Gegenwinde und in eine Strömung, die nach Norden führte, und kam daher auf ihrem Weg nach Süden nur langsam voran. Das Wasser wurde rationiert, so daß es nur noch anderthalb Liter pro Tag gab, und deshalb entschloß sich Halley, Fernando de Noronha anzusteuern, eine Insel rund 300 Meilen südlich des Äquators und 200 Meilen von der brasilianischen Küste entfernt.

Auf dieser entbehrungsreichen Fahrt fand der grollende Harrison ein offenes Ohr und einen Verbündeten – im Bootsmann. Einen ersten Hinweis, daß es zu Schwierigkeiten mit der Mannschaft kommen könnte, gab es Mitte Februar: Als Halley frühmorgens an Deck kam, sah er, daß die Bootsmannswache, entgegen der Anweisung, einen Kurs nördlich von Fernando de Noronha steuerte. Das hatte man getan »mit der Absicht, die Insel zu verfehlen und meine Reise zu vereiteln, obwohl sie so taten, als ob die Kerze im Kompaßhaus ausgegangen sei, die sie dann nicht wieder anzünden konnten«, wie Halley vermutete. Tags darauf landeten sie auf der Insel, wo sie kein Wasser, jedoch »kleine Turteltauben und Landkrabben im Überfluß« fanden. Um die Segeleigenschaften des wenig seetüchtigen Schiffs zu verbessern, ließ er die Neigung der Masten ändern, Wanten anbringen und den Schiffsboden von Seetang und Muscheln reinigen. Ein paar Tage später segelten sie zur Küste Brasiliens. Am Fluß Paraíba nahmen sie Trinkwasser auf. Weil es schon zu spät im Jahr war, um nach der ominösen Terra incognita im Südmeer zu suchen, erwog Halley, an der brasilianischen Küste zu überwintern. Aber da sich »seine Offiziere unsicher und widerspenstig« zeigten, beschloß er, zu den Westindischen Inseln zu fahren – in dem frommen Wunsch, dort die störrischen Offiziere abzulösen.

Auf den Westindischen Inseln zeigte der aufrührerische Harrison sein wahres Gesicht. Er mißachtete Halleys Anweisungen, an der Südküste von Barbados einen Ankerplatz zu suchen, und brachte die wenig seetüchtige *Paramore* in den Wind, um nördlich an der Insel vorbeizusegeln. Halley, der die veränderte Bewegung der *Paramore* bemerkt hatte, befahl, die *Paramore* wieder auf Kurs zu bringen. Es war nicht mehr zu übersehen, daß Harrison auf einige Deckoffiziere einen höchst unguten Einfluß ausübte und sein Verhalten die gesamte Reise gefährdete. Als er auf den Westindischen Inseln keinen Ersatz für den Aufrührer fand, segelte er nach England zurück. Auf der Rückreise zwang ihn Harrison, ihn von seiner Wache und seinen Pflichten zu entbinden und ihm das Kommando über die *Paramore* zu übergeben. Am 22. Juni 1699 gingen sie in den Downs vor Anker. Am 3. Juli wurden Harrison und einige Unteroffiziere an Bord der *Swiftsure* vor ein Kriegsgericht gestellt, das aber keinen Fall von offenem Ungehorsam feststellte, sondern nur eine gewisse Unzufriedenheit, wie es auf kleinen Schiffen unter solchen Umständen schon mal vorkommen kann. Es sprach die Angeklagten frei und erteilte lediglich einen ernsten Tadel.

Halley war von der Reise enttäuscht. Da er aber seine Untersuchungen unbedingt fortsetzen wollte, wandte er sich an die Admiralität mit der Bitte, eine weitere Reise unternehmen zu dürfen. Die Lords gaben ihre Einwilligung.

Die zur Verbesserung ihrer Segeleigenschaften umgebaute *Paramore* ging am 27. September von den Downs aus in Begleitung der *Falconbird* von der Afrikakompanie in See. Die *Falconbird* war unterwegs zur Küste Guineas; sie hatte 30 Kanonen sowie eine große Besatzung an Bord und sollte der *Paramore* Geleitschutz geben. An Bord der *Paramore* befanden sich 24 Mann, neun von ihnen hatten die erste Reise mitgemacht. Die Instruktionen der Admiralität waren die gleichen wie für die erste Fahrt. Aber auf Halleys ausdrückliche Bitte hatte man auf die Suche nach der Terra australis incognita besonderen Wert gelegt. Er sollte nach dem »unbekannten Südland zwischen der Magellanstraße und dem Kap der Guten Hoffnung zwischen 50. und 55. südlicher Breite ...« suchen.

Während die beiden Schiffe den Ärmelkanal hinabsegelten, wurde Halley rasch deutlich, daß die baulichen Änderungen an der *Paramore* ihre Segeleigenschaften verbessert hatten. Und es gab noch weitere ermutigende Zeichen: Die Offiziere und Männer arbeiteten gut und waren »diesmal so entgegenkommend, mir zu dienen, wie sie beim letzten Mal abweisend gewesen waren, so daß ich nun mit großer Zufriedenheit weiterfahre ...«

Am 12. Oktober trennte sich die *Paramore* von der *Fal*-

conbird. Das Schiff der Afrikakompanie, das mit seiner Ladung aus Rum, Feuerwaffen, Kanonenpulver, Messern, Talg, Kupferpfannen und Tuchen, die man gegen Rotholz, Häute, Elfenbein, Gold und Sklaven tauschen wollte, nahm Kurs auf die Küste Guineas. Die *Paramore* war jetzt allein auf dem leeren Ozean und steuerte Madeira an, um Wein zu laden. Aber man erreichte die Insel nicht. Sie befanden sich zwar auf dem Breitengrad von Madeira, doch der Wind stand ungünstig, und sie waren weit östlich – das hieß, daß man noch lange im Piratengebiet kreuzen mußte. Also trug Klugheit den Sieg über den Durst davon: Halley segelte nach den Kapverdischen Inseln, um Wasser aufzunehmen.

Auf der Fahrt zu den Kapverden kam es zu einem tragischen Zwischenfall, als Manley White, der Schiffsjunge, über Bord ging und ertrank. Halley hatte den Jungen sehr gemocht. Es war der einzige Verlust eines Menschenlebens auf allen seinen Reisen; er konnte den Vorfall nie erwähnen, ohne daß ihm Tränen in die Augen traten. Nach der Wasseraufnahme ging die *Paramore* auf Südkurs, überquerte den Äquator und segelte nach Rio de Janeiro. Hier, im Schatten des Zuckerhuts, nahmen sie Brennholz für den Kombüsenofen an Bord, ergänzten die Wasservorräte und luden Fässer mit Rum. Am 29. Dezember lichtete die *Paramore* den Anker und segelte zwischen den schützenden Vorgebirgen in den Atlantik hinaus und Richtung Süden.

Die Instruktionen der Admiralität lauteten: »Ihr habt ohne Zeitverlust Segel zu setzen ... und weiterzufahren und das unbekannte Südland zu entdecken ...« Doch wurden auch weiterhin die magnetischen Abweichungen gemessen. Das ist relativ einfach; allerdings muß die Deklination sehr genau auf einer Karte eingezeichnet werden mit Angabe der Breite und Länge. Aber wie findet man die geographische Länge mit ausreichender Genauigkeit?

Als Galilei 1610 durch sein Fernrohr spähte, entdeckte er die Monde des Jupiter. 24 Jahre später und nach zahllosen Beobachtungsnächten schrieb er, daß man mit ihren Positionen und Verfinsterungen möglicherweise die Länge bestimmen könne. Diese Methode war noch nie angewandt worden. Ein anderer Italiener, Giovanni Domenico Cassini, führte den Gedanken weiter, verbesserte und erweiterte Galileis Tafeln. Wegen seiner erfolgreichen Arbeit hatte man den dreiundvierzigjährigen Astronomen 1669 nach Paris eingeladen, wo man ihn überredete, in der neu gegründeten Akademie der Wissenschaften zu arbeiten. Die Einladung war nicht ganz selbstlos: Ludwig XIV. und sein naturwissenschaftlich interessierter Finanzminister Jean-Baptiste Colbert wollten schon lange die erste genaue kartographische Aufnahme Frankreichs vornehmen. Galileis Idee, die Cassini vervollkommnet hatte, sei die richtige für die geographische Längenbestimmung. Um 1676 hatten Cassini und andere Astronomen die Tafeln der Jupitermonde so weit verfeinert, daß sie praktische Anwendung finden konnten. Newton hatte das Spiegelfernrohr erfunden. Es war wesentlich leistungsfähiger als Galileis Instrument. Astronomen und Landvermesser wurden ausgesandt, und die umfangreiche Arbeit begann. Allerdings war es ein kompliziertes, zeitraubendes Unterfangen, die Länge nach der Stellung der Jupitermonde zu bestimmen, leicht unterliefen Fehler, und auf See war es überhaupt nicht durchführbar.

Mit dieser Methode konnte Halley die Länge der Inseln und der Häfen, die die *Paramore* anlief, bestimmen. Auf hoher See lagen die Dinge anders. Hier blieben nur – vorausgesetzt, das Meer war ruhig und das Schiff bewegte sich kaum – die seltenen Mondfinsternisse und die Verdunkelung der Sterne durch den Mond. Da sich solche Gelegenheiten aber nur selten boten, bestimmte Halley, der Nautiker mit den größten wissenschaftlichen Kenntnissen damals, die Breite durch Himmelsbeobachtungen und die Länge durch Schätzungen von Kurs und Geschwindigkeit. Mondtafeln und Harrisons Chronometer waren noch nicht erfunden.

Weiter ging es nach Süden – steife Brisen, Flauten, Sturmböen. Ende Januar wurde es merklich kälter: »kaum erträglich für uns, die wir ein wärmeres Klima gewohnt sind ...« Sie lagen bei 50° südlicher Breite, nördlich von den Falklandinseln und Südgeorgien. In den nächsten Tagen machten sie geringe Fahrt bei gerefften Segeln und führten alle zwei Stunden Lotungen durch, denn sie waren in dichten Nebel geraten und hatten Pinguine im Wasser gesichtet. Ein Zeichen, daß vielleicht Land in der Nähe war.

Einige Tage später, bei 51° 30' südlicher Breite (London liegt auf 51° 30' nördlicher Breite), empfand Halley das Klima als abscheulich, es herrschte »nebliges, regnerisches, unangenehmes Wetter, obwohl hier Hochsommer ist«. Da die Temperatur weit unter dem Gefrierpunkt lag, gestand er der Mannschaft eine volle Ration Lebensmittel und Rum zu.

Am 1. Februar, bei 51° 24' südlicher Breite, kamen drei Inseln in Sicht: »Oben flach und schneebedeckt ... milchweiß, mit senkrechten Klippen ... wegen der großen Höhe kamen wir zu dem Schluß, daß es Land ist, aber wir sahen keinen Baum, nichts Grünes darauf ...« Die Seeleute erinnerten diese Inseln an die Südostküste Englands und die weißen Kreidefelsen von Beachy Head und North Foreland. Und danach benannte man sie auch.

Halleys lückenhafte Seekarten verzeichneten keine Insel in der Nähe. Entweder hatte er sich bei seinen Navigationsberechnungen geirrt, oder diese Inseln waren – aus Eis. Schon bald brach die Dämmerung an. Da sich Halley den Inseln auf keinen Fall in der Dunkelheit und bei auffrischendem Wind nähern wollte, hielt er sich fern und wartete den Tagesanbruch ab. Am Morgen herrschte wieder dichter Nebel; erst um 12 Uhr klarte es auf. Da zeigte sich, daß die Inseln aus Eis, nicht aus Land bestanden. Und aus was für einer ungeheuren Eismasse! Die größte Insel schätzte er auf 5 Meilen Länge. Halley fertigte im Logbuch der *Paramore* mit klammen Fingern eine Skizze an – die erste Zeichnung eines antarktischen Tafeleisberges.

Die nächsten Tage waren voller Gefahren. Sie segelten in dichtem Nebel zwischen schnell treibenden großen und kleineren Eisbergen und Eisschollen. Es war, als ob sie sich, manchmal blindlings, durch eine graue See verzauberter Inseln und Riffe bewegten, die beunruhigenderweise ihre Position veränderten. »Diese Gefahr«, schrieb Halley, »machte meinen Leuten klar, welche Risiken wir eingingen, da wir ganz allein sind. Wir waren verloren, wenn unser Schiff leckschlug, was im Nebel zwischen diesen Bergen aus Eis sehr leicht geschehen kann.« Die feuchte Kälte machte ihnen sehr zu schaffen: »Die Feuchtigkeit durchdringt alles, unsere Wäsche, unsere Kleidung, unsere Papiere etc., selbst in den Kajüten.«

Als sie den ersten Tafeleisberg gesichtet hatten, waren sie nur knapp zwei Tage von Südgeorgien entfernt. Die Insel war auf keiner der Karten Halleys verzeichnet und mußte noch ein dreiviertel Jahrhundert warten, bis Kapitän Cook an ihrer Küste landete. Die *Paramore* lief nun nach Norden und entfernte sich aus dem ungemütlichen Gebiet, wo sie nur ein kurzes Flackern einer bleichen Sonne gewärmt hatte und wo es Halley an zehn aufeinanderfolgenden Tagen nicht gelungen war, irgendwelche Abweichungen der Magnetnadel aufzuzeichnen. Als sie auf 50° südlicher Breite zum letztenmal Eis sahen, hatten die Leute auf der *Paramore* die erste »ruhige Nacht« seit Wochen, wie Halley erleichtert feststellte.

Am 14. Februar schätzte er, daß Tristan da Cunha, eine einsame Inselgruppe aus vulkanischem Gestein auf halbem Weg zwischen Südamerika und Afrika, etwa 360 Meilen Richtung Nordosten lag. Einige Tage später erschienen die Inseln am Horizont, direkt vor dem Bug der *Paramore*. Halley hatte hervorragend navigiert. Denn er war nicht bis zum Breitengrad der Inseln gesegelt, um ihn dann entlangzufahren, bis man sie erreichte, sondern er hatte sie direkt, das heißt diagonal, angesteuert.

Da hoher Seegang die Landung auf der Insel verhinderte, nahm Halley Kurs auf das Kap der Guten Hoffnung, etwa 1500 Meilen weiter in östlicher Richtung. Eine Woche nachdem die Felsspitzen am Horizont verschwunden waren, geriet die *Paramore* in stürmische See und wurde weit nach Norden abgetrieben.

Inzwischen waren sie neun Wochen auf See, und das Trinkwasser wurde knapp. Nach dem Sturm hatte das Seewasser in Halleys Kajüte knietief gestanden, es war bis in die Brotkammer vorgedrungen und hatte eine Menge Schiffszwieback, Mehl und Käse verdorben. Der Wind stand ungünstig, um zum Kap zu gelangen. Also änderte Halley seine Pläne und nahm Kurs auf Sankt Helena, wo er Wasser und Proviant aufnehmen wollte.

Da nach dem Sturm keine vernünftige Schätzung der Länge mehr möglich war, mußte Halley zur herkömmlichen Navigation zurückkehren: Er mußte nach Norden bis zum Breitengrad der Insel segeln und dann, wenn der Wind es zuließ, westwärts nach Sankt Helena. Am 12. März ankerten sie vor der kleinen Hauptstadt der Insel, Jamestown, bei 23 Faden Wassertiefe.

Ein Vierteljahrhundert zuvor hatte Halley ein Jahr auf Sankt Helena verbracht, seitdem hatte sich wenig verändert. Immer noch war sie im Besitz der Ostindischen Kompanie. Es gab eine Garnison Soldaten der Kompanie, und sie wurde von den Schiffen der Kompanie versorgt. Dieser Zustand währte bis 1834, als die Insel in den Besitz der Krone überging und britische Kolonie wurde. Ein mürrischer Besucher tat die Insel einmal als ödes, elendes Eiland ab, das keinerlei Komfort biete und kaum Früchte und frische Butter liefere. Aber für die Schiffe der Ostindischen Kompanie war sie eine wichtige Zwischenstation auf der langen Fahrt von Indien oder China.

Nachdem sich die *Paramore* mit allem, was die Insel bot, verproviantiert hatte, stach sie am 30. März wieder in See. Halley hatte dem Gouverneur einen Brief an Josiah Burchett, den Admiralitätssekretär in London, zurückgelassen. Das nächste Schiff auf der Heimreise, das die Insel anlief, sollte den Brief mitnehmen. Es war eine Vorsichtsmaßnahme: Falls die *Paramore* mit Mann und Maus unterging, würden die Lords der Admiralität zumindest einen kurzen Bericht über den Verlauf der Reise bis Sankt Helena in Händen halten.

Halley unterrichtete darin die Admiralität, daß die *Paramore* bis $52^1/_2°$ südlicher Breite und $35°$ westlicher Länge gelangt und auf große Eisinseln gestoßen war, von denen er – irrtümlich – annahm, daß sie bis zum Meeresboden reichten. In diesen Breiten »fror es Tag und Nacht, woraus man wohl entnehmen kann, wie diese Eismassen entstehen, die immer größer werden und nie tauen«. Noch kannte man nicht die wahren Ursachen, die zum Entstehen dieser gewaltigen Eisberge führen. Dann berichtete er noch über seine Fortschritte bei der Berechnung der Deklinationen, und er habe »eine allgemeine Theorie, die – wie ich sehr hoffe – alle Fragen endgültig beantwortet«.

Halley nahm Kurs auf die geheimnisvolle Insel Trindade vor der Küste Brasiliens, »um herauszufinden, ob es dort eine Insel gibt, wie die Karten verzeichnen«. Halley fand die Insel, landete, ersetzte das brackige Wasser von Sankt Helena durch das bessere Trindades, nahm die Insel für Seine Majestät König Wilhelm III. in Besitz. Er ließ einen flatternden Union Jack und Ziegen, Schweine und Guineahühner zurück, damit zukünftige Schiffbrüchige Frischfleisch vorfänden. Die Nachkommen der Ziegen und Schweine durchstreiften die Insel noch 200 Jahre später.

Vier Monate später ging die *Paramore* im Plymouth Sound vor Anker. Auf der Heimreise hatte er in Brasilien, den Westindischen Inseln, Bermuda und Neufundland angelegt. Der letzte Eintrag seines Tagebuchs, datiert vom 9. September 1700. Er lautet: »Heute abend die Pink Kapitän William Wright, Hafenmeister in Deptford, übergeben.«

Die Fahrt war nicht ohne Zwischenfälle verlaufen. In Pernambuco (Recife) war Halley im Hause eines Mr. Hardwick, eines angeblichen englischen Konsuls, der Freibeuterei verdächtigt und verhaftet worden. Die Würde eines Kapitäns der Royal Navy wurde weiterhin verletzt, als man ihm auch noch Schleichhandel vorwarf und sein Schiff durchsuchte. Die Portugiesen gaben ihm aber zu verstehen, der vermeintliche Konsul sei überhaupt kein Konsul, sondern ein Agent der Afrikakompanie, der es nur auf Prisengelder abgesehen habe. Die Vollmacht der Admiralität machte schließlich dem habgierigen Hardwick klar, daß er einen schweren Fehler begangen hatte. Auf Barbados warnte der Gouverneur Halley vor einem Fieber, das auf der Insel grassierte. Obwohl sie so rasch wie möglich wieder in See stachen, wurden er und einige Besatzungsmitglieder von der Krankheit – entweder Gelbfieber oder Typhus – niedergeworfen. Alle genasen. Nach Brasilien und Barbados war Bermuda die reine Erholung. Hier wurde die *Paramore* gekielholt und geschrubbt, die Decks wurden neu kalfatert und das verwitterte Holz neu gestrichen. Neufundland lag im üblichen dichten Nebel. In Toad's Cove geriet die *Paramore* unter Beschuß eines nervösen Fischereifahrzeugs aus Bideford in Devon. Wieder einmal hatte man die *Paramore* mit einem Piratenschiff verwechselt. Aber hier konnten sie frisches Wasser und Birkenholz für die Schiffsküche an Bord nehmen. Nun waren es nur noch 18 Tage Fahrt bis zur Küste Englands.

Zwei Jahre waren vergangen, seit Halley zu seinen Forschungsfahrten aufgebrochen war. Ende Oktober legte er den Mitgliedern der Royal Society eine Zusammenfassung der Ergebnisse beider Reisen vor und zeigte ihnen den ersten Entwurf einer Karte, »mit seltsamen Markierungen darauf«. Es war die erste Erwähnung seines großen Beitrags zur Kartographie, denn diese Markierungen, in seinen Worten »Kurvenlinien«, verbanden die Punkte gleicher magnetischer Abweichung. Noch lange wurden sie Halleysche Linien genannt. Heute gehören sie zu den Isolinien, die auf Karten benachbarte Punkte mit gleichen Werten verbinden. Wer heute in einer Zeitung die Wetterkarte studiert, sieht solche Linien als Isobaren, als Verbindungslinien zwischen Orten gleichen Luftdrucks, oder als Isothermen, die die Orte mit gleicher Temperatur verbinden.

Im Jahr 1703 erweiterte Halley seine Seekarte des Atlantiks, die nun die ganze Erdkugel umfaßte: *A New and Correct Sea Chart of the Whole World Showing the Variations of the Compass as they were found in the year M. D. C. C.* (Neue und korrekte Seekarte der Welt, darstellend die Abweichungen der Kompaßnadel, wie sie im Jahre 1700 festgestellt wurden.) Sie erlebte mehrere Auflagen und Bearbeitungen und war ein Jahrhundert lang in Gebrauch. Das einzige Gebiet, das keine Deklinationen aufwies, war der Pazifik, denn wie Halley schrieb: »Ich durfte nicht wagen, solcherlei Kurven in den südlichen Meeren zu beschreiben, weil Berichte darüber fehlen.« Diesen Mangel sollte erst James Cook beheben.

Halleys Kommando der *Paramore* war noch nicht völlig aufgehoben. Im Sommer des Jahres 1701 wurde die Pink auf sein Gesuch hin wieder in Dienst gestellt, damit er die Gezeitenströme im Ärmelkanal untersuchen konnte. Auch diese Karte war ein Jahrhundert lang in Gebrauch.

Von 1702 bis zu seinem Tod 1742 blieb Halleys Interesse an Navigation und Kartographie bestehen; die wichtigsten Beiträge leistete er jedoch in Astronomie und Mathematik. Sein Dienst zur See war nicht ohne Wirkung gewesen; so schrieb etwa der Königliche Astronom, Reverend John Flamsteed, daß »Halley ... nun wie ein Kapitän redet, flucht und Brandy trinkt ...« Dennoch wurde Halley nach Flamsteeds Tod zum Astronomer Royal bestellt.

Er starb mit 85 Jahren, geliebt und geachtet. Zu seinen kleineren Verdiensten zählt, daß er John Harrison mit George Graham bekannt machte, dem Londoner Uhrmacher, der daraufhin Harrison finanziell unterstützte, damit dieser die Arbeit an seinem Seechronometer fortsetzen konnte.

Halley liegt, wie es sich gehört, nahe beim Königlichen Observatorium und dem Greenwicher Meridian begraben. Das Grab ist heute zugewachsen. Doch im 19. Jahrhundert wurde der Grabstein in die Wand des alten Observatoriums eingelassen; ein Satz darauf lautet: *Zu Lebzeiten wurde er von seinen Landsleuten so hoch geschätzt, daß es die Dankbarkeit gebietet, sein Andenken für die Nachwelt zu bewahren.*

Ein wichtigeres Denkmal ist die britische Forschungsstation in der Antarktis auf dem Brunt-Schelfeis, das an das Weddellmeer grenzt. Sie wurde nach Halley benannt. Vielleicht stammten ja die Eisberge, die Halley so beeindruckt haben und die er im Tagebuch der *Paramore* skizzierte, von diesem Schelfeis. Wichtiger aber ist: Die Halley-Forschungsstation, die sich auf Untersuchungen der Erdatmosphäre spezialisiert hatte, entdeckte die Löcher in der Ozonschicht.

VI

James Cook

> Ich berichtete ihm von einer Unterhaltung zwischen Kapitän Cook und mir am Tag zuvor beim Mittagessen bei Sir John Pringle; und er freute sich sehr über die gewissenhaftige Genauigkeit dieses gefeierten Weltumseglers, der mich aufgeklärt hatte hinsichtlich vieler übertriebener Beschreibungen, die Dr. Hawkesworth in seinen Reiseberichten gibt. Ich erzählte ihm, während ich mit dem Kapitän zusammen war, sei ich von begeisterter Wißbegier und Abenteuerlust ergriffen gewesen und hätte eine starke Neigung gefühlt, ihn auf seiner nächsten Reise zu begleiten. Johnson: »Nun, Sir, man *fühlt* das, bis man bedenkt, wie wenig man von solchen Reisen lernen kann.«
>
> James Boswell, *The Life of Samuel Johnson*, 1791

Am letzten Sonntag des Julis 1775 ging ein kleines Schiff, von Stürmen gezeichnet, bei Portsmouth vor Anker. Es hatte drei Masten, am Heck flatterte die weiße Flagge Seiner Majestät König Georgs III., am Großmast der lange weiß-rote Admiralitätswimpel. Im geschäftigen morgendlichen Verkehr kleiner Boote, die über das gekräuselte Wasser von Spithead huschten, fiel es nicht weiter auf. Auf einen Beobachter, der den altehrwürdigen Ankerplatz der Royal Navy durch ein Fernrohr betrachtete, hätte der Neuankömmling mit dem breiten Bug, verglichen mit den Kriegsschiffen Seiner Majestät mit ihren vielen Geschützpforten, eher bescheiden gewirkt.

Als das Heck des unauffälligen Schiffes herumschwenkt, kann es der neugierige Beobachter mit dem Fernglas genauer inspizieren. Ihm fallen einige wenige vergoldete Schnitzereien auf, die die sieben schönen Heckfenster und die zwei Achterdeckfenster an backbord und steuerbord einfassen. Er verändert die Brennschärfe ein wenig, und unterhalb der Fenster springt ihm der Name des Schiffes entgegen: RESOLUTION.

Nachdem der Beobachter eine Prise Schnupftabak genommen hat, hebt er das Fernglas erneut. Ihm fällt die große Betriebsamkeit auf Deck und hinter den eleganten Heckfenstern auf. Da dämmert es ihm. Das ist Kapitän Cook! Endlich ist er zurückgekehrt – zweifellos von einer weiteren glänzenden, aufregenden Reise voller Abenteuer. Der Beobachter schiebt das Fernrohr mit einem Knacks zusammen, steckt es in die Tasche und nimmt sich vor, die Londoner Zeitungen und Zeitschriften künftig aufmerksamer zu lesen.

Später am selben Tag fuhr der große und kräftige Kommandant der *Resolution* mit der Postkutsche nach London. Begleitet wurde er von den beiden Naturforschern, dem Maler, dem Astronomen und – überraschenderweise – einem jungen Leutnant zur See. Aber der junge Richard Grindal, ein »ruhiger, intelligenter junger Mann«, wie ihn einer seiner Kameraden beschrieb, hatte eine Stunde ehe er sich auf der *Resolution* einschiffte und zu seiner dreijährigen Reise aufbrach, geheiratet. Vielleicht brachte ihn sein Kapitän ja eilends zu den so lange aufgeschobenen Flitterwochen. Zunächst aber mußte Cook mit seinen Berichten, Logbüchern, Tagebüchern und Kartenentwürfen von seiner zweiten Weltumsegelung die Lords der Admiralität aufsuchen. Erst danach konnte er zu Mrs. Cook fahren, zum Haus in Mile End, das etwa 5 Meilen weiter östlich lag.

So endete eine höchst bemerkenswerte dreijährige

Reise, die alle hohlen Theorien über einen großen bevölkerten und fruchtbaren Südkontinent zum Einsturz brachte, die die Genauigkeit und Verläßlichkeit von Mr. Harrisons Uhren bewies, auf der zahlreiche Pazifikinseln wiedergefunden und ihre tatsächlichen geographischen Positionen bestimmt wurden, auf der neues Land entdeckt wurde – und das alles, ohne einen einzigen Mann an Skorbut zu verlieren, was Cook am meisten freute. In gewisser Hinsicht war die Fahrt der *Resolution* seine eigene Expedition gewesen. Er hatte sie vorgeschlagen, geplant, organisiert, die offiziellen Anweisungen im wesentlichen selbst verfaßt, und er hatte sie geleitet. Gewiß, während der hektischen Monate von der Idee bis zur Abreise 1772 war es zu einigen sonderbaren Vorfällen gekommen, es hatte schon mal Verbitterung und Verschwendung öffentlicher Mittel gegeben, Unmengen von Tinte waren geflossen und viele Federkiele gespitzt worden. Aber das alles verblaßte neben den Ergebnissen der Reise.

Drei Monate vor seinem 47. Geburtstag wurde James Cook zum Kommandanten der Royal Navy, kurz darauf zum »post-captain« befördert, zum Kapitän eines Kriegsschiffes, der auf die Altersrangliste gesetzt wurde. Das sicherte ihm – wenn er nur alt genug wurde – fast die Stellung eines Admirals und das damit verbundene öffentliche Ansehen. Der junge Grindal übrigens – der aus der Kutsche – wird schließlich auch den Rang eines »post-captain« erlangen, die *Prince* bei Trafalgar unter Nelson befehligen und als Vizeadmiral Sir Richard Grindal in den Ruhestand treten. Doch ein Blick in Cooks wettergegerbtes Gesicht mit den intelligenten braunen Augen genügt, um zu erkennen, daß dieser Mann nur wenig Wert auf einen hohen Dienstgrad gelegt hat, den man lediglich durch Alter, nicht durch Befähigung erlangt.

Einige Monate später hat Joseph Banks den Maler Nathaniel Dance beauftragt, ein Porträt Cooks anzufertigen. Heute hängt es im Maritime Museum in Greenwich. Auffällig ist, daß es auf antikisches Beiwerk verzichtet, das sonst so typisch für die neoklassizistische Epoche ist. Dance wußte, daß das nicht zum Charakter seines Modells gepaßt hätte. Cook sitzt nach vorn gebeugt, seine Uniform ist aufgeknöpft; er wirkt ein wenig unordentlich, als habe er sich hastig angekleidet – tatsächlich hat er wichtigere Dinge im Kopf. Die rechte Hand liegt auf einer aufgeschlagenen Landkarte, die linke Hand ergreift den Rand, so blickt er aus dem Bild über die linke Schulter des Betrachters. Man sieht ein entschlossenes Gesicht, mit kraftvollem Ausdruck, etwas streng: die Züge eines Mannes, der viele Entscheidungen getroffen hat, der gewohnt ist zu befehlen und der erwartet, daß seine Anordnungen prompt ausgeführt werden. Kurzum: das Gesicht eines Mannes, den man in schwierigen Situationen gern an seiner Seite hätte.

Das Bildnis zeigt Cook auf dem Gipfelpunkt seiner Laufbahn. Vor ihm liegt eine weitere große Fahrt – wieder mit der *Resolution* –, diesmal ins Nördliche Eismeer. Dann das tragische Ende in der Kealakehua-Bucht an der Westküste Hawaiis. Ein Trauerspiel, hatte er doch über die Bewohner der pazifischen Inseln geschrieben: »Wir verderben ihre Moral ... führen Bedürfnisse und vielleicht Krankheiten ein, die sie zuvor nicht kannten und die die glückliche Ruhe, die sie und ihre Vorfahren erlebt hatten, zerstören. Wer das bestreitet, der soll mir sagen, was die Ureinwohner ganz Amerikas durch den Handel mit den Europäern gewonnen haben.«

Im letzten Jahrzehnt seines Lebens gewann Cook seinen geradezu mythischen Ruf als größter Seefahrer und

*Kapitän James Cook,
porträtiert von Nathaniel Dance, 1776*

Entdecker seiner Zeit – ja aller Zeiten. Um so mehr erstaunt es, daß er aus bescheidenen Verhältnissen stammte. Am 3. November 1728 wurde er in einer Dorfkirche im Norden Yorkshires als »James, Sohn eines Tagelöhners« getauft, als zweites von acht Kindern des Ehepaars James und Grace Cook. Damals war die Kindersterblichkeit hoch, nur die Starken überlebten: Als der 17 Jahre alte James im Fischerdorf Staithes in Yorkshire bei einem Krämer arbeitete, hatte seine Mutter bereits vier Kinder verloren.

Das Abmessen von Bändern, das sorgfältige Wiegen von Nadeln, Zucker, Salz und Gewürzen war ein ungewöhnlicher Start für den späteren Meister der Seefahrt, der Navigation und der Landvermessung. Das muß auch der junge Cook gedacht haben. Durch das Fenster des Ladens konnte er den Horizont der Nordsee sehen: die flachen Fischerboote und die Segler, die Kohle aus dem Norden Englands nach London und zum Kontinent transportierten.

Cook ertrug das Leben als Ladengehilfe anderthalb Jahre. 1746 ging er als »Lehrling mit dreijähriger Lehrzeit« bei einem Mr. John Walker unter Vertrag. John und sein Bruder Henry waren angesehene Quäker, Reeder und Eigentümer der Whitbyer Kohlensegler. Nun war der Kohlenhandel auf der Nordsee kein normales Gewerbe, und die Schiffe waren auch keine gewöhnlichen Schiffe. Die Nordsee und die Kohlenfrachter sollten großen Einfluß auf den Schiffsjungen haben. Handel und Schiffe bedürfen der Erläuterung.

Es ist ein Klischee, das Verschiffen von Kohle aus dem Norden Englands nach London und darüber hinaus sei die »Kinderstube der Seeleute«. Was für eine harte und gnadenlose Kinderstube! Die Nordsee ist ein flaches, tückisches Meer voller Sandbänke und schneller Gezeitenströme. Die englische Küste ist ebenso unwirtlich; die meisten Häfen trocknen aus oder liegen an Flüssen mit veränderlichen Untiefen. An der Küste wurde mit Log, Ausguck, Lot und Ortskenntnis navigiert. Stürme und frische Winde forderten ihren üblichen schrecklichen Preis. 1692 gingen in einer einzigen Sturmnacht 200 Schiffe verloren, über 1000 Menschen fanden den Tod.

Der »Seekohlen«-Handel begann im 16. Jahrhundert. Als Cook 1746 zum erstenmal auf Walkers *Freelove* fuhr, arbeiteten in dem Wirtschaftszweig Tausende von Seeleuten auf mehr als 1000 Schiffen. Allein die Reeder in Whitby besaßen mehr als 200 Schiffe. Ein Jahrhundert später bestand die Küstenflotte zu drei Viertel aus Kohlenbriggs, die jährlich zweieinhalb Millionen Tonnen Kohle nach London beförderten. 1838 schrieb ein Beobachter, daß »in den Yarmouth Roads fast 2000 Fahrzeuge von widrigen Winden aufgehalten wurden. Am 1. November gingen sie in See, gefolgt von weiteren 1000 aus dem Süden; insgesamt fuhren binnen 5 Stunden 3000 Segelschiffe vorbei, so daß man das Meer vor lauter Schiffen kaum sehen konnte«.

Für den Transport der schwarzen Diamanten aus dem Norden wurde ein eigener Schiffstyp entwickelt. Er hatte einen großen Frachtraum und dicke Planken für den Fall, daß das Schiff bei Ebbe mit voller Ladung längsseits am Kai auf Grund ging.

In engen Wasserstraßen und Fahrrinnen war er leicht zu handhaben. Wenn die Ladung gelöscht war, gewann er Stabilität aus der Unterwasserform, so daß für die Heimreise nur ein Minimum an Ballast aufgenommen werden mußte. Es war das Katschiff, eine Bezeichnung, die die Form des Fahrzeugs beschrieb und nicht seine Takelage. Woher der Name stammt, ist nicht bekannt. In Cooks Tagen führten diese »Katzen« Rahsegel, hatten drei Masten, einen breiten Bug und einen flachen Boden. Keine Galionsfigur schmückte den Vordersteven, die einzige Verbeugung vor dem Schönheitssinn bildeten die Proportionen der Heckfenster. Die 341 Tonnen schwere *Freelove* kann als typisch gelten: 106 Fuß lang, 27 Fuß breit, bemannt mit Kapitän, Maat, Zimmermann, Koch, fünf Seeleuten und zehn Schiffsjungen.

Wenn er sich nicht mit praktischen Fragen der Seefahrt befaßte, studierte Cook im Hause der Quäkerfamille in Whitby auf Geheiß John Walkers die theoretische Seite der Navigation. Vermutlich mußte man Cook dazu nicht drängen; Mary Prowd, die Haushälterin der Walkers, gab ihm einen Tisch und Kerzen. Ein Vierteljahrhundert später, als der inzwischen berühmte Cook nach Yorkshire zurückkehrte, um seinen alten Vater und die Walkers zu besuchen, umarmte die alte Dame den Mann, dem die Herren von Whitby entgegengeritten waren, und rief: »O liebster James! Wie ich mich freue, dich wiederzusehen!«

Um 1750 waren Cooks Lehrjahre vorbei. Er heuerte zum erstenmal als Seemann an. Es folgten Fahrten nach Norwegen, in die Ostsee, den Ärmelkanal hinab und in die Irische See. 1752 fuhr er als Erster Offizier. Drei Jahre später bot ihm John Walker die Stellung des Masters auf der *Friendship* an. Neun Jahre waren seit Beginn der Lehre vergangen, bis er ein eigenes Kommando hatte. Der Sohn eines Landarbeiters hatte es weit gebracht.

Am 17. Juni 1755 traf Cook eine auf den ersten Blick unvernünftige Entscheidung: Er meldete sich freiwillig als einfacher Matrose bei der Royal Navy. Manchmal muß man den Blick weiten. Vielleicht hat er genau das getan – und tatsächlich boten sich ihm reizvollere Aufgaben als bei der Küstenschiffahrt auf der Nordsee.

Wieder einmal stand Großbritannien vor einem Handelskrieg mit seinem größten Rivalen, Frankreich. Die anderen europäischen Staaten vollführten die üblichen Verrenkungen, ehe sie ihre Verbündeten auswählten. In Indien gingen die Ostindischen Kompanien Frankreichs und Englands verschiedene Wege. Ihre Allianzen mit den örtlichen Potentaten bescherten dem Subkontinent einen offenen Krieg. Auch jenseits des Atlantiks lief alles auf einen Kolonialkrieg zwischen Franzosen und Engländern hinaus, wobei erstere von Kanada aus bedrohlich weit das Ohiotal hinab vorrückten. Am 4. Juli 1754 hatte sich ein junger Oberst in der Virginia-Miliz, ein gewisser George Washington, bei Fort Necessity den Franzosen ergeben. Benjamin Franklin sah nur eine Lösung, der französischen Bedrohung entgegenzuwirken: »In unseren Kolonien wird so lange keine Ruhe einkehren«, schrieb er, »bis die Franzosen die Herren in Kanada sind.« Bald war es soweit.

Europa, Indien, Nordamerika, die Westindischen Inseln: Es drohte ein weltweiter Konflikt. 1755 hatte die Royal Navy ihre verhaßten Preßpatrouillen auf die Straßen geschickt. Nicht, daß Cook viel zu befürchten hatte: Bei Frachtschiffen waren vier Mann pro 100 Tonnen von der Zwangsrekrutierung ausgenommen – normalerweise der Kapitän, der Maat, der Zimmermann und einer oder mehrere von den Matrosen. Doch wurden die Regeln nicht immer auch eingehalten; und wenn man erst einmal an Bord eines Kriegsschiffes war, war es vorbei mit der berühmten »Freiheit« der Briten*.

Krieg lag in der Luft, als sich James Cook freiwillig zur Marine meldete. Den Rekrutierungsoffizier in Wapping muß der Donner gerührt haben, als er sein Riesenglück begriff. John Walkers Verlust wurde König Georgs Gewinn.

---

* In vielen Ländern wurden Zivilisten zum Kriegsdienst gepreßt, d. h. gezwungen. In Großbritannien wurde das Verfahren in den Napoleonischen Kriegen berüchtigt, als Preßpatrouillen der Marine gewaltsam Männer von den Straßen und Seeleute von den Handelsschiffen »warben«. Bestimmte Wirtschaftszweige waren vor dieser Zwangsrekrutierung geschützt, aber wenn ein »heißes Pressen« befohlen wurde, war dieser Schutz ein wertloses Stück Papier.

Innerhalb eines Monats wurde der voll taugliche Seemann James Cook zum Mastersgehilfen auf der mit 60 Kanonen bestückten *Eagle* befördert. Zwei Jahre nachdem er in die Marine eingetreten war, bestand Cook die Prüfung zum Master. Damit war er der wichtigste Offizier an Bord eines Kriegsschiffes. Dieser Dienstgrad der Royal Navy bedarf einer Erklärung.

Den Rang des Masters gibt es nicht mehr, schon zu Cooks Zeiten war er so etwas wie ein Anachronismus. Jahrhunderte zuvor, als es noch keine feste Kriegsmarine gab, charterte ein Monarch ein Handelsschiff mitsamt dem Schiffsführer und der Mannschaft. Dann kamen Offiziere und Soldaten an Bord. Die Aufgabe des Masters bestand darin, sein Schiff längsseits des Feindes zu bringen; den Rest übernahmen die bewaffneten und gepanzerten Rabauken. Im 18. Jahrhundert ging es etwas feiner zu. Dem Namen nach besaß der Monarch jetzt die Schiffe, aber die Verantwortung des Masters wies noch immer in die Vergangenheit – wie auch die subtile soziale Rangordnung. Die Marineoffiziere mit einem Auftrag der Admiralität bildeten die »obere Kaste«: Sie führten ihre Leute in die Schlacht. Der Master, der das Schiff in die Schlacht steuerte, gehörte zur »niederen Kaste« der Seeleute: Er hatte lediglich eine Vollmacht vom Marineamt. Wie auch immer, ein Master der »niederen Kaste« an Bord eines Schiffs der ersten Kategorie* verdiente mehr als die Offiziere der »oberen Kaste«.

---

* Admiral Lord Anson führte während seiner ersten Amtszeit als Erster Lord der Admiralität (1751–1756) das System ein, Kriegsschiffe nach der Anzahl der Kanonen in Klassen einzuteilen. I. 100 und mehr Kanonen; II. 85 bis 100; III. 70 bis 85; IV. zwischen 50 und 70; V. 32 bis 50; VI. bis zu 32 Kanonen, wenn sie von einem »post-captain« kommandiert wurden; letztere galten aber als Schaluppen, wenn ein niederrangiger Kommandant sie befehligte.

Zu den zahlreichen Pflichten des Masters auf einem Kriegsschiff der englischen Marine im 18. Jahrhundert gehörte, daß er das Schiff steuerte, das Logbuch führte, die Untiefen, Felsen und Riffe notierte. Er hatte die Verantwortung für Masten, Rahen, Segel und Takelage und überwachte deren richtige Position sowie den Ballast. Er unterschrieb auch sämtliche Rechnungen und Dokumente. Kurzum: Er mußte viel für sein Geld tun.

James Cook war elf Jahre Master. In dieser Zeit, die er fast ausschließlich in den Gewässern vor Nordamerika verbrachte, erwarb er gründliche Kenntnisse in Seefahrt und Geodäsie sowie Führungsqualitäten. Cook hatte selber auf dem Unterdeck Dienst getan und kannte daher die leichtsinnige, unbedachte Wesensart der Seeleute. Außerdem hatte er zu viele an Skorbut sterben sehen. Für ihn war die Mannschaft so wichtig wie die wertvolle technische Ausrüstung: Beide waren unersetzlich und mußten gepflegt werden – ein Seemann, der an einer Krankheit starb, war genauso tot wie einer, der durch Kanonenfeuer den Tod fand.

Im Mai 1756 eskalierte der Krieg zwischen Franzosen und Briten in Nordamerika. Benjamin Franklins Wunsch, der Tausende Menschenleben kosten sollte, ging in Erfüllung. Zwei Jahre später fuhr Cook in Halifax in Neuschottland als Master auf der mit 64 Kanonen ausgestatteten *Pembroke,* die von Kapitän John Simcoe befehligt wurde. Man hatte eine lange, zweimonatige Überfahrt von England hinter sich, auf der 26 Seeleute gestorben und sehr viele nach ihrer Ankunft in Halifax ins Hospital verlegt worden waren. Cook hatte erlebt, welche großen Verheerungen der Skorbut während der monatelangen Blockadefahrten vor Frankreich angerichtet hatte, und nun war die *Pembroke* ein nutzloses Schiff, da die meisten Besatzungsmitglieder im Hospital lagen.

Einige Monate später hatten sich die Männer erholt; die *Pembroke* nahm an der Belagerung und der Einnahme von Louisburg auf Cape Breton Island teil. An Land sah Cook einen Heeresoffizier, der mit einem ungewöhnlichen Instrument hantierte, Winkel maß und die Ergebnisse in ein Notizbuch schrieb. Es war Major Samuel Holland, ein Militäringenieur und Landmesser, der gerade mit einem Meßtisch die Befestigungsanlagen vermaß. Holland zufolge hatte Cook »den glühenden Wunsch, daß ich ihn im Gebrauch des Meßtischs unterwies... Ich schlug den nächsten Tag vor, um ihn mit dem ganzen Verfahren bekannt zu machen.« Diese zufällige Begegnung sollte noch großen Einfluß auf Cooks weitere Karriere haben.

Am folgenden Tag erklärte Holland Cook die Funktionsweise des Instruments. Tags darauf gingen beide mit zwei jungen Fähnrichen an Land, um den Meßtisch praktisch auszuprobieren. Simcoe, ein ganz ungewöhnlicher Marineoffizier, ermunterte Cook, sich mit den militärischen Methoden der Landvermessung und des Musterzeichnens zu befassen. Gleich nach der Rückkehr nach Halifax wurde die große Heckkajüte auf der *Pembroke* zu einer Art Vermessungsbüro umfunktioniert. Holland: »Während unseres Aufenthalts in Halifax war ich auf der *Pembroke,* wann immer meine Pflichten dies zuließen. Die große Kajüte, die wissenschaftlichen Zwecken diente und fast völlig von einem Zeichentisch eingenommen wurde, bot Müßiggängern keinen Platz. Unter den Augen von Kapitän Simcoe stellten Mr. Cook und ich Material für eine Karte des Sankt-Lorenz-Golfes und -Stromes zusammen... Diese Karten wurden viel verwendet, denn einige Exemplare waren vor unserer Fahrt im Jahre 1759 von Halifax nach Québec erschienen.«

Noch vor dem erfolgreichen Angriff auf Québec begann Cook im langen, kalten Winter, ermutigt von Simcoe, sphärische Trigonometrie zu studieren und sich in Charles Leadbetters Werke *A Compleat System of Astronomy* und *The Young Mathematician's Companion* zu vertiefen. Letzteres war trotz des Titels, der an ein Grundschullehrbuch denken läßt, ein dickes, grundlegendes Werk, das Arithmetik, Geometrie, ebene und sphärische Trigonometrie, Astronomie und Landvermessung behandelte. Dies war für einen Master der Royal Navy eine ausgesprochen ungewöhnliche Lektüre. Die Navigationskenntnisse der meisten Master begannen mit der Lotleine und endeten mit der Besteckberechnung und der Bestimmung der Breite durch Gestirnsbeobachtungen.

Im Sommer 1759 beförderte die Königliche Marine auf 35 Kriegsschiffen und 119 Transportern ihre Heeresstreitkräfte den Sankt-Lorenz-Strom hinauf zur französischen Festungsstadt Québec. Die Franzosen hatten die Navigationshilfen entlang den gefährlichen gewundenen Flußabschnitten entfernt und hielten es daher für unmöglich, daß die Briten mit ihren Kriegsschiffen auch nur in die Nähe der Stadt kommen könnten. Cooks Aufgabe, wie auch die der anderen Master, bestand darin, die Fahrrinne auszulosen und zu markieren – sozusagen als Pfadfinder zu fungieren. In gewisser Hinsicht war das eine Umkehrung ihrer alten Rolle, die darin bestand, Soldaten in die Schlacht zu befördern.

Eine schöne Beschreibung eines kleinen Teils der Operation enthält das Buch *A Historical Journal of the Campaigns in North America* des Armeehauptmanns John Knox. Knox fuhr an Bord des Transportschiffes *Goodwill*, das ein Handelskapitän, der »alte Killick«, führte. Auf einer der gefahrvolleren Strecken übernahm der Erste

Steuermann das Ruder, und der »alte Killick« schlenderte mit seiner Flüstertüte nach vorn:

Ich ging mit dem erfahrenen Seemann nach vorn, der mich auf die Fahrrinne hinwies und mir anhand des Gekräusels und der Farbe des Wassers zeigte, wo es Felsenriffe (für mich unsichtbar), Sand-, Schlamm- oder Kiesbänke gab. Er gab seine Befehle mit großer Gleichgültigkeit, scherzte mit den Leuten in den Lotsenbooten, die auf beiden Seiten fuhren und verschiedenfarbige Flaggen hatten, um uns zu führen. Als einer der Männer ihm etwas zurief und auf die tiefste Wasserstelle deutete, antwortete er: »Aye aye, mein Guter, schreib's auf, eine g-gefährliche Navigation – wenn du das nämlich nicht hinausposaunst, bekommst du in England kein Lob.« Nachdem wir die Stelle passiert hatten, an der die Fahrrinne eine Zickzacklinie beschreibt, rief der Schiffer seinem Ersten Steuermann zu, einem anderen das Ruder zu übergeben, und: »Ver..., es gibt in der Themse tausend Stellen, die fünfzigmal gefährlicher als diese sind; man muß sich ja schämen, daß Engländer wegen so etwas einen solchen Aufstand machen.«

Nach dem Fall Québecs wurde Cook zum Master auf dem 70-Kanonen-Kriegsschiff *Northumberland* ernannt. Mittlerweile hatte er drei Jahre mit dem Geschwader in Nordamerika verbracht und seine Vermessungsarbeiten fortgesetzt. Seine Vorgesetzten hatten bald erkannt, daß Mr. James Cook anderen Masters weit überlegen war. 1761 erhielt er eine Sonderprämie von 50 Pfund, »weil er sich als Cheflotse bei der Vermessung des Sankt-Lorenz-Stromes ausgezeichnet hatte«. Sein Name wurde in den Briefen an die Admiralität lobend erwähnt. Im Oktober 1762, als der Krieg längst zu Ende war, kehrte die *Northumberland* nach England zurück. Zu den letzten Handlungen ihres Kapitäns – unter Konteradmiral Lord Colville – gehörte die Entsendung eines Briefes an die Admiralität.

> Mr. Cook, der ehemalige Master der Northumberland, hat mir mitgeteilt, daß er Euren Lordschaften seine sämtlichen Skizzen und Beobachtungen zum Sankt-Lorenz-Strom, Teilen der Küste von Neuschottland und Neufundland vorgelegt hat.
> Bei dieser Gelegenheit bitte ich, Euren Lordschaften mitteilen zu dürfen, daß ich Mr. Cook aufgrund meiner Kenntnis seines Könnens und seiner Befähigung für die von ihm durchgeführte Arbeit und für größere Unternehmungen dieser Art gut geeignet halte. Da die Skizzen unter meinen Augen angefertigt wurden, wage ich zu behaupten, daß sie die Mittel sein können, die viele in die richtige Richtung, aber niemanden in die Irre führen.

Der Brief trägt das Datum 30. Dezember 1762.
Dieser Dezember bildete eine wichtige Scheidelinie in Cooks Leben. Einige Tage bevor Colville den Brief schrieb, sehen wir Cook – was für ein häusliches Bild im Vergleich zu den männerbestimmten Jahren auf See –, wie er Arm in Arm mit einer hübschen jungen Frau über grüne Wiesen zur Gemeindekirche in Barking geht. Nach der Trauung in der St.-Margareten-Kirche schreibt sie ihren neuen Namen ins Kirchenregister: »Elizabeth Cook geb. Batts«.
Im hohen Alter erzählte Elizabeth Cook gern vom Kirchgang über die Wiesen. Während ich dies schreibe, blicke ich auf ein Porträt von Mrs. Cook, das sie im

hohen Alter zeigt – sie wurde 93 Jahre alt. Schönheit und Geist der jungen Frau, die James Cooks Herz gewann, schimmern noch durch die Hülle des Alters hindurch. Eine recht würdevolle Dame, denkt man, die einen ausgeprägten Sinn für Schicklichkeit besaß. Sie trug einen Ring mit einer Haarlocke ihres Gatten darin, und wenn jemand durch sein Betragen ihr Mißfallen erregt hatte, war ihre obligatorische Bemerkung der Maßstab aller Kritik: »Mr. Cook hätte das nie getan.«

Vier Monate nach der Hochzeit segelte Cook nach Nordamerika. Mittlerweile hatte sich einiges in der Weltpolitik geändert. Im Frieden von Paris waren große Gebiete in Nordamerika an England gefallen. Nun mußten die Neuerwerbungen rasch und genau vermessen werden. Zwar war Neufundland vor dem Krieg eine britische Besitzung gewesen, doch hatte man es schlecht kartographiert. Die Admiralität erteilte Cook den Auftrag, die Küsten dieser strategisch und ökonomisch wichtigen Insel zu kartographieren – wichtig wegen ihrer Fischgründe, Holzvorkommen und ihrer Lage vor dem Sankt-Lorenz-Golf.

Neufundlands gewundene und verwickelte Küstenlinie ist 6000 Meilen lang; und das schlechte und meist neblige Wetter erlaubt Vermessungsarbeiten nur kurze Zeit im Jahr. Die Vorbereitung dauerte Wochen – und kostete 68 Pfund, 11 Shilling und 8 Pence für Vermessungsinstrumente; dazu gehörten unter anderem ein Theodolit, »ein Messingquadrant mit Fernrohr, hergestellt von Mr. John Bird«, Azimutkompasse, Flaggen und Bootshaken, Tiefseelote und Leinen, Talg, Äxte, Spitzhacken sowie zwei »gewöhnliche Holztische zum Zeichnen«. Als Assistenten erbat sich Cook einen Zeichner aus dem Tower – dem Hauptquartier des Waffen- und militärischen Landvermessungsamtes.

Natürlich hatte Cook nicht vor, die Methode der Marine, die »laufende Vermessung«, bei den Vermessungsarbeiten vor Neufundland anzuwenden. Wenn es das Wetter und die Zeit erlaubten, wollte er die Vermessungen vornehmen, indem er die militärischen Methoden der Triangulierung vom Lande aus – ein Theodolit ist auf See nutzlos – einsetzte sowie Boote, um Lotungen auf See durchzuführen. Die traditionelle »laufende Vermessung« führte man von See aus durch, wobei das Schiff auf einem festen Kurs die Küste entlangsegelte, die gefahrene Entfernung sorgfältig gejoggt wurde und hervorstechende Merkmale der Küste notiert wurden. Dieses Verfahren barg die Gefahr grober Irrtümer in sich. Später legte Cook fest, was er unter einer ordentlichen Landvermessung verstand: »Die Vermessung eines Ortes besteht meiner Vorstellung nach darin, einen geometrischen Plan anzufertigen, in dem jeder Ort mit seiner wahren Lage eingezeichnet wird ...«

Cook arbeitete fünf Jahre auf Neufundland. Im Frühling, Sommer und Herbst nahm er die Küstenlinie kartographisch auf, den Winter verbrachte er in London. Sein Schiff war ein 68 Tonnen großer Schoner, die *Grenville*, vormals *Sally*, die 1754 auf einer Werft in Massachusetts gebaut worden war. Im Winter 1765/66 wurde die *Grenville* zu einer Brigg mit Rahsegeln umgerüstet, da Cook dem Marineamt schriftlich erklärt hatte, daß »Schoner die schlimmsten Fahrzeuge sind, mit denen man auf Entdeckungsreise gehen kann; denn bei einer unvorhergesehenen Gefahr kann man sich auf sie nicht verlassen. Weil es nicht genügend Segel gibt, back zu brassen, stranden sie, ehe sie wenden.«

Nicht nur in Seemanns- und Vermessungskunst lernte er dazu. Mit der Herstellung von Sprossenbier und Fichtenextrakt entwickelte er Heilmittel gegen Skorbut. Er ließ Beeren sammeln, und die Ernährung war abwechslungsreich, es gab frisches Fleisch, Fische und Vögel.

Im Sommer 1776 beobachtete er eine Sonnenfinsternis. Wenn man die Daten mit denen derselben Sonnenfinsternis in Oxford verglich, würde man die genaue Länge für die Beobachtung von Neufundland erhalten. Die Ergebnisse wurden sogar durch Dr. John Bevis an die Royal Society weitergegeben und erschienen in den Sitzungsberichten der Gelehrtengesellschaft. Allmählich wurde Mr. Cook den wissenschaftlichen Gentlemen in London bekannt.

Die Wintermonate verbrachte Cook in seinem Haus im Dorf Mile End und arbeitete an seinen Karten und Segelrichtlinien. Die Admiralität gestattete ihm, sie zu veröffentlichen – allerdings mußte er die Kupferstricharbeiten sowie den Druck selbst bezahlen und die Vorkehrungen für den Verkauf durch die Londoner Kartenhandlungen treffen. Es war schon merkwürdig, daß die mächtigste Marine der Welt noch immer kein meereskundliches Amt gegründet hatte, das auch Seekarten veröffentlichte. Die Franzosen waren den Briten in dieser Hinsicht weit voraus. In dem 1720 gegründeten Dépôt des Cartes er Plans de la Marine arbeiteten viele Kartographen und Geographen. Erst 1795 gründeten die Briten ein Hydrographisches Amt – mit Alexander Dalrymple als Leiter. Die erste Seekarte der Admiralität wurde erst 1801 publiziert. Selbst zu diesem Zeitpunkt war das Amt kaum mehr als ein besserer Lagerraum. 1808 jedoch übernahm Kapitän Thomas Hurd das Amt des Hydrographen; er überzeugte die Admiralität davon, daß man die Karten verkaufen mußte, und organisierte einen Marine-Vermessungsdienst. Als junger Mann hatte Hurd an der Vermessung Nordamerikas unter Holland und Des Barres – auch er ein Militäringenieur – teilgenommen. Die Marine hatte offenbar etwas vom Heer gelernt.

In den sechs Wintern, die Cook in London verbrachte, lernte er, mit den beschränkten und langsamen Beamten der Admiralität geschickter umzugehen. Er stöberte im Auftrag des Gouverneurs von Neufundland, Kapitän Hugh Palliser – seinem alten Kapitän auf der *Eagle* –, in Londoner Kartengeschäften herum, um herauszufinden, ob die Franzosen Fischereirechte auf der Insel besaßen; organisierte Umbauten auf der *Grenville*; traf sich – unerhört für einen niederrangigen Master – mit dem Ersten Lord der Admiralität und dem Sekretär des Schatzamtes. Kurzum: Er lernte allmählich mächtige, einflußreiche Männer kennen, die ihrerseits die Fähigkeiten dieses beeindruckenden und besonnenen Mannes erkannten.

Im Winter 1767/68 arbeitete Cook an seinem Werk »Karte der Westküste Neufundlands ... von James Cook, Landvermesser« sowie den dazugehörigen Segelanweisungen. Der Kupferstecher war Mr. J. Larken, der auch seine früheren Arbeiten gestochen hatte. 1768 wurden die Karte und die Richtlinien veröffentlicht.

Da die *Grenville* für die bevorstehende Saison ausgerüstet werden mußte, ersuchte Cook die Admiralität, die Mannschaft durch einen Gehilfen des Schiffsarztes zu verstärken. Im Frühjahr bat er um die Rückerstattung der Reparaturkosten für Instrumente und der Ausgaben für Schreibwaren. Aber die Lords der Admiralität hatten ihm andere Aufgaben zugedacht. Mr. Michael Lane – Cooks Assistent – sollte den Posten auf der *Grenville* übernehmen und die Vermessung Neufundlands fortsetzen.

Am 25. Mai 1768 beschlossen Ihre Lordschaften, »daß

Mr. James Cook zum Ersten Leutnant der Bark Endeavour ernannt wird«. Die Admiralität hatte eine glänzende Wahl getroffen. James Cook segelte in die Weltgeschichte. Endlich hatten sich die harten, entbehrungsreichen Jahre in Nordamerika gelohnt.

Die Früchte dieser Jahre sind die Karten. Meisterwerke. Die Vorlagen, die Cook zu Hause in Mile End erarbeitete, sind recht groß – eine ist rund 3 Meter lang, eine andere mißt 2,40 x 1,50 Meter, eine andere 1,80 x 0,90 Meter. Sie sind koloriert und zeigen topographische Einzelheiten, die in den gedruckten Exemplaren nicht enthalten sind – und sie sind eine Augenweide. Wichtiger aber ist: Sie sind präzise. Kapitän Bayfield, der im 19. Jahrhundert auf Cooks Spuren die Vermessung von Nordamerika auf den neuesten Stand brachte, soll das letzte Wort haben. In einem Brief aus dem Jahr 1848 an Kapitän Beaufort, den Hydrographen der Admiralität, heißt es: »Ich habe die Mängel der alten Karten vom Sankt-Lorenz-Golf, vom Kap Breton und von Neuschottland nicht im geringsten übertrieben. Keiner dieser Karten kann der Seefahrer mit einem gewissen Grad an Sicherheit vertrauen – bis auf jene, die Cook und Lane angefertigt haben.«

Im Juli 1771 endete die dreijährige Reise der *Endeavour*. Und über Nacht wurden Mr. Banks und Dr. Solander, die Naturforscher der Reise, zu Berühmtheiten der Londoner Gesellschaft: Mr. Banks beim König im St.-James-Palast ... Mr. Banks und Dr. Solander trafen sich mit dem König in Richmond ... Mr. Banks wurde bei Hofe gesehen ... Mr. Banks überreichte Seiner Majestät eine Goldkrone mit Federbusch aus Chile ... Mr. Banks und Dr. Solander erhielten die Ehrendoktortitel der Jurisprudenz der Universität Oxford ... Mr. Banks soll zwei Schiffe von der Regierung erhalten, damit er seine Entdeckungen in der Südsee fortsetzen kann... der gefeierte Mr. Banks will in Kürze eine weitere Reise zur St.-George-Insel im Südmeer antreten; wie es hieß, will die Regierung ihm drei Schiffe zugestehen... der schwedische Naturforscher Linné schlug vor, Neusüdwales in Banksia umzubenennen... Der siebenundzwanzigjährige Banks bekam langsam eine ziemlich hohe Meinung von sich selbst.

Von Cooks Tätigkeit hingegen nahm der Londoner Klatsch keine Notiz. In Mile End fand er eine trauernde, aber stoische Ehefrau vor. Zwei Söhne, James und Nathaniel, waren wohlauf, aber seine vierjährige Tochter Elizabeth war drei Monate vor seiner Rückkehr gestorben. Ein Sohn, Joseph, den Cook nie gesehen hatte, war kurz nach der Abreise der *Endeavour* geboren, getauft und beerdigt worden.

Zwei Monate nach seiner Rückkehr wurde Cook zum Kommandanten befördert; das Patent erhielt er aus den Händen Seiner Majestät. Den alten Freund und Mentor John Walker hatte Cook nicht vergessen; in mehreren Briefen schilderte er dem Quäker aus Whitby die Reise der *Endeavour*. In einem erwähnt Cook beiläufig die Möglichkeit einer weiteren Reise, diesmal mit zwei Schiffen, und zeigt sich überzeugt, daß »man mir das Kommando übertragen wird«.

Die Frage, ob es einen großen Südkontinent gebe, ging ihm nicht aus dem Kopf. Auf der *Endeavour* hatte er sich mit Banks oft darüber unterhalten; in einem Postskriptum zur Reise der *Endeavour* skizzierte Cook einen Plan zur Lösung des Problems, bei dem Neuseeland als Ausgangspunkt für die Suche dienen sollte.

Die Admiralität war angenehm überrascht, wie gut Cooks Reise in der Öffentlichkeit aufgenommen wurde, sonnte sich in ihrem Glanz und erkannte sogleich die

Bedeutung seines Vorschlags. Außerdem konnte man damit Alexander Dalrymples dunkle Machenschaften durchkreuzen – der immer noch zürnte, weil man nicht ihm die Leitung der Expedition übertragen hatte, und mit Beleidigungen nicht sparte.

Nachdem die Entscheidung gefallen war, erhielt Cook den Auftrag, sich nach zwei geeigneten Schiffen umzusehen. Cook wäre mit der *Endeavour* durchaus zufrieden gewesen, aber man hatte sie als Proviantschiff zu den Falklandinseln entsandt. Der »Kohlenfrachter«, hatte sich als ideales Forschungsschiff erwiesen. Cook wurde bald fündig. Anfang November hatte die Admiralität zwei Schiffe gekauft: die *Marquis of Granby* (462 Tonnen) und die *Marquis of Rockingham* (340 Tonnen). Beide waren noch keine zwei Jahre alt und kamen aus der Werft der *Endeavour* in Whitby.

Mittlerweile hatte die Admiralität die Schiffe in *Drake* und *Raleigh* umgetauft und als Kanonenboote registriert: die *Drake* hatte zwölf Kanonen und 120 Mann Besatzung, die *Raleigh* zehn Kanonen und 90 Mann. Nun ging alles sehr schnell. Die Reise in »ferne Gegenden« sollte planmäßig im März beginnen, und beide Schiffe mußten noch für ihre Aufgabe umgerüstet werden. Man brauchte Laderaum für Vorräte, Proviant, Pulver und Kanonenkugeln; schwere Geschütze mußten installiert und Geschützpforten eingebaut werden; es wurden Unterkünfte für die Offiziere und die Besatzung eingerichtet; die Kombüse, bei der Küstenschiffahrt an Deck, wurde unter Deck verlegt; Masten, Rahen, Segel und Taue mußten überholt werden; eine weitere Plankenschicht sollte vor Schiffsbohrwürmern schützen.

Auch Cook stürzte sich in die Vorbereitungen. Wie gut, daß er in den Jahren auf der *Grenville* gelernt hatte, wie man mit sturen Beamten umgeht! Nur einmal mußte er sich geschlagen geben: Seine Bitte, an den Möbelstücken der großen Kajüte Messingbeschläge anzubringen, wurde vom Marineamt mit der Begründung abgelehnt, dafür gebe es keinen Präzedenzfall. Cook bezahlte die Beschläge aus eigener Tasche.

Auch die Schiffsnamen wurden geändert; und zwar aus Rücksicht auf Spanien, das einst unter den beiden namengebenden Vorkämpfern der englischen Seeherrschaft gelitten hatte. Denn die Schiffe sollten in einen Ozean segeln, den die Spanier noch immer für ihr »Reich« hielten. Als Cook von der Namensänderung hörte, schrieb er den ursprünglichen Schiffseignern, daß »die Admiralität die Namen der Schiffe von Drake zu Resolution und Raleigh zu Adventure abgeändert hat, die meiner Auffassung nach viel angemessener sind als die vorherigen«. *Endeavour* (Bestreben, Bemühen), *Resolution* (*Ent*schlossenheit, Unbeirrbarkeit), *Adventure* (Abenteuer): irgend jemand in der Admiralität hatte eine glückliche Hand für passende Namen.

Auf seiner letzten Reise hatte Cook eine gefährliche See mit vielen unkartierten Riffen, Untiefen und Inseln befahren. Am Großen Barriereriff hatte er fast einen totalen Schiffbruch erlitten. Im fiebergeschüttelten Batavia waren Krankheiten und Tod das Schicksal der Mannschaft gewesen. Doch bei seinen Vorbereitungen für die neue Reise türmten sich vor ihm Gefahren auf, die die Expedition zum Scheitern zu verurteilen drohten, noch ehe sie überhaupt begonnen hatte.

Die Bedrohung ging von Joseph Banks aus. Er und Solander hatten die Einladung, wieder mit Cook auf große Fahrt zu gehen, angenommen. Doch der junge Mann war in London derart umschmeichelt worden, daß er sich mittlerweile selbst für einen Helden hielt.

Zunächst einmal stieß Cooks Schiffswahl auf seine strikte Ablehnung – Banks schwebte eher ein großes Kriegsschiff mit 40 Kanonen oder ein Ostindienfahrer vor. Und nun sollte er mit der kleineren *Resolution* mit ihren beengten Verhältnissen vorliebnehmen. Wie auch immer – Energie, Charme und gute Beziehungen können etwas bewirken, und deshalb brachte er seine Freundschaft zum Ersten Lord der Admiralität, dem Lebemann, Spieler und Politiker John Montagu, 4. Earl of Sandwich, ins Spiel. Schon bald ergingen Anweisungen für zusätzliche Änderungen an der *Resolution*, damit sie Banks Hofstaat aufnehmen konnte, der inzwischen aus 17 Mitgliedern bestand, darunter zwei Hornspieler. Er glaubte doch tatsächlich, es sei *seine* Reise, Cook lediglich der Lotse unter seinem Kommando.

Für Banks zahlreiche Begleitung wurden die Aufbauten der *Resolution* 30 Zentimeter angehoben, ein weiteres Deck wurde eingezogen. Klar, daß man auch Cooks große Heckkajüte beanspruchte, weswegen auf dem hinteren Teil des Achterdecks zur Unterbringung des Kommandanten eine Art Schuppen draufgesetzt wurde. Cook wußte nur zu gut, was das bedeutete: Gewicht und Windfang würden auf hoher See zur Katastrophe führen. Machtlos angesichts dieses Orkans von Einfluß und Torheit wartete er wie jeder gute Seemann das Ende des Sturms ab.

Ende April – der ursprüngliche Abreisetermin war wegen der vielen Änderungen verstrichen – beorderte man beide Fahrzeuge nach Long Reach, wo sie Schießpulver und Kanonenkugeln aufnehmen sollten. »Die jungen Herren«, vor ihrem großen Abenteuer voller Übermut, sorgten in »den nahen Dörfern für ständige Unruhe, wenn sie beim Landurlaub etwas einkaufen und Tee trinken wollten und so weiter. Manchmal blieben sie die ganze Nacht an Land und machten sich einen Spaß daraus, Schilder von Firmen und Geschäften zu entfernen und an anderen Häusern anzubringen.« Wegen dieser und anderer Exzesse erteilte Cook den ausgelassenen Jugendlichen – einige waren erst 14 Jahre alt – einen strengen Verweis. Doch bald hatte er wichtigere Dinge im Kopf, als sich mit den Streichen seiner jungen Midshipmen zu befassen.

Der Tag der Entscheidung kam im Mai, als die *Resolution* zu den Downs beordert wurde. Auf der Fahrt die Themse hinab stellte sich heraus, daß sie so unsicher und topplastig im Wasser lag, daß sie zu kentern drohte. Der Lotse weigerte sich gar, sie weiter als bis zur Note, der Sandbank in der Themsemündung, zu führen. Das Schiff war nicht mehr das alte, wie Cook es geschildert hatte: »das seetüchtigste Schiff, das ich je erlebt habe«, sondern, wie ein Offizier kurz und bündig meinte: »ein ausgesprochen gefährliches und unsicheres Schiff«. Ein anderer Leutnant schrieb angeberisch: »Bei Gott, auf Wunsch steche ich in einem Grogkessel in See oder mit der Resolution; aber ich halte sie für das unsicherste Schiff, das ich je gesehen oder von dem ich gehört habe.«

Die Admiralität war sich der katastrophalen Folgen der von Banks angeregten Tollheiten nur allzu bewußt und schickte die *Resolution* zur nächsten Werft in Sheerness. Die Schiffbauer und Zimmerleute machten sich sofort an die Arbeit und rissen die Umbauten wieder heraus. Banks kam wutentbrannt zum Schiff und polterte los. Ein Fähnrich beschrieb später den Vorfall: »Als er das Schiff sah und die Veränderungen, die gerade vorgenommen wurden, fluchte er und stampfte wie ein Verrückter mit den Füßen auf und befahl seinen Dienern, seine Sachen sofort vom Schiff zu holen.«

Banks hatte wiederholt damit gedroht, an der Unternehmung nicht teilzunehmen, falls er auch nur den leisesten Hinweis erhielte, daß seine Wünsche nicht erfüllt würden. Nun atmete die Admiralität auf; sie nahm ihn beim Wort und sah sich nach einem anderen Naturforscher um.

Die Änderungen, die man an der *Resolution* vorgenommen hatte, waren zu einer Cause célèbre geworden. Die Mitglieder der feinen Gesellschaft strömten herbei, um sich anzusehen, wie man die *Resolution* umbaute, damit der gefeierte Mr. Banks bequem darauf leben konnte. Die Schiffsbauer fluchten, als die Damen der Gesellschaft mit spitzen Füßen durch die Späne schritten. Und nun fuhr Mr. Banks gar nicht mit! Die Gerüchteküche begann zu brodeln.

Während zwischen Banks und seinen Anhängern auf der einen Seite und der Admiralität auf der anderen Seite ein Wortkrieg entbrannte, setzte Cook die scheinbar nicht enden wollenden Vorbereitungen für die Reise, die sich verzögerte, fort. Banks bebte geradezu vor selbstgerechter Empörung und sandte Sandwich eiligst einen Brief, in dem er die Gründe nannte, warum er seine Teilnahme an der Reise verweigere. Unklugerweise beklagte sich Banks in dem Schreiben darüber, daß man ihn bei der Auswahl des Schiffstyps nicht konsultiert habe und daß die *Resolution* »wenn nicht absolut außerstande, so doch zumindest äußerst ungeeignet für die vorgesehene Reise« sei. Aber damit nicht genug. Das Schiff sei ohne das zusätzliche Deck übermannt und deshalb ungesund. Die *Launceston* mit 44 Kanonen sei ein besseres Schiff, außerdem kenne er viele Kommandanten, »die bereit wären, auf die vorgesehene Expedition zu gehen, und den Ehrgeiz hätten, der Welt zu zeigen, daß der Erfolg einer derartigen Unternehmung mehr von der Klugheit und der Ausdauer des Kommandanten abhängt als von der besonderen Bauart des eingesetzten Schiffes«. Diese Spitze gegen Cook war niederträchtig, schäbig und ungerechtfertigt. Alles in allem handelt es sich um den törichtesten Brief, den Banks je geschrieben hat – das unvermeidliche Ergebnis eines von der Öffentlichkeit gemästeten Egos.

Sandwich schickte den Brief ans Marineamt, das es ablehnte, den Ratschlag einer »Landratte« wohlwollend zu betrachten. Schon der erste Absatz begann mit einer Breitseite: »Mr. Banks' wichtigster Grund zur Ablehnung des Schiffes bezog sich ausschließlich auf die eigene Annehmlichkeit und hatte lediglich zum Inhalt, daß der vordere Teil der Kajüte ein paar Zentimeter zu niedrig sei. Was den richtigen Schiffstyp betrifft sowie dessen Eignung und hinlängliche Ausrüstung für die Reise, so hat man ihn zu keinem Zeitpunkt um seine Meinung gebeten. Man hätte ihn auch nicht mit geziemendem Anstand darum bitten können, da er in keiner Weise qualifiziert ist, in dieser Frage ein richtiges Urteil zu fällen; aus dem gleichen Grund wird man sich nun auch nicht mit seiner Meinung dazu befassen.« Breitseite auf Breitseite zerstörten Banks' Scheinargumente, bis sie schwimmenden Schiffswracks glichen.

Nun zog auch Sandwich in die Schlacht gegen seinen Freund und verfaßte einen zwanzigseitigen Brief, in dem er Banks' Forderungen samt und sonders zurückwies. Der Brief schloß mit einem tödlich ironischen Gegenstoß, der Banks an der Wand festspießte.

Insgesamt hoffe ich, daß sich zum Nutzen des neugierigen Teils der Menschheit Dein Eifer, auf lange Seereisen zu gehen, nicht legen wird. Ich wünsche Dir von Herzen Erfolg bei allen Deinen Unternehmungen, doch damit er Bestand hat, möchte ich dir raten, daß Du Dir selbst ein Schiff ausrüstest: Das und nur das kann Dir das uneingeschränkte Kommando über die gesamte Expedition verleihen; und da ich ein aufrichtiges Interesse an Deinem Wohlergehen und daher an Deinem Leben habe, bitte ich Dich, sehr ernstlich zu bedenken, daß es sich bei dem Schiff nicht um ein altes Kriegsschiff oder einen alten Indienfahrer handelt, sondern um einen neuen Kohlenfrachter.

Banks nahm dann tatsächlich an keiner weiteren langen Seereise teil. Nachdem er im Juli die 190 Tonnen große Brigg Sir *Lawrence* gechartert hatte, segelte er mit seinem Gefolge nach Island.

Inmitten des Lärms, den Hämmer aus Eisen und Holz, Sägen und Kalfatereisen produzierten, wurde die *Resolution* wieder das seetüchtige Schiff, das Cook ausgewählt hatte. Er setzte seine endlosen Vorbereitungen fort. Hin und her wechselten die Denkschriften, Weisungen, Gegenweisungen, Fragen und Vorschläge zwischen ihm, dem Marineamt, dem Proviantamt, der Gesundheitsbehörde und dem Sekretariat der Admiralität. Das Proviantamt war erfreulich behilflich, ja geradezu experimentierfreudig und kam seinen Wünschen rasch nach. Eingesalzener Kohl, also Sauerkraut, Rindfleisch, Schweinefleisch, Nierenfett, Butter, Erbsen, Salz, Öl, Senfsamen, Zungenfleisch, Zucker, Suppenextrakte, Sirup von Zitronen und Orangen, Hafermehl, Stockfisch, Käse, Brot, in Essig eingemachtes Gemüse, vier Fässer mit neuartig geräuchertem Rindfleisch, Fäßchen mit Baron Storschs Karottenmarmelade, Mr. Irvings Apparat zum Destillieren von Trinkwasser aus Meerwasser, Dr. Priestleys Vorrichtung zum Genießbarmachen von Wasser durch Hindurchführung »fixierter Luft«, Leutnant Osbridges Maschine, mit der man »stinkendes Wasser süß« machen konnte, Mr. Pelhams eingekochte Malzwürze zur Herstellung von Bier, Mr. Hales' Rezept zur Herstellung frischer Hefe, Dr. James' Fieberpulver – ein Allheilmittel des 18. Jahrhunderts gegen alle möglichen Leiden und Gebrechen. Das Proviantamt bedauerte, daß auf Guernsey kein französischer Cognac erhältlich sei – würde spanischer Branntwein, den ihr dortiger Vertreter empfohlen habe, ausreichen? Fässer mit Spirituosen, Portwein, große Fässer mit hochprozentigem Alkohol zur Konservierung von Präparaten, neue Planen und Segel, bessere Netze zum Fischen, Segeltuchsäcke für die Seeleute statt der üblichen Seekisten – der Stauraum auf den Schiffen schrumpfte bedenklich – Eisanker, Schermühlen, Haken und Bolzen für die Blocks, zusätzliches Werkzeug, Kalfatereisen, Kupferwerkzeug, Butten, Fässer aller Inhaltsmaße, Tonnen und Fäßchen. Die Liste schien endlos. Jeder Seemann erhielt zwei Jacken und Hosen, alles aus dickem, flauschigem Wollstoff, mit dem auch die Türen zum Raum mit dem Schießpulver verkleidet waren. Für die Eingeborenen der Inseln wurden Fäßchen mit Nägeln, Werkzeugen, Spiegeln, Kämmen, Glasperlen, Kesseln, Hämmern, »feine alte Tuche«, Wetz- und Mahlsteine auf die überladenen Schiffe gebracht. Außerdem nahm man 2000 vom Geschäftshaus Boulton and Fothergill, Birmingham, geprägte Gedenkmünzen mit (darauf sah man die beiden Schiffe und den zuversichtlichen Satz *Aus England losgesegelt im März MDCCLXXII*), »die an die Eingeborenen der neu entdeckten Länder, die die Schaluppen anlaufen, verteilt werden sollen«.

Cook, das Proviantamt und die Gesundheitsbehörde

hatten großes Interesse daran, Mittel gegen Skorbut zu testen. Auf der *Endeavour* hatte Cook Sauerkraut mitgeführt. Doch die Besatzung – konservative Seeleute, die auf ihr Pökelfleisch und Mehlpudding mit Rosinen schworen – wollte das nicht essen. Auf der ersten Reiseetappe hatte er zwei Männer auspeitschen lassen, die sich geweigert hatten, *frisches* Fleisch zu essen. Die Weigerung hatte er schlicht für Meuterei gehalten. Später setze er feinere Methoden ein:

> Das Sauerkraut stieß zunächst auf Ablehnung, bis ich eine Methode anwandte, die meines Wissens bei Seeleuten noch immer Erfolg hat. Ich ließ es nämlich jeden Tag in der Kapitänskajüte servieren, gestattete allen Offizieren, davon zu essen, entweder soviel, wie sie wollten, oder gar nichts. Aber schon nach einer Woche setzte ich jedermann an Bord auf dieselbe Ration. Denn das Temperament und die Wesensart der Seeleute ist im allgemeinen so, daß sie alles, was man ihnen üblicherweise austeilt, und wenn es noch so sehr ihrem Wohle gilt, ablehnen, und man nichts als Murren gegen den Mann hört, der die Neuerung ersonnen hat; aber sobald sie sehen, daß ihre Vorgesetzten es schätzen, wird es zum köstlichsten Leckerbissen und der Urheber zum verdammt feinen Kerl.

Für die Seeleute des 18. Jahrhunderts war das Leben in der Royal Navy hart, streng und häufig brutal. Aus heutiger Sicht war diese Zeit ausgesprochen gewalttätig. Fast 200 Vergehen der Untertanen Seiner Majestät wurden mit dem Tod durch Hängen bestraft – und die Hinrichtungen dienten der Unterhaltung der Öffentlichkeit. Die Instrumente der herrschenden Klasse zur Machterhaltung waren Galgen und Pranger. Zur See wurde mit der neunschwänzigen Katze ausgepeitscht, was bis heute im Gedächtnis geblieben ist. Die Peitsche, die in einem blutroten Beutel aufbewahrt wurde, hatte einen 60 Zentimeter langen Griff aus Holz oder Tau, an dem neun »Schwänze« aus 60 Zentimeter langen Lederriemen von etwas mehr als einem halben Zentimeter Durchmesser befestigt waren. Das Gerät wog ungefähr ein Pfund; in den Händen eines erfahrenen Bootsmannsmaats konnte es einen Mann niederstrecken. In den Händen eines unberechenbaren und gewalttätigen Kapitäns wurde es zum sadistischen Instrument beispielloser Barbarei. Kapitäne haben damit geprahlt, daß ihre links- und rechtshändigen Folterknechte ein regelmäßiges Kreuzmuster auf dem Rücken des Delinquenten zustande brächten.

Einige Männer waren bereits auf der *Endeavour* dabei gewesen. Andere hatten Cook sogar schriftlich gebeten, mitfahren zu dürfen. Die meisten waren jung und konnten weder lesen noch schreiben. Sie waren zäh, gefühlvoll, erfahren, an Strapazen gewöhnt und, wenn möglich, betrunken. Unter ihnen gab es Matrosen, die Dudelsack, Querpfeife, Geige und Trommel spielen konnten. Ein Jahr später sollten ihre musikalischen Darbietungen die Maori und Tahitianer begeistern.

Cook warf nicht gerade mit Komplimenten um sich, doch von seinen Leuten schrieb er später, daß »sie jede Schwierigkeit und jede Gefahr meistern konnten«. Das wird von John Elliot bestätigt, einem Offizier, der »auf Bitte seiner Frau, zum Gebrauch und zum Vergnügen ausschließlich seiner Kinder« seine Erinnerungen aufgeschrieben hat. Sie ergänzen gut die eher zurückhaltenden Schilderungen der offiziellen Tagebücher. Über die Besatzung schreibt Elliot: »Ich will den Männern hier Gerechtigkeit widerfahren lassen und sagen, daß sich *niemand* besser betragen kann, unter keinen Umständen. Dasselbe gilt für die Offiziere. Und ich möchte noch hinzufügen, daß es meiner Meinung nach kein Schiff gegeben hat, auf dem so lange und unter solchen Umständen mehr Zufriedenheit, Ordnung und Gehorsam geherrscht haben.«

Die Memoiren enthalten einen vergnüglichen Teil zum Nachschlagen, mit kurzen »Bemerkungen« über die »Offiziere und Gentlemen auf dem Achterdeck«. Cook ist ein »besonnener, tapferer, menschlicher und kundiger Seemann und Offizier«. Der Erste Leutnant, Robert Palliser Cooper, wird in dieser Rubrik als »besonnener, zuverlässiger, guter Offizier« beurteilt. Der Zweite Leutnant, Charles Clerke, ist »ein mutiger und guter Offizier & und bei allen besonders beliebt«. Clerkes eigenes Tagebuch und seine Briefe an Joseph Banks zeugen von seiner ausgeprägten Persönlichkeit. Er ist lebhaft, intelligent und amüsant und hat am Kapitänstisch sicher einen idealen Unterhalter abgegeben. Er war es, der schrieb, er wäre ohne weiteres in einem »Grogkessel« in See gestochen; er war auf der *Endeavour* gefahren und wird an Cooks dritter und letzter Weltumsegelung teilnehmen, nach dessen Tod das Kommando übernehmen, an Bord der *Resolution* an Tuberkulose sterben und auf der abgelegenen Halbinsel Kamtschatka im Russischen Reich beerdigt werden.

Der Dritte Offizier war Richard Pickersgill. Es wurde seine dritte Weltumsegelung, da er bereits an Bord der *Dolphin* und der *Endeavour* mitgefahren war. Da er sehr befähigt war, ließ ihn Cook oft im kleinen Boot vorausfahren, wenn sie sich unbekannten Ankerplätzen näherten. Pickersgill hatte eine recht romantische, brütende Wesensart. Angesichts jener Zeit, in der viel getrunken wurde, spricht Elliots Kommentar Bände: »Ein guter Offizier und Astronom, der allerdings dem Grog oft zusprach.« Das beeinträchtigte auf der bevorstehenden Reise jedoch zu keinem Zeitpunkt Pickersgills Urteilsvermögen. Erst später sollte sein Alkoholmißbrauch zur Entlassung aus der Marine und schließlich zu seinem Tod führen – durch Ertrinken in der Themse, wie eine Quelle behauptet.

Was die Fähnriche betraf, so galt es als »große Feder am Hut eines jungen Mannes, mit Kapitän Cook zu fahren«. Unter ihnen befanden sich zwei, die später zu Ruhm gelangen sollten: der vierzehnjährige George Vancouver – der zukünftige Entdecker –, laut Elliot ein »ruhiger, höflicher junger Mann«; und der einundzwanzigjährige James Burney, Sohn von Dr. Charles Burney, Bruder der Romanautorin Fanny Burney und Freund von Joseph Banks und den Schriftstellern Dr. Johnson und Charles Lamb. Als »intelligent und exzentrisch« beschreibt ihn Elliot, nennt allerdings keine Beispiele für dessen exzentrisches Verhalten. Elliot selbst sollte von der »großen Feder« an seiner Kappe profitieren. Nach der Reise wollten ihn die Direktoren der Ostindischen Kompanie auf einen Posten an Bord eines ihrer Schiffe holen; das Vorstellungsgespräch bestand daraus, daß »sie sagten, daß ich ja wohl mit Cook gefahren und sein Schüler gewesen sei und deshalb ein guter Seemann sein müsse. Dann fragten sie, wie es meinem Onkel gehe, und forderten mich auf, den Raum zu verlassen.« Elliot bekam die Stellung.

Der vierzigjährige Joseph Gilbert, Master auf der *Resolution*, zählte zu den älteren Männern an Bord. So wie Cook hatte er lange Zeit an der Vermessung der Küsten von Neufundland und der Halbinsel Labrador teilgenommen. Am Ende hatte Cook eine hohe Meinung von seinen Fähigkeiten. Laut Elliot war er »ein ruhiger, guter Offizier«.

Die kleinere *Adventure* befehligte Tobias Furneaux, der aus der Grafschaft Devon stammte. Er war unter Samuel Wallis auf der *Dolphin* als Zweiter Leutnant gefahren, als sie als erste Europäer die Berggipfel Tahitis am Horizont auftauchen sahen. Furneaux war ein fähiger Seemann, aber ihm fehlte der Forscherinstinkt, die Vorliebe für Navigation und Geographie, der forschende Verstand, die Wißbegier, die bei Cook so deutlich zutage trat.

Auf der *Endeavour* hatte Cook die Länge mit der Monddistanzen-Methode bestimmt. So auch jetzt auf der zweiten Reise; doch die Admiralität wollte zudem vier jener neumodischen »Uhrmaschinen« testen. Drei hatte John Arnold gebaut, und eine, ein Duplikat der preisgekrönten H4-Uhr John Harrisons, hatte Larcum Kendall unter Harrisons Aufsicht angefertigt. Es war die K1, deren Bau drei Jahre gedauert hatte und die jetzt in die Geschichte der Seefahrt einging.

Zwei Schiffsuhren – die eine war die K1 – wurden auf die *Resolution* gebracht, zwei auf die *Adventure*. Die Chronometer lagen in Mahagonikistchen, an denen drei Schlösser angebracht waren. In jedes Schloß paßte ein anderer Schlüssel. Auf der Reise erinnerte es fast an ein religiöses Ritual, wenn die drei »Priester« – der Kapitän, der Erste Offizier und der Astronom –, von denen jeder einen Schlüssel besaß, gemeinsam die Gehäuse öffneten und die Uhren aufzogen – wie später beim Abfeuern von Atomraketen.

Das Board of Longitude hatte zwei Astronomen ernannt. An Bord der *Resolution* fuhr William Wales, ein achtunddreißigjähriger Mann aus Yorkshire, offen und ehrlich, mit raschem Witz, Humor und einem ausgeprägten Yorkshire-Akzent. Laut Elliot »ein fähiger, ruhiger Mann«. 1769 hatte Wales den Venusdurchgang in der Hudsonbai im Auftrag der Royal Society beobachtet. Nach der Reise der *Resolution* wurde er Lehrer an der Mathematischen Fakultät des Christ's Hospital. Zu seinen Schülern zählten unter anderen die späteren Schriftsteller Charles Lamb, Leigh Hunt und Samuel Taylor Coleridge. Im Schatten von Wales stand der Astronom der *Adventure,* William Bayly. Auch er hatte den Venusdurchgang beobachtet, allerdings am Nordkap.

Der Abgang des beleidigten Banks und seiner Entourage hatte eine Lücke auf zwei wichtigen Gebieten hinterlassen: Naturgeschichte und bildende Kunst. An die Stelle von John Zoffany trat der Landschaftsmaler William Hodges, der in der Mannschaftsliste als Vollmatrose geführt wurde, eine fromme Lüge. Die Stärke des achtundzwanzigjährigen Hodges lag im Malen von Landschaften, Eis- und Seelandschaften. 1986 kam bei einer Auktion in einem irischen Landhaus ein Bildnis von Cook, das Hodges gemalt hatte, ans Licht. Es ist ein ausdrucksstärkeres, düstereres Gemälde als Dance' Bildnis im klassizistischen Stil. Man sieht dieselbe scharfe Nasenpartie, denselben entschlossenen Mund – doch Cooks Entschlossenheit und Wille scheinen hier fester zu sein. Offensichtlich hatte Hodges während seiner Jahre an Bord der *Resolution* reichlich Gelegenheit, seinen Kapitän genau zu beobachten.

Schließlich kommen wir zu den Männern, die die Admiralität als Ersatz für Banks und Solander ausgewählt hatte. Hier stoßen wir auf eine der umstrittensten Gestalten in der Geschichte der Antarktisforschung: Johann Reinhold Forster, der von seinem Sohn Georg begleitet wurde. Als Forster 1766 mit seinem elfjährigen Sohn nach England gekommen war, waren seine englischen Sprachkenntnisse ebenso begrenzt wie seine finanziellen Mittel – $3^1/_2$ Guineas. Der in Preußen geborene Johann Reinhold, in dessen Adern englisches, schottisches, polnisches und preußisches Blut floß, war ein Jahr jünger als Cook. Der lutherische Pastor, der sich für Geologie, Geographie, Ethnologie, Altertumskunde, Alte Geschichte, ägyptische Sprachen und Naturforschung interessierte und Bücher sammelte, war nach England gekommen, um sein Glück zu versuchen und den Verlust seines Erbes wettzumachen – das er überwiegend für Bücher ausgegeben hatte. Seine Verbindungen zu deutschen Emigranten machten ihn mit der Forschung und Lehre in Großbritannien bekannt. Mehrere Jahre unterrichtete er an Provinzschulen; Aufsätze über Naturgeschichte, Geologie, Geographie und das Altertum flossen aus seiner fleißigen Feder. Sein Sohn Georg fertigte Übersetzungen an. Forster führte eine reiche Korrespondenz, und seine preußische Gelehrsamkeit erregte die Bewunderung einflußreicher Leute. Und dann erhielt er seine Chance. Nachdem Banks gegangen war, wählte die Admiralität auf Anregung seiner Fürsprecher Forster für die Expedition aus. Er sollte der Naturforscher sein, der Sohn sein Assistent. Der Auftrag wurde mit der fürstlichen Summe von 4000 Pfund entlohnt. (Wales' Gehalt betrug 400 Pfund, Cook erhielt pro Jahr 110 Pfund.)

Forsters Lebenslauf zeigt einen umherziehenden Pädagogen mit breiten, wenn auch wechselnden Interessen. Der inzwischen verstorbene J. C. Beaglehole* hat ihn einen Alptraum genannt. Georg Friedrich Lichten-

---

* Wer sich für Cook interessiert, schuldet der Hakluyt Society und Beaglehole ewigen Dank für sein herausragendes Buch über Cooks Tagebücher und für seine maßgebliche Biographie.

berg, ein Zeitgenosse Forsters, schrieb dagegen: »Hätte Forster und nicht Cook die Resolution befehligt, hätte die Gelehrtenwelt dreimal soviel erfahren.« Das ist ziemlich absurd.

Elliots Meinung liegt zwischen diesen Extremen: »Ein intelligenter, aber streitsüchtiger Mann.« Außerdem berichtet er schadenfroh, Mr. Burr (der Steuermannsgehilfe) habe den »alten Forster« niedergeschlagen, als dieser ihn einen Lügner genannt habe, und daß Cook Forster einmal aus der Kabine gewiesen haben soll. Auch war die Kluft zwischen Wales und Forster offenbar unüberbrückbar. Die Mannschaft äffte ihn mit Worten und Gesten nach. Mag sein, daß Forster ganz intelligent war, aber er war auch pedantisch, humorlos, gab gern lateinische Zitate zum besten und litt unter krankhaftem Mißtrauen. Kurzum: Forster war sich selbst der ärgste Feind und kein besonders geeigneter Schiffskamerad auf einer langen, häufig auch langweiligen Seereise. Der junge Georg – »ein begabter, braver junger Mann« laut Elliot – verbrachte viel Zeit damit, die Streitigkeiten zwischen den Seeleuten und seinem jähzornigen Vater zu schlichten.

Am 21. Juni sagte Cook seiner Frau und seinen Kindern Lebewohl und stieß in Sheerness zur *Resolution*. Am nächsten Tag segelte er mit der Flut die Themse hinab nach Plymouth. Die *Adventure* unter Furneaux wartete dort schon seit Mai. Zur großen Erleichterung aller bewies die *Resolution* auf der Fahrt durch den Ärmelkanal ihre fabelhaften Segeleigenschaften.

Cook hatte seinen ursprünglichen Plan erweitert und schlug vor, am Kap der Guten Hoffnung die Westwinde zu nutzen, um nach Süden zu gelangen. Die Mannschaft sollte sich in Neuseeland erholen und dann auf den pazifischen Inseln überwintern. Im folgenden Sommer wollte man wieder in die hohen südlichen Breiten des pazifischen Abschnitts vorstoßen, am Kap Hoorn einen Zwischenaufenthalt einlegen, dann weiter in den Atlantik zum Kap der Guten Hoffnung. Cook fügte der Denkschrift eine Karte des vorgeschlagenen Kurses bei. Seiner Überzeugung nach würde man damit die jahrhundertealte Frage endgültig klären, ob es einen Südkontinent gibt oder nicht.

In Plymouth empfing Cook die letzten Anweisungen – quasi ein Durchschlag seines eigenen Vorschlags: »Man hatte nichts hinzugefügt, das mir unverständlich war und dem ich nicht völlig zustimmte.«

Nachdem sie frische Lebensmittel an Bord genommen hatten, wurden alle Chronometer zusammen mit den tragbaren Observatorien an Land gebracht, überprüft und in Gang gesetzt. Früh am nächsten Morgen, am 13. Juli 1772, segelten die *Resolution* mit 118 Mann und die *Adventure* mit 83 Mann Besatzung, beide beladen mit Tieren, Vorräten und Proviant für zwei Jahre, bei leichter Brise aus Nordwest ab: Die Schiffe gingen auf Südwestkurs und hielten auf Madeira zu. Die große Fahrt hatte begonnen.

VII

Die Fahrt der »Resolution« und der »Adventure«

Ich lese hier zwei Damen vor, manchmal sind es mehr, aber nie weniger. Im Augenblick segeln wir um den Globus. Aufgrund meines glücklicherweise nicht sehr guten Gedächtnisses empfinde ich die alte Geschichte, mit der ich mich vor einigen Jahren vergnügte, fast wie neu. Leider kann ich Cooks Reise nicht finden – können Sie sie mir zuschicken? Über Forsters Buch würde ich mich ebenfalls freuen. Beide zusammen werden gewiß dafür sorgen, daß wir den Winter gut überstehen. Für die Zusendung wäre ich Ihnen sehr dankbar.

William Cowper, *Brief an Joseph Hill*,
20. Oktober 1763

Was die *Resolution* betrifft, das zuverlässige Erzeugnis aus Mr. Fishburns Werft in Whitby, so erwies sie sich als eines der großen, der überragenden Schiffe in der Geschichte der Seefahrt. Könnte man sie durch Zauberei neu erschaffen und unsterblich machen, würde man sie aus dem Kreis aller Schiffe der Vergangenheit hervorheben und geradezu mit Ehrfurcht betrachten.

J. C. Beaglehole, *Journals of Captain Cook,* 1969

Alle langen Seereisen, von der Fahrt der Ägypter im 15. vorchristlichen Jahrhundert zum sagenumwobenen Land Punt bis zur Atlantiküberquerung mit dem Segelboot im 20. Jahrhundert, folgen dem gleichen Rhythmus. Die monatelangen Vorbereitungen enden im hektischen Verladen der letzten Lebensmittel und Vorräte, in den letzten Lebewohls, wenn die Anker gelichtet werden. Die größer werdende Wasserfläche zwischen Schiff und Land markiert den Rubikon. Niemand bleibt davon unberührt.

Nun schrumpft die Welt des Seefahrers zu einem unbedeutenden, von Menschen gemachten Kunstprodukt auf einem unberechenbaren veränderlichen Element. Mit dem Durchtrennen der Nabelschnur, die den Seefahrer mit dem Land verbindet, begreift er endgültig, daß er das Leben an Land, die Ärgernisse, das hektische Treiben und die Menschenmengen hinter sich gelassen hat. Aber die neue, kleinere Welt auf See hat ein anderes und häufig strengeres Regiment als jenes, das auf Land herrscht. Das Leben des Seemanns ist mönchisch und verläuft regelmäßig wie im Kloster: Doch statt des Angelusläutens ist die Schiffsglocke zu hören, die die Stunden und die Wachwechsel anzeigt. Der Seele des Seemanns wird dabei wenig Beachtung geschenkt. Um so mehr achtet man auf den Zustand des Schiffes: Masten, Spieren, Segel, Tauwerk, Rumpf und Deck – und, wie im Falle Cooks, auf Gesundheit und Sauberkeit der »Meßdiener« unter dem Kommando ihres Kapitäns.

Während die Küsten Devons und Cornwalls am Horizont verschwanden, schrieb Leutnant Pickersgill zum Abschied ein »Lebewohl, altes England« ins Tagebuch. Cook, der nun die Schwierigkeiten, die es an Land gegeben hatte, zurückließ und sich den vor ihm liegenden Problemen zuwenden konnte, seufzte sicherlich erleichtert auf. Auf der langen Fahrt zum Kap der Guten Hoffnung würde er die Mannschaft mit seinem Führungsstil vertraut machen.

Die Fahrt nach Madeira dauerte 16 Tage. Sie verlief ohne besondere Vorkommnisse. Pickersgill notierte, daß die *Resolution* schneller und wendiger als die *Adventure* sei. Die Forsters beschwerten sich über ihre Unterbringung und verordneten sich Glühwein gegen Seekrankheit. Allerdings konnte auch dieses Getränk die Sorgen des jüngeren Forster nicht zerstreuen, der schrieb, »der Mensch sey kein Amphibium«.

Auf Madeira nahmen die Schiffe frisches Wasser, Obst, frisches Rindfleisch, 100 Bündel Zwiebeln und 400 Gallonen Madeirawein auf. Außerdem erfuhr Cook, daß kürzlich ein junger Mann namens Mr. Burnett die Insel nach dreimonatigem Aufenthalt wieder verlassen habe. Er habe auf Mr. Banks und die *Resolution* gewartet, dann aber sei ein Brief von Banks eingetroffen. Wie eine Kammerzofe herausfand, war Mr. Burnett tatsächlich eine Frau. Offensichtlich hatte Banks gehofft, seinen Annehmlichkeiten an Bord der *Resolution* noch weitere hinzufügen zu können. Damit wäre er den Spuren eines anderen Naturforschers gefolgt: Philibert de Commerson war auf der ersten französischen Weltumsegelung (unter Bougainville) zwischen 1766 und 1768 dabei. Sein Kammerdiener war ein gewisser Baré. Erst auf Tahiti, wo die Eingeborenen Baré sofort als Frau erkannten, wurde der Schwindel aufgedeckt. Elliot fand denn auch kritische Worte für Banks' Trick: »Diese Dame hätte sich *sehr klug* anstellen müssen, sonst hätte sie viel Unheil stiften können.«

Bei der Weiterfahrt führte Cook ein Drei-Wachen-System ein; üblich waren sonst meist zwei Wachen zu vier Stunden auf Deck und vier unter Deck. Bei der neuen Einteilung hatten die Besatzungsmitglieder vier Stunden Dienst, dem acht Stunden Freizeit folgten. Das Unterdeck wurde geräuchert* und gelüftet; bei jeder Gele-

---

* Das Räuchern des Schiffes war eine von Cook häufig angewandte primitive Form der Desinfektion. Dabei wurden unter Deck Holzkohle-, Pech- oder Schwefelfeuer entzündet. Sobald alle Mann oben waren, wurden die Luken geschlossen.

genheit wurden die Hängematten, das Stroh und die Laken inspiziert und an Deck der frischen Luft ausgesetzt; nach dem täglichen Pumpen wurde etwas Salzwasser in den Kielraum hinabgegossen, es half »den Gestank des Bilgewassers zu verringern«, der »äußerst unangenehm war«, wie Cooper schrieb. Mr. Pelhams »Eingedickter Biersaft« wurde an Deck gehievt. Einige Tage nachdem man kaltes Wasser hinzugefügt hatte, vollzog sich der Fermentierungsprozeß mit solcher Kraft, daß die Spünde und sogar der Deckel eines Fasses herausgesprengt wurden. Von diesem mißlungenen Brauverfahren profitierten die Ziegen, die den Saft vom Deck aufleckten, »ziemlich besoffen« wurden »und hechelnd und schwer atmend auf Deck lagen, als ob sie stürben; aber bald danach genasen sie und wurden fett.«

Weiter ging es nach Porto Praya auf den Kapverdischen Inseln. Hier nahmen sie zusätzlich Wasser auf – brackig, wie man einräumen muß. Außerdem war die Herbeischaffung schwierig, denn die Brandung war so stark, daß die vollen Fässer durch die Brecher zu einer ablandig ankernden Barkasse gezogen werden mußten. Clerke fand, es sei ein »verdammt schlechter Ort, um Wasser einzunehmen... wir bekamen kein besonders gutes Wasser, wenn es auch einigermaßen trinkbar war«. Ein unglücklicher Ochse, Obst, Schweine, Ziegen und Federvieh wurden durch die Brandung an Bord gehievt, auch Affen, die die jungen Offiziere und die Matrosen als »Haustierchen« erworben hatten. Da die schmutzigen und verlausten Tiere bald Cooks ausgeprägten Sinn für Hygiene störten, ließ er sie töten.

Ein Tier, das John Elliot versteckt hatte, entging Cooks Aufmerksamkeit. Es blieb nicht lange am Leben. Am Kap beging es eine letzte Missetat, als es ein Tintenfaß umstieß. Die Tinte floß über einen Brief, den John Whitehouse gerade schrieb. Der griff wütend nach seiner Pistole »und pustete den Affen aus dem Fenster«. Elliot trauerte – was vielleicht erklärt, daß er in Whitehouse einen »verschlagenen, überempfindlichen, streitsüchtigen, Unheil stiftenden Burschen« sah.

Am 30. Oktober trafen sie am Kap der Guten Hoffnung ein – damals eine holländische Kolonie. Auf der Fahrt von England hatte die *Resolution* einen Mann verloren (er war ertrunken) und die *Adventure* zwei Offiziere durch Krankheit. Der Mannschaft ging es gut. Ganz anders war es auf zwei holländischen Ostindienfahrern, die nach Indien unterwegs waren und einige Tage später eintrafen. Bei den Holländern waren fast 200 Mann an Skorbut gestorben; 60 mußten ins Spital.

Die Briten verbrachten beinahe einen Monat am Kap. Die Mannschaft bekam jeden Tag frisches Brot, dazu Frischfleisch und »so viel Gemüse, wie die Männer essen konnten«. An Land konnten sie sich von den Strapazen der Reise erholen und für die Weiterfahrt stärken. Die Schiffe wurden kalfatert und gestrichen und frische Lebensmittel, Wein und Branntwein bestellt. Die Astronomen gingen mit den tragbaren Observatorien und Uhren an Land, wo sie ihre unverständlichen Berechnungen anstellten. Von den vier Chronometern erwies sich die Harrison-Kendall-Uhr als die genaueste und verläßlichste, die von Arnold hergestellten dagegen gingen falsch. Die Forsters botanisierten und lernten den vierundzwanzigjährigen schwedischen Botaniker Anders Sparrman kennen, der bei Linné studiert hatte; sie überredeten den jungen Schweden, als ihr Assistent auf der *Resolution* anzuheuern; Forster wollte seinen Unterhalt und ein kleines Stipendium bezahlen. Cook fühlte sich durch Forster »sehr gedrängt« und gab mit Anstand und Würde nach. Sparrman war ein zurückhaltender junger Mann, etwas streng, steif, prüde, krittelig und ließ sich durch die Flüche, gotteslästerlichen Reden und das ungestüme Verhalten der britischen Seeleute leicht aus der Fassung bringen. »Ein intelligenter, ruhiger Mann«, schrieb Elliot.

Cook unterrichtete die Admiralität schriftlich über den Verlauf der Expedition. Er vergaß auch nicht John Walker aus Whitby. Es lohnt, den Brief hier vollständig wiederzugeben, da Cook vor seinem Aufbruch ins Unbekannte in nachdenklicher Stimmung war.

Kap der Guten Hoffnung, 20. November 1772

Sehr geehrter Herr

Da ich nichts Neues zu berichten habe, hätte ich Sie kaum mit einem Brief behelligt, wäre es nicht Brauch, daß man sich von seinen Freunden verabschiedet, bevor man aus der Welt hinausgeht, denn ich empfinde mich kaum als Teil davon, solange ich jeder Verbindung mit dem zivilisierten Teil entbehre, und das wird schon bald mindestens zwei Jahre lang so bleiben. Wenn ich an die unwirtlichen Gegenden denke, in die ich fahren werde, erscheint mir die Reise gefährlich, doch breche ich mit großer Heiterkeit auf, da es die Vorsehung bei vielen Anlässen sehr gut mit mir gemeint hat, und setze mein Vertrauen in die Fortführung des göttlichen Schutzes. Ich habe zwei gute Schiffe, die gut gerüstet und gut bemannt sind. Sie müssen von dem Tumult gehört haben, der sich vor meiner Abreise aus England um die Resolution erhob, aber ich versichere Ihnen, daß ich nie den Fuß auf ein besseres Schiff gesetzt habe. Richten Sie

bitte allen meinen Freunden in Whitby meine besten Grüße aus. Ich verbleibe mit großer Achtung und Wertschätzung
>Ihr lieber Freund
>JAM^S COOK

Am Nachmittag des 22. November lichteten die beiden Schiffe die Anker und brachen ins Ungewisse auf. Vor ihnen lagen »neue und fürchterliche Scenen«, schrieb Georg Forster.

Cooks Befehle, nachdem er das Kap der Guten Hoffnung verlassen hatte, sahen vor, nach dem »Cap Circumcision [Kap der Beschneidung] Ausschau zu halten, das laut Monsr. Bouvet fast auf 54° 00′ südlicher Breite und rund 11° östlicher Länge von Greenwich liegt«. Das Kap mit dem seltsamen Namen – heute die Bouvetinsel* – war am Tag der Beschneidung Jesu Christi, am 1. Januar 1739, von Bouvet de Lozier gesichtet worden, der zwei Schiffe der französischen Ostindischen Kompanie, die *Aigle* und die *Marie,* befehligte. Sie hatten nach dem Land von Sieur de Gonneville gesucht, das seit dem 16. Jahrhundert die Gemüter beschäftigte. Das Land zog die Franzosen stark an, da de Gonneville behauptet hatte, dort sechs Monate gelebt zu haben, und zum Beweis einen »Prinzen« mitgebracht hatte. Wo das Land lag, ließ sich nur vermuten – höchstwahrscheinlich irgendwo südlich des Äquators. Genaueres wußte man nicht. Daher hatten es französische Kartographen,

---

* Die nur rund 4 Meilen große Bouvetinsel ist ziemlich einzigartig. Daß Bouvet auf sie stieß, gleicht dem sprichwörtlichen Finden der Stecknadel im Heuhaufen. Es ist die abgelegenste Insel der Welt – das nächste Land befindet sich 1000 Meilen entfernt. Die Länge, die Bouvet für sein Cape Circumcision errechnet hatte, ist falsch. Ihre tatsächliche Position lautet: 54° 26′ südlicher Breite und 3° 24′ östlicher Länge.

wie es ihnen gerade einfiel, unbekümmert auf dem Globus herumgeschoben. Wahrscheinlich war es Brasilien. Wie auch immer – für die Franzosen konnte jedes Land, auf das man südlich des Kaps der Guten Hoffnung stieß, als Zwischenstation auf dem Weg nach Ostindien dienen. Sie fanden steile, nebelverhangene Klippen, mit Eis gekrönt und lebensfeindlich. Da Bouvet nicht landen konnte, blieb er zehn Tage in der Nähe, weil sein Lotse das Land für ein Inselchen hielt, doch machte er keine weiteren Entdeckungen.

Es war nicht die einzige Entdeckung der Franzosen, die Cook zu untersuchen gedachte. Während des einmonatigen Aufenthalts am Kap der Guten Hoffnung hatte er Nachrichten über eine neuere Fahrt der Franzosen erhalten. Danach waren vor etwa acht Monaten zwei französische Schiffe von Mauritius aufgebrochen und irgendwo auf 48° südlicher Breite auf Land gestoßen. Die Namen der Schiffe kannte er, nicht aber deren Kommandanten.

Bei dem unbekannten Kommandanten handelte es sich um den Bretonen Yves Joseph de Kerguélen de Trémarec. König Ludwig XV. hatte ihn mit zwei Schiffen ausgesandt, der *Fortune* und der *Gros-Ventre*, damit er Bouvets Suche nach de Gonnevilles faszinierendem Land fortsetzte. Es galt als reich, fruchtbar, und vielleicht konnte man durch kluge Kolonisierung das verlorene Kanada ersetzen. Aber wo war es? Bouvet hatte eisüberzogene Klippen gefunden, aber selbst mit der kühnsten Phantasie konnte man daraus kaum das legendäre Land, den neuen Garten Eden machen.

Am 12. Februar 1772 stieß Kerguélen auf Land, das er sogleich für jenes der Überlieferung hielt. Da er wegen schlechten Wetters nicht landen konnte, segelte er, während das Begleitschiff außer Sicht geriet, nach Mauritius zurück und weiter nach Frankreich. Dem Kommandanten der *Gros-Ventre* gelang es, in einer kleinen Bucht, die er Seelöwen-Bucht nannte, einen Fuß an Land zu setzen – der heutigen Gros-Ventre-Bucht der Kerguelen.

Der Bericht, den Kerguélen Ludwig XV. vorlegte, hatte mit den wahren Sachverhalten wenig zu tun. Der Bretone taufte das Land Südfrankreich und behauptete, es sei für die Route nach Indien, den Molukken, China und den Südlichen Meeren von größter Bedeutung. Das Klima eigne sich für eine Besiedlung, und zweifellos gebe es dort Holz, Kohle, Diamanten, Rubine, Halbedelsteine und Marmor. Über die Eingeborenen schrieb er: »Wir werden zumindest Menschen finden, die in einem primitiven Zustand leben, frei sind von Trotz und Reue und nichts von der Verschlagenheit des zivilisierten Menschen wissen. In diesem Südfrankreich leben moralische und körperliche Musterexemplare des Menschen.« Aus dieser Einschätzung sprechen die Lehren Rousseaus und die Vorstellung vom »edlen Wilden« – jedenfalls mehr als der gesunde Menschenverstand, zumal Kerguélen den neuen Garten Eden nur bei schlechtem, nebligem Wetter gesehen hatte.

Dennoch glaubte man Kerguélen. Und so stach er mit drei Schiffen, der *Rolland*, der *Oiseau* und der *Dauphine*, von Frankreich aus in See und begab sich nach dem neuen Land Südfrankreich, das auf dem gleichen Breitengrad wie Paris lag – nur auf der Südhalbkugel. Der arme Kerguélen: Er segelte seinem Unglück entgegen. Am 14. Dezember 1773 sichtete er Land und verbrachte das restliche Jahr mit der Erkundung der Nordwestküste. Seine Schiffe sahen übel aus, und die Männer waren vom Skorbut gezeichnet, als er in der ersten Januarwoche des folgenden Jahres die Gestade des Schreckens verließ. Aber es sollte noch schlimmer kommen. Nach Frankreich zurückgekehrt, ereilte ihn das übliche Schicksal des Überbringers von schlechten Nachrichten. Außerdem stellte man ihm peinliche Fragen. Warum hatte er auf der ersten Fahrt die *Gros-Ventre* im Stich gelassen? War es notwendig gewesen, auf der zweiten Reise in Brest ein hübsches Mädchen an Bord zu schmuggeln? Und was machten die Frau und die Tochter des Gouverneurs der Insel Bourbon an Bord seines Flaggschiffs? Er wurde aus dem Dienst entlassen und in Haft genommen – allerdings schickte man ihn nicht in die Bastille, sondern in ein kleines Schloß in der Nähe von Saumur.

Gnädigerweise lag das alles noch in ferner Zukunft, und Cook befand sich rund 2500 Meilen westlich von den Kerguelen. Die Wasserzuteilungen wurden rationiert; er selbst ging mit gutem Beispiel voran und wusch und rasierte sich mit Salzwasser. Den Offizieren wurden täglich etwas mehr als ein Liter Wasser zur Teebereitung zugeteilt. Sparrman und die Forsters litten unter Anfällen von Seekrankheit; der ältere Forster verordnete sich den unschätzbaren »roten Glühwein mit Zucker und Piment«.

Während die beiden Schiffe das Meer in südlicher Richtung durchpflügten, die Mannschaften ständig die Segel neu setzten, Sturzseen über Deck hereinbrachen und die Decksfugen wegen der vielen baulichen Änderungen in England schauderhaft leckten, blieb das Wetter ausgesprochen schlecht. Cook ließ Flauschjacken und -hosen verteilen, sie konnten die Unbill der Seeleute ein wenig lindern. Forster beschwerte sich bitterlich über seine feuchte Kabine. Tatsächlich erging es ihm nicht schlechter als allen anderen auf der *Resolution*.

Am letzten Tag im November stand plötzlich knietief Wasser im Unterdeck: Eine rasche Lotung ergab 50 Zentimeter Wasser in der Bilge. Es stellte sich heraus, daß die innere Luke im Vorratsraum des Bootsmanns auf der Leeseite leckgeschlagen war. Ein Matrose meldete sich freiwillig, er wollte sich an einer Leine die Bordwand hinablassen, um die äußere Luke hineinzudrücken, »was ihm erst gelang, nachdem die See ihn dreimal in die Fockwant spülte«. Cook hat ihm hoffentlich eine Extraration spanischen Brandy zugeteilt.

Jetzt fielen der »schneidenden Kälte«, wie Cook lakonisch schrieb, und den Stürmen die ersten Tiere – Schafe, Ziegen, Schweine und Geflügel – zum Opfer. »Keine Nacht vergeht, ohne daß ein Tier verendet; aber da wir sie essen, sind sie nicht völlig verloren.« Später auf der Reise warf eine Sau, die überlebt hatte, doch starben die Ferkel wegen der strengen Witterung. Sparrman, ein Feinschmecker, erzählte Cook, er habe in China zu Tee und Kaffee Schweinemilch getrunken. Cook ließ sich auf das gastronomische Abenteuer ein und ordnete an, die Sau zu melken. Es war einer der wenigen Befehle, die nicht ausgeführt wurden – die Sau war dermaßen bösartig, daß sich niemand an sie herantraute.

Die Stürme treiben die Schiffe weit nach Osten über die Länge hinaus, auf der man das Kap der Beschneidung vermutete. Am 10. Dezember stießen sie nahe dem 51. Breitengrad – fast die gleiche Breite wie London, nur im Süden – zum erstenmal auf einen Eisberg. In zwölf Tagen begann der südliche Mittsommer; sie aber fuhren bei nebligem Wetter mit häufigen Schnee- und Graupelschauern, und nachts sank die Temperatur unter den Gefrierpunkt. Wenn man die Antarktis als das Meer und das Land definiert, die südlich der antarktischen Konvergenzzone, der Polarfront, liegen, so waren die *Resolution* und die *Adventure* fünf Tage zuvor dahin vorgedrungen – an jenem Tag, als Cook bemerkte, daß »es allmählich schneidend kalt wird«.

Tags darauf signalisierte die *Adventure:* Land in Sicht. Doch schon bald wurden sie enttäuscht: Es war der zweite große Eisberg. Forster wunderte sich, wie groß er war, und stellte in seinem Tagebuch Berechnungen an, um herauszufinden, aus wieviel Kubikmeter Eis er bestand.

In den nächsten Tagen kamen sie nur langsam durch die Nebelschwaden, die Schnee- und Graupelschauer voran; die zahlreichen Eisberge machten die Navigation zu einer gefährlichen Angelegenheit. Das Wasser gefror in den Kohleneimern an Deck, von Segeln und Tauwerk hingen Eiszapfen, das laufende Gut gefror in den Blocks. Beim Reffen der Segel, beim Trimmen der Rahen und beim Streichen der Bramstengen konnte man keine Handschuhe tragen. Die bloßen Hände der Männer waren mit Schnitten und Blasen übersät. Cook ließ morgens ein zusätzliches Glas Branntwein ausgeben. Am 14. Dezember lag der Schnee auf Deck 10 Zentimeter hoch, und erstmals stießen sie auf ein weites Packeisfeld. Es erstreckte sich bis zum Horizont und verhinderte die Weiterfahrt nach Westen. Nun gab es Eis, das zu Trinkwasser geschmolzen wurde.

Sie wandten sich nach Osten und umrundeten einige Tage vor Weihnachten das Ende der Eiszone. Nun ging es wieder Richtung Süden. Am ersten Weihnachtsfeiertag ließ Cook, der wußte, daß seine Leute ihre Schnapsration aufgespart hatten, bei 57° 50' südlicher Breite und 29° 32' östlicher Länge die Segel der *Resolution* reffen, »um nicht von einem plötzlich aufkommenden Wind mit einer betrunkenen Mannschaft überrascht zu werden«. Offiziere und Unteroffiziere versammelten sich in der Kapitänskajüte. Wer dort keinen Platz fand, ging in die Kadettenmesse.

Sparrman vermißte den traditionellen schwedischen Heiligen Abend und schrieb, daß das »Abendessen aus dem üblichen Stück Käse und dem gleichen Zwieback« bestehe. Der erste Weihnachtsfeiertag fand seine Zustimmung – in der Kapitänskajüte herrschte eine »wärmere, lebhaftere Atmosphäre, hervorgerufen durch Punsch, Porterbier, Port- und Madeira-, Bordeaux-, Kap- und andere Weine«.

Die Mannschaft feierte auf ihre Art – »unter wildem Lärm und Trunkenheit«, wie Georg Forster schrieb, gefolgt von Boxkämpfen. Sparrman ließ sich den Spaß nicht nehmen und sah sich den Sport der »britischen Wilden« an. Während das Schiff ein wenig schlingerte, saßen die Seeleute mit nacktem Oberkörper auf den Seekisten und versetzten einander Fausthiebe an den Kopf. In China hatte Sparrman britische Matrosen gesehen, die im Stehen boxten. Zu den Regeln gehörte – Ehrensache! –, daß man den Gegner nicht unter die Gürtellinie schlug. Das galt als »unfairer« beziehungsweise »irischer Hieb«, denn »diese gewalttätige Nation meidet in ihren Umgangsformen diesen empfindlichen Körperteil nicht, sondern zielt darauf«, wie Sparrman schrieb. Später am selben Tag kam die *Adventure* längsseits, und man brachte ein dreifaches Hurra aus. Auch dort wurde kräftig gefeiert.

In den letzten Tagen des Jahres 1772 segelten sie nach Westen durch die Eisberge – das Packeis lag nun nördlich von ihnen –, um zu dem Längengrad zurückzugelangen, auf dem Kap Circumcision liegen sollte. Als sie am 3. Januar südwestlich des vermuteten Kaps lagen, traf Cook eine Entscheidung. Die Sicht war ausgezeichnet – vom Mastkorb aus etwa 70 Meilen –, doch nach Norden gab es keinerlei Hinweis auf Land. Man hatte genug Zeit damit vergeudet, nach Bouvets Klippe Ausschau zu halten: Wahrscheinlich hatten Eisberge den Franzosen getäuscht – und sie selbst auch. Man setzte einen neuen Kurs. Während die Sicht bei Schnee- und Graupelschauern immer schlechter wurde, segelten die beiden Schiffe nach Osten davon. Jetzt begann die eigentliche Suche nach Land in den hohen südlichen Breiten zwischen ihrer derzeitigen Position und Neuseeland.

Am 9. Januar 1773 nahmen die beiden Schiffe bei 61° südlicher Breite 24 Tonnen Frischwasser in Form von Eis auf. Ein Seemann schrieb, es sei, »als ob man mit Körben Frischwasser aus dem Meer schöpft«. Die Szene hat Hodges in einem Aquarell festgehalten: ruhige See, die Hauptsegel gegeit, das Eis wird an Bord gehievt, ganz in der Nähe treibt gemächlich ein verwitterter Eisberg.

Cook änderte den Kurs und segelte nach Süden. Am 15. Januar, nachdem sie »fünf erträglich gute Tage hintereinander« gehabt, viel frisches Wasser an Bord genommen hatten und Kleidung und Bettzeug der Männer gewaschen und getrocknet waren, »was wirklich mal getan werden mußte«, lagen sie nahe bei 40° östlicher Länge und 150 Meilen nördlich des Südpolarkreises. Am 17. Januar überquerten sie ihn kurz vor Mittag als erste Menschen in den Annalen der Seefahrt. Dabei wurden sie von Schwärmen antarktischer Sturmschwalben und Schneesturmvögel eskortiert. Nach einigen Stunden ruhiger See stieß man auf eine große geschlossene Packeisfläche, die ihnen den Weg nach Süden versperrte. Bei 67° 15′ südlicher Breite gab Cook widerstrebend Befehl, auf Nordostkurs zu gehen, weil er sich

Die Resolution *und die* Adventure *versorgen sich mit Wasser, indem sie Eisblöcke an Bord nehmen.*
Aquarell von William Hodges, Januar 1773

von dem unüberwindlichen Packeis entfernen wollte. 80 Meilen weiter südlich lag die durch Packeis und Nebel verborgene Küste von Antarktika.

Auf dem nordöstlichen Kurs wollten sie zur angegebenen Position des Landes gelangen, das die *Gros-Ventre* und die *Fortune* entdeckt hatten. Doch in den letzten Januartagen und Anfang Februar wurde nichts gefunden. »In den letzten 6 oder 7 Tagen sind wir auf der Suche nach dem Land gekreuzt, von dem der Franzose am Kap der Guten Hoffnung berichtet hatte«, schrieb ein verärgerter Clerke. »Wenn mein Freund Monsieur auf Land gestoßen sein sollte, dann hat er sich in der Länge und der Breite mächtig geirrt, denn wir haben das Gebiet sehr genau abgesucht, aber da findet sich auch nicht der geringste Zoll Land.« Kerguélen hatte sich bei der Bestimmung der Breite verdammt geirrt. Das Land lag 480 Meilen östlich der *Resolution* und der *Adventure*.

Es war wie verhext, ständig gerieten die Schiffe an der Polarfront in Nebel. Am 8. Februar wurde er so dicht, daß die Schiffe den Kontakt untereinander verloren. Sie lavierten vor und zurück, feuerten Kanonenschüsse ab, entzündeten Fackeln, aber alles war vergebens. Nachdem sie zwei Tage lang Blindekuh gespielt hatten, kamen beide Kommandanten zu der Erkenntnis, daß die Verbindung unwiederbringlich abgerissen war. Für diesen Fall hatte man vereinbart, sich im Queen Charlotte Sound auf Neuseeland zu treffen.

Doch zuvor mußte man die Suche nach Land in den hohen südlichen Breiten fortsetzen.

Vor ihrer Trennung waren beide Schiffe zwei Monate lang südlich der Polarfront gesegelt. Forster und Cook notierten, welche Vogelarten man gesehen, geschossen und manchmal auch gegessen hatte. Pinguine, deren dichtes Gefieder fast wie eine Rüstung wirkte, waren nicht so leicht zu erlegen. Ein Zügelpinguin, dem eine Kugel den Kopf weggerissen hatte, wog 11 Pfund. Im Januar hatte Forster einen schwimmenden Albatros am Flügel angeschossen, und man hatte den lebenden Vogel an Bord geholt. Die Seeleute nannten die Art Quäkervogel, nach seinem dunklen Gefieder. Ein aufgeregter Forster meinte, er gehöre einer noch nie beschriebenen Art an und nannte sie *Diomedea palpebrata* – leichtmanteliger rußbrauner Albatros: Er zählt zu den schönsten Meeresvögeln.

Vier Tage nach der Trennung wurden von der *Resolution*, die inzwischen auf Südostkurs segelte, im Wasser zahlreiche Pinguine gesichtet. War etwa Land in der Nähe? Cook war in dieser Frage weniger zuversichtlich als seine Offiziere. Nachdem er sich angehört hatte, wo ihrer Meinung nach das Land liegen könnte, wobei manche es im Norden und andere im Osten vermuteten, schrieb er grimmig: »... bemerkenswerterweise hat niemand die Meinung geäußert, daß es [das Land] vielleicht im Süden liegt, was mich davon überzeugte, daß sie keine Neigung verspürten, weiter in diese Richtung zu fahren. Ich war jedoch fest entschlossen, so weit nach Süden zu gelangen, wie es ohne Mühe möglich war, ohne zu sehr vom Ostkurs abzukommen; ich muß allerdings gestehen, daß ich wenig Hoffnung hatte, auf Land zu stoßen, denn die schwere Dünung oder See, die seit einiger Zeit von Westen kam, wechselte nun allmählich auf Südsüdost ...«

Doch Cook irrte sich. Etwa 45 Meilen nordöstlich liegen die kleine trostlose Insel Heard und die noch kleineren McDonalds-Inseln. Die Pinguine waren Eselspinguine auf dem Weg zu ihren Kolonien. Allerdings gibt es keine große Landmasse, weder im Norden noch im Osten. Indem er südlich von Kerguélens Entdeckung vorbeigesegelt war, hatte er zugleich nachgewiesen, daß dieses Land keine Verbindung mit einem südlichen Kontinent hatte.

Während die *Resolution* Kurs nach Südost hielt, fuhren Furneaux und die *Adventure* ostwärts und nahmen die Passage zwischen Heard Island und Keruelen. Furneaux hatte Kurs auf Tasmanien genommen – wie Cook vermutet hatte.

Am 24. Februar gelangte die *Resolution* schließlich bis 61° 52′ südlicher Breite. Der Wind wehte aus Ostsüdost, aus derselben Richtung kam eine hohe See. Durch die Schnee- und Graupelschauer waren etwa 60 bis 70 Eisberge zu sehen. Cook wollte den Südpolarkreis noch einmal überqueren, bevor er Kurs auf Neuseeland nahm. Die späte Jahreszeit, die gefährlichen Eisberge, die vielen Eisschollen, die man fast nicht von den Schaumkronen unterscheiden konnte und die so gefährlich waren wie Felsbrocken, ließen ihn schließlich sein Vorhaben aufgeben. Dennoch hielt die *Resolution* in den folgenden drei Wochen Kurs nahe dem 60. Breitengrad. Im Süden, fast parallel zu ihrem Kurs, lag die Küste von Antarktika, 250 bis 300 Meilen entfernt.

Während jener drei Wochen warf die Sau mitten in einem Sturm neun Ferkel. Alle starben infolge der Kälte. Es war die Sau, die die Leute auf keinen Fall hatten melken wollen. Forster notierte passende lateinische Sätze über das Wetter in sein Tagebuch. Aus Vergils *Aeneis* stammte der Satz »Nimborum in patriam, loca faeta furentibus Austris.«* Der Tod der Ferkel veranlaßte ihn, aus Vergils *Georgica* (Landleben) zu zitieren.

> Ergo omni studio glaciem ventosque nivales,
> Quominus est illis curae mortalis egestas,
> Avertes.**

Die Zeilen wurden von den Leuten der *Resolution* mit Freuden aufgegriffen. Forster sollte sie bereuen. Im März wurden zwei Mutterschafe, ein Schafbock und fünf Ziegen umquartiert. Die Räume lagen beidseits seiner Kajüte, damit die Tiere vor dem Frost und den schneeerfüllten Winden geschützt waren, nur eine dünne, grob gezimmerte Holztrennwand mit Spalten trennte ihn von den Tieren. »Die auf einem Gestell, so

---

* Im Land der stürmischen Wolken, der Gegenden brausender Winde.
** Je weniger sie [die Ziegen] Menschen brauchen, die sich um sie kümmern, desto sorgfältiger sollte man sie vor Frost und Schnee-Winden schützen.

hoch wie mein Bett, auf der einen Seite schissen und pißten, während fünf Ziegen dasselbe auf der anderen Seite taten.« Forster konnte einem beinahe leid tun.

Während dieser Zeit segelte Cook nahe dem 60. Breitengrad und achtete sehr genau auf den Gesundheitszustand seiner Mannschaft. Wenn er sah, daß die Kleidung zerschlissen war, gab er Nadel und Faden und Knöpfe aus. Wie bei unordentlichen Schuljungen wurden die Hände inspiziert, und wenn sie dreckig waren, wurde der Missetäter mit etwas viel Schlimmerem als mit pädagogischen Rohrstock- oder seemännischen Peitschenhieben bestraft: man enthielt ihm seine Grogration vor. Cook kannte seine Leute. Skorbutsymptome, die Forster als »fauliges Zahnfleisch, blaugraue Flecken, Hautausschläge, Atemnot, zusammengezogene Gliedmaßen und ein grünlicher, trüber Schaum im Urin« beschrieb, wurden mit einer »süß schmeckenden Pflanze« und der »Karottenmarmelade« behandelt. Selbstverständlich kannte er Sauerkraut und meinte auch, daß es half. Auch seine Kabinennachbarn, die Schafe, zeigten Symptome des Skorbuts – sie wurden mit gekochtem Weizen und Reis behandelt. Ein Fähnrich und ein Quartiermeister behandelten sich unwissentlich mit einem Mittel gegen Skorbut. Die Katze des Quartiermeisters, gut geübt, fing die Schiffsratten und brachte sie ihrem Herrn. Die Katze erhielt zur Belohnung den vorderen Teil, der hintere Teil wurde gesäubert, geröstet und gepfeffert und zwischen dem Midshipman und dem Quartiermeister aufgeteilt. Eine willkommene Abwechslung zum eingesalzenen Rindfleisch.

Am 17. März nahm Cook Kurs auf Australien und Neuseeland. Er wollte erkunden, ob Van Diemen's Land (Tasmanien) zu Neuholland (Australien) gehörte. Zwei

Tage später verhinderten nordwestliche Winde, daß er Tasmanien erreichte. Nun hielt er Kurs auf Neuseeland. Irgendwann zwischen dem 20. und 21. März durchquerten sie die Polarfront in nördliche Richtung und verließen das Südpolarmeer. Der Temperaturunterschied war deutlich zu spüren. Nach 15 Wochen Eismeer machten sich allmählich die körperlichen und geistigen Strapazen bemerkbar.

Cook notierte in seinem Tagebuch gewissenhaft die Gründe für den Kurswechsel, zu denen gewiß nicht fehlende Entschlußkraft gehörte:

Wenn der Leser dieses Tagebuches die Gründe zu erfahren wünscht, warum ich den oben erwähnten Entschluß gefaßt habe, so sollte er folgendes bedenken: Nachdem wir vier drückende Monate in diesen hohen Breitengraden gekreuzt waren, war es nur natürlich, in einem Hafen etwas Erholung zu suchen, wo ich einige Stärkung für meine Leute beschaffen konnte, deren sie allmählich bedürfen; diesem Punkt muß größte Beachtung geschenkt werden, da die Reise noch am Beginn steht.

Cook beschloß, den Dusky Sound im Südwesten der Südinsel anzulaufen. Schon auf der *Endeavour* war ihm der Sund aufgefallen, aber er hatte ihn nicht ausgekundschaftet. Am 25. März um zehn Uhr morgens rief der Ausguck, er könne die Berggipfel Neuseelands sehen. Am Nachmittag waren sie nahe an Land, Nebel zog auf, aus Südwest rollten hohe Wogen heran.

Am nächsten Tag stand der Wind günstig, und die Dünung trug sie zur Einfahrt des Dusky Sound. Es muß einige bange Augenblicke gegeben haben, als sie auf den Fjord zutrieben, während die Brandung um die baumbestandenen, felsigen Klippen, Inseln und Eilande schäumte und der Lotgast die Lotungen ausrief. Sie gingen bis auf 40 Faden Tiefe an Land heran, dann wurde das Wasser wieder tiefer, bis 60 Faden. Cook notierte trocken, daß »wir zu weit vorgedrungen sind, als daß wir umkehren konnten, und deshalb fuhren wir weiter in der Gewißheit, daß wir schon einen Ankergrund finden würden, denn niemand von uns kannte diese Bucht ...«

Um drei Uhr nachmittags hatten sie einen Ankergrund gefunden. Endlich kam die *Resolution* nach 122 Tagen auf See und mehr als 11 000 Meilen Fahrt zur Ruhe. In wenigen Minuten hatte man die Boote samt Besatzung zu Wasser gelassen; die Männer sollten Fische, Vögel und Seehunde erlegen und Holz sammeln. Cook und Pickersgill begaben sich in entgegengesetzter Richtung auf die Suche nach einem besseren Ankerplatz.

Man fing so viele Fische, daß alle satt wurden; Pickersgill berichtete, nur 2 Meilen entfernt gebe es einen ausgezeichneten Ankerplatz, völlig geschützt und mit Frischwasser ganz in der Nähe. Tags darauf segelte die *Resolution* über den Sund; Cook fand den Ankergrund genauso vor, wie Pickersgill ihn beschrieben hatte. Nach wenigen Stunden war die *Resolution* mit Bug und Heck an den Bäumen vertäut, die Rahen verschränkten sich mit den Ästen der Bäume, ein gefällter Baum diente als Landungssteg zum Strand. 100 Meter vom Heck entfernt floß ein Bach mit glasklarem Wasser; überall gab es Holz für den Kombüsenofen; Wasser und Land würden ihnen Fische, Hummer, Robbenfleisch und Vögel für den Kochtopf liefern. Nach den Gefahren, der Kälte und der eintönigen Ernährung auf ihrem ersten Vorstoß in die Antarktis konnten die Leute von der *Resolution* nun »unbeschwert genießen, was man in unserer Lage wohl ein Luxusleben nennen könnte«.

Bis auf einen schmalen Holzsteg, den die neuseeländische Regierung anlegen ließ, hat sich Pickersgill Harbour bis heute nicht verändert. Nach wie vor stehen die Bäume dicht, Regen tropft durch das Blätterdach auf Büsche, Farne und Moose. Der Bach fließt noch immer plätschernd in die kleine Bucht. Von allen Ankerplätzen, die durch die *Resolution* zu Ehren gekommen sind, wird man hier am stärksten an das Schiff, an Cook, die Offiziere, die Mannschaft und die Forscher erinnert. Selbst Spuren sind zu sehen: Auf der Anhöhe über dem Ankerplatz befindet sich eine Lichtung. Hier wurden in den letzten Märztagen des Jahres 1773 Bäume gefällt, weil man Platz für die tragbaren Observatorien brauchte. Noch heute liegen gefällte Stämme auf dem durchweichten Boden; moosbedeckte Stämme tragen noch die Axtspuren der Seeleute, die hier zu Holzfällern wurden.

Wenn man auf der Lichtung steht, gehört nicht viel Phantasie dazu, den breiten Yorkshire-Akzent des Astronomen zu hören; das Lachen und die Rufe der Seeleute, während sie eine Esse aufbauten, um die Eisengeräte und Kessel zum Brauen des Sprossenbiers zu reparieren (Sparrman, der Feinschmecker, fügte dem Gebräu noch Rum und braunen Zucker hinzu und meinte, es schmecke fast wie Champagner); das klatschende Geräusch der Ruder, als die Boote den Tagesfang, Fische und Hummer, zurückbrachten; die Rauchwölkchen und das dumpfe Knallen der Musketen und Schrotflinten, als Robben, Enten und Strandvögel für die Wissenschaft und den Kochtopf geschossen wurden.

Die *Resolution* verbrachte sechs Wochen im Dusky Sound, bevor sie zum Treffpunkt im Queen Charlotte

Sound im Nordosten der Südinsel segelte. Am Abend des 13. Mai ging sie in Ship Cove vor Anker, nahe der *Adventure*. Furneaux kam auf die *Resolution*, ehe sie ruhig lag, und berichtete in der Heckkabine von den Ereignissen seit der Trennung am 8. Februar. Wie Cook vermutet hatte, war er Richtung Tasmanien gesegelt, doch weiter südlich als Tasman 1642. Sie waren an Land gegangen und hatten – irrtümlich – angenommen, es gehöre zu Australien. Seit dem 7. April waren sie nun hier, und ein gemütlicher Winter in der geschützten kleinen Bucht lag vor ihnen – glaubte Furneaux.

Cook war anderer Ansicht und gab Furneaux den Befehl, die *Adventure* zum Auslaufen bereit zu machen. Sie würden nicht »den ganzen Winter im Hafen vertrödeln«, sondern die unbekannten Gebiete des Pazifiks im Osten und im Norden erkunden. Bei Sonnenaufgang am nächsten Morgen ging Cook mit mehreren Männern an Land, sammelte wilden »Sellerie und Löffelkraut« und gab die Anweisung, beides zweimal täglich zu servieren – denn auf der *Adventure* hatte es einige Fälle von Skorbut gegeben. Verdrießlich schrieb er in sein Tagebuch, daß er »dafür sorgte, daß man diesem Befehl wenigstens auf meinem Schiff pünktlich nachkam«. Furneaux hatte sich nicht genug um seine Leute gekümmert.

Cook beging einen Fehler, als er sich auf Furneauxs Meinung verließ, Tasmanien gehöre zu Australien. Unumstößlich hingegen war das Ergebnis des ersten Teils der Reise: Zwischen dem Kap der Guten Hoffnung und Neuseeland gab es keinen Kontinent, nur einige kleine Inseln. Beide Schiffe hatten den Südpolarkreis fast im Hochsommer überquert: Beim Gedanken an den tiefen Winter in einem Land südlich des Polarkreises konnte es einen nur schaudern.

Cooks erste tropische Suchfahrt durch den Pazifik in einem Kapitel zu behandeln ist unmöglich. Nur der erste Teil der 7200 Meilen langen Reise durch den Südpazifik galt der Suche nach der Terra australis incognita. Nachdem beide Schiffe am 7. Juni von Neuseeland aufgebrochen waren, segelten sie sechs Wochen nach Osten, 2500 Meilen leeren Ozeans. Damit war Dalrymples Vermutung, es gebe einen Südkontinent, widerlegt, und Cook segelte nach Norden.

Wenige Tage später starb der faule und schmutzige Koch der *Adventure* an Skorbut, und Furneaux berichtete von 20 weiteren Fällen auf seinem Schiff. Für Cook war die Ursache klar: Die Verantwortlichen der *Adventure* hatten im Queen Charlotte Sound keine Initiative – und auch keine Führungsqualitäten – gezeigt, daher war kein frisches Gemüse gesammelt worden.

Sie hatten das gefährliche Inselgewirr des Tuamotuarchipels durchquert, Schiffbruch auf einem tahitischen Riff erlitten, alte Freunde aus der Zeit der *Endeavour* in der Matavaibai getroffen, waren zwischen den Cookinseln gefahren, weiter nach Tongatapu (die Cook die Freundlichen Inseln taufte) gesegelt und dann mit ihren Schiffen, beladen mit Schweinen, Obst, Jamswurzeln und Hühnern (die Matrosen veranstalteten während der Wachen Hahnenkämpfe, um sich abzulenken, aber ohne großen Erfolg), wieder südlich nach Neuseeland und zum Queen Charlotte Sound gefahren, wo man sich auf die zweite Entdeckungsreise in polare Gegenden vorbereiten wollte.

Vor der Ostküste Neuseelands bereitete man ihnen einen stürmischen Empfang. Orkanartige Winde zerfetzten die Segel. Die *Resolution* verlor die Vorbramstenge. Beide Schiffe lagen beigedreht; Brecher peitschten über die Decks; Wasser lief unter Deck und verwandelte die Unterkünfte in ein schmutziges, feuchtes Chaos. Die Männer fluchten wie immer – was etwas beruhigt, wenn man sich mit peitschenden Segeln, wild hin und her schlagenden Blocks, schweren Schoten, Brassen, Geitauen und Talien herumplagt.

Nach einer Woche Sturm verlor die *Resolution* nahe Kap Palliser, vor der Einfahrt zur Cookstraße und nur 40 Meilen vom sicheren Hafen des Queen Charlotte Sound entfernt, die *Adventure* aus den Augen. Die folgenden drei Tage kreuzte die *Resolution* in der Meeresstraße. Kurze Zeit ankerte man in der Einfahrt zum Hafen des heutigen Wellington. Doch als der Wind nachließ, brach Cook sofort auf. Nach wenigen Stunden lief die *Resolution* in den Queen Charlotte Sound ein; am 3. November lag sie endlich ruhig in der Ship Cove. Aber der Ankerplatz war leer. Die *Adventure* war nicht eingetroffen.

Cook machte sich zunächst keine Sorgen und bereitete die *Resolution* für den zweiten Vorstoß in die Antarktis vor. Die Segel wurden ausgebessert, Tauwerk, Masten und Rahen überholt, die Decks und die oberen Seitenteile neu kalfatert. In Zelten am Strand arbeiteten Segelmacher, Faßbinder und Schmiede. Frisches Wasser wurde an Bord genommen. Und als man den Proviant inspizierte, stellte sich heraus, daß mehr als 4000 Pfund Brot verschimmelt waren. Das gerade noch genießbare Brot wurde in den Öfen an Land neu gebacken.

Maori kamen in ihren Kanus und tauschten Fische gegen Tuch, stahlen alles, was nicht niet- und nageltest war – ein alter Spitzbube von Häuptling versuchte sogar, Cook ein Taschentuch zu stehlen. Cook, der wußte, daß der Alte nur sein »Hausrecht« ausübte, zog ihm das Taschentuch gelassen aus dem Umhang. Beide mußten lachen, und Cook lud den Alten zum Dinner in der Heckkabine der *Resolution* ein.

Vor der Abreise zu den südpazifischen Inseln war ein Gemüsegarten angelegt worden. Inzwischen waren Rüben und Rettiche ins Kraut geschossen, Erbsen und Bohnen hatten die Ratten gefressen, die Kartoffeln hatten die Maori ausgegraben, Kohl, Möhren, Zwiebeln und Petersilie waren gut und reichlich gediehen. Dafür, daß der Garten nicht gepflegt worden war, konnte man ganz zufrieden sein.

Allmählich machte sich Cook Sorgen wegen der ausbleibenden *Adventure*. Doch er konnte nicht viel machen, höchstens mit einer Pinasse zur East Bay fahren, eine Anhöhe mit Blick auf die Cookstraße erklimmen, wo er 1770 einen Steinhügel hatte errichten lassen, und die Wasserstraße absuchen. Ohne Erfolg. Man schrieb den 15. November. Am 22. November war die *Resolution* zum Auslaufen bereit. Doch dann ereignete sich etwas, das an die grausigsten Phantasien des Mittelalters erinnerte.

Cook kam mit Forster und Wales von einem Landausflug zurück. Sie hatten frisches Gemüse gesammelt. Auf dem Achterdeck der *Resolution* fanden sie eine ziemlich verworrene Situation vor: Auf der Heckreling lag der Kopf eines jungen Maori, der kürzlich bei einem Scharmützel zwischen zwei verfeindeten Stämmen getötet worden war. Pickersgill war zusammen mit anderen Offizieren, die sich an Land die Beine vertreten wollten, auf eine kleine Gruppe Eingeborener und ihr Kanu gestoßen. Den Bug des Kanus zierte ein Herz, das an einem gegabelten Stock aufgespießt war. In der Nähe lagen menschliche Knochen, Eingeweide und der Kopf, den Pickersgill gegen zwei Nägel eintauschte und an Bord brachte. Dort befanden sich weitere Eingeborene, die an ihm lebhaftes Interesse zeigten. Einer schnitt eine Scheibe ab, grillte sie auf dem Bratenrost in der Kombüse, was beim Koch Ekel und Abscheu hervorrief, und verspeiste sie laut Clerke »höchst gierig«; dann leckte er sich genüßlich die Finger. Dieses Bild bot sich Cook, als er aufs Schiff zurückkehrte. Im Grunde war Cook nicht überrascht; schon länger hatte er vermutet, daß es unter den Maori Kannibalismus gebe. Nun fand er die Bestätigung. Er unterdrückte seinen Ekel und gab Anweisung, eine weitere Scheibe zu braten. Wieder aß man sie mit großem Appetit. Die Wirkung auf die ungläubig zuschauenden Matrosen war ebenso unterschiedlich wie die Männer selbst. Manche lachten und meinten, die Eingeborenen seien auf der Jagd gewesen und hätten einen schönen Bock geschossen; andere erbrachen sich. Oddidy, ein Eingeborener von Raiatea nahe Tahiti, der an Bord der *Resolution* war, weil er »Britannien zu sehen wünschte«, brach in Tränen aus und lief in die Heckkajüte. Auf das Bild vom »edlen Wilden« war ein dunkler Schatten gefallen.

Am nächsten Tag schrieb Cook eine kurze Notiz. Darin waren das Datum der Trennung von der *Adventure*, die Zeiten der Ankunft und Abfahrt der *Resolution* in Ship Cove sowie die Route aufgeführt, die er segeln wollte. Der Brief wurde in einer Flasche versiegelt und diese unter einem großen Baum an der Wasserstelle vergraben. Schließlich schnitzte man in den Baumstamm die Worte: UNTER DEM BAUM NACHSEHEN.

Tags darauf segelten sie los. Zwei Tage suchten sie die Küsten der Meeresstraße ab und gaben Kanonenschüsse ab – doch von der *Adventure* keine Spur. Am 27. November verließen sie Kap Palliser und gingen auf südöstlichen Kurs. Bestimmt war der *Adventure* nichts zugestoßen. Wahrscheinlich hatten die tückischen nordwestlichen Winde Furneaux weit abgetrieben, und er war längst zum Kap Hoorn oder zum Kap der Guten Hoffnung unterwegs.

In Wirklichkeit waren die beiden Schiffe nur wenige Meilen voneinander entfernt. An jenem 19. Oktober mußte die kleinere *Adventure*, die weniger gut als die *Resolution* gegen den Wind segeln konnte und die nur wenig Ballast an Bord hatte, alle Segel streichen und konnte Kap Palliser nicht passieren – die Mannschaft hatte es in »Kap Dreh um und sei verflucht« umbenannt. Sie war darauf 260 Meilen an der Ostküste der Nordinsel bis Tolagabay gesegelt. Hier wurden Holz und Wasser aufgenommen. Am 16. November hatte sie die Bucht verlassen, am 24. November kreuzte sie vor Kap Palliser und versuchte das fluchbeladene Kap zu umfahren. Am 30. November schließlich gingen sie in Ship Cove vor Anker, wo sie Cooks Botschaft fanden. Im Grunde war es Furneaux ganz recht, daß die *Resolution* losgesegelt war: Schiff und Besatzung waren nicht gerade in so guter Verfassung, um Cook auf seiner zweiten beschwerlichen Kreuzfahrt durch das Eis zu begleiten. Während Furneaux die Nachricht las, brauste die *Resolution* rund 360 Meilen entfernt dahin, rollte in schwerer See aus Südwest unter den neugierigen Blicken aufsteigender Albatrosse.

Am 7. Dezember, um acht Uhr abends, befand sich die *Resolution* gegenüber von London – auf der anderen Erdseite. Die Männer tranken auf die Gesundheit ihrer Freunde und Angehörigen am diametral entgegengesetzten Punkt der Erde. Die Antipoden Londons waren Pinguine, Sturmvögel, Robben und Albatrosse, wie Wales notierte. Einige Tage später überquerten sie die Polarfront und fuhren in die Antarktis. Die Lufttemperatur direkt nördlich der Konvergenz betrug 7 Grad

Celsius; jetzt sank sie unter den Gefrierpunkt, und mit der Kälte kamen Schnee- und Hagelschauer. Oddidy, der von einer Pazifikinsel stammte, kam das alles sehr merkwürdig vor – und er ahnte schon, wie schwierig es werden würde, seinen Freunden auf den Inseln den weißen Regen und die weißen Kügelchen zu beschreiben. Am 12. Dezember, bei 61° 15′ südlicher Breite, tauchte der erste Eisberg auf: $11^1/_2$ Grad südlicher als im Jahr zuvor. Für jede Insel, die im Pazifik in Sicht gekommen war, hatte Oddidy einen Holzstift beiseite gelegt. Bei den Eisbergen machte er es zunächst genauso. Doch dann gab er auf und nannte sie fortan die »weißen, bösen, nutzlosen Länder«.

Am 15. Dezember, unmittelbar nördlich des Südpolarkreises, hätte einer dieser weißen, bösen, nutzlosen Länder beinah der *Resolution* ein jähes Ende bereitet. Selbst der nüchterne Cook hielt es für eine Begegnung mit fast tödlichem Ausgang.

An diesem Tag, im antarktischen Hochsommer kaum von der Nacht zu unterscheiden, war das Packeis auf der Fahrt nach Süden immer dichter geworden. Um dem Packeis aus dem Weg zu gehen, mußten sie nach Osten und dann nach Nordosten ausweichen. Als sie auch dort plötzlich vom Packeis eingeschlossen zu werden drohten, wandten sie sich wieder nach Südwest zurück. Im Süden war Packeis, im Norden Eisberge und Packeis. Der Wind drehte nach West; sie kreuzten wieder und steuerten nordwärts – die einzige Richtung, die ihnen offenstand – direkt auf die Eisberge zu.

Nun segelten sie zwischen Eisbergen und Eisfeldern einen nebligen Slalomkurs im Zeitlupentempo. Das erfordert vom wachhabenden Offizier analytischen Verstand und ein gutes Urteilsvermögen. Als alle beim Essen waren, beging der Offizier beim Versuch, einem großen Eisberg auszuweichen, einen großen Fehler. Er schätzte Fahrt und Abtrift falsch ein. Dadurch geriet die *Resolution* in eine höchst bedrohliche Lage: Der Eisberg befand sich unter dem Wind, es gab keinen Platz, zu wenden oder zu halsen, und jeder Versuch, enger an den Wind zu gehen, hätte die Fahrt der *Resolution* verlangsamt. Das Schiff driftete auf die jähen weißen Klippen zu. Beim Ruf: Alle Mann an Deck, waren alle sofort oben und sahen mit Grauen ihrem Untergang entgegen. Sie warteten, wie es Elliot anschaulich schilderte, auf das »Geschehen mit Schaudern und in der Erwartung, zugrunde zu gehen. Capt. Cook gab den Befehl, Stangen bereitzuhalten und das Schiff von der Eisinsel abzustoßen, wenn es ihr zu nahe kommen würde. Doch wenn wir in ihre Nähe gekommen wären, hätte sie uns im nächsten Augenblick unter sich begraben, und alle wären ertrunken; beim ersten Stoß wären alle Masten über Bord gegangen, beim nächsten wäre das Schiff zerbrochen, und wir wären alle ertrunken.«

Durch irgendein Wunder gelang es der *Resolution,* um die steile Klippe am Ende des Eisberges herumzugleiten. Der Rückstrom hatte ihnen das Leben gerettet. »Das Sprichwort sagt«, notierte Cook trocken, »mit knapper Not entrinnen heißt auch entrinnen. Aber in unserer Lage können wir nicht immer damit rechnen, daß wir entrinnen...«

In der folgenden Woche ging es zwischen Eisfeldern und Eisbergen Richtung Osten weiter. Frischwasser wurde aus treibenden Eisschollen gewonnen. Eiszapfen, die man von den Wanten abschlug, kamen ebenfalls in den Schmelzkessel. Das Schiff wurde gesäubert und ausgeräuchert. Die Schiffsglocke zeigte das Vergehen der eiskalten endlosen Stunden an. Eis fiel mit dumpfem Aufprall von der Takelage aufs Deck. Die Segel waren gefroren und sahen aus wie gebogene Blechplatten, die Taue wie Metallkabel. Die Blockscheiben waren eingefroren, Segel zu setzen war eine übermenschliche Anstrengung. Auch die Kleidung der Seeleute auf Deck war gefroren. Doch unter Deck war die Stimmung recht ausgelassen: Man saß zusammen und trank Grog. Niemand war krank. Bald war Weihnachten.

Unterdessen machte Forster seinem Herzen Luft und schrieb bittere Klagen ins Tagebuch. »*Omnia pontus erat*« (Alles war Meer) – sein Lieblingszitat – beschrieb, wie schwer er es hatte. In der Kajüte stinke es, sie sei kalt und zugig (seiner Meinung nach waren die Matrosen besser untergebracht), alles sei feucht, schimmelig und gliche eher einer Totengruft. Widerwillig räumte er ein, daß es in Cooks Kapitänskajüte auch nicht viel besser aussah: Die Scheiben waren zerbrochen, überall lagen die feuchten, zum Ausbessern ausgebreiteten Segel, die Luft stank, weil die Segelmacher, die sich von Erbsenbrei und eingesalzenem Kohl ernährten, furzten. Das Pökelfleisch war zwei Jahre alt und schmeckte nach nichts. Die Erbsen, das Mehl, die Rosinen und der Zwieback waren muffig und moderig. Oben sah es nicht viel besser aus. Nie waren die Decks trocken, die Sonne schien nur selten, Dunst und Nebel hüllten das Schiff ein. Nur ein paar Vögel und ein »einsamer Einsiedlerwal« lebten freiwillig in diesem elenden Sommer »sub jove frigido« (unter einem kalten Himmel).

Forster wurde zudem von dem Gedanken geplagt, daß er im Pazifik und in Neuseeland nichts Neues entdeckt hatte und daß Banks und Solander – der eine reich, der andere ein begabter Naturforscher – inzwischen ihre Entdeckungen mit der *Endeavour* veröffentlicht hatten. Im Vergleich dazu mußten seine Forschungsergebnisse geradezu lächerlich erscheinen.

Als der in Trübsinn verfallene Forster seine diversen Qualen auflistete, überquerte die *Resolution* den Südpolarkreis zum zweitenmal und gelangte bis 67° 31' südlicher Breite. Ein paar Tage später drehte das Schiff bei ruhigem, klarem Wetter bei. Die See war wie Glas, ringsum sah man rund 200 Eisberge, alle größer als das Schiff. Es war wieder Weihnachten, ein Grund zum Feiern. In der Heckkajüte und der Kadettenmesse wurde Wein getrunken, während vorne die einfachen Matrosen eine doppelte Portion Mehlpudding aßen, ihren gehorteten Grog tranken, Witze über die Reise rissen und schworen, sie würden, mit einem Fäßchen Branntwein im Arm, sicherlich glücklich und zufrieden auf einem dieser riesengroßen Eisberge sterben.

Die Trunkenheit, die Zoten, die Scherze, die Flüche und die gotteslästerlichen Reden ärgerten natürlich die Forsters (Sparrman hatte sich inzwischen an die Seeleute gewöhnt). Freudlos blickte der ältere Forster zum Horizont und auf die Eisberge, »die Wracks einer vernichteten Welt«, die Ohren voll von den »Schwüren & Verwünschungen, Flüchen & ›Verdammts‹«. Er kam sich vor, als sei er in der Hölle, jedoch einer eiskalten (er hatte einmal gehört, daß ein Pfarrer auf Island seinen Schäfchen die Hölle als kalten Ort geschildert hatte; denn wenn sie heiß wäre, würden alle gern zum Teufel gehen).

Am Neujahrstag 1774 befand sich die *Resolution* bereits wieder rund 400 Meilen nördlich der weihnachtlichen Schwelgereien. Mit gesetzten Segeln durchpflügte sie die See Richtung Norden. Cook war entschlossen, in einem anderen Abschnitt des Südpolarmeeres nach Land zu suchen – oder dieser Idee ein für allemal abzuschwören.

Am 6. Januar änderte Cook bei 52° südlicher Breite

den Kurs mehr nach Osten. Nun kam man leichter voran. Alle waren erleichtert und malten sich die Freuden aus, die sie am Kap der Guten Hoffnung erwarteten. Am 11. Januar, bei 47° 51' südlicher Breite, als sie zwei Drittel der Strecke von Neuseeland nach Kap Hoorn zurückgelegt hatten, ordnete Cook einen weiteren Kurswechsel an: nach Südost. Nun waren alle konsterniert, es wurde viel getuschelt, geredet und gemurrt, alle Hoffnungen hatten sich zerschlagen. Das sollte sich bald ändern.

Auf dem Südkurs gerieten sie bald in orkanartige Stürme. Eine gewaltige Woge brach sich an Bord und überflutete die Heckkabine durch das Oberlicht. Die unteren Decks waren überschwemmt. Georg Forster dachte an seinen Tod. Ihn plagten rheumatische Schmerzen in den Beinen. In seiner feuchten Koje verfaßte er weitere Schmähschriften: über die Reise, Cook, das Pökelfleisch, das schimmelige Brot, die Kälte, die Feuchtigkeit. Er lebte nicht, er vegetierte nicht einmal – sondern er welkte, schwand dahin.

Am 26. Januar überquerte die *Resolution* zum drittenmal den Südpolarkreis. Vier Tage später, um vier Uhr morgens, konnte man am Horizont den Widerschein großer Eismassen beobachten. Um acht Uhr versperrte ihnen das Eis den Weg: meilenweit undurchdringliches Packeis, darin eingeschlossen an die 100 Eisberge. Außer den leisen Stimmen der Seeleute war nur noch das klagende Krächzen der Pinguine zu hören. Was die Leute auf der *Resolution* nicht wußten: Die Küstenlinie von Antarktika war nur rund 90 Meilen entfernt; doch selbst wenn sie sie erkannt hätten, sie hätten sie auf keinen Fall erreichen können. Cook faßte den einzig möglichen Entschluß: Er gab den Befehl, die *Resolution* zu wenden und die Eisbarriere hinter sich zu lassen. Später vertraute er sich seinem Tagebuch an, und kurz wird etwas von der Persönlichkeit dieses rätselhaften Mannes meisterlichen Understatements spürbar:

> Ich will nicht sagen, es sei unmöglich, irgendwo in dieses Eis vorzudringen, doch will ich behaupten, daß bereits der Versuch eine höchst gefährliche Unternehmung ist. Niemand hätte es wohl an meiner Stelle ernsthaft erwogen. Mein Ehrgeiz hat mich nicht nur weiter geführt als irgendeinen Menschen sonst, sondern so weit, wie ein Mensch wohl fahren kann; daher bedauerte ich diese Unterbrechung nicht, denn sie befreit uns bis zu einem gewissen Grad von den Gefahren und Beschwernissen, die mit der Navigation in den südpolaren Regionen untrennbar verbunden sind. Da wir also keinen Inch weiter nach Süden fahren konnten, braucht man keinen anderen Grund dafür anzugeben, warum wir mit vollen Segeln nach Norden zurückfuhren, als wir uns auf 71° 10′ S und 106° 54′ W befanden.

Cook war mit der Mannschaft der *Resolution* weiter nach Süden vorgedrungen als irgendwer zuvor. Und aus dieser erlesenen Gruppe behaupteten zwei, dem Südpol am nächsten gekommen zu sein. Unmittelbar bevor die *Resolution* abdrehte, war der junge Midshipman George Vancouver bis zum Ende des Klüverbaums geklettert, hatte die Mütze hoch über seinem Kopf geschwenkt und gerufen: »*Ne plus ultra!*« Sparrman dagegen war, während das Schiff wendete, in seiner Kajüte am Heck und beobachtete das Eis durch eine kleine Luke. Wenn aber ein Rahsegler durch den Wind gedreht wird, bewegt es sich nach achtern (rückwärts). So war wohl Sparrman dem Südpol am nächsten gewesen.

Die *Resolution* ging auf Nordkurs und kreuzte am 3. Februar den Südpolarkreis. Nach längerem Nachdenken hatte Cook drei Tage später seine Pläne für das restliche Jahr gefaßt, wie man seinem Tagebuch entnehmen kann.

Inzwischen war er davon überzeugt, daß er im Südpazifik keinen neuen Kontinent finden würde; denn er müßte südlicher liegen, als die *Resolution* gekommen war, und wäre wahrscheinlich wegen des Eises nicht zu erreichen. Wenn es Land im Südatlantik gab – sei es Dalrymples, sei es Bouvets Land –, dann würde die Suche danach einen ganzen Sommer dauern. Bis April könnten sie das Kap der Guten Hoffnung erreichen, doch das wäre das Ende der Expedition. Der Südpazifik war noch immer großenteils unerforscht. Er hatte eine gesunde Mannschaft, ein seetüchtiges Schiff – eine weitere Saison im Pazifik konnte daher nur neue Entdeckungen erbringen. Cooks Plan sah daher für die nächsten Monate vor, den Pazifik in einem weiten Bogen entgegen dem Uhrzeigersinn zu durchkreuzen. Zunächst wollte man nach dem Land suchen, das Juan Fernández angeblich 1576 gesichtet hatte und das irgendwo bei 38° südlicher Breite liegen sollte; dann die Osterinsel anlaufen, die auf den Karten ungenau verzeichnet war; nach Tahiti segeln, um zu sehen, ob es Neuigkeiten von der *Adventure* gab; weiter nach Westen, um die genaue Position von Espíritu Santo zu bestimmen – ein Land, das Pedro Fernández de Quiros 1606 entdeckt und das Bougainville 1768 wiederentdeckt, aber nur vage beschrieben hatte; dann nach Süden zwischen dem 50. und 60. südlichen Breitengrad, um mit Hilfe der Westwinde im November nach Kap Hoorn zu gelangen. Damit hätten sie dann den größten Teil des Sommers Zeit, den Südatlantik zu erkunden, ehe sie Kurs auf das Kap der Guten Hoffnung nehmen würden. Es war, wie Cook einräumte, ein gewaltiges Unternehmen, dem unter Umständen viele Hindernisse im Weg standen.

Als er seinen Offizieren den Plan auseinandersetzte, waren die durchaus einverstanden, denn sie dachten an die Tropen und die Freuden Tahitis.

Sie kamen jetzt schnell nach Norden voran. Bei einem Etmal von Mittag zu Mittag überquerten sie drei Breitengrade bei Wind von achtern und gewaltigem Wellengang aus Südwest. Am 9. Februar waren sie nördlich der Polarfront; die Schnee- und Graupelschauer gingen in Regenschauer über.

Nun stellte sich ein völlig unerwartetes Hindernis in den Weg: Cook, dem weder Kälte noch Hitze etwas anhaben konnten, erkrankte schwer. Später tat er die Krankheit als »Gallenkolik, die so heftig war, daß ich das Bett hüten mußte« ab. Man behandelte ihn mit Einläufen, Klistieren, Kastoröl, Brechwurz, Kamillentee, warmen Leibpflastern und nach 24 Stunden Schluckauf mit Opiaten. Selbst Forster fürchtete um Cooks Leben, während James Patten, der tüchtige Schiffsarzt der *Resolution,* Cook Tag und Nacht pflegte. Nach einer Woche sprach der Patient endlich auf die Behandlung des »geschickten Arztes und der zartfühlenden Krankenschwester« an, wie Cook schrieb. Als er wieder Essen zu sich nehmen konnte, opferte man einen tahitischen Hund, der den Forsters gehörte, und kochte für den geschwächten Kommandanten eine Brühe. Trocken schrieb Cook: »Ich erhielt Nahrung und Stärkung durch ein Essen, das den meisten Menschen in Europa Übelkeit verursacht hätte, und so sagt man zu Recht, Not kennt kein Gebot.«

Rund acht Monate später lief die *Resolution* in den

vertrauten Ankerplatz im Queen Charlotte Sound ein. Hinter ihnen lag eine große Kreuzfahrt durch den Pazifik: Juan Fernández' Land hatte man als kartographisches und geographisches Märchen entlarvt, die Osterinsel mit ihren merkwürdigen Statuen besucht, die Marquesasinseln mit ihren schönen Menschen; auf Tahiti – keine Neuigkeiten von der *Adventure* – hatte Wales die Ganggeschwindigkeit von Mr. Kendalls Schiffsuhr überprüft; Oddidy kehrte nach Raiatea zurück, wo seine Glaubwürdigkeit durch seine Erzählungen über Schnee, Hagel und Eisberge auf eine harte Probe gestellt wurde. Er ging als letzter von Bord, als die *Resolution* in See stach. Am Hafeneingang durfte er zur Feier des Geburtstags von König Georg III. und zum Abschied des Schiffes von den Inselbewohnern Salutschüsse abfeuern. Als er mit einer Urkunde Kapitän Cooks in Händen in sein Kanu kletterte, brach er in Tränen aus. Oddidy war bei der Besatzung der *Resolution* sehr beliebt gewesen. Dann fuhren sie weiter zu den Freundschaftsinseln (Tonga), danach zum Quiros' Land – das Cook in Neue Hebriden umbenannte; es waren kleine, von Krankheiten heimgesuchte Inseln. Danach entdeckten sie eine große Insel (Neukaledonien) mit einem kleinen Eiland vor der Südspitze, das zwar von vielen Riffen und Untiefen umgeben war, aber Cook freute sich von ganzem Herzen. Denn hier gab es hohe, kräftige Nadelbäume – *Araucaria columnaris* –, ideal zur Fertigung von Rundhölzern, Rahen und Masten. Von See aus hatten Forster und Sparrman die Bäume fälschlich für Basaltsäulen gehalten; die Seeleute meinten, es seien Bäume. Man schloß Wetten ab – zwischen Cook und Forster um mehrere Flaschen Wein –, und die Freude war groß, insbesondere bei Wales, als die Naturforscher auf ihrem eigenen Gebiet geschlagen wurden. Nach der Tanneninsel entdeckte man Norfolk Island – auch hier wuchsen prächtige Nadelbäume.

Dann segelten sie wieder in den Queen Charlotte Sound, um frischen Fisch zu fangen. Die vergrabene Flasche war verschwunden. Auch waren Bäume frisch gefällt worden. War etwa die *Adventure* hier gewesen?

In den nächsten Tagen hatte die Mannschaft alle Hände voll zu tun. Zelte, Essen, Öfen wurden an Land gebracht und aufgebaut, Segel zum Ausbessern ausgelegt, Marsstengen niedergeholt; das Observatorium wurde wieder aufgebaut, das Schiff innen und außen gesäubert. Pech und Schwefel zum Teeren der Decksfugen waren längst ausgegangen; als Ersatz diente eine Mischung aus Fett, das man aus den Kupferkesseln der Schiffsküche kratzte, und Kreide. Grober Strandkies kam als Ballast an Bord. Bald war die *Resolution* bereit für die Fahrt um Kap Hoorn.

Am 10. November stach die *Resolution* in See. Zunächst ging es nach Südost, um eine noch unbekannte Strecke zu erkunden. 16 Tage später ging Cook, zufrieden damit, daß hier nichts als leeres Meer war, auf Ostkurs.

Vor ihnen lagen rund 4500 Meilen. Die *Resolution* war kein schneller »Windhund« der Meere, aber sie bewältigte in 24 Stunden regelmäßig mehr als 100 Meilen – die beste Tagesstrecke war 183 Meilen.

Am 17. Dezember kam Südamerika in Sicht. Sie segelten nun in südlicher Richtung an der zerklüfteten Küste Feuerlands entlang. Riesige Schwärme Kormorane, Sturmvögel, Albatrosse und Raubmöwen milderten etwas die Härte der Landschaft. Und immer wieder siegte der Hunger über den Forscherdrang, wenn sich Gelegenheit bot, das obligate Pökelfleisch durch Frischfleisch zu ersetzen.

Etwa 80 Meilen vor Kap Hoorn beschloß Cook, »das Land in Augenschein zu nehmen« und nach Holz und Wasser suchen zu lassen. Sie fanden eine verlockende kleine Bucht mit hohen Felstürmen, davor lagen Inseln. Entgegen den Erwartungen legte sich der Wind. Man ließ zwei Boote zu Wasser und startete den zwar tapferen, aber vergeblichen Versuch, das Mutterschiff von den Felsen und Brechern wegzuschleppen. Dann kam eine leichte Brise aus Südwest auf. Cook hatte zwei Möglichkeiten: auf hoher See zu bleiben oder die kleine Bucht zu untersuchen. Klugheit gebot, der ersten Möglichkeit zu folgen, aber die Neugier trug den Sieg davon. In der Nacht lagen sie vor Anker und hörten, wie die Brandung an die Küste Feuerlands donnerte. Am nächsten Tag ging immer noch ein leichter Wind, genug, um das Schiff zu steuern. Also fuhr die *Resolution* weiter zu einem sicheren Ankergrund, an dem es außerdem reichlich Holz und Wasser gab.

Das ungewöhnliche ruhige Wetter veranlaßte den jungen Georg Forster (der sicherlich mitbekommen hatte, wie sich die Offiziere und Besatzungsmitglieder über die Schrecken Kap Hoorns unterhielten) zu der aufgeblasenen Feststellung: »Denn die Wissenschaften und das menschliche Geschlecht gewinnen überhaupt unendlich viel, wenn alte eingewurzelte Vorurtheile und Irrthümer ausgerottet werden.«

Offenbar wollte Cook der Mannschaft nicht zumuten, das dritte Weihnachtsfest der Reise in einem Sturm vor Kap Hoorn zu feiern. Er ließ daher das Küstengebiet erkunden. Noch heute verzeichnen Karten Ortsnamen, die damals gegeben wurden: Christmas Sound, York Minster, Adventure Cove, Devil's Basin, Shag Island, Port Clerke, Point Nativity, Goose Island. Letztere lieferte ihnen Gänse in Hülle und Fülle – eine Gans für drei Leute –, die am Weihnachtsfest gekocht, gebraten und zu Pasteten verarbeitet wurden. Die Herren spülten das Essen mit Madeira (der auf der Reise viel besser geworden war) hinunter, die Mannschaft mit Schnaps. Es war ein denkwürdiges Weihnachten: Nach der zweitägigen Zecherei (wie die Tiere, laut Forster) schickte Cook die meisten Männer an Land, damit sie sich an der frischen Luft erholten.

Die Yahgan, die von allen Menschen am weitesten südlich lebten, paddelten in ihren Kanus aufs Meer und kamen in Scharen auf die *Resolution*. Vielleicht befanden sich unter ihnen die Großeltern der noch ungeborenen Feuerländer Basket und York Minster, zweier Eingeborener, die später in einem Ausbruch missionarischen Eifers von FitzRoy auf der *Beagle* nach England gebracht werden sollten. Die Leute auf der *Resolution* hielten sie, verglichen mit den Inselbewohnern des Südpazifik, für recht erbärmliche Vertreter der menschlichen Gattung. Sie waren klein und stanken abscheulich nach ranzigem Robbentran. Es war ratsam, sich luvwärts von ihnen aufzuhalten. Die Frauen, die nichts als einen Fetzen Otterhaut am Leib trugen, waren so unattraktiv, daß sie selbst die feurigsten Seeleute abstießen. Die Kleidung der Männer bestand aus einem Stückchen Robbenfell, das sie über den Schultern trugen. Und Forster wunderte sich, daß die Männer in Anbetracht der Kälte so lange Hodensäcke hatten. Auch der junge Forster äußerte sich scharf über die vorherrschende Lehre vom »edlen Wilden« und deren Verfechter und konnte »keinem noch Philosophen beipflichten, der das Gegentheil behauptet, weil er entweder die menschliche Natur nicht unter allen ihren Gestalten beobachtet oder wenigstens das, was er gesehen, nicht auch *gefühlt* hat«.

Nachdem sie Holz und Wasser aufgenommen hatte

und die Besatzung wieder nüchtern war, lief die *Resolution* am 28. Dezember aus dem Christmas Sound aus. Tags darauf segelte sie am berüchtigten Kap Hoorn vorbei, kam bei einer angenehmen Brise aus Westnordwest gut voran und lief in den Südatlantik ein. Cook nahm Kurs auf die Le-Maire-Straße, die Feuerland von der Staateninsel trennt. In der Good Success Bay (Bucht des guten Erfolges) – in der 1769 die *Endeavour* vor Anker gegangen war – an der Küste Feuerlands wollte man nach Lebenszeichen der *Adventure* Ausschau halten. Pickersgill wurde in einem Boot an Land geschickt, damit er den Ankerplatz erforschte. Doch er fand nichts, was auf die *Adven*ture hingewiesen hätte. An einen auffälligen Baum nagelte er ein Brett mit der Botschaft: »Die Resolution hat die Straße am 31. Dezember 1774 durchfahren.« Dann kehrte er aufs Schiff zurück.

Am nächsten Tag sahen sie auf einer kleinen Insel vor der Nordküste der Staateninsel so viele Robben und Pinguine, daß Cook der Versuchung nicht widerstehen konnte, nach einem Ankerplatz zu suchen, damit man die Möglichkeit hatte, »von dem zu probieren, was wir jetzt nur aus der Ferne sahen«.

Eine knappe Meile vor der Insel fand man Ankergrund. Boote wurden zu Wasser gelassen, die Männer landeten, das Gemetzel begann. Im Musketenfeuer der großen Treibjagd fielen Pinguine, Gänse, Möwen, Enten, Riesensturmvögel, Kormorane und Scheidenschnäbel (eine neue Art, wie Forster zu seiner großen Freude feststellte).

Nach wenigen Stunden glichen die Decks der *Resolution* einem Schlachthaus. Der Speck wurde zu Schmieröl gekocht, das Fleisch wanderte in die Kessel und Öfen der Schiffsküche. Doch dann stellte sich heraus, daß die älteren Seelöwen und Pelzrobben – diese beiden Arten hatte man auf der Insel vorgefunden – ziemlich ranzig waren, genießbar waren lediglich die jungen Tiere. Auch Kormorane und Pinguine wanderten in den Kombüsenkessel. Doch nach einigen Tagen kam wieder die konservative Haltung der Seeleute zum Vorschein, als sie das Meeresgetier satt hatten und sich wieder ans Pökelfleisch hielten.

Am 3. Januar 1775 segelten sie ab. Cook begab sich nun auf die letzte Etappe seiner Suche nach Terra australis incognita. Zu den Karten der *Resolution* zählte eine Ausgabe von 1769 von Dalrymples »Seekarte des Ozeans zwischen Südamerika und Afrika«. Sie verzeichnete eine große Landmasse mit vorgelagerten Inseln und einer großen Bucht: der Sankt-Sebastian-Golf. Der westlichste Punkt dieses Golfs lag bei $57^1/_2°$ südlicher Breite und $54^1/_2°$ westlicher Länge. Die Karte fußte – sehr einfallsreich – auf Ortelius' Karte von 1587, die ihrerseits auf Oronce Finés Karte von 1531 beruhte, die Mercator 1569 kopiert hatte. Mercator hatte dem Golf seinen Namen gegeben. Dalrymple hatte seine Konstruktion allerdings mit den Routen Halleys 1700 und Antoine de la Roches, eines englischen Kaufmanns, der 1675 von Lima nach England gesegelt war, untermauert. Dessen Schiff war weit nach Osten bis zur Staateninsel abgetrieben worden, hatte eine gebirgige, schneebedeckte Insel gesichtet und zwei Wochen in einer Bucht am Südostende geankert, jedoch wegen des schlechten Wetters keine Landung unternommen. Als das Wetter aufklarte, war 30 Meilen entfernt in Südost eine kleine Insel zu sehen. Danach waren sie Richtung Norden gefahren.

1756 hatte das von französischen Kaufleuten gecharterte spanische Schiff *Leon* eine Insel »von furchterregendem Anblick« gesichtet. Auch dieses Schiff hatte es weit östlich von der Staateninsel abgetrieben. Dalrymples Karte zeigte eine Insel, die vom mutmaßlichen Südkontinent durch die De-la-Roche-Straße getrennt war. Auf seiner Karte lag die Insel bei 54° 31' südlicher Breite und 45° westlicher Länge. Cook war jedoch skeptisch und notierte, daß eine französische Karte aus dem Jahr 1761 von d'Anville die Insel der *Leon* (von den Franzosen »Isle de Saint-Pierre« genannt) zwar auf demselben Breitengrad, aber 10 Grad weiter westlich verzeichnete. Natürlich vertraute Cook kaum den Angaben der Handelsmarine, wenn es um Breitenangaben ging, und schon gar nicht bei solchen zur Länge. Nachdem er Dalrymples Vorstellung, es gebe einen großen Südkontinent im Pazifik, endgültig widerlegt hatte, bezweifelte er jetzt die Existenz eines Kontinents im Südatlantik.

Einen Tag nachdem die *Resolution* die Staateninsel verlassen hatte, brach eine tückische Sturzsee über das Schiff herein und riß die Großbramstenge, die Leesegelspiere und das vordere Leesegel mit sich. Zu Forsters großem Kummer riß sie auch drei seiner kostbaren Hemden mit sich, die er zum Trocknen aufgehängt hatte. Am 6. Januar war die *Resolution* über das westliche Vorgebirge des Kontinents, den Dalrymple vermutete, hinausgesegelt. Cook ging auf Nordkurs, um die Breite zu erreichen, auf der die Insel lag, von der de la Roche auf der *Leon* gesprochen hatte. Am 12. Januar waren sie über der vermeintlichen Insel und segelten ostwärts über Dalrymples Kontinent; die Dünung kam aus Ostsüdost – ein sicheres Anzeichen dafür, daß in dieser Richtung keine große Landmasse lag. Wasser- und Lufttemperatur fielen schnell; die Leute auf der *Resolution* wußten nicht, daß sie wieder die Polarfront überquert hatten und nun in antarktischen Gewässern fuhren; diesmal aber nicht von Nord nach Süd, sondern von West nach Ost, wo die Konvergenzzone einen Bogen nach Norden beschreibt.

Am 14. Januar sichtete Thomas Willis, Elliots »wilder und trinkfreudiger« Fähnrich, einen großen Eisberg oder Land. Schwärme von Sturmvögeln, Albatrossen, Riesensturmvögeln und ein, zwei Schneesturmvögel umkreisten das Schiff – sichere Hinweise auf Eis. Man richtete die Ferngläser auf Willis' Entdeckung und schloß Wetten ab: zehn zu eins für Eis, fünf zu eins für Land. Eine Lotung ergab 175 Faden Tiefe bei schlammigem Grund – sicheres Anzeichen für Land. Und es war Land. Es war allerdings schwierig, näher heranzukommen. Das ruhige Wetter wurde schlimmer: Schnee- und Graupelschauer und ein tückischer Seegang in Verbindung mit üblen Sturzseen – eine von ihnen schlug die *Resolution* um über 42 Grad zur Seite, wie Wales an seinem Neigungsmesser ablas. Zwei Tage später fuhren sie zwischen Willis' Island – so von Cook benannt – und einer weiteren Insel, die sie wegen der zahlreichen Albatrosse, Kormorane, Raubmöwen, Riesensturmvögel und Pinguine Bird Island* tauften.

Die beiden Inseln lagen vor dem Nordwestende eines gebirgigen Landes, das sich nach Südosten erstreckte. Cook beschloß, die Nordküste zu erkunden. Am 17. Januar tauchte eine einladende kleine Bucht auf, die *Resolution* drehte bei, man ließ ein Boot zu Wasser, und dann hielten die Bootsleute, dazu Cook, die Forsters und Sparrman, auf die Küste zu. Während sie sich der kleinen Bucht näherten, nahm Cook Sondierungen vor, stieß aber mit der 34 Faden langen Lotleine auf keinen Grund. Man sah einen großen Gletscher – Cook hatte

---

* Auf Bird Island befindet sich heute die britische Antarktis-Forschungsstation.

kein Wort dafür und beschrieb ihn daher lediglich als riesige Eis- und Schneemasse am Ende einer senkrechten Eisklippe von großer Höhe. Von ihm brachen gewaltige Eisstücke ab mit einem Geräusch, das wie Kanonenschüsse klang. Die Ausflügler erlebten die Entstehung – das Kalben – kleiner Eisberge.

Dreimal landeten sie in der Bucht, wobei die Forsters nur drei Pflanzen fanden, darunter eine moosähnliche Pflanze, die auf den Felsen wuchs. Es gab keine Bäume oder Sträucher. Ein junger Fähnrich schoß einen See-Elefanten, und auf den Stränden tummelten sich Pelzrobben. Weitere Vögel fielen der Wissenschaft und dem Kochtopf zum Opfer, darunter eine »höchst wohlschmeckende« Gänseart. Im Rahmen einer kleinen Feier wurde der Union Jack entfaltet, man feuerte Salven aus den Musketen ab, und Cook nahm das neue Land im Namen »Seiner Britannischen Majestät und Seiner Erben für immer« in Besitz. Die Bucht wurde passenderweise Possession Bay (Bucht des Besitzes) genannt. Beladen mit Frischfleisch kehrte das Boot zur *Resolution* zurück. Anders als die Seeleute war Cook des Pökelfleisches herzlich überdrüssig und zog Pinguinfleisch vor. Der Geschmack, so fand er, ähnelte dem von Ochsenleber, und außerdem besaß es eben den unschätzbaren Vorzug, frisch zu sein.

Die *Resolution* setzte ihre Küstenfahrt fort, wobei Cook hervorstechende geographische Merkmale benannte, sobald sie in Sicht kamen: Cape Saunders, Cumberland Bay, Cape Charlotte, Royal Bay, Cape George, Cooper's Isle, Sandwich Bay und schließlich Cape Disappointment (Kap der Enttäuschung). Letzteres taufte man am 20. Januar auf diesen Namen, als man entdeckte, daß das abschreckende Land kein Kontinent war, sondern lediglich eine Insel von rund 200 Meilen Ausdehnung.

Auf Forsters Anregung hin nannte Cook die Insel Georgia. Forster hatte Südgeorgien vorgeschlagen, auch wollte er, daß das unvermeidliche lateinische Zitat auf der Landkarte eingetragen würde; es stammte von Horaz: *Tua sectus orbis nomina ducet* (Ein Teil der Welt trägt deine Namen). Was Georg III. davon gehalten hätte, ist schwer zu sagen.

Als sie die Nordküste entlangfuhren, entdeckte Clerke im Südosten der Insel einen zuckerhutförmigen Berg. Die *Resolution* machte sich auf den Weg, um die neue Verlockung zu erkunden. Nach drei Tagen, an denen es abwechselnd ruhig, stürmisch, neblig und regnerisch gewesen war, erreichten sie eine große Gruppe felsiger Eilande mit Kormoranen als einzigen Bewohnern. Das war nun also das Land, das de la Roche gesichtet und aus dem Dalrymple einen ganzen Kontinent gemacht hatte.

Cook fuhr jetzt auf Ostkurs bis nahe 30° westlicher Länge und ging am 26. Januar auf Südkurs. Als unter 60° südlicher Breite ein dermaßen dichter Nebel herrschte, daß sie nicht einmal vom Bug bis zum Heck sehen konnten, änderte Cook den Kurs nach Osten. Wäre es nicht möglich, daß Bouvet tatsächlich bei seinem Kap der Beschneidung Land gesichtet hatte? Bislang hatte Cook vermutet, daß es sich bei dem vermeintlichen Kap um einen Eisberg handelte. Doch Südgeorgien hatten sie zunächst auch für einen Eisberg gehalten. Er wollte bis 60° südlicher Breite segeln und dann nach Nordosten in Richtung Bouvets Landsichtung. Einmal gestand er offen, er sei »dieser hohen südlichen Breiten überdrüssig, in denen man nur auf Eis und dichten Nebel stößt«.

Ein paar Tage später lichtete sich nördlich von 60° südlicher Breite der Nebel, und ein holländischer

Seemann namens Samuel Freezland sichtete einen 300 Meter hoch aufragenden Felsen; nahebei eine steile Küste, deren schneebedeckte Berggipfel die Wolken durchstießen. Der Felsen wurde nach Freezland benannt und die Küste Kap Bristol. Nach Süden lag noch mehr Land – das bislang südlichste, das man gesichtet hatte. Zu Ehren des antiken Nordfahrers Pytheas, der von einem legendären Land Thule berichtet hat, taufte man es Süd-Thule. Das, was wie eine nebelumhüllte Bucht zwischen Süd-Thule und dem Kap Bristol erschien, erhielt den Namen Forster's Bay.

Die folgenden Tage verliefen deprimierend. Geplagt von Eis und Nebel sahen die Männer auf ihrer Fahrt nach Norden kurz weiteres Land. Doch konnten sie nicht näher herankommen. Das Meer war voller Eis. An der Küste – wenn sie denn einmal durch die Nebelschwaden einen kurzen Blick erhaschten – gab es keine Ankermöglichkeiten; die Klippen bildeten eine undurchdringliche Front. Als sich der Nebel ein wenig lichtete, sah man, daß es Inseln waren: Saunder's Island und Candlemas Island.

Am 3. Februar ließen sie Candlemas Island hinter sich in der Dunkelheit. Die Insel wurde Sandwich Land genannt. Cook hielt sie »entweder für eine Inselgruppe oder eine Spitze des Kontinents, denn ich bin fest davon überzeugt, daß es nahe dem Pol eine Landmasse gibt, von der ein Großteil des Eises stammt, das sich über dieses riesige Südmeer ausbreitet«. Mit genauen Vermessungen bewies 45 Jahre später eine russische Expedition unter Fabian Gottlieb von Bellingshausen, daß Cooks erste Annahme zutraf und Sandwich Land nichts als eine bogenförmige Inselgruppe vulkanischen Ursprungs ist, die sich über drei Breitengrade erstreckt und von Millionen von Pinguinen bewohnt wird.

Candlemas Island war das letzte Land, das sie bis zur Landung in Kapstadt mehrere Wochen später zu Gesicht bekamen. In diesen Wochen herrschte starker Schneefall; die Schneemassen und Vereisungen gefährdeten Segelwerk und Takelage. Dann ging auch noch das Sauerkraut zur Neige, das man nun sehr vermißte, hatte es doch das drei Jahre alte Pökelfleisch zumindest einen Hauch genießbarer gemacht.

Nachdem Cook Ende Februar seine Fahrtroute des Jahres 1772 gekreuzt hatte, nahm er Kurs auf das Kap der Guten Hoffnung. Im Grunde genommen war die Reise zu Ende. Cooks Resümee:

Die Fahrt durch das Südmeer hat mich in so hohe Breiten geführt, daß da nicht die geringste Möglichkeit für die Existenz eines Kontinents war – außer nahe bei den Polen und außerhalb der Reichweite jeder Navigation. Auf zwei Fahrten in die tropischen Breiten des Pazifiks konnte ich nicht nur die Position einiger älterer Entdeckungen genau bestimmen, sondern auch viele neue machen. Ich glaube, daß es dort für mich nicht mehr viel zu tun gibt. Daher schmeichle ich mir, daß der Zweck der Reise in jeder Hinsicht erfüllt, die südliche Hemisphäre ausreichend erforscht und der Schlußpunkt unter die Suche nach dem Südkontinent gesetzt ist, die die Aufmerksamkeit einiger Seemächte über nahezu zwei Jahrhunderte in Anspruch genommen und auch die Geographen aller Epochen beschäftigt hat. Ich will nicht leugnen, daß es einen Kontinent oder eine größere Landmasse nahe dem Pol geben mag, im Gegenteil bin ich der Meinung, daß es dort so etwas gibt, und es ist möglich, daß wir Teile davon gesehen haben. Die eisige Kälte, die vielen Inseln und die riesigen

Eisfelder weisen darauf hin, daß es Land weit im Süden geben muß und daß dieses südliche Land gegenüber von Südatlantik und Indischem Ozean am weitesten nach Norden reicht.

Auch über die Frage, ob es südlich seiner Route Land gebe, machte er sich Gedanken:

Ländereien, die die Natur zu ewiger Kälte verdammt und nie die wärmenden Sonnenstrahlen spüren und deren fürchterlichen und wilden Anblick ich nicht mit Worten beschreiben kann; solcherart sind die Länder, die wir entdeckten. Wie mögen dann aber jene aussehen, die weiter im Süden liegen, denn wir können mit Recht annehmen, daß wir das meiste dessen, das im Norden liegt, gesehen haben. Wer immer die Entschlossenheit und die Ausdauer besitzt, diesen Punkt dadurch aufzuklären, daß er weiter fährt, als ich es getan habe, dem will ich die Ehre der Entdeckung nicht neiden, sondern vielmehr die Kühnheit haben zu sagen, daß die Menschheit daraus keinen Nutzen ziehen wird.

Kurze Zeit spielte Cook mit dem Gedanken, die Suche nach Kerguélens Land wieder aufzunehmen, verwarf ihn aber wieder. Die Lebensmittel waren schimmelig, und Cook schreckte der Gedanke, Skorbut könne ausbrechen und er habe zu seiner Bekämpfung nichts an Bord.

Ende der ersten Märzwoche befanden sie sich bereits weit nördlich der Konvergenz und zogen leichtere Kleidung an. Am 16. März kamen zwei Schiffe in Sicht, die auf Westkurs waren; eines segelte unter holländischer Flagge. Sie kamen nun in stärker befahrene Gewässer.

Wie es die Admiralität angeordnet hatte, sammelte Cook alle Log- und Schiffstagebücher sowie Seekarten ein. Der arme Elliot berichtet, daß »alles ausgehändigt und von Kapitän Cook versiegelt wurde, so daß ich trotz all meiner Mühen am nächsten Tag sicherlich nichts würde vorweisen können – so, als hätte ich gar nicht an der Reise teilgenommen«. (Elliot sollte eine angenehme Überraschung erleben. Nach England zurückgekehrt, lud ihn Cook zum Frühstück ein. »Ich nahm seine Einladung an und bekam meine Karte usw. zurück, wobei mein Name, *Elliot's Chart and Ship's Track*, mit eigener Hand darauf geschrieben war; diese Zeilen verehre ich bis auf den heutigen Tag, und ich kann sie nie ohne ein tiefes Bedauern über den traurigen Verlust eines so bedeutenden Mannes betrachten.«) Die Forsters, Wales und Sparrman durften ihre Aufzeichnungen behalten; man bat sie jedoch, nichts über die Reise nach England zu berichten, bis die Admiralität die Genehmigung dazu erteilte.

An jenem Abend kam die südafrikanische Küste in Sicht. Zwei Tage später – sie waren nur langsam vorangekommen – wurde ein Boot zu dem 9 Meilen entfernten holländischen Schiff entsandt; es war ein Ostindienfahrer auf der Heimreise von Bengalen. Der Kapitän des Schiffes überließ der *Resolution* etwas Zucker und Arrak. Einige englische Seeleute, die an Bord des Holländers fuhren, berichteten, die *Adventure* sei vor zwölf Monaten am Kap eingetroffen; gerüchtweise habe man gehört, daß eine Bootsbesatzung von neuseeländischen Eingeborenen ermordet und gefressen worden sei. Cook gab vorerst nichts auf diese Geschichten. Er wollte erst einmal abwarten, was man ihm am Kap berichten würde. Ihm waren die Neuseeländer nicht schlimmer vorgekommen als andere Insulaner; er hielt sie vielmehr für tapfer und offenherzig – allerdings hätten sie keinen Übergriff geduldet, ohne sich dafür zu rächen.

Am nächsten Tag besuchten Forster und Clerke einen anderen Ostindienfahrer; die englische *True Britain* war auf dem Weg von China nach England, ohne aber den Hafen am Kap anzulaufen. Bei dieser Gelegenheit ließ Cook einen Brief an den Admiralitätssekretär überreichen, brach Forster sein Wort, indem er einen Bericht über die Reise an Daines Barrington, einen englischen Rechtsanwalt, Antiquar und Naturforscher, schickte, und delektierten sich Clerke und Forster an chinesischen Wachteln und Gänsebraten. Sie kehrten mit einem Päckchen alter Zeitungen, einem fetten Schwein, einigen Gänsen sowie Tee zurück.

Am Morgen des 22. März, genau zwei Jahre und vier Monate nachdem sie von hier aufgebrochen war, ging die *Resolution* in der Table Bay wieder vor Anker. In der holländischen Kolonie war es erst der 21. Die *Resolution* hatte einen Tag gewonnen, als sie die Welt von Westen nach Osten umfuhr. (Die *Adventure* und die *Resolution* haben tatsächlich als erste Schiffe die Erde in dieser Richtung umrundet.) Auf Cook wartete ein Brief von Furneaux.

Eine traurige Lektüre: Furneaux hatte die Flaschenpost in der Ship Cove in Neuseeland gefunden, jedoch wie Cook einige Tage damit zugebracht, schimmeliges Brot aufzubacken und Brennholz sowie Wasser aufzunehmen. Am 17. Dezember war er klar zum Auslaufen. Ein Boot mit zehn Mann Besatzung sollte frisches Gemüse holen. Da es am nächsten Morgen noch nicht zurück war, wurde eine Barkasse mit Besatzung und zehn Marinesoldaten auf die Suche geschickt. In der Grass Cove (heute Whareunga Bay) fanden sie die

Überreste: Eingeweide, gebratenes Menschenfleisch in Körben, den Kopf von Furneaux' schwarzem Diener, zwei abgetrennte Hände, beide identifizierbar – die eine an einer Narbe (ein unheimliches Vorspiel zur Identifikation der Überreste Cooks auf Hawaii), die andere an einer Tätowierung. Die Hinweise auf Kannibalismus waren offensichtlich.

Am 22. Dezember war die *Adventure* abgesegelt; es muß ein trauriges Weihnachtsfest gewesen sein. Nahe bei 60° südlicher Breite war Furneaux auf Ostkurs gegangen (weiter südlich als Cook auf seiner Fahrt nach Kap Hoorn). Ihre einzigen Begleiter auf diesem weiten Ozean waren Albatrosse, Sturmvögel, Pinguine, Wale und Robben. Weit südlich von Kap Hoorn (61° S) liefen sie in den Südatlantik ein. Wären sie einige Meilen weiter südlich gesegelt, so hätten sie die Süd-Shetlands 45 Jahre vor William Smith auf der *Williams* entdeckt. Wenn es nicht so dunstig gewesen wäre, hätten sie sicherlich auch Elephant Island und Südgeorgien erblickt – sie fuhren 20 Meilen nördlich der ersteren und 20 Meilen südlich der letzteren vorbei. Nachdem die Suche nach dem legendären Kap der Beschneidung ergebnislos verlaufen war, traf die *Adventure* am 17. März 1774 am Kap der Guten Hoffnung ein.

Der arme Furneaux. Ihn scheint das Pech verfolgt zu haben. Seine Leute waren massakriert worden, sein Schiff war nicht besonders gut. Dennoch hat er Wichtiges für die Erforschung der Antarktis geleistet. Die *Adventure* kehrte am 14. Juli 1774 nach England zurück. Auch jetzt hatte er nicht mehr Glück. Er wurde zum Kapitän der *Syren* ernannt und diente bis 1777 in Nordamerika, als sein Schiff strandete und er gefangengenommen wurde. Im Herbst 1778 kehrte er nach England zurück und fristete bis zu seinem Tod drei Jahre später im frühen Alter von 46 Jahren in Devon eine Existenz bei halbem Sold.

Die *Resolution* blieb fünf Wochen am Kap. Dort reparierte man die Schäden einer 60 000 Meilen langen Seereise: Laufendes Gut und Segel wurden ersetzt, Rumpf und Decks neu kalfatert, das Ruder wurde ausgebessert. Zur großen Erleichterung aller hatten die Forsters die *Resolution* bereits verlassen, noch ehe man vor Anker ging; sie wurden in der Barkasse jenes Ostindienfahrers an Land gebracht. Hier bezogen sie Quartier (zusammen mit Cook und Sparrman) und gingen botanisieren, bis die *Resolution* seeklar war. Sparrman verließ die *Resolution* endgültig, um seine Studien am Kap fortzusetzen. Seine Bekannten unterhielt er mit Geschichten über die große Fahrt – in der holländischen Kolonie war die Reise Stadtgespräch –, wobei er auf den bemerkenswerten Umstand verweisen konnte, daß er einen Rekord aufgestellt hatte: Er war dem Südpol am nächsten gekommen.

Auch Cook hatte zu tun. Bald sollte ein Ostindienfahrer, die *Ceres,* nach England absegeln. Er gab dem Schiff ein Paket mit, darin die Aufzeichnungen der Offiziere, Skizzen und Gemälde von Hodges, dem »unermüdlichen Gentleman«, Seekarten von Cook und »Mr. Gilbert, meinem Master, dessen Urteil und Fleiß von niemandem übertroffen wird, sowohl in diesem Bereich als auch auf allen anderen Gebieten seines Berufs«. Im selben Brief an den Admiralitätssekretär hieß es, »daß Mr. Kendalls Schiffsuhr die Erwartungen ihres eifrigsten Befürworters übertroffen hat, auch wenn sie hin und wieder durch Beobachtungen des Mondes korrigiert wurde, ist sie uns doch ein getreuer Führer durch alle Wechselfälle in allen Klimazonen gewesen«. Der alte John Harrison hätte kein schöneres Lob ernten können. Noch heute ist das Chronometer, das sich im National Maritime Museum in Greenwich befindet, in Betrieb.

Weniger angenehm war die Lektüre von Dr. Hawkesworths Version der Reise der *Endeavour*. Das Buch ist in der ersten Person geschrieben, als sei Cook der Verfasser, und enthält zahlreiche falsche Angaben. Banks und Cook scheinen austauschbar, nautische Fehler tauchen mit deprimierender Regelmäßigkeit auf, und – schlimmer noch – in der Einleitung heißt es, Cook habe das Manuskript gelesen und seine Zustimmung erteilt. Das war aber nicht der Fall. Cook ärgerte sich.

Erfreulicher waren die Begegnungen mit Julien Marie Crozet, dem Kommandanten eines französischen Ostindienfahrers. Die beiden Männer waren gleich alt und kamen gut miteinander aus. Sie waren aus dem gleichen Holz geschnitzt. Crozet hatte als zweiter Kommandant unter Marion du Fresne auf einer französischen Expedition gedient, von der Cook 1771 am Kap der Guten Hoffnung gerüchtweise gehört hatte. Sie hatten südöstlich des Kaps Inseln entdeckt – die Crozetinseln –, die spätere Prince Edward Island und die Marion Island wiederentdeckt (Cook gab ihr diesen Namen auf seiner dritten großen Reise). Als Marion du Fresne mit einigen seiner Leute von den Maori massakriert worden war – wieder diese Neuseeländer! –, hatte Crozet das Kommando über die Expedition übernommen. Er zeigte Cook eine Karte der französischen Entdeckungen, einschließlich jener Kerguélens, und Cook notierte, daß sie »genau dort eingezeichnet waren, wo wir danach gesucht hatten, so daß ich mir überhaupt nicht erklären kann, wie wir beide und die Adventure sie verpaßt haben konnten«. Die Franzosen hatten sich bei der Bestimmung der Länge geirrt.

20 Monate später wird Cook auf seiner dritten Reise die Sache richtigstellen.

Am 27. April segelte die *Resolution* in Begleitung des Ostindienfahrers Dutton nach Sankt Helena ab. Cook »verließ sich auf die Qualität von Mr. Kendalls Uhr« und beschloß, die Insel direkt anzusteuern. Der Indienfahrer, der es gewohnt war, bis zur Breite der Insel zu fahren und dann auf dem Breitenkreis entlangzusegeln, war nervös. Das ist die Stelle, die Elliot beschreibt: Cook habe sie voll Freude im Herzen »ausgelacht und geantwortet, er würde ihren Klüverbaum in die Insel rammen, wenn sie es wollten«.

Auf Sankt Helena, das am 15. Mai pflichtschuldig über ihren Klüverbäumen auftauchte, geriet Cook jedoch in einige Verlegenheit. Man hatte Hawkesworths Buch auch hier gelesen und darin verblüfft erfahren, daß es auf der ganzen Insel keine Fuhrwerke gebe und daß die Bewohner an ihren Sklaven verbrecherische Greueltaten begingen. Bei einer Abendgesellschaft zu Ehren der Offiziere der *Resolution* und der *Dutton* im Hause des Gouverneurs John Skottowe* ärgerte Mrs. Skottowe Cook unbarmherzig mit Fuhrwerken und Sklaven. Ich stelle mir vor, daß sich die lebhafte Dame (die den »Marineoffizieren mehr zu schaffen machte als so mancher Sturm des Ozeans«) ein Exemplar des beleidigenden Buchs bringen ließ und den Teilnehmern der Abendgesellschaft daraus vorlas, während sich das Silber im Kerzenschein spiegelte, der Wein rubinrot in den

---

* Der Vater des Gouverneurs gehörte dem Landadel an. Er hatte Cooks Vater als Vorarbeiter auf dem Hof beschäftigt und auch die geringe Summe aufgebracht, damit der junge James die örtliche Schule besuchen und dort Rechnen, Lesen, Schreiben und den Katechismus lernen konnte.

Karaffen und Gläsern funkelte, die Uniformknöpfe der Offiziere glänzten und sich die Gesichter der Männer durch den Wein und vor lauter Verlegenheit röteten. Die Stelle, die Cook angeblich auf Tahiti geschrieben hatte, lautete folgendermaßen.

Wer sich mit den Sportarten der Antike auskennt, dem wird kaum entgangen sein, daß sie dem Ringkampf unter den Eingeborenen dieser kleinen Insel mitten im Pazifischen Ozean ähneln. Unsere weibliche Leserschaft möge sich an den Bericht erinnern, den Fénélon in seinem *Telemachus* gibt, wo die Umgangsformen jener Epoche, wiewohl frei ersonnen, getreu von Autoren übertragen sind, denen sie tatsächlich berichtet wurden.

Dann wird man wohl die Augenbrauen gehoben haben, als Mrs. Skottowe schelmisch den verwirrten Cook ansah. Aber es sollte noch schlimmer kommen. Cook, der im Haus des Gouverneurs logierte, mußte feststellen, daß man alle verfügbaren Fuhrwerke vor sein Schlafzimmerfenster gezogen hatte. Verlegen gab er Hawkesworth die alleinige Schuld und versprach den Insulanern in seinem Bericht von der Reise mit der *Resolution* Wiedergutmachung. Außerdem verbeugte er sich höflich vor den »gefeierten Schönheiten von St. Helena«, da er »den Frauen meines Heimatlandes auf dieser Insel keine Gerechtigkeit widerfahren lasse, wenn ich die Gerüchte über ihre Schönheit nicht bestätige«.

Aber Cook war kein Moralfanatiker, auch wenn er sich den fleischlichen Freuden verweigerte, denen man auf den Pazifikinseln leicht hätte frönen können. Vielleicht ließ ihn die Erinnerung an Elizabeth keusch bleiben, vielleicht aber auch das Wissen, daß jede Hingabe an die Wollust seine Autorität als Kommandant gefährdet hätte. Jedenfalls sagt man, er habe jeden Samstagabend auf See stets einen Toast »auf alle schönen Frauen« ausgebracht.

Am 21. Mai segelten sie von Sankt Helena ab, wobei sie die Inseln Ascension und Fernando de Noronha anliefen, »um die Länge zu bestimmen«, sowie die Azoren. Am Samstag, dem 29. Juli 1775, erreichten sie Plymouth und steuerten den Ärmelkanal Richtung Portsmouth hinauf.

Am Sonntag ging die *Resolution* in Spithead vor Anker. Der letzte Satz in Cooks Logbuch über seine höchst bemerkenswerte Reise lautet: »Ich bin nunmehr drei Jahre und achtzehn Tage aus England fort gewesen und habe in dieser Zeit vier Männer und nur einen von ihnen durch Krankheit verloren.« Die Reise hatte die 2000 Jahre alte Vorstellung von der Existenz eines riesigen bewohnten Südkontinents endgültig widerlegt, die Karte des Pazifiks neu gezeichnet und die Grundlagen für die wissenschaftlich exakte Navigation geliefert. Mit Forsters Forschungsarbeit hatte man außerdem die ersten zögernden Schritte zur Erforschung der Naturgeschichte der Antarktis unternommen.

Für Alexander Dalrymple kam die Rückkehr der *Resolution* zu einem denkbar ungünstigen Zeitpunkt. 1775 erschien sein Buch *Collection of Voyages, chiefly in the Southern Atlantick Ocean* heraus. Darin machte er den Vorschlag, das Land, das de la Roche auf der *Leon* entdeckt hatte, zu kolonisieren. Westindische Sklaven könnten Nahrung für die Ostindienfahrer anbauen, man könnte eine Industrie aufbauen, die Wale und Robben verarbeitete (ein Gedanke, der seiner Zeit weit vorauseilte), und schließlich könnte die Insel als Stützpunkt zur Erforschung des Südkontinents dienen, von dem das Kap der Beschneidung lediglich ein kleiner Hinweis sei. Doch die wahre Ironie der Geschichte lag für Dalrymple noch in der Zukunft, als er nämlich eingeladen wurde, dem Ausschuß beizutreten, der die Arbeit an den Stichen der Seekarten und der Ansichten von Cooks letzter Reise in die nördliche Hemisphäre überwachen sollte.

Auch Forsters Hoffnungen zerschlugen sich. Auf der Reise hatte er die Hoffnung gehegt, er werde den offiziellen Bericht verfassen. Doch die Lektion, die Hawkesworth unfreiwillig erteilt hatte, stand der Admiralität noch deutlich vor Augen. Cook selbst sollte den Bericht schreiben (und Reverend John Douglas, Kanonikus in Windsor Castle, sollte ihm den letzten Schliff geben). Forster beklagte sich verbittert in seinen Briefen über die Zurückweisung. Dann brachte er Georg dazu, ein Buch auf der Grundlage der Aufzeichnungen des Vaters zu schreiben. Der Sohn war, so Forster, an keinerlei Versprechen gebunden, erst nach dem offiziellen Bericht ein Buch über die Reise auf den Markt zu bringen. *A Voyage Round the World* kam im März 1777 heraus – sechs Wochen vor Cooks *Voyage Towards the South Pole*. Doch da war Cook schon wieder im Südpazifik.

Die *Resolution* wurde die Themse hinaufbeordert. Bei Gallison Reach inspizierte Lord Sandwich an einem schönen Augusttag in Begleitung seiner Mätresse Martha Ray und einer Gruppe von Damen und Herren der feinen Gesellschaft das inzwischen berühmte Schiff. Solander schrieb einen Brief an Banks, in dem er schilderte, daß der Tag durch die Anwesenheit des Ersten Lords, der mit Beförderungen wie mit Konfetti um sich warf, hell erstrahlte. Clerke hatte ein paar Vogelzeichnungen dabei, die ein Fähnrich angefertigt hatte und die Banks bekommen sollte. Anderson, der Gehilfe des Arztes, hatte sich eine gute botanische Sammlung zugelegt. An Bord befanden sich drei tahitische Hunde, »die häßlichsten, einfältigsten der gesamten Hundeart«. Forster hatte vom Kap einen Springbock, eine Schleichkatze, mehrere Vögel, darunter zwei Adler, mitgebracht, die allesamt der Königin zugedacht waren. Die Damen fielen in Ohnmacht, als ihnen Pickersgill den in Alkohol konservierten Kopf des Maori zeigte, der auf eben diesem Achterdeck aufgeschlitzt und verspeist worden war. Ein schöner Tag. Und alle auf der *Resolution* erkundigten sich nach Banks.

Es wäre ganz natürlich gewesen, wenn Banks, neben seinem Freund Sandwich und Solander, zu den Besuchern gehört hätte. Aber die Reisenden, denen er prophezeit hatte, daß sie »außer Elend und Enttäuschung« nichts erleben würden, waren im Triumph zurückgekehrt – und er spürte die Blamage. Banks war jedoch großzügig und klug genug, um nicht länger Groll oder Eifersucht zu hegen. Das Porträt, das Dance von Cook anfertigte, hatte Banks in Auftrag gegeben und hing in seinem Londoner Stadthaus.

Cooks letzte Reise begann im Juli 1776. Sein Schiff war wieder die *Resolution*, sein Begleitschiff ab dem Kap der Guten Hoffnung die *Discovery* unter dem Kommando des beförderten Charles Clerke. Der Auftrag: nach einer Nordwest- oder Nordostpassage vom Pazifik zum Atlantik zu suchen. Eine Saison verbrachte die Expedition in der Arktis, ehe sie nach Süden zurückkehrte, um auf Hawaii zu überwintern. Hier steuerten die Ereignisse unerbittlich auf ihr tragisches Ende zu. Nachdem das Beiboot der *Discovery* gestohlen worden war, ruderte Cook am 14. Februar mit einem Landungstrupp an Land. Man wollte einen Häuptling als Geisel nehmen und festsetzen, bis man das Boot zurückbekommen hätte. Plötzlich kam es zu Handgreiflichkeiten, zur bewaffneten Auseinandersetzung zwischen den Eingeborenen und dem Landungstrupp. Vier Marinesoldaten starben, Cook wurde erschlagen. Er war gerade erst 50 Jahre alt.

Jetzt übernahm Clerke, dem es gesundheitlich nicht gut ging, das Kommando. Sofort ordnete er an, daß an den Hawaiianern keine Vergeltung geübt werden dürfe. Während der Fahrt nach Norden in die Arktis starb Clerke an Tuberkulose (der liebenswürdige, großmütige, warmherzige Mann hatte sich die Krankheit im Gefängnis zugezogen, nachdem er für die Schulden seines Bruders gebürgt hatte). Bei Petropawlowsk auf der Halbinsel Kamtschatka wurde er beerdigt. Sein Grab säumten Weiden, die seine Schiffskameraden gepflanzt hatten. Er war erst 38 Jahre alt. Kurz vor seinem Tod hatte er einen Brief an seinen großen Freund Joseph Banks diktiert. Der letzte Absatz lautete:

So muß ich Ihnen, lieber & geehrter Freund, ein letztes Lebewohl sagen: Mögen Sie noch viele glückliche Jahre in dieser Welt erleben und am Ende den Ruhm erlangen, den Ihr unermüdlicher Fleiß so sehr verdient. Dies sind in aufrichtigster Weise die herzlichsten und ehrlichsten Wünsche Ihres ergebenen, verscheidenden Dieners,

          Chas Clerke

Die Nachricht von Cooks Tod war bereits durch die Einöden Sibiriens und Rußlands nach England gelangt. Clerke hatte mit Hilfe Magnus von Behms, des Gouverneurs von Kamtschatka, Cooks und seine eigenen Aufzeichnungen sowie Briefe an die Admiralität geschickt.

Die Nachricht erreichte England im Januar 1780, rund acht Monate vor der Rückkehr der Expedition.

Für Elizabeth Cook war es ein verheerender Schlag. Jedes Jahr blieb sie an seinem Todestag in ihrem Zimmer, fastete und las in der Bibel ihres Mannes. Noch am selben Tag, als die Nachricht von Cooks Tod bei der Admiralität eintraf, informierte Sandwich Banks brieflich. Tags darauf erschien eine Mitteilung über Cooks Tod in der *London Gazette*. Georg III. soll geweint haben. Die lobenden Nachrufe wollten kein Ende nehmen. Nach Elizabeth trauerten vielleicht die Seeleute am meisten, denn er hatte sich stets ihrem Wohl verpflichtet gefühlt. Wenn sie die Namen der Schiffe unter seinem Kommando überflogen, muß ihnen klar gewesen sein, daß sich in ihnen die Quintessenz seines Charakters und seines Werdegangs fand: *Endeavour* (Bestreben), *Resolution* (Entschlossenheit), *Adventure* (Abenteuer), *Discovery* (Entdeckung).

Cooks zweite und dritte Reise hatten den Weg nach Süden in die Antarktis gebahnt. Doch die Suche nach einem Südkontinent war erst rund 40 Jahre nach Cooks Tod erfolgreich: 400 Meilen südlich von Kap Hoorn wurde neues Land entdeckt.

VIII

Ein Kontinent wird entdeckt

> Das Schiff *Williams* hat vor Kap Hoorn bei 61° südlicher Breite und 55° westlicher Länge auf der Fahrt von Montevideo nach Valparaiso neues Land entdeckt. Dieser Tatbestand unterliegt keinem Zweifel – dasselbe Schiff wurde abermals durch Kapitän Shirreff von der Fregatte *Andromache* dorthin entsandt, um die Küste zu vermessen, die die *Williams* auf einer Strecke von 200 Meilen erkundet hatte. Der Kapitän ging an Land, stellte fest, daß es von Schnee bedeckt war, fand eine Fülle von Robben und Walen – und keine Bewohner.
>
> *New York Mercantile Advertiser*, März 1820

An einem warmen Sommertag des Jahres 1785 saß ein dunkel gekleideter Herr in seiner Londoner Wohnung und schrieb einen Brief. William Rotch, Tranhändler, Reeder von Walfängern, Quäker und »Nantucketois«, wie ihn Thomas Jefferson schlau nannte, hatte seinem Bruder Francis in den gerade gegründeten Vereinigten Staaten von Amerika Neues zu berichten. Rotch war nach London gekommen, um der britischen Regierung einen ungewöhnlichen Vorschlag zu unterbreiten. Der Unabhängigkeitskrieg hatte für das amerikanische Walfangwesen katastrophale Folgen gehabt – Rotch bezifferte die eigenen Verluste auf 60 000 Dollar –, und nun, in Friedenszeiten, sah es nicht besser aus. Der amerikanische Markt war gesättigt, die Preise waren niedrig. Zudem hatte der alte Absatzmarkt aus der Kolonialzeit – Großbritannien – das Walöl ausländischer

Lieferanten mit einem Einfuhrzoll belegt. Rotchs kühner Vorschlag sah vor, die Walindustrie von Nantucket, einer Insel vor der Küste von Massachusetts, nach Großbritannien zu verlegen – Milford Haven in Wales wäre ein idealer Sitz – und so das fachmännische Können der Amerikaner beim Walfang zum Vorteil des britischen Staates zu nutzen. Natürlich würde der Staat dafür bezahlen müssen. Die vorgeschlagene Summe hatte den verantwortlichen Minister empört. In diesem Brief ging es jedoch um mehr als um die Einzelheiten finanzieller Spiegelfechterei.

Rotch hatte soeben Cooks Bericht von der letzten Reise in die Arktis gelesen; er war jüngst veröffentlicht worden. Insbesondere eine Passage über Felle hatte seine Aufmerksamkeit erregt. Offenbar hatten britische Seeleute in China Pelze verkauft, »zum exorbitanten Preis von 100 Dollar pro Fell«. Seines Wissens, schrieb Rotch, handele es sich um Seeotterfelle, die für bloße Kleinigkeiten – Nägel, Knöpfe usw. – von den Eingeborenen der Nordwestküste Nordamerikas eingetauscht worden seien. Hier sei ein Betätigungsfeld, auf dem die amerikanischen Walfänger einen hübschen Gewinn einstreichen könnten. Die Briten würden keine ernstzunehmende Konkurrenz abgeben. Ihre Ostindische Kompanie hatte ein Handelsmonopol mit China: Handelsgüter, vor allem aus Indien geschmuggeltes Opium für China, von dort Tee. Für diese Idee hatte auch der aus Groton, Connecticut, gebürtige John Ledyard, der als Marinekorporal mit Cook gefahren war, in den Vereinigten Staaten geworben. Infolgedessen war 1784 ein amerikanisches Schiff mit einer Ladung Ginseng und Fellen aus Handelsstationen aus dem Osten Nordamerikas in New York in See gestochen und mit Tee, Seide, Baumwollzeug, Porzellan zurückgekehrt. Der amerikanische Chinahandel hatte begonnen.

Francis Rotch hatte die längste Zeit des Unabhängigkeitskrieges auf den Falklandinseln verbracht und dort eine amerikanische Walfangflotte geführt. Es gab dort Tausende von Pelzrobben. 1784 hatte man ein Schiff entsandt, das sowohl Pelzrobben als auch See-Elefanten laden sollte; 1786 kehrten Schiff und Ladung nach New York zurück, wo die 13 000 Pelzrobbenfelle den Erlös von 6500 Dollar erzielten. Die Häute wurden nach Nantucket gebracht und nach China verschafft. Sie erbrachten 65 000 Dollar. Der Chinahandel mit Pelzrobbenfellen aus der südlichen Hemisphäre hatte begonnen.

Schon bald verbreitete sich die Nachricht von den erstaunlich hohen Gewinnen. Die Lederbände mit den Reiseberichten Drakes, Ansons, Byrons, Bougainvilles und Cooks wurden sorgfältig durchgearbeitet, besonders sorgfältig Dampiers *Neue Reise um die Welt*. Nahe bei den Juan-Fernández-Inseln, hatte Dampier geschrieben, »schwimmen Robben in großen Herden um die Insel... als hätten sie keinen anderen Ort in der Welt zum Leben; denn es gibt keine Bucht, keinen Felsen, wo man an Land gehen kann, die nicht voll von ihnen sind...« In den folgenden Jahrzehnten schwärmten die Robbenfänger von den Falklandinseln an die Küsten Patagoniens, Südgeorgiens, in den Pazifik und die Küste Chiles hinauf aus. Der Hauptangriff traf 1797 die Juan-Fernández-Inseln. Edmund Fanning aus Stonington, Connecticut, der Kommandant der Brigg *Betsey*, verkaufte den Chinesen 100 000 Pelzrobbenfelle; der Großteil stammte von den Juan-Fernández-Inseln. Als die *Betsey* 1799 zurückkehrte, erbrachten die chinesischen Handelsgüter einen Nettoprofit von 52 300 Dollar, wobei ein Achtel an Fanning als Teileigentümer ging. Amasa Delano – ein Robbenjäger und Vorfahr Franklin Delano Roosevelts – schätzte, daß in sieben Jahren mehr als drei Millionen Robbenfelle auf den Inseln erbeutet wurden. Auf Inseln, die noch weiter südlich lagen: Südgeorgien, den Süd-Sandwich-Inseln, Crozet, Marion, Prince Edward, Macquarie, Kerguelen, spielte sich das gleiche ab. 1796 beherrschten nur die Chinesen die Technik, die lange, steife Schutzbehaarung der Pelzrobbe zu entfernen, so daß der weiche innere Pelz übrigblieb. Dann entdeckte Thomas Chapman, ein Londoner Kürschner, ein ähnliches Verfahren. Der Markt wuchs.

Nachdem die Robbenjäger auf einer Insel mit zahlreichen Pelzrobben eine oder zwei Saisonen ihrer Arbeit nachgegangen waren, hieß es, die Strände seien »von den Tieren fast völlig verlassen«. Der Satz könnte von einem modernen Bürokraten oder Geschäftsmann stammen, der eine unerfreuliche Wahrheit verbergen will. Da die Robbenjäger wußten, daß die Robben nur begrenzte Zeit bejagt werden konnten, mußten sie ihre Entdeckungen unter allen Umständen geheimhalten. »Aus der Geschichte des Sealhandels weiß man«, sagte 1836 Jeremiah Reynolds vor dem Repräsentantenhaus der Vereinigten Staaten, »daß Geheimhaltung sehr wichtig ist.«

Ein alter Robbenjäger gab einem Freund, der nach Bounty Island bei Neuseeland fahren wollte, folgenden Rat mit auf den Weg:

Wenn du dort früh eintriffst und viele Robben siehst, würde ich so viele wie möglich aufnehmen, aber ohne jedes Risiko, nicht rechtzeitig zurückzukehren. Auf den Felsen würde ich alle Leute zurücklassen, die die Sache ausplaudern könnten, dann würde ich zum nächstbesten Hafen fahren, die Felle verschiffen, an Bord nehmen, was ich brauche, zu den Felsen zurücksegeln, die Saison beenden und nach Valparaiso segeln, aber nicht Neuseeland anlaufen; so könnte ich damit rechnen, eine weitere Saison keine Gesellschaft zu haben.

Ein feineres Verfahren, eines, das die Herzen kleiner Jungen aller Altersstufen höher schlagen läßt und an Spy Glass Hill aus *Der Schatzinsel* und an die Anweisungen für verborgene Schätze erinnert, praktizierte Henry Fanning, der Bruder Edmund Fannings, als er Kapitän des Robbenfängers *Catherine* war. Nachdem er eine Gruppe Robbenjäger auf Prince Edward Island zurückgelassen hatte, begab er sich auf die Suche nach den Crozetinseln, entdeckte sie neu, stellte fest, daß sie voller Robben waren, kehrte nach Prince Edward zurück und nahm seine Leute auf. Da aber gerade andere amerikanische Robbenjäger auf der Insel arbeiteten, »wartete er ein, zwei Tage, damit niemand auf die Idee kam, sie hätten eine neue Insel entdeckt ...« Doch wie sollte man die Nachricht über die Position der Crozetinseln anderen Schiffen der Handelsgesellschaft zukommen lassen, ohne den rivalisierenden Robbenjägern davon Kenntnis zu geben? Die Handelsgesellschaft ersann eine einfache List. An der Nordostspitze der Insel sollte eine Steinpyramide errichtet und eine Botschaft in einer Flasche hinterlassen werden. Doch nicht unter dem Steinhügel. Man wollte die Flasche 30 Fuß südwestlich davon 2 Fuß tief im Erdreich vergraben, um so rivalisierende Robbenjäger zu täuschen.

Manche Berichte erinnern an Abenteuererzählungen der Jugendliteratur, an *Robinson Crusoe*, der ja auf ein historisches Vorbild zurückgeht. Dabei mußte man sich auf seine Intelligenz und die verfügbaren Mittel verlassen. Eine solche Geschichte erzählte Charles Goodridge, der mit der *Princess of Wales* vor der Crozetinsel Schiffbruch erlitt. Goodridge und seine Schiffskameraden verbrachten fast zwei Jahre auf der Insel, ehe sie gerettet wurden:

Die See-Elefanten lieferten uns Fleisch, Unterkunft, Brennstoff, Schuhleder und Nähgarn. Wir wuschen uns in ihrem Blut und säuberten damit unsere Kleidung. Das ging so einfach wie mit Seife. Der Speck der See-Elefanten und ein Stück Schnur ergaben eine Lampe. Aus den Zähnen machten wir Pfeifenköpfe, aus den Beinen der Wasservögel Pfeifenstiele, wir trockneten Gras und rauchten es. Die Knochen der See-Elefanten dienten als Feuerrost. Wir kochten die Herzen und die Zungen. Das Gehirn aßen wir oft roh, es war zuckersüß. Die Flossen wurden gekocht und ergaben ein Gelee, das gut schmeckte, wenn man Eier von Pinguinen, Tauben und Seevögeln hinzugab.

Aber was ist mit den Robben selbst – diesen unglückseligen Geschöpfen, die südlich der antarktischen Polarfront leben und die man fast ausgerottet hätte? Die antarktische Pelzrobbe, *Arctocephalus gazella*, ist ein geselliges Tier, dessen Brutverhalten, so wie das aller Pelzrobbenarten, der Ausrottung entgegenkommt. Die Hälfte ihres Lebens verbringt sie auf dem Meer; aber Ende Oktober und im November kommen die Bullen an ihren vertrauten felsigen Küsten und geschützten Buchten an Land. Sie haben, in der Fachsprache der Zoologen, »eine ausgeprägte Platz-Treue«. Hier gründen die fast 2 Meter großen Bullen Territorien und warten auf die kleineren Weibchen – in der Sprache der Robbenjäger die »Frauenhauben« –, die zwei Wochen später eintreffen, um das Junge zur Welt zu bringen. Die Bullen, die in ihrem Terrain paradieren, nehmen ein halbes Dutzend Weibchen in ihren Harem auf. Nachdem das Weibchen geworfen hat, säugt es das Junge ungefähr eine Woche lang und paart sich dann. Danach folgt ein fester Verhaltenszyklus: eine Woche im Meer, dann die Rückkehr, um das Junge drei Tage lang zu säugen. Im April sind die Brutmonate an Land vorüber, die Strände sind leer. Doch diese bloße Aufzählung des Lebens der Pelzrobbe weckt das Bild eines trägen, ruhigen, apathischen Geschöpfes: Tatsächlich ist ein Strand mit Pelzrobben ein lärmender Spielplatz voller Energie, Übermütigkeit und Lebensfreude. Pelzrobben können aufgrund der Fähigkeit, die hinteren Gliedmaßen nach vorne zu drehen und auf den großen Vorderflossen zu balancieren, am Strand gehen, ja galoppieren – und das häufig schneller, als ein Mensch zu laufen imstande ist. Die Bullen verteidigen in Kämpfen ihr Territorium: die jungen Männchen patrouillieren an den Randbezirken; die Jungen spielen miteinander in kleinen Gruppen; die Weibchen galoppieren zwischen dem Strand und dem Meer hin und her.

Hatten die Robbenjäger einen Strand mit Robben entdeckt, blieben sie so lange dort, bis keine einzige Robbe mehr am Leben war. Die Tötungs- und Häutungsmethoden waren brutal, schnell und effektiv: Nachdem man der Robbe mit dem Robbenschläger einen Hieb auf die Schnauze versetzt hatte, wurden, wie Amasa Delano schreibt, »die Messer hervorgeholt und den Tieren wurde die Brust aufgeschnitten oder -gerissen, vom Bereich unterhalb des Kinns bis zum Schwanz, wobei man ihnen einen Stich in die Brust versetzte, der sie tötet«. Dann begann das Abziehen, das Entfernen der gesamten dünnen Fettschicht und eines Teils des mageren Fleisches; das Ausstreichen, das letzte Ausfleischen der

Haut; dann das Ausspannen und Festnageln auf den Boden zum Trocknen und schließlich das Einsalzen und Stapeln, »so wie man eingesalzenen Kabeljau stapelt«. Ein fachkundiger Robbenjäger, so Delano, konnte in einer Stunde 60 Robben töten und häuten.

Im Gegensatz zu einer Kolonie lebhafter Pelzrobben gleicht ein See-Elefanten-Strand mit seiner Untätigkeit und seiner Trägheit dem Bild von einem türkischen Serail. Und was für ein Pascha er ist, und was für ein Serail die Kolonie! Das Männchen des südlichen See-Elefanten, *Mirounga leonina,* kann 4 Tonnen wiegen und von seinem pendelförmigen Rüssel bis zu seinen Hinterbeinen 7 Meter messen. Sein Harem umfaßt manchmal sechzig bis siebzig Konkubinen. Die Weibchen sind viel kleiner, werden selten größer als 4 Meter und wiegen weniger als 1 Tonne. Auch diese Seehunde zeigen »Platz-Treue«. Die Weibchen sind gesellig, kommen im September an Land. Dort versammeln sie sich in großen Gruppen, zu denen alsbald die brünftigen Männchen, die »Strandherren«, hinzustoßen und die nach der Zusammenstellung ihres Harems jedes eindringende Männchen verjagen. Die Jungen kommen ungefähr eine Woche, nachdem die Mutter an Land gekommen ist, zur Welt. Im Oktober sind die Strände voll. Männchen wie Weibchen fasten an Land, die Weibchen rund 30 Tage, die Männchen bis zu 90 Tagen. Sie leben von ihren Fettreserven, dem Blubber, der Fettschicht der Meeressäuger, die bis zu 15 Zentimeter Dicke erreichen kann. Der Blubber wurde ausgebraten, so wie der Walblubber, und ergab das ersehnte Öl. Eine Tonne Blubber ergab nach Angaben der Robbenjäger eine Tonne Öl.

Das Töten der See-Elefanten verlief blutiger als das der Pelzrobben. Den Weibchen, jungen Männchen und Jungtieren schlug man auf die Schnauze, danach schnitt

Aus dem Leben der Robbenjäger

Robbenfang-Schaluppe, aufgelegt zum Überwintern

Knüppel und Messer der Robbenjäger

Vorrichtung zum Zerteilen von Robbenspeck

Messerscheide eines Robbenjägers

Robbenjäger nutzen ihr Boot als Hütte

Die Kleidung schiffbrüchiger Robbenjäger

man sie mit einer Lanze auf, damit sie ausbluteten. Die größeren Bullen stieß man an, so daß sie sich aufrichteten, dann schoß man ihnen in den Gaumen, und schließlich wurden sie mit einer Lanze aufgeschnitten. Und so ein See-Elefant besitzt sehr viel Blut. Der abgetrennte Blubber – ein halbes Dutzend Männer war erforderlich, um einen großen Bullen umzudrehen – wurde einen Tag lang zum Einweichen in Wasser gelegt; dann zu kleineren Stücken zerhackt; dann in Hexenkesseln ähnelnden Gefäßen gekocht. Nach dem Abkühlen kam das Öl in Fässer. Das so gewonnene Öl konnte sich hinsichtlich der Qualität mit dem besten Walöl messen.

Nach heutigen Maßstäben ist das alles unverzeihlich. Doch am Ende des 18. Jahrhunderts und zu Beginn des 19. Jahrhunderts schmierte das Öl der Wale und Robben Industriemaschinen, erhellte Städte und Straßen und beleuchtete Häuser. Die damalige Gesellschaft war vom Walöl abhängig. Die heutige Gesellschaft ist wiederum von einem Öl abhängig. Zukünftige Generationen werden zweifellos die Lippen schürzen und den Kopf schütteln über die berauschte Vernarrtheit des 20. Jahrhunderts in den Verbrennungsmotor und die auf Erdöl basierenden Plastikgegenstände – hatte sie doch zur Folge, daß das Denken und Handeln einer ganzen Gesellschaft von einem fossilen Öl bestimmt werden konnte.

Die Süd-Shetland-Inseln liegen etwa 60 Meilen vor der Nordwestküste der Antarktischen Halbinseln. Von Elephant Island im Nordosten bis zu Smith Island im Südwesten erstrecken sie sich auf einer Länge von 250 Meilen. Sie bilden eine unwirtliche Kette aus Fels, Eis und Schnee und bieten der Küste der Halbinsel ein wenig

Eine Brigg zum Kohlentransport, ähnlich der Williams.
Von E. W. Cooke, 1828

Schutz vor den aus Westen heranrollenden Wogen des Südpolarmeers. Während der Wintermonate sind die Inseln vom Packeis eingeschlossen.

Ein Schiff, das von der Staateninsel mit gemächlichen fünf Knoten Fahrt nach Südwest steuert, erreicht nach vier Tagen die Inselgruppe (wegen der Oststströmung in der Drakestraße). Es ist keine lange, aber unter Umständen eine stürmische Reise. Als sich das zweite Jahrzehnt des 19. Jahrhunderts dem Ende zuneigte, waren diese Inseln noch immer nicht entdeckt. Fast alle anderen Inseln südlich der atlantischen Konvergenz, auf denen Pelzrobben und See-Elefanten lebten, waren mittlerweile bekannt, die Tiere fast völlig ausgerottet. Und auch für die Robben der Süd-Shetland-Inseln lief allmählich die Uhr ab.

Im Februar 1819 kämpfte ein Schiff südwärts gegen

die schäumenden Wasser der Drakestraße. Das Schiff mit dem recht prosaischen Namen *Williams* hätte in der Nordsee mit einer Ladung Kohlen bestimmt eine bessere Figur gemacht. Dickbäuchig, 82 Fuß lang und 25 Fuß breit, getakelt wie eine zweimastige Brigg, gebaut 1812 in der Kohlenhafenstadt Blyth in Northumberland. Der Kapitän und Teileigner, William Smith, hatte vier Monate zuvor seinen 28. Geburtstag auf der Fahrt von England nach Buenos Aires gefeiert. Wie die zahllosen Kapitäne in der größten Handelsflotte der damaligen Welt hatte Smith, wie James Cook, sein Handwerk auf den Nordsee-Kohlenseglern erlernt und zusätzliche Erfahrungen beim Walfang vor Grönland gesammelt. Zudem war er ein umsichtiger Seefahrer; die *Williams* hatte ein Chronometer an Bord.

Es war seine vierte Reise nach Südamerika gewesen, zu einem lukrativen Markt – obwohl sich der Kontinent in ständigem Aufruhr befand, denn die Kolonien kämpften um ihre Unabhängigkeit von Spanien. Jetzt war er mit seinem Schiff auf dem Weg um das Kap Hoorn herum unterwegs nach Valparaíso. Er hatte Schmiede- und Gußeisen, Baumwolle, Seide, Hüte, Werkzeuge, Messerwaren, Sättel, Musikinstrumente, Bücher und Wein geladen. Das Wetter war schlecht, was den Transport verzögerte. Um dem Weststurm auszuweichen, nahm er Kurs nach Süden. Er wollte das Kap weiter südlich umgehen; vielleicht war der Wind dort günstiger. Nach den Walfangexpeditionen vor Grönland konnte ihn das Eis kaum noch schrecken.

Am 19. Februar, kurz nach Tagesanbruch, kam bei stürmischem Wind aus Südwest und häufigen Schnee- und Graupelschauern Land in Sicht, Entfernung etwa 6 Meilen. Smith schätzte, daß es auf 62° südlicher Breite und 60° westlicher Länge lag. Wenn vor einer unbekannten Küste ein stürmischer Wind bläst und die Sicht schlecht ist, ist das weder die rechte Zeit noch der rechte Ort, Land zu erkunden. Deshalb schwenkte er nach Norden und wartete, bis sich das Wetter besserte. Er sollte nicht lange warten. Als es am nächsten Tag aufklärte, machte er kehrt und segelte zurück; gegen Mittag zeigte das unschätzbare Chronometer die Position 62° 17' südlicher Breite, 60° 12' westlicher Länge. Ein Vorgebirge lag Südwest, etwa 12 Meilen entfernt.

Smith benannte das Vorgebirge nach seinem Schiff. Heute bildet Williams Point die Nordostspitze von Livingston Island. Schon bald sah der Ausguck Brandungswellen nahe der unwirtlichen Küste. Smith war kein Forschungsreisender, sondern Handelskapitän und Teileigner des Schiffes. Handel mit dem Ausland war sein Beruf, deshalb kannte er auch die Bedeutung der Formulierung in seiner Seeversicherungspolice »unnötige Abweichung vom Kurs«. Kurzum: Wenn Schiff und Ladung Schaden nähmen, weil er Land erkundete, statt die Reise so rasch und sicher wie möglich fortzusetzen, wäre die Versicherung null und nichtig. Deshalb ging der ehemalige Walfänger an diesem klaren, schönen Tag den Eisschollen aus dem Wege, beobachtete aufmerksam die zahlreichen Wale und Robben und steuerte auf nordwestlichen Kurs nach Valparaíso.

Nachdem er am 11. März in den Hafen eingelaufen war, erstattete er William Shirreff, Kapitän der Fregatte *Andromache* und ranghoher Offizier der Royal Navy, der diesen langen Abschnitt der Küste Südamerikas patrouillierte, von seiner Entdeckung Bericht. Leider war Shirreff gerade in einiger Verlegenheit. In jenen unruhigen Zeiten war er für die Interessen und das Wohl der großen Kolonie britischer Kaufleute in Chile verantwortlich. Wie sollte er sich da auf die Jagd nach einem irrlichternden Land begeben, das sich im Eis der südlichen Breiten verbarg? Außerdem machten ihm die Unternehmungen eines ehemaligen Kapitäns der Royal Navy, Thomas Cochrane, 100. Earl of Dundonald – auf spanisch einfach »El Diablo« – zu schaffen. Der Freibeuter und kampferprobte Seefahrer war inzwischen Vizeadmiral von Chile und Oberbefehlshaber der sieben Schiffe starken Seestreitkräfte. Und gerade sann Cochrane darüber nach, wie man Napoleon Bonaparte, der auf Sankt Helena wie ein böser Geist in der Flasche steckte, befreien und den ehemaligen Kaiser auf einen südamerikanischen Thron setzen könnte. Immerhin fand Shirreff zweimal wöchentlich Trost bei einem Cricketmatch mit anschließendem Dinner. Cochrane selbst war mit seinen Söldnern zur Blockade von Callao aufgebrochen und deshalb nicht anwesend.

Smith habe irrtümlich einen Eisberg für Land gehalten, meinte der skeptische Shirreff. Hatte er Lotungen vorgenommen? Leider nicht. Auch die britischen Kaufleute blieben skeptisch. Doch in kleinen Gemeinschaften machen Neuigkeiten schnell die Runde. Daher kam das Gerücht, man stehe vielleicht vor einer neuen Entdeckung – ja, vor der Entdeckung von Walen und Robben in großer Zahl –, Jeremy Robinson zu Gehör, einem Agenten des Außenministeriums der Vereinigten Staaten; solche Leute hatten den Finger am Puls der Zeit, erfuhren viel, auch in Südamerika, worüber sie in Washington Bericht erstatteten. Noch im selben Jahr leitete Robinson den Hinweis weiter.

Mitte Mai hatte Smith eine weitere Ladung an Bord der *Williams* genommen, diesmal für Montevideo bestimmt. War es Sturheit, oder litt er noch an der herablassenden Haltung der Offiziere ihm, dem Kaufmann, gegenüber – wie auch immer: Smith beschloß, auf der

Rückreise um Kap Hoorn in die hohen südlichen Breiten vorzudringen, um Beweise für die Existenz eines Landes dort zu erhalten. Vielleicht war es eine tollkühne Entscheidung: Ausgerechnet im Winter versuchte er etwas Ungewöhnliches und Einmaliges. Wenige Kapitäne würden ihr Leben und das Heil von Schiff und Besatzung beim vorsätzlichen Versuch, in den Wintermonaten nach Süden zu fahren, aufs Spiel setzen. Irgend etwas hatte über die Formulierung »unnötige Abweichung vom Kurs« den Sieg davongetragen.

Die *Williams* hatte 19 Tage gebraucht, um die Strecke von der Entdeckung bis nach Valparaíso zurückzulegen. Die Rückfahrt dauerte elf Tage länger. Gegen Stürme und Gegenwinde ankämpfend, überquerte die Brigg die Polarfront und drang in die kalten antarktischen Gewässer vor. Am 15. Juni erreichte man 62° 12′ südlicher Breite – allerdings etwas weiter westlich. Die See war ruhig, es wehte eine leichte Brise, als plötzlich das Wasser gefror. Das Eis wurde rasch dicker. Das traf Smith völlig unvorbereitet – deshalb ging er auf Nordkurs. Mit gerefften Segeln schlängelte sich die *Williams* vorsichtig durch die Eisfelder. Nach einer Stunde gelangten sie wieder in offenes Wasser. Jetzt trug Klugheit den Sieg davon. Smith nahm Kurs auf Montevideo. Land hatte er nicht gesichtet.

In Montevideo stellte sich heraus, daß das Eis keinen geringen Tribut von der *Williams* gefordert hatte, denn am Schiffsrumpf fehlten mehrere Kupferplatten. Mittlerweile hatte das Gerücht, er habe im Februar Land entdeckt, in den Hafenkneipen die Runde gemacht. Amerikanische Kaufleute boten ihm sogar eine große Geldsumme, wenn er mit der *Williams* noch einmal in den Süden segle. Sie lockte aber nicht das Land, sondern die Berichte von Walen und Robben. Er lehnte ab.

Es dauerte fast drei Monate, bis Smith eine weitere Ladung für Valparaíso an Bord genommen hatte. Als er Ende September den Río de la Plata verließ, um zum drittenmal Kap Hoorn zu umsegeln, nahm er sich vor, »sein« Land zu suchen – und zu finden. Vor dem Kap herrschten günstige Winde, so daß er rasch nach Valparaíso gelangt wäre, doch er ging auf Südkurs. Am 15. Oktober kam bei dunstigem Wetter, etwa 9 Meilen entfernt, Land in Sicht. Es war eine Insel (Desolation Island), rund 6 Meilen von der früheren Entdeckung entfernt. Sie segelten darauf zu – diesmal nahmen sie Lotungen vor – und stießen mit dem bestückten Bleilot bei 40 Faden Tiefe auf Grund aus feinem, schwarzem Sand. Da es bereits dämmerte, wandte sich Smith wieder nach Norden und wartete bis zum Morgen. Als die *Williams* in der schönen, klaren Morgendämmerung zurücksegelte, erkannte Smith bei besserer Sicht, daß das Land sich nach Nordosten erstreckte. Den ganzen langen Tag fuhren sie die Küste entlang, machten Skizzen und loteten die Wassertiefe aus. Ziel war eine Landspitze, die »wir North Foreland nannten... Lotungen normal von 35 bis 21 Faden, guter Grund, Sand und Kies, das Wetter war uns günstig, die Boote waren im Wasser und konnten landen...«

Sie landeten in der heutigen Venus Bay, stellten an der felsigen Küste ein Brett mit dem Union Jack auf, brachten drei Hurrarufe aus und nahmen das Land im Namen König Georgs III. in Besitz. Es war »sehr hoch, schneebedeckt, sehr viele Robben, Wale und Pinguine...«, schrieb er ins Logbuch. Nach der Rückkehr des Landungstrupps segelte er die Nacht über unter Land. Die Landung hatte am 16. Oktober 1819 stattgefunden – fünf Tage nach seinem 28. Geburtstag.

Bis dahin galt Cooks Süd-Thule als das südlichste

Land der Erde. Smith' Entdeckung lag über zwei Grad weiter südlich. Das Land wirkte zwar unwirtlich, aber aus den Robben ließ sich Kapital schlagen. Am nächsten Morgen segelte die *Williams* bei Ostwind an der Küste zurück. Dann tauchten Inseln auf. Als sie an Williams Point vorbeikamen, meinte er, durchs Fernrohr Kiefern zu erkennen – die Landschaft erinnerte ihn an Norwegen. Es war eine optische Täuschung. Tags darauf, bei Tagesanbruch, sichtete man sehr hohes Land und taufte es Smith's Cape (heute Smith Island). Die mehr als 2000 Meter aus dem Meer anfragende Insel ist tatsächlich der höchste Punkt der Süd-Shetland-Inseln.

Doch nun war es an der Zeit, wieder Valparaíso anzusteuern und die Ladung abzuliefern. Und mit einer gewissen Genugtuung von seinen Entdeckungen zu berichten. Niemand, nicht einmal die höchst skeptischen Offiziere der Königlichen Marine, könnten nun die Wahrheit bestreiten.

Die *Williams* kehrte am 24. November nach Valparaíso zurück. Smith unterrichtete die Royal Navy. Diesmal hörte man ihm mit sehr viel mehr Aufmerksamkeit zu. Ein guter Bekannter von Smith, John Miers, ein britischer Ingenieur, war besonders beeindruckt. (Miers war von Cochrane nach Chile eingeladen worden; der befand sich damals auf einer Erkundungsfahrt zum spanisch besetzten Valdivia, wobei er ein freibeuterisches Auge auf die gut befestigte Stadt und die Hafenanlagen warf.) Miers war ein gebildeter Mann und interessierte sich für naturwissenschaftliche Fragen. Er sah sofort die Möglichkeiten, die Robbenjagd und die strategische Lage des neuen Landes boten: es konnte als Zufluchtsort und Stützpunkt dienen, falls die Situation in Südamerika sich weiterhin zuspitzte. Zusammen mit britischen Kaufleuten wollte er die *Williams* für eine

Fahrt nach Süden chartern. Doch hier griff die Navy ein: Da Shirreffs Zweifel verflogen waren, konnte er Miers und seine Gesprächspartner überzeugen, ihren Plan aufzugeben. Die Navy würde die *Williams* chartern, Besatzungsmitglieder der *Andromache* kämen an Bord; und dann gehe es so schnell wie möglich nach Süden.

Vielleicht hatte Shirreff seinen Entschluß nicht ganz so spontan gefaßt. In einem Brief vom 15. November 1819 (neun Tage vor der Rückkehr der *Williams*) hatte Jeremy Robinson seinen Außenminister, John Quincy Adams, über die frühere Entdeckung von Smith informiert: »Sir, ich nutzte die Gelegenheit ... Sie über eine kürzlich gemachte wichtige Landentdeckung im Südmeer in Kenntnis zu setzen. In wenigen Tagen werden Kapitän Shirreff, der Kommandant der Andromache und die britischen Seestreitkräfte in diesen Meeren ein Schiff aussenden, um das Land zu vermessen und darüber Bericht zu erstatten.« In dem Brief wird darüber hinaus der Vorschlag gemacht, man solle ein Schiff der Regierung der Vereinigten Staaten entsenden, um die südlichen Gegenden zu erforschen, wo sich »neue Quellen von Reichtum, Macht und Glück auftun würden, von denen die Wissenschaften profitieren könnten«. Im Brief eines anderen Agenten an Adams heißt es weniger schwülstig, daß das Land »wegen der zahlreichen Robben und Wale, die man an seiner Küste im Überfluß findet, ein neues Betätigungsfeld für die Abenteuerlust unserer Landsleute ist«.

Nachdem die Royal Navy die *Williams* gechartert und Smith drei Fahrten vorbereitet hatte, zog er sich in den Hintergrund zurück. Nun betrat eine neue Figur die Bühne. Shirreff, der die *Williams,* Smith und dessen Mannschaft gemietet hatte, schickte als Oberbefehlshaber einen Mr. Edward Bransfield, Kapitän der *Andro-*

mache, an Bord. Shirreff hielt ihn für einen sehr kompetenten Seemann und fähigen Offizier.

Vorräte und Lebensmittel für ein Jahr wurden an Bord genommen – für den Fall, daß sie vom Eis umschlossen wurden –, darunter vier Ochsen und weitere Tiere. Es sollte festgestellt werden, ob es sich bei den Süd-Shetlands tatsächlich um Inseln oder aber um einen Teil eines Kontinents handele. Ferner sollten Längen- und Breitengrade von Ankergründen aufgezeichnet, Gegenstände von naturwissenschaftlichem Interesse beobachtet, gesammelt und konserviert, das Wetter und die magnetischen Abweichungen des Kompaß registriert werden. Auch interessierte man sich für den Charakter der Einwohner – so es welche gebe. Schließlich sollten alle Entdeckungen in Besitz genommen werden.

Während er seine Instruktionen in der Seekiste verstaute, lichtete Bransfield, unter dem Gebrüll der Ochsen, den Anker der *Williams* und stach im Dezember 1819 bei Valparaíso in See. Smith war's zufrieden. Neun Monate zuvor war er auf herablassende Ablehnung gestoßen, und nun das Gegenteil.

Abgesehen von zerrissenen Segeln und einem im Sturm gebrochenen Mast, verlief die Fahrt nach Süden ruhig. Am 16. Januar 1820 kam Land in Sicht. Livingston Island – denn darum handelte es sich – ragt mehr als 1000 Meter über den Meeresspiegel auf, und die Bucht, in die sie segelten – Barclay Bay –, schildert der *Antarctic Pilot* als »von Felsen versperrt und sehr gefährlich«. Schon bald verließ man diese wenig einladende Bucht, änderte den Kurs und segelte in nordöstlicher Richtung der Nordküste des Landes entlang. Am 22. Januar hatten sie Smith' frühere Landestelle passiert, das North Foreland umrundet, waren die kurze Ostküste hinabgesegelt und in eine große Bucht an der Südküste gelangt. Hier gingen sie an Land. Bransfield setzte einen Flaggstock mit dem Union Jack in den Boden, vergrub in einem Metallbehälter Münzen des Königreichs und erklärte das Land zum britischen Hoheitsgebiet. Die Bucht wurde auf den Namen George's Bay getauft (heute King George Bay) und die Insel King George Island.

Bransfield wußte nicht, daß man rund 100 Meilen westlich auf Rugged Island einen Union Jack gehißt, das Land für König Georg in Besitz genommen und mit Gläsern voll Grog auf die Gesundheit Seiner Majestät angestoßen hatte. Das war am Weihnachtstag des Jahres 1819 gewesen – fast einen Monat vor der kleinen Feier Bransfields. Britische Kaufleute hatten in Buenos Aires eine Brigg gechartert, die *Espirito Santo,* einige britische Seeleute und einen Kapitän an Bord geholt, Joseph Herring, der 1820 in der Juliausgabe des *Imperial Magazine* einen Artikel über die Unternehmung veröffentlichen sollte. Sie hatten sich auf die Suche nach Smith' Entdeckung gemacht und waren 33 Tage auf der Insel geblieben, während sie zahllose Robben töteten. Als Bransfield Land gesichtet hatte und in die Barclay Bay eingelaufen war, befand sich die *Williams* nur 5 Meilen von den Robbenjägern entfernt.

Einen Tag nachdem Bransfield die Flagge gehißt hatte, traf ein weiterer Robbenfänger auf Rugged Island ein und warf nahe der *Espirito Santo* über »sandigem Grund« Anker. Es war die amerikanische 131 Tonnen schwere Brigg *Hersilia:* in Mystic, Connecticut, gebaut, 68 Fuß lang, mehr als 28 Fuß breit und Tiefgang 10 Fuß. Es war ihre Jungfernfahrt. Sie hatte im Juli 1819 in Stonington unter dem Kommando eines erfahrenen Seefahrers, James Sheffield, begonnen, der auch zu den Eignern zählte. Zweiter Offizier war der zwanzigjährige

Nathaniel Palmer, ebenfalls aus Stonington. Zwar nicht auf dieser Fahrt, aber später sollte er in der amerikanischen Polarforschung noch eine Rolle spielen. Die *Hersilia* war zwar für die Robbenjagd ausgerüstet, hatte aber Handelsgüter für den südamerikanischen Markt an Bord, gewissermaßen als Versicherung bei schlechter Fanglage. Irgendwo auf der Fahrt nach Süden, möglicherweise in Buenos Aires, Montevideo oder auf den Falklands, hörte Sheffield von Smith' Entdeckung. Die gute Spürnase des Yankees hatte ein wahres Robbenjagddorado aufgetan. Nur 16 Tage verbrachten die Amerikaner mit dem Töten und dem Häuten der Robben, bevor sie mit einer Fracht von 8868 Fellen absegelten. Man hätte noch mehr mitnehmen können, aber das Salz war ihnen ausgegangen.

Während die Robbenjäger ihrer Arbeit nachgingen, segelte Bransfield auf der *Williams* am 27. Januar aus der King George Bay los und ging entlang der Südküste der Insel auf Südwestkurs. Am selben Tag, 1400 Meilen östlich und 420 Meilen näher am Südpol, segelten zwei russische Kriegsschiffe, nachdem sie den südlichen Polarkreis überschritten hatten, bei kaltem, düsterem Wetter und Schneetreiben Richtung Süden. Das Wetter klarte so weit auf, daß die Offiziere die Sonne schießen konnten: ihre Position war 69° 21' südlicher Breite. Vor den Schiffen lag eine »feste Eisdecke ... Unser Kurs führte uns geradewegs in dieses mit Eishügeln bedeckte Feld«, wie der Kommandant der Expedition notierte. Ein anderer Offizier schrieb, daß »wir kontinentalem Eis von außerordentlicher Höhe begegneten, und an dem prächtigen Abend erstreckte es sich ... so weit das Auge sah ...«. Die Russen hatten nicht nur das Schelfeis erblickt, das diesen Abschnitt der Antarktis säumt, sondern auch Antarktika gesehen. Die erste Sichtung. Doch nun verlassen wir wieder die Russen, die diese sonderbare Eisfront in Augenschein nahmen – sie sollten sie noch einmal erblicken –, und wollen zur *Williams* zurückkehren, die die Südküste der Süd-Shetland-Inseln entlangfuhr.

Am 29. Januar war die *Williams* 80 Meilen längs der Küste dieser öden, unwirtlichen Inseln entlanggesegelt, hatte Land gesichtet (Deception Island), das wieder im Nebel verschwand, und sich schließlich zum Süden der Meeresstraße gewandt, die heute Bransfields Namen trägt. Am folgenden Tag sichteten sie Tower Island, die Insel ragte mehr als 300 Meter empor; dahinter lag noch mehr Land. Nachdem sie den Westen und den Süden von Tower Island passiert hatten, bot sich ihnen ein besserer Blick auf die Bergzüge der Antarktischen Halbinsel, die mehr als 2000 Meter emporragen. Es war, wie ein Offizier notierte, »der düsterste Anblick, den man sich vorstellen kann, und die einzige Freude, die man empfand, war die Vorstellung, daß es sich hierbei vielleicht um das seit langem gesuchte Südland handeln könnte ...« Bransfield trug das Land in die Karte als »Trinity Land, teilweise mit Eis bedeckt« ein. Der Offizier hatte recht: Sie hatten, wenige Tage später als die Russen, einen Teil von Antarktika zu Gesicht bekommen.

Auf Kurs Nordost – das Land lag steuerbord – segelten sie in Gewässern voller Riffe. Zusätzliche Gefahr drohte ihnen wegen des dichten Nebels. Als er sich lichtete, sahen sie eine von Eisbergen und zwei hohen Bergen gesäumte Küste – die heutigen Mount Jacquinot und Mount Bransfield. In dichtem Nebel liefen sie an O'Brien Island vorbei, erblickten Land – Gibbs Island – sichteten Elephant Island und landeten am Nordufer einer Insel, die sie wegen der »90 schönen Robbenfelle«, die sie erbeuteten, Seehundinsel tauften. Am 4. Februar landete Bransfield an der Ostküste von Clarence Island. »In einer kleinen Bucht, am Fuß einer gewaltigen Klippe, errichteten wir eine Tafel mit einer Inschrift, die derjenigen ähnelte, die wir an der Küste von George's Bay zurückgelassen hatten ...« Zu Clarence Island – ein Gipfel ist fast 2000 Meter hoch – notierte er auf der Karte, daß sie auf eine Entfernung von 100 Meilen zu sehen war. (73 Jahre später schrieb Dr. William Bruce an Bord der *Balaena,* einem von vier Schiffen einer Walfängerflotte aus Schottland, er habe Clarence Island aus einer Entfernung von 80 Meilen erblickt.)

Die *Williams* lief jetzt auf Südkurs ins Weddellmeer, bis ihr das Packeis den Weg versperrte. Sie befanden sich 80 Meilen südlich und 200 Meilen östlich von Trinity Land, dessen Position sie bestimmt hatten. Sie selbst ahnten nicht, daß sie sich nun auf der Ostseite der Antarktischen Halbinsel befanden. Die Rückfahrt verlief ruhig: nördlich von Elephant Island und zurück längs der Nordküsten der Süd-Shetland-Inseln. Am 19. März sahen sie die letzte dieser Inseln, die einen derart »düsteren, trostlosen Anblick« geboten hatte. Die *Hersilia* und die *Espirito Santo* waren längst nach Norden gesegelt.

Am 15. April erreichte die *Williams* Valparaíso. Sie wurde aus den Diensten der Royal Navy entlassen; Bransfield, der Schiffsarzt und die drei Offiziere kehrten auf ihre Schiffe zurück. William Smith bereitete die *Williams* für die Rückkehr zu seiner Entdeckung vor. Diesmal wollte er Robben jagen.

Bransfields Aufzeichnungen samt den Karten wurden ans Hydrographische Amt in England geschickt, wo erstere sogleich verlorengingen. Nur die Karte ist erhalten sowie der Reisebericht eines Offizieres, der in der *Liter-*

ary Gazette vom November 1821 erschien. Bransfield und seine Mannschaft hatten den Kontinent gesichtet. Sie waren, ohne es zu bemerken, als erste ins Weddellmeer gefahren – wenngleich auch nur eine kurze Strecke.

Einige Wochen nachdem die *Williams* wieder in Valparaíso eingelaufen war, fuhr die *Hersilia,* am 21. Mai 1820, mit ihrer Ladung Robbenfelle in Stonington ein – die Felle erbrachten 22 146 Dollar und 49 Cent. Die Nachricht vom Robbenjagdparadies auf den Inseln südlich Kap Hoorns schlug wie eine Bombe ein. Am selben Tag stachen auf der anderen Seite des Globus, bei Sydney, die beiden russischen Schiffe, die das Schelfeis am Rand von Antarktika gesichtet hatten, in See und begaben sich auf eine Fahrt durch den Pazifik, bevor sie in die Gewässer südlich der antarktischen Polarfront zurückkehrten.

»Zar Alexander Pawlowitsch ruhmreichen Angedenkens hat in dem Wunsch, das Feld des Wissens auszuweiten, die Entsendung zweier Expeditionen, beide aus zwei Schiffen bestehend, zur Erforschung der höheren Breiten des arktischen und des antarktischen Meeres befohlen.« So lauten die klangvollen Worte des Präsidenten des Wissenschaftsrates der kaiserlich-russischen Marine, die die erste Auflage der *Reise des Kapitäns Bellingshausen in die Antarktischen Meere* 1819–1821 einleiten: zwei Bände mitsamt einem Atlas – und lediglich 600 Exemplare, veröffentlicht 1831, ziemlich spät. Die Nachwelt hat Bellingshausen schlecht behandelt. Nachdem man Bellingshausens Aufzeichnungen und Karten in Sankt Petersburg durchgesehen hatte, glaubte man, in der Antarktis sei wenig zu holen. Zentralasien stand im Mittelpunkt des Interesses.* Bellingshausens Bericht war bis 1902. nur auf russisch erhältlich, dem Jahr, in dem die gekürzte deutsche Übersetzung erschien. Die erste englische Übersetzung erschien erst 1945 in der Schriftenreihe der Hakluyt Society, herausgegeben von Frank Debenham. Erst 1837 erschien Bellingshausens Route auf einer britischen Karte. Nur wenige Geographen und noch weniger Seeleute hatten Kenntnis von der Reise. Nathaniel Palmer, der Bellingshausen 1821 auf den Süd-Shetland-Inseln begegnet war, konnte sich nicht einmal mehr an seinen Namen erinnern. 55 Jahre später berichtet Palmer von der Begegnung mit »Admiral Krustenstern« und »der Fregatte ›Rostock‹ & einer Schaluppe, deren Namen mir entfallen ist ...« Ein klassisches Beispiel für das fehlerhafte Gedächtnis im Alter.

H. R. Mill schildert in seinem 1905 erschienenen Buch *The Siege of the South Pole* Bellingshausens Reise als »meisterhafte Fortsetzung der Reise Cooks, eine Ergänzung in allen Einzelheiten, aber in keinem Punkt ein Konkurrenzunternehmen«. Fabian Gottlieb von Bellingshausen (russisch Faddei Faddejewitsch Bellingshausen) wurde 1778 (ein Jahr vor Cooks Tod) auf der estnischen Insel Saaremaa (Ösel) geboren. Die Bellings-

---

* 1817 veröffentlichte General Sir Robert Wilson sein Buch *Sketch of the Military and Political Power of Russia.* Der Bestseller erlebte fünf Auflagen. Als offizieller britischer Beobachter bei den russischen Streitkräften hatte er 1812 das brennende Moskau gesehen und die ersten Nachrichten über Napoleons Rückzug nach Großbritannien geschickt. Wilson warnte vor Rußlands alarmierender Expansionspolitik. Während der sechzehnjährigen Herrschaft Alexanders seien mehr als 500 000 Quadratkilometer Territorium und 13 Millionen Menschen dem Russischen Reich einverleibt worden. Die Stärke der russischen Armee sei von 80 000 auf 640 000 Mann angestiegen. Rußlands Appetit auf weitere Gebiete und Untertanen sei noch nicht gestillt, warnte er. Das Hauptgericht werde das britische Indien sein. Die ersten Schüsse in dem »Großen Spiel« seien gefallen.

hausens waren wohlhabende, alteingesessene Baltendeutsche (das Elternhaus steht noch und beherbergt heute eine Nervenklinik). 1789 trat Bellingshausen in die kaiserlich-russische Marine ein. Den größten Teil seiner Laufbahn verbrachte er in der Schwarzmeerflotte, doch drei Jahre lang, von 1803 bis 1806, diente er als Fünfter Offizier auf der ersten russischen Weltumsegelung unter dem Kommando von Admiral Krusenstern. Der russische Offizier hatte in der Royal Navy gedient und den Versuch unternommen, die kaiserlich-russische Marine nach britischem Vorbild auszurichten. Sowohl er als auch Bellingshausen waren glühende Bewunderer, ja Verehrer James Cooks. Für sie war er das Nonplusultra eines Seefahrers.

Der russische Zar hatte zweierlei Gründe, sowohl die Arktis als auch die Antarktis erforschen zu lassen. Nach der Niederlage Napoleons, als russische Truppen 1814 in Paris einzogen (es heißt, eine russische Hinterlassenschaft in der französischen Sprache sei das Wort *bistro* – abgeleitet vom russischen *bystro,* was soviel heißt wie »schnell«), verstärkte sich Alexanders I. Sendungsbewußtsein – sowohl was ihn selbst als auch was Rußland betraf. Der psychisch labile Zar wurde häufig von religiösen Wahnvorstellungen heimgesucht und betrachtete sich als den von Gott gesandten Führer der christlichen Monarchien. Dies fand seinen konkreten Ausdruck in der Heiligen Allianz zwischen den Herrschern Rußlands, Österreichs und Preußens 1815. Bald schlossen sich der Absichtserklärung, die Prinzipien des Christentums auf die Innen- und die Außenpolitik zu übertragen, bis auf wenige Ausnahmen weitere europäische Monarchen an. Metternich, der zynische österreichische Minister, bezeichnete das Dokument »als tönendes Nichts«, und Castlereagh, der britische Außenminister, verdammte es als »Stück von komplettem Mystizismus und Unsinn«. Praktischere Gründe für die Expeditionen – die im Gegensatz zum mystischen Sendungsbewußtsein standen – lagen darin, ein Kader von Seeleuten für die russische Kriegsmarine auszubilden und Land »zur Gründung zukünftiger dauerhafter Seeverbindungen oder Orte zur Instandsetzung von Schiffen« zu entdecken.

Das Russische Reich erstreckte sich mittlerweile über die Beringstraße bis nach Nordamerika. Die Verbindungswege durch Sibirien waren lang, mühselig und schwierig. Die Regierung mußte ein kostspieliges Nachrichten- und Transportsystem durch die weiten Wälder, Steppen, Sümpfe, Flüsse und Ebenen Sibiriens unterhalten. Güter mußten in transportable Größen zerlegt, Schiffstaue auf rund 16 Meter Länge zugeschnitten, schwere Anker in Einzelteilen befördert werden. Der Transport der Tierfelle im Gegenzug war viel zu teuer. Auf dem Seeweg würden sie sehr viel leichter und preiswerter zu transportieren sein. Aber anders als Frankreich, Großbritannien, Holland, Portugal und Spanien hatte Rußland weltweit keine Überseebesitzungen; vielleicht konnte man eine im Südlichen Eismeer ausfindig machen.

Bellingshausen hörte von seiner Ernennung zum Leiter der Forschungsreise in die Antarktis im April 1819, als er im Schwarzen Meer stationiert war. Einen Monat später erhielt er in Sankt Petersburg seine Anweisungen und erfuhr, daß die Expedition aus zwei Schiffen bestand. Die *Wostok* (Osten), 130 Fuß lang, 33 Fuß breit, mit einem Tiefgang von 10 Fuß, war im Jahr zuvor gebaut worden. Kommandant war Kapitänleutnant Iwan Sawodowskij, den Bellingshausen gut kannte. Das Begleitschiff war die *Mirnij* (Friedlich), ein ehemaliges

Transportschiff, 120 Fuß lang und 30 Fuß breit; es unterstand dem Befehl von Leutnant Michail Lasarew. Die *Mirnij* war ein schlechter Segler und wird Bellingshausen in den nächsten zwei Jahren immer wieder große Sorge bereiten. Die Gesamtzahl der Besatzung, unter ihnen ein Astronom, ein Maler und ein Priester, belief sich auf 10 Mann. Zwei deutsche Naturforscher sollten in Kopenhagen zur Expedition stoßen, lehnten die Teilnahme aber im letzten Augenblick ab, was Bellingshausen zu einigen scharfen Bemerkungen über die von Deutschen dominierte russische Akademie der Wissenschaften veranlaßte und ihre Weigerung, russische Forscher zu berufen.

In ungewohnter Großzügigkeit erhielten die Mannschaftsmitglieder einen Lohn, der den normalen Sold um das Achtfache überstieg – und das auch noch für ein ganzes Jahr im voraus. Der Verproviantierung wurde große Beachtung geschenkt, zu den Lebensmitteln gehörten Pökelfleisch, frisches Schweinefleisch, Schiffszwieback aus Weizen und Roggen, Sauerkraut, Rindfleischextrakt in Form von Würfeln, klare Suppen, Tee, Melasse, Zucker, Kakao, Tannenextrakt, Apfelwein und Essig. Aus Tannenextrakt und Melasse sollte Bier hergestellt werden. »Da Bier das gesündeste Getränk auf See ist, scheint es nützlich, es häufig an die Männer auszugeben«, hieß es unter anderem in den Anweisungen der Admiralität.

Als er die seitenlangen Instruktionen, die sich die Admiralität, das kaiserlich-russische Marineministerium und der Marineminister ausgedacht hatten, las, hat Bellingshausen vermutlich erleichtert aufgeatmet, als sein Blick auf einen Absatz fiel, in dem es hieß, »die Kaiserliche Akademie der Wissenschaften hat wegen Zeitmangel keine Anweisungen für die wissenschaftlichen Mitarbeiter vorbereitet ...« Das sei gleichgültig, schrieb der ungnädige Marineminister; er sende hier einige Richtlinien zu dem Thema: geodätische, astronomische und Pendelexperimente zur Messung der Schwerkraft, Navigation, Monddistanzen, Flut- und Ebbetiden, magnetische Abweichungen, Luftdruck, atmosphärische Verhältnisse, Windrichtungen auf unterschiedlichen Breitengraden (unter Verwendung kleiner Ballone), Beobachtungen zum Meerwasser und zum Salzgehalt in unterschiedlichen Wassertiefen, Zustandsformen und Bildungsformen des Eises, Farbstoffe und Materialien der Einheimischen. Bei den Eingeborenen sollten Hautfarbe, Statur und Gesundheitszustand untersucht werden; auch soll man ihre »innere Anatomie nicht vergessen und, wenn es möglich ist, sich Leichname zum Sezieren verschaffen«. Auch Geologie, Mineralogie und Botanik seien zu berücksichtigen. Die Maler waren gehalten, »alles« zu zeichnen, »was in der Natur zu sehen ist, und es wird erwartet, daß ihre Bemühungen eine genaue Wiedergabe aller seltenen und merkwürdigen Erscheinungen liefern, die der Erwähnung wert sind«. Schließlich solle Bellingshausen, nur für den Fall, dem weit ausgeworfenen Netz des Ministers könnte etwas entgangen sein, »keine Gelegenheit auslassen, alles zu untersuchen, zu notieren und zu beobachten, was zur Beförderung der Wissenschaft im allgemeinen oder irgendeiner ihrer Zweige im besonderen beitragen könnte«.

Nach sechs betriebsamen Wochen stach Bellingshausen mit den beiden Schiffen am 4. Juli 1819* von Kronstadt aus in See. Nach einer Zwischenlandung in Ko-

---

* In Rußland galt immer noch der alte Julianische Kalender; um den Gregorianischen Kalender zu errechnen, muß man zwölf Tage dazuzählen.

penhagen gingen die *Wostok* und die *Mirnij* am 30. Juli in Spithead vor Portsmouth vor Anker. Am nächsten Tag fuhren die Offiziere mit der Postkutsche nach London. Sie kauften Karten, Bücher, Fernrohre, Instrumente zum Durchgang von Himmelskörpern, Sextanten, Chronometer sowie Mr. Donkins Konservenlebensmittel, besuchten touristische Sehenswürdigkeiten: St.-Pauls-Kathedrale, Westminsterabtei, Tower, Vauxhall Gardens und gingen ins Theater. Der fünfundsiebzigjährige Sir Joseph Banks, der zwar von Gicht geplagt, kränkelnd und an den Rollstuhl gefesselt, aber noch immer Präsident der Royal Society war, wurde konsultiert in der Hoffnung, Naturforscher zu finden, die die beiden unberechenbaren Deutschen ersetzen könnten. Aber das Ganze war zu kurzfristig. Also segelten die Russen am 26. August von Portsmouth ohne einen wichtigen Teil ihrer wissenschaftlichen Mannschaft los.

Bellingshausen folgte Cooks Beispiel: Er führte ein Drei-Wachen-System ein, achtete sorgfältig auf die Sauberkeit seiner Männer, gab den Befehl, das Bettzeug zweimal pro Woche zu wechseln und die Hängematten zweimal monatlich zu waschen. Während sie in den Atlantik hinaussegelten, ließ er die Männer vom Stabsarzt auf Geschlechtskrankheiten untersuchen. Zu seiner nicht geringen Überraschung war offenbar kein Seemann der *Wostok* infiziert. »Das war«, so Bellingshausen, »um so merkwürdiger, als es in England, vor allem in den wichtigen Häfen, mehr Dirnen gibt als irgendwo sonst.« Nach einer Zwischenlandung auf Teneriffa, wo sie Trinkwasser, Wein und frische Lebensmittel einnahmen, segelten sie südwärts und überquerten am 18. Oktober den Äquator. Bellingshausen war der einzige Teilnehmer der Expedition, der diese legendäre Linie schon einmal überquert hatte. Man hievte einen Eimer Wasser aus dem Meer, und Bellingshausen taufte die Offiziere und Kadetten, »um sie mit den Gewässern der südlichen Halbkugel bekannt zu machen«. Für die Seeleute fiel die »Taufe« etwas drastischer aus: Der Proviantmeister schüttete ihnen einen Eimer Wasser ins Gesicht.

»Mit Ausnahme der Herren Lasarew, Sawodowskij und mir selbst hatte keiner der Offiziere auf beiden Schiffen jemals Gelegenheit, astronomische Beobachtungen durchzuführen.« Der Satz aus Bellingshausens Bericht springt ins Auge, und plötzlich merkt man, daß die Reise dazu diente, Offiziere für die im Entstehen begriffene kaiserlich-russische Marine auszubilden. Jeder Offizier hatte in London oder Portsmouth einen Sextanten gekauft – und als sie schließlich Rio de Janeiro erreichten, beherrschten alle die Himmelsnavigation, darunter die Berechnung der Länge mit Hilfe der Monddistanzen. Die Reise sollte in der Tat berühmt werden wegen ihrer präzisen Navigation und der großen Zahl von Himmelsbeobachtungen, die man zur Überprüfung der eigenen Position und der Ganggeschwindigkeit der Chronometer vornahm.

Die Russen blieben drei Wochen in Rio de Janeiro. Auf Bellingshausen machte die Stadt einen abstoßend schmutzigen Eindruck. Auf den Hügeln thronten Klöster, wo nur die Männer Gottes »in den Genuß frischer, gesunder Luft und der Freude des schönen Ausblicks von den Höhen« kamen. Die Sklavenmärkte mit dichtgedrängten Mengen im Elend lebender Afrikaner schockierten ihn. Zwölf Jahre später hatte Charles Darwin dieselben Empfindungen, was zu Meinungsverschiedenheiten zwischen ihm und FitzRoy, dem Kapitän der *Beagle* führte.

Am 22. November stachen die *Wostok* und die *Mirnij* wieder in See. Die Schiffe hatten Ochsen, Schafe,

40 große Schweine, 20 Sauen, Enten, Hühner, Rum, Zucker, Zitronen, Kürbisse, Zwiebeln, Knoblauch und Gemüse geladen. Zum Schluß wurden Heuballen für die Ochsen und Schafe aufgenommen. Bellingshausen nahm Kurs auf das 2000 Meilen entfernte Südgeorgien. Am Abend des 12. Dezembers, 200 Meilen vor der Insel, fiel die Lufttemperatur plötzlich stark ab. Sie hatten die südliche Polarfront überquert. Einen Tag später fiel der erste Schnee. Am 15. Dezember sichteten sie, inmitten von blauen Sturmvögeln, Schneesturmvögeln, Albatrossen »Petruschkj« (Kaptauben, Kapsturmvögel), Pinguinen und Walen, Willis Island und Südgeorgien.

Cook hatte die nördliche Küste Südgeorgiens vermessen. Bellingshausen sollte sich nun die Südküste vornehmen. Als sie an der Küste entlangfuhren, kam aus einer der Buchten ein kleines Segelboot unter britischer Flagge auf sie zu. Bald hatte es in Lee der *Wostok* beigedreht. An Bord waren drei Männer – einer von ihnen ein Russe, der in einem englischen Hafen von einem russischen Kriegsschiff desertiert war. Er erklärte, sie kämen von zwei britischen Walfängern. Sie seien seit vier Monaten auf der Insel und jagten See-Elefanten wegen ihres Öls. Sie führen die Küste entlang, suchten einen Strand mit Robben, landeten, würden sich an die Arbeit machen. Sie hausten unter ihrem umgekippten Boot, mit Pinguinhäuten und Speckresten machten sie Feuer unter den Trankesseln mit ihrem Essen. Bellingshausen schenkte ihnen Grog, Zucker und Butter, was sehr gerne angenommen wurde. Dann ruderten die Robbenjäger zum unwirtlichen Eiland zurück.

Am 18. Dezember beendete Bellingshausen bei häufigen Schneefällen und Graupelschauern die Vermessung einer Insel, »die gefroren und sozusagen tot ist...« Wenn er auf besseres Wetter wartete, könnte das seine

Reise in höhere Breiten nur verkürzen. Als nächstes wollte er die Süd-Sandwich-Inseln untersuchen, die James Cook entdeckt hatte. Am 20. Dezember sahen sie zum erstenmal einen Eisberg, der »großen Eindruck auf sie machte«. Zwei Tage später sichtete man ein kleines unbekanntes Eiland; Bellingshausen benannte es nach dem dritten Leutnant auf der *Wostok*: Lieskow. Am nächsten Tag kam eine weitere Insel in Sicht; sie wurde auf den Namen Wisokoi (Hohe Insel) getauft. Dann tauchte eine dritte Insel auf, eine Vulkaninsel, denn aus einem Krater stiegen »dichte übelriechende Dämpfe«. Sie tauften sie Sawodowskij-Insel.

Am 24. Dezember ging Sawodowskij mit einigen Männern an Land und stieß auf zahllose brütende Pinguine. Sie erklommen den Vulkan bis auf halbe Höhe; mit Stöcken schlugen sie sich eine Schneise durch die Pinguine. Der Boden war so heiß, daß sie bald wieder den Rückweg antraten – durch den Gestank des warmen Pinguinkots, in den sich die Kraterdämpfe mischten.

An jenem Abend – einigen Männern hing noch immer der Gestank in der Kleidung – feierte man auf der *Wostok* und der *Mirnij* Heiligabend und »den Jahrestag der Befreiung Rußlands von der Invasion der Franzosen...« Es gab Borschtsch, das russische Nationalgericht, eine Kohlsuppe mit Fleisch, roten Rüben, etwas Kwaß und saurer Sahne. Jeder Mann trank einen halben Krug Bier und danach ein Glas Rumpunsch mit Zitrone und Zucker.

Am 5. Januar waren auch diese Vermessungsarbeiten beendet. Die äußeren Bedingungen waren hart gewesen: Sturm, Schnee, Regel, Graupel, Nebel, inmitten von Eisfeldern und Eisbergen. Wenn es mal kurz aufklärte, hatten die Offiziere schnell ihre Himmelsbeobachtungen vorgenommen und Karten der Inseln gezeichnet. Von Paul Michailow, dem Maler, stammen wunderschöne Skizzen der wilden Landschaft aus Felsen, Schnee und Eis. Sie erscheinen noch heute im *Antarctic Pilot*. Durch ihre gewissenhafte Arbeit hatten die Männer bewiesen, daß das Sandwich-Land nichts weiter als eine Gruppe kleiner vulkanischer Inseln ist und keinerlei Verbindung zu irgendeinem Südkontinent hat.

Nun gingen sie auf Ostkurs. Wie Cook gewannen sie Trinkwasser aus Eis. Auch die vielen Tiere mußten Wasser bekommen. Pinguine wurden gefangen und landeten in den Kochkesseln; aus den Häuten machten die Männer Mützen und wichsten ihre Lederstiefel mit Tran. Einige Tiere ließ man am Leben, sie wurden in die Hühnerverschläge gebracht und mit Schweinefleisch gefüttert. Bald waren sie tot.

Unmittelbar westlich des Greenwicher Meridians stieß Bellingshausen nach Süden vor. Am 15. Januar überquerten sie den südlichen Polarkreis. Tags darauf versperrte ihnen Schelfeis den Weg. Wahrscheinlich sahen sie den Rand des heutigen Fimbulisenschelfeises, das die Kronprinzessin-Martha-Küste säumt. Da sich Schelfels vor- und zurückschiebt, lag die Grenze im Jahr 1820 möglicherweise weiter nördlich als heute. Schelfeis kann man als festen Bestandteil des Kontinents Antarktika betrachten. Auch wenn dies hier nicht ganz so offenkundig ist wie beim Trinity Land, das Bransfield ein paar Tage später sichtete.

Nach ein paar Tagen versperrte ihnen weiter im Osten wieder Schelfeis den Weg. Bellingshausen wandte sich nach Norden und dann nach Osten. Am 2. Februar gingen sie auf Südkurs. Bei starkem Schneetreiben überquerten sie zum drittenmal den südlichen Polarkreis. Am 5. Februar erreichten sie 69° 07′ südli-

Bellingshausens Wostok *und* Mirnij.
Skizze von Paul Michailow

cher Breite, nahe bei 15° östlicher Länge. Ein weitere seltsame Eisgrenze lag vor ihnen: »Ein Kontinent aus Eis, dessen Ränder senkrecht abbrechen ... die Eisinseln nahe dem Kontinent zeigen eindeutig, daß Stücke von diesem Kontinent abbrechen, weil sie Ränder und Oberflächen haben, die denen des Kontinents ähneln.« Dies schrieb Bellingshausen in einem Brief an den Marineminister. In seinem Reisebericht heißt es: »Der Rand des Eises war senkrecht und bildete kleine Buchten, während seine Oberfläche nach Süden schräg nach oben wies, und zwar so weit, daß das Ende selbst vom Masttopp nicht zu sehen war.« Die Russen hatten das Schelfeis erblickt, das die Prinzessin-Astrid-Küste säumt.

Bellingshausen unternahm nun den Versuch, nach Süden zu segeln, nahe des Längengrades, auf dem Cook als erster den südlichen Polarkreis überquert hatte. Damit wollte er nicht Cooks Rekord brechen, sondern den Zustand des Eises 40 Jahre später vergleichen. Das Packeis stoppte sie 16 Meilen nördlich der südlichsten Position, die Cook erreicht hatte. Seit der Abfahrt aus Rio de Janeiro waren sie 15 Wochen auf See. Um die Moral seiner Männer unter diesen schlimmen Wetterverhältnissen zu stärken, achtete Bellingshausen darauf, daß alle russischen Feiertage und Feste peinlich genau eingehalten wurden. Das bedeutete willkommene Aufstockungen der üblichen Rationen und eine Extrazuteilung Punsch, Grog und Wein. Die *Wostok* und die *Mirnij* segelten jetzt unterhalb des 60. südlichen Breitengrads, dort, wo einst Cook auf die Suche nach den Kerguelen gegangen war. In der ersten Märzwoche hielt Bellingshausen die Zeit für gekommen, diese hohen südlichen Breiten zu verlassen, wo die Temperatur um minus 22 Grad Celsius lag, wo Schnee und Gischt auf Segeln, Tauwerk, Blocks, Rumpf und Deck zentimeterdick froren. In dieser »dunklen, rauhen Gegend scheint das Herz des Menschen aus Mitgefühl mit den Gegenständen zu erkalten, und die Leute werden schwermütig, niedergeschlagen, hart und bis zu einem gewissen Grad gegenüber allem gleichgültig ...« Man beschloß, daß die beiden Schiffe sich trennen sollten. Die *Mirnij* sollte einen nördlicheren Kurs nach Australien nehmen – jedoch etwa 150 Meilen südlich desjenigen einschlagen, den Furneaux auf der *Adventure* gefahren war. Die *Wostok* sollte eine südlichere Route segeln. Doch auch die Fahrt in niedrigeren Breiten brachte kaum Erleichterung. Über eine Woche lang stampfte die *Wostok* bei heftigen Stürmen. Kein Segel war so stark, daß man es setzen konnte, ohne daß es zerfetzt wurde.

Nach 131 Tagen erreichten sie Sydney. Nur zwei Männer zeigten Anzeichen von Skorbut. Den Schafen und Schweinen ging es schlechter: Alle waren daran erkrankt. Lasarew und die *Mirnij* liefen eine Woche später in Sydney ein – und stellten fest, daß ihre Landsleute Zelte aufgestellt und sich häuslich eingerichtet hatten. Eines der Zelte diente als Dampfbad: Der Dampf stieg von glühendheißen Kanonenkugeln auf, auf die man Wasser goß.

Nach der Überholung brachen die Schiffe zu einer viermonatigen Fahrt durch den südlichen Pazifik auf. Zunächst segelten sie nach Neuseeland, wo sie im Queen Charlotte Sound Kartoffeln aßen, die von jenen abstammten, die einst Cooks Leute hier angepflanzt hatten. Man stattete Tahiti einen Besuch ab, um die Chronometer am Point Venus zu justieren. Die Insel hatte sich nicht verändert. Aber was war aus den Menschen geworden! Missionare der Londoner Missionary Society waren 1797 auf die Insel gekommen und hatten sogleich damit begonnen, die einheimische Kultur mit puritanischem Eifer zu zerstören. Die langen Haare der Frauen und die heimischen Trachten waren verschwunden. Das Haar war kurz geschnitten, europäischer Kattun verhüllte züchtig die Körper der Frauen. Verschwunden waren auch die alten Spiele, Tänze und Vergnügungen. Alkohol war zwar verboten, doch im Tauschhandel mit europäischen Schiffen hatten Flaschen mit Grog die Nägel als Währung ersetzt, wie die Russen bald merkten. König Pomare bat Bellingshausen, ihm auf russisch einen Brief zu schreiben, in dem er darum bittet, dem Überbringer des Briefes eine Flasche Rum zu schenken. »Ich schrieb«, notierte Bellingshausen warmherzig, vielleicht um Mr. Nott, dem englischen Missionar, eins auszuwischen, »daß man ihm drei Flaschen Rum und sechs Flaschen Teneriffawein geben soll«. Der Garten Eden der Südsee, Bougainvilles »Neu-Kythera«, hatte sich in »Neu-Jerusalem« verwandelt, und zwar in der Version des englischen Protestantismus der unteren Mittelschicht.

Die Fahrt in den Südpazifik endete mit der Rückkehr nach Sydney am 9. September. Die Schiffe wurden abgetakelt, sämtliches laufende Gut wurde ersetzt, der Rumpf verstärkt, für die Schweine wurden Ställe gebaut. »Die Tiere brauchen unbedingt einen ruhigen Ort, an dem sie vor Nässe und Kälte geschützt sind«, schrieb Bellingshausen.

Der russische Gesandte in Rio de Janeiro hatte Bellingshausen in Sydney eine Depesche geschickt, in der er ihn über William Smith' Entdeckung der Süd-Shetland-Inseln informierte. Es gab also noch weitere Inseln, die die Russen auf ihrer nächsten Polarfahrt vermessen konnten. Doch die Nachricht hatte auch die Robbenjäger erreicht. Die australische Brigg *Lynx* verließ Sydney einige Tage nach den Russen mit Kurs auf die Süd-Shetland-Inseln und die neuen Robbenjagdgründe.

Die Russen stachen am 31. Oktober in See. An Bord waren Schweine, Schafe und 84 Vögel, darunter Kakadus, Papageien, Tauben, ein Lori und ein Wellensittich. Die Vögel machten einen Heidenlärm, sie krähten, pfiffen, die Papageien krächzten sogar ein paar englische Wörter. Ein kleines Känguruh sprang frei auf dem Deck herum und wurde bald zum Liebling der Matrosen. Der Spektakel nahm noch zu, als Salutschüsse zu Ehren des Forts von der Festung erwidert wurden. Und der Hafenkapitän feuerte sein persönliches Adieu von seinem Haus aus ab, das auf einer Anhöhe mit Blick über den

Hafen lag. Die kleine Kolonialstadt hatte die Russen herzlich aufgenommen und betrachtete wehmütig ihre Abreise. Vor ihnen lagen, wie sie sehr wohl wußten, ungemütliche Monate.

Um die von Cook nicht berührten Gewässer zu erforschen, nahm Bellingshausen Kurs auf Macquarie Island, 1230 Meilen südlich von Sydney. Von dort würden sie ins Ungewisse fahren. Nach einer Woche schlug die *Wostok* nahe am Bug leck – das Wasser drang mit solcher Macht ein, daß man es hören konnte. Weder war es möglich, auf hoher See das Schiff zu reparieren, noch konnte man ohne weiteres nach Sydney zurückkehren, denn das hätte die ohnehin kurze Saison noch weiter verkürzt. Man entschloß sich daher, mit gerefften Segeln weiterzufahren. Die Schiffszimmerleute brachten von innen Stützen und Streben an, um den Rumpf zu stabilisieren. Ein paar Tage stampfte die *Wostok* bei heftigen Winden und schwerer See. Der Lärm des knarrenden Rumpfs, der ächzenden Decksbalken und Schotten trieb die Offiziere aus ihren Kabinen; elend und durchnäßt hockten sie auf dem Achterdeck. Kein schöner Start ins Südpolarmeer.

Die Macquarie war eine angenehme Überraschung. Sie hatten die düsteren, mit Schnee und Eis bedeckten Gegenden Südgeorgiens gesehen und damit gerechnet, hier die gleichen Verhältnisse vorzufinden. Beide Inseln lagen auf demselben Breitengrad. Doch die Landschaft hier war wunderschön grün, schnee- und eisfrei. Zugegeben, das Wetter blieb regnerisch und windig – doch damit mußte man im Südpazifik nun mal rechnen.

Robbenjäger kamen herbei, um sie zu begrüßen. Nachdem man sie mit Butter, Grog und Zwieback bewirtet hatte, wollten sie den merkwürdigen Besuchern unbedingt helfen. Die Russen erfuhren, daß zwei Gruppen von Robbenjägern auf der Insel arbeiteten, die eine bestand aus 13 Personen, die andere aus 27. Einige waren seit neun Monaten auf der Insel – ein Mann lebte seit sechs Jahren hier. Alle machten Jagd auf See-Elefanten wegen des Trans. Die Pelzrobben waren völlig ausgerottet. Man zeigte den Russen die rohen und dunklen Behausungen, die Fenster aus Robbenblasen und die Feuerstellen, in denen Speck verfeuert wurde. Sie berichteten von ihrem Leben hier, wie sie die Robben abschlachteten, den Speck abtrennten, in Kesseln Tran siedeten. Abnehmer waren Sydney und Großbritannien. Sie ernährten sich von Pinguinen und Pinguineiern, von den Flossen der See-Elefanten, von Seevögeln und einem Kohl, der vor Skorbut schützte. Sie säuberten Stengel und Wurzeln, schnitten sie klein und kochten eine Suppe daraus. Als Bellingshausen sah, welchen Nutzen dieser wilde Kohl hatte, ließ er ihn in großen Mengen an Bord holen. Später wünschte er, er hätte mehr davon mitgenommen.

Am 20. November, nachdem er den Robbenfängern noch mehr Rum und Lebensmittel geschenkt hatte, sagte er Lebewohl. Macquarie verschwand achtern im Dunst. Fast zwei Monate sollten vergehen, bis die Russen wieder Land erblickten. Die Wochen waren angefüllt mit Stürmen, Gefahren und Unbequemlichkeiten. An der Packeisgrenze wären sie wiederholt fast mit nebelverhüllten Eisbergen zusammengestoßen, was unweigerlich zum Untergang geführt hätte. Die Pumpen der *Wostok* arbeiteten ununterbrochen. Zu den Paradoxien dieser Reise zählt: Wäre Bellingshausen umgekehrt, um die Schiffe in Sydney reparieren zu lassen, hätte er bei der späteren Fortsetzung der Reise in die Gewässer südlich von Macquarie festgestellt, daß die Packeisbarriere vor dem Rossmeer in dieser Jahreszeit verschwunden ist. Erst 20 Jahre später entdeckte James Clark Ross mit der *Erebus* und der *Terror* den Durchschlupf – doch das geschah eben zwei Monate später im Jahr.

Sie fuhren am Packeis entlang unterhalb 60° südlicher Breite nach Osten, nahe am südlichen Polarkreis, und vermieden Cooks Route, wo immer möglich. Takelage und Segel waren stark vereist. Das Eis mußte mit Hämmern und Knüppeln abgeschlagen werden. Feiertage und Feste wurden streng beachtet: Der Sankt-Nikolaus-Tag – Nikolaus ist der Schutzheilige Rußlands und der Seeleute – wurde am 6. Dezember mit Macquarie-Kohlsuppe, frischem Schweinefleisch, eingelegtem Kohl, Zitronensaft, Wein und Sprossenbier gefeiert; der Geburtstag des Zaren am 12. Dezember mit Dankgebeten und 21 Salutschüssen begangen, der Weihnachtstag mit weiteren Dankgebeten zu Ehren der Befreiung ihres Heimatlandes von Napoleon. Den Neujahrstag 1821 feierte man mit einem Glas heißen Punsch. Nach dem Essen ordnete Bellingshausen an, jedem Mann ein großes Glas Kaffee mit Rum statt Sahne auszuteilen. »Das neue Getränk«, notierte er, »gefiel den Männern ganz ungemein, und der Tag verlief bis zum Abend sehr fröhlich.«

In der ersten Woche des neuen Jahres hatten die Russen praktisch alle Hoffnung, in der öden Eislandschaft Land zu sichten, aufgegeben. Plötzlich, am 10. Januar, ohne die Frühwarnzeichen von Seetang – allerdings umkreisten Seeschwalben und große Raubmöwen die Schiffe –, kam Land in Sicht, das sich dunkel in den Sonnenstrahlen abzeichnete, die durch die Wolken drangen. Bellingshausen hielt den Augenblick fest: »Worte können nicht die Freude beschreiben, die bei dem Ruf ›Land! Land!‹ auf unseren Gesichtern erschien.

Das war nicht überraschend nach unserer monotonen Fahrt, inmitten endloser Bedrohungen durch Eis, Schnee, Regen, Graupel und Nebel.« In den nächsten Tagen segelten sie in 14 Meilen Entfernung die Küste entlang, bis Packeis ihnen den Weg versperrte. Zu ihrer großen Enttäuschung erwies sich das Land nur als kleines Eiland, nicht als Teil eines Kontinents. Wie dem auch sei: Bellingshausen gab Order, allen Seeleuten ein Glas heißen Punsch zu geben, mit dem sie auf das Wohl des Zaren anstießen. Die Offiziere maßen die Höhe der Insel (sie lag zwischen 1200 und 1340 Meter) und die Position durch Himmelsbeobachtung: 68° 57′ südlicher Breite, und 90° 46′ westlicher Länge. Das kam der tatsächlichen Lage sehr nahe. Bellingshausen gab der Insel den Namen Peter-I.-Insel, zu Ehren »des Gründers der Flotte des Russischen Reiches ...«*

Eine Woche später – sie fuhren immer noch südlich des südlichen Polarkreises –, an einem klaren, kalten Tag von besonderer Schönheit, kam weiteres Land in Sicht. Ein Vorgebirge erstreckte sich nach Norden und mündete in einen hohen Berg. Eine andere Bergkette erstreckte sich nach Südwesten. Das Packeis verhinderte, daß man näher als 40 Meilen herankommen konnte. Bellingshausen nannte die neue Entdeckung Alexander-I.-Land und fügte hinzu: »Ich bezeichne die Entdeckung als ›Land‹, weil es sich nach Süden hinzieht, wahrscheinlich noch weiter, als der Blick reicht ...« Die Entdeckung ist auf neueren Karten als Alexander-Insel verzeichnet: Es ist tatsächlich eine große Insel, die ein schmaler, eisbedeckter Sund von Antarktika trennt.

---

* Die erste Landung auf der Insel fand erst 1929 statt, als norwegische Walfänger von der *Norvegia* eine ungefähre Vermessung der Insel vornahmen.

Bellingshausen nahm Kurs auf die Süd-Shetland-Inseln. Am Morgen des 24. Januar erscholl vom Ausguck der Ruf: »Land in Sicht über den Wolken!« Die mehr als 2000 Meter hohen Gipfel von Smith Island ragten über die Wolken. Die Russen segelten nordöstlich der Südküste der Insel und vermaßen sie. Die Inseln erhielten russische Namen – die meisten feierten siegreiche Schlachten über den verhaßten Napoleon: Borodino (Smith Island), Klein Jaroslaw (Snow Island), Smolensk (Livingston Island), Beresina (Greenwich Island), Polotsk (Roberts Island), Leipzig (Nelson Island), Waterloo (King George Island). Auf letzterer landete man unweit von William Smith' North Foreland; der Landungstrupp brachte einige Felsen, Moose, Seetang, drei lebende Robben und einige Pinguine zurück. Am 29. Januar befanden sie sich vor der Nordküste von Elephant Island. Das Wetter hatte sich verschlechtert, die Insel geriet bei stürmischen Winden und einem undurchdringlichen Nebel außer Sicht. Es war ihre letzte Landsichtung in der Antarktis.

Inzwischen sorgte sich Bellingshausen um den Zustand der *Wostok* und die Gesundheit seiner Leute. Sie hatten sich mit Mühe zu den Süd-Shetland-Inseln durchgeschlagen. Ihre Gesichter waren von den 14 Wochen in der feuchten Kälte gezeichnet. Es war Zeit, nach Norden zu steuern, nach Rio de Janeiro, wo man die Schiffe dringend überholen mußte und wo die Männer sich erholen konnten. Am 1. Februar sahen sie bei 56° 35' südlicher Breite den letzten ihrer ständigen Begleiter – einen Eisberg. Am 8. Februar öffneten sie, bei besseren Wetterverhältnissen und weit nördlich der Polarfront, alle Luken, um die unteren Decks zu lüften.

Viele der Vögel, die man in Sydney an Bord genommen hatte, waren gestorben; jetzt holte man die überlebenden an Deck, wo sie »einen vielstimmigen Chor anstimmten«. Ein Papagei flog der *Wostok* voraus und fiel ins Wasser. Geistesgegenwärtig warfen Matrosen eine lange Stange ins Meer, an der sich der Vogel in heller Panik festklammerte. Als er wieder an Bord war, starb er nach einigen Stunden – er mußte einen Riesenschreck bekommen haben. Am 27. Februar warfen sie im Hafen von Rio de Janeiro Anker. Am 23. Mai gingen sie in See, und nach einer Zwischenlandung in Lissabon begrüßten sie die Forts in Kronstadt am 24. Juli 1821 mit Salutschüssen. Sie waren 751 Tage fort gewesen und hatten 57 073 Meilen zurückgelegt – sie hatten keinen Mann an Skorbut verloren. Ihre Reise konnte sich tatsächlich mit Cooks Fahrt messen. Aber sie hatte völlig andere Ergebnisse erbracht. Die Aufzeichnungen verschwanden in der russischen Bürokratie, als hätten Bellingshausens Bemühungen gar nicht stattgefunden. Alexanders I. fiebriger Verstand schien sich mehr mit Geheimgesellschaften, Militärkolonien und der Unterdrückung Andersdenkender zu beschäftigen. Zentralasien, nicht der Antarktis, galt das Interesse des Hofes in Sankt Petersburg.

Ein eher unwichtiger Vorfall, der aber für uns von Bedeutung ist, hatte sich in den Tagen, als man die Süd-Shetland-Inseln vermaß, ereignet. Am 25. Januar 1821 waren die Russen acht britischen und amerikanischen Robbenfängern, die vor der Küste ankerten, begegnet. Einige Stunden später, zwischen Deception und Livingston Island, waren sie auf »einen kleinen amerikanischen Robbenfänger« gestoßen, die *Hero* unter Nathaniel Palmer aus Stonington. Lassen wir Bellingshausen weiter berichten:

Ich drehte bei, schickte ein Boot und wartete auf den Kapitän des amerikanischen Schiffes. Bei 115 Faden traf das Lot auf keinen Grund. Bald kam Mr. Palmer und informierte uns, er befinde sich seit vier Monaten zusammen mit drei amerikanischen Schiffen auf Robbenjagd. Sie waren dabei, Robben, deren Zahl stark abnahm, zu töten und abzuziehen. An verschiedenen Orten waren 118 Fahrzeuge, und es kam nicht selten zwischen den Robbenjägern zu Auseinandersetzungen, aber bislang war es noch zu keinem Kampf gekommen. Mr. Palmer erzählte mir, der oben erwähnte Kapitän Smith, der Entdecker von Neu-Shetland, sei auf der Brigg *Williams* und habe fast 60 000 Roben erlegt, die Flotte der Robbenjäger insgesamt 80 000. Da noch andere Robbenjäger auf den Süd-Shetland-Inseln, auf Südgeorgien und den Macquarie-Inseln waren, wird die Zahl dieser Seetiere rasch sinken. See-Elefanten, von denen es ebenfalls viele gegeben hat, sind bereits von diesen Stränden ins Meer verschwunden ...

Bellingshausen hatte recht. Es war die zweite und blutigste Jagdsaison auf den Süd-Shetland-Inseln; in ihr haben die Robbenjäger aus Stonington eine besondere Rolle gespielt.

Im *Atlantic Coast Pilot,* den das U. S. Coast Survey Office 1878 herausgab, heißt es über Stonington:

Das Dorf Stonington ist von einiger Bedeutung, insbesondere im Sommer. Es liegt unweit der Hotels von Watch Hill und ist Endstation der Dampfschiffahrtslinie New York-Stonington – einer im Sommer beliebten, bis nach Boston führenden Route. Das Gelände östlich des Hafens ist niedrig und flach, es ist fast völlig gerodet, mit hübschen Häusern und Grünanlagen.

Das hört sich weniger wie eine Segelanweisung an, sondern eher wie ein Werbetext des örtlichen Fremdenverkehrsvereins. Abgesehen von »der Dampfschiffahrtslinie«, paßt die Schilderung im *Pilot* auch noch 100 Jahre später zu diesem hübschen Städtchen in Connecticut. Im Sommer strömen die Touristen in Scharen herbei, wie in andere Seebäder auch. Vielleicht empfindet der amerikanische Sommerfrischler beim Abendspaziergang patriotischen Stolz, wenn er die alten Kanonen sieht, die die britischen Kriegsschiffe unter dem Befehl von Kommodore Sir Thomas Hardy im August 1814 in die Flucht schlugen. Beim Anblick der schmucken neoklassizistischen Gebäude aus der Zeit des Bürgerkriegs müßte ihm, sofern naturschutzbewußt, eigentlich der Schreck in die Knochen fahren, wenn er hört, daß die Häuser mit dem Geld aus dem Robbenfang errichtet wurden. Eine solche Reaktion aber hätte die Bewohner von Stonington im Jahr 1820 einigermaßen verblüfft.

Nur fünf Robbenfänger waren 1819 von nordamerikanischen Häfen aufgebrochen. Die alten Jagdgründe waren erschöpft, die Reisen lang, die Profite gering. Die Nachricht von Smith' Entdeckung erschien in den Zeitungen Neuenglands Ende März/Anfang April 1820. Am 21. Mal traf die *Hersilia* mit einer großen Ladung Robbenfelle aus dem südlichen Eismeer in Stonington ein. Die Mannschaft der *Hersilia,* so erzählte man, habe einmal an einer Stelle 300 000 Robben gezählt. Hier ließ sich wirklich etwas holen.

Edmund Fanning, der altgediente Robbenjäger aus früheren Zeiten, begann sogleich mit der Zusammenstellung einer Flotte, die von Stonington aus in See gehen sollte. Nur einige Tage vor der Rückkehr der *Hersilia* war die Brigg *Frederick* unter dem Befehl von Benjamin Pendleton aus Stonington losgesegelt, um auf Robbenfang zu gehen. Das Begleitschiff, der Schoner *Free Gift* unter dem Kommando von Thomas Dunbar, lag jedoch noch immer in Stonington. Nun ging alles ganz schnell. Die *Free Gift* sollte die *Frederick* mit genauen Informationen von der *Hersilia* über die Süd-Shetland-Inseln versorgen. Drei weitere Schiffe sollten nachkommen, und dann wollten alle gemeinsam an die Arbeit gehen. Der junge Nathaniel Palmer war mit dem Erlös aus seinem Anteil der Felle zum Mitbesitzer des Schoners *Express* sowie zum Kommandanten und Teileigner der *Hero* aufgestiegen. Die *Hero* war in Groton gebaut worden, eine Schaluppe mit durchlaufendem Oberdeck, nur 47 Fuß lang, aber 17 Fuß breit, und einer geringen Tiefe von knapp unter 7 Fuß. Sie sollte nach neuen Robbenstränden suchen und die Felle vom Land zu den größeren Fahrzeugen befördern, die in einem geschützten Hafen vor Anker lagen. Das letzte Schiff des Geschwaders war die *Hersilia*. Doch dies war nicht die einzige Flotte, die in Stonington ausgerüstet wurde – auch die *Clothier,* die *Emeline,* die *Catherine* und die kleine *Spark,* die die gleiche Aufgabe hatte wie die *Hero,* rüsteten sich für die Fahrt nach Süden.

Mehr als 50 Männer hielten Anteile an den neun Stoningtoner Schiffen. Während die Vorräte an Bord gebracht wurden, herrschte in New York, Boston, Salem, Nantucket, New Bedford und Fairhaven die gleiche hektische Betriebsamkeit. In Fässern wurden verladen: Schiffszwieback, Pökelfleisch, gesalzener Kabeljau, weiße Bohnen, Erbsen, Melasse, Zucker, Senf, Essig, Mehl, Kartoffeln, getrocknete Äpfel, Reis, Kaffee, Tee, Rum, Gin, Wein, Kerzen, Lampendochte, Holz, Bolzen, Nägel, Farbe, Kupferplatten, zusätzliche Ruder, Bootsanker, Teer, Walfangleinen, Angelhaken, Gewehre, Munition, Robbenschläger, die verschiedensten Arten von

Messern, Wetzstähle, Trankessel, große Schöpflöffel. Alles wurde im Laderaum verstaut.

In New York stellte James Byers, Kaufmann, Reeder und einer, der sich im Robbengeschäft gut auskannte, eine Flotte aus vier Schiffen zusammen. Von der Regierung der Vereinigten Staaten verlangte er, sie solle ein Kriegsschiff entsenden, die Inseln in Besitz nehmen und die amerikanischen Robbenjäger schützen, die bereit seien – zumindest waren das seine Leute –, sich dauerhaft auf den Inseln niederzulassen. Ein anderer schrieb, »die neuen Inseln oder der neue Kontinent könnten möglicherweise ebenso profitabel für unser Land sein wie der Nootka-Sound-Handel für England. Glauben Sie mir, dieses Geschäft verdient alle Aufmerksamkeit der Regierung.« Ähnlich hieß es in einer Reihe von Briefen an General Daniel Parker, Adjutant und Generalinspekteur der US-Armee. Parker leitete die Briefe an Außenminister John Quincy Adams weiter; der reichte sie mit den Briefen der Agenten der USA in Südamerika an Präsident James Monroe weiter.

In einem Begleitbrief drängte Adams, man solle eine Fregatte entsenden, um das Land in Besitz zu nehmen. Die Besiedlung sei »ein ausgezeichnetes Mittel zum Schutz der tatsächlichen Ziele ... nämlich Robben und Wale zu fangen ...« London wäre zweifelsohne höchst verärgert: »... im Augenblick hat man dort alle Hände voll zu tun mit Krönungsfeierlichkeiten und Ehebrechereien, Liturgien, Gebeten und italienischen Sopranistinnen, Bergamis und Pergamis, Hochverrat und Betrügereien, Schmerzen, Bestrafungen und Armen, so daß man die erstbeste Gelegenheit ergreifen wird, das alles abzuschütteln, und wenn sie einen Stützpunkt zu einer Frage der nationalen Ehre machen können ... und das wegen etwas zwischen einem Felsen und einem Eisberg, wie es diese Entdeckung sein muß, und vor allem eine Frage uns gegenüber, dann wird man sich dort diese Chance nicht entgehen lassen.«* Adams genoß offensichtlich die Vorstellung, Lord Castlereagh, seinem Gegenspieler in London, eins auszuwischen.

Monroe war in Fragen der Geographie ein wenig unsicher – wie andere Präsidenten auch. Er meinte, daß die »Entdeckung von Land großen Umfangs im Pazifik ein wichtiges Ereignis ist, und es triftige Gründe gibt, die für Ihren Vorschlag sprechen, der auf eine Inbesitznahme abzielt«. Damit war der Marineminister aufgefordert, eine Fregatte aufzutreiben und – plötzlich ging dem Präsidenten ein kluger Gedanke durch den Kopf – »unsere Streitkräfte an der amerikanischen Küste zu stärken«.

Byers verdoppelte unterdessen seine Bemühungen, die US-Regierung zu beeinflussen. Seine Schiffe waren in See gestochen und so ausgerüstet, daß Hütten ge-

---

* Adams bezieht sich hier auf die Schwierigkeiten, in denen die britische Monarchie und die Regierung damals steckten. Königin Caroline, die entfremdete Ehefrau Georgs IV., lebte seit 1813 im Ausland. Gerüchte besagten, daß sie zahlreiche Liebhaber hatte, unter ihnen ihr Haushofmeister, ein Italiener namens Bartolomeo Bergami. 1820 war sie nach England zurückgekehrt, um ihren Anspruch als Regentin nach dem Tod Georgs III. anzumelden. Der Londoner Pöbel machte sich ihr Anliegen zueigen, alles zu tun, um dem verachteten Georg zu schaden, der seine Minister überredet hatte, sie im Oberhaus wegen Ehebruch vor Gericht zu stellen. Denn der Ehebruch der Gemahlin eines Königs konnte einem Gesetz aus dem 14. Jahrhundert zufolge zum Hochverrat erklärt werden. Italienische Zeugen wurden vernommen, die Massen tobten, Flugblätter wurden verteilt, Petitionen zusammengestellt, Gedichte geschrieben – alles, um Caroline zu unterstützen. Es war der größte Skandal des Jahres – und der unterhaltsamste. Die Angst vor einer Revolution zwang die Minister schließlich, den Prozeß einzustellen. Das Gesetz, wonach der Ehebruch eines Ehepartners des Monarchen als Hochverrat gilt, ist bis heute in Kraft.

baut und die Inseln besiedelt werden konnten. Sie sollten bis spätestens 1. Oktober eintreffen. Byers, ein hellwacher New Yorker Kaufmann, täuschte sich. Er hatte keine Ahnung von den Verhältnissen südlich der antarktischen Polarfront. Tatsächlich kamen seine Schiffe erst im Dezember an. »Wenn die britische Regierung bewaffnete Schiffe aussendet, dann wird sie meiner Meinung nach die hohen Breitengrade erst im Dezember ansteuern wollen. Wir Yankees, wissen Sie, haben keine Angst vor kaltem Wetter. Meines Erachtens besteht nicht der geringste Zweifel, daß einzig die Briten versuchen werden, unsere Schiffe von der Insel zu vertreiben. Nicht durch offene Feindseligkeit & Schläge, sondern durch Getöse & Drohungen. Die Schiffe auf dieser Seite sind alle bewaffnet losgefahren, zum Schutz vor Piraten oder anderen Räubern, und wir werden uns gegen John Bull kühn verteidigen«. Der arme Byers: Zu dem Zeitpunkt war alles schon zu spät. Die Kriegsmarine könne keine Schiffe zur Verfügung stellen ... die Gefahren unerforschter Küsten in hohen Breiten ... Befürchtungen, mit den Briten aneinanderzugeraten ... die Rückholung amerikanischer Meuterer aus Westindien sei wichtiger ... und so weiter und so fort. So lauteten die vorsichtigen Antworten aus dem Marineministerium.

Als Byers schließlich in den Ruhestand trat, waren seine Bemühungen, die Regierung der USA zum Handeln zu bewegen, gescheitert. Seine Schiffe fuhren überall im Atlantik, auch zu den Falklandinseln, die zum Sprungbrett für die Süd-Shetland-Inseln wurden. Im Oktober lagen hier die Robbenfänger aus Nordamerika vor Anker. Die Männer schossen Gänse, sammelten Eier, tauschten Geschichten aus und bereiteten sich auf die kurze Fahrt nach Süden vor. Und sie trafen auf britische Robbenjäger, die sich das gleiche Ziel gesetzt hatten.

Der Brief vom Januar 1820 des Kommodore Sir Thomas Hardy, in dem er die Admiralität über William Smith' Entdeckung der Süd-Shetland-Inseln informierte, traf am 29. April in Spithead ein. Er wurde vom Sekretär zu Protokoll genommen und noch am selben Tag an Kapitän Thomas Hurd, den Hydrographen, weitergeleitet. Am nächsten Tag wurde die Nachricht in der Londoner Abendzeitung *Courier* veröffentlicht. Provinzzeitungen griffen sie bald auf, wobei der letzte Satz den wichtigen Köder enthielt: »Bei den Inseln fanden sich Robben und Wale in großer Zahl.« Einige Monate später brachte der *Courier* weitere Nachrichten über die Entdeckung: Man habe in sehr kurzer Zeit 15 000 Pelze an Bord genommen und in Buenos Aires verkauft. Nachrichten von 15 000 Fellen, die man in sehr kurzer Zeit gesammelt hatte, stießen bei Männern, die mit dem Geschäft zu tun hatten, auf großes Interesse. (1819 hatte man insgesamt 13 000 Felle aus südlichen Regionen nach England verschifft.)

In den Hafenvierteln Englands kam es zur gleichen Betriebsamkeit wie in den Seehäfen Neuenglands. Schiffe wurden seeklar gemacht, Mannschaften zusammengestellt, Kapitäne ernannt. Im Sommer und in den ersten Herbstmonaten des Jahres 1820 segelten die Robbenfänger südwärts, manche in Begleitung, manche allein, über die langen, einsamen Strecken des Nord- und Südatlantiks. Viele machten auf der Fahrt eine Zwischenlandung auf den Kapverdischen Inseln, wo sie Salz und brackiges Wasser aufnahmen; dann segelten sie weiter zu den Falklandinseln, um frisches Wasser, Wildgeflügel, Eier sowie Rindfleisch an Bord zu nehmen. Schließlich legten sie einen letzten Zwischenstopp auf der Staateninsel ein, um Holz und Wasser aufzunehmen.

Die *Hero* und die *Express* trafen am 16. Oktober auf den Falklandinseln ein. Dort fanden sie weitere amerikanische und zwei britische Robbenfänger vor: James Weddell mit der *Jane* und George Powell mit der *Eliza*. Palmer, Weddell und Powell sollten eine bedeutende Rolle in der Erforschung der Antarktis spielen. Die Männer aus Stonington stachen Ende Oktober von den Falklands aus in See. Nach einem Stopp auf der Staateninsel, wo sie Holz und Wasser aufnahmen und einige Reparaturen durchführten – die *Hero* und die *Express* waren auf der kurzen Überfahrt von den Falklands kollidiert –, segelten sie nach den Süd-Shetlands und den Robbenjagdplätzen.

Vier Tage später hielt Palmer »besorgt Ausschau nach Land. Viele Pinguine, Wale und Möwen um uns herum.« Am folgenden Tag sichteten sie Smith Island; aber da sie sich zu weit westlich befanden, dauerte es zwei Tage, bis sie sich zum ehemaligen Ankerplatz der *Hersilia* auf Rugged Island durchgeschlagen hatten. Hier stießen sie auf die *Hersilia* – sie befand sich seit zwölf Tagen bei den Inseln –, die *Frederick* und die *Free Gift*, die 2 Meilen entfernt bei New Plymouth ankerten. Im *Antarctic Pilot* steht wenig Gutes über New Plymouth: Die Insel sei den Stürmen aus Nordwest ungeschützt preisgegeben, habe einen schlechten Ankergrund und nur einen Vorzug – das heißt für Robbenjäger: einen nahe gelegenen langen, felsigen Strand, den Pelzrobben gern als Brutplatz nutzen. Am 13. November lagen fünf Schiffe der Stoningtoner Flotte hier vor Anker und luden Holz, Fässer, Segeltuch und Rundhölzer aus, mit denen man sich roh gezimmerte Unterkünfte baute. Die Robben waren »noch nicht da«. Doch als sie kamen, empfingen sie die bereits wartenden Robbenjäger.

Die Robbenjäger, die den Verhaltensmustern der männlichen Pelzrobben folgten, gründeten Territorien – und trieben Nachzügler und Eindringlinge fort. Die Felle bedeuteten Geld, neue Robbenjäger auf anderen Schiffen bedeuteten, daß das eigene Schiff weniger Felle einnahm. Hier waren die Kräfte des Marktes in seiner häßlichsten Gestalt am Werk. Ein britischer Robbenjäger von der *Hetty* berichtete, daß hier Männer von Landsleuten mit erhobenen Robbenschlägern und Abhäutungsmessern vom Strand vertrieben wurden. Ein Strand nahe New Plymouth hat den vielsagenden Namen Robbery Beach (Raub-Strand). Bei einem weiteren Vorfall, einer Robbenjagd à la Hollywood-Western, hockte eine Gruppe Neuengländer mit grimmigen Gesichtern in der engen, von Tran erleuchteten Hütte eines Robbenjägers, der tatsächlich in einem Yankee-Hafen vor Anker lag; sie stellten einen Stoßtrupp zusammen, der den Briten die von diesen gestohlenen Robbenfelle gewaltsam wieder abnehmen sollte. Die Amerikaner waren von den Stränden an der Nordküste von Livingston Island vertrieben worden. Nun betrachteten die Briten es als ihr Gebiet. Die Feindseligkeiten aus zwei Kriegen entflammten erneut. Die Yankee-Schiffer glaubten, sie könnten einen 120 Mann starken Trupp aus Robbenjägern zusammenstellen. Im Logbuch der *Huntress* heißt es, daß »sie landen mußten und laut der zuverlässigsten Information, die wir bekommen können, haben die Engländer dort nur rund 80 Mann«. Die Expedition brach auf, kehrte jedoch mit leeren Händen zurück. Im Logbuch der *Huntress* findet sich dafür keine Begründung. Im Logbuch der *Huron* gibt es jedoch einen Hinweis. Man hatte ein Boot an Land geschickt, das aber bald zurückkehrte. 60 bis 75 englische Robbenjäger hatten sie empfangen, die »alle mit Gewehren, Pistolen & Schwertern bewaffnet waren und feindselig wirkten ...« Die Robbenjäger halfen einander, wenn eine Katastrophe geschah und man Schiffbruch erlitt – in dieser Saison 1820/21 gingen fünf Schiffe verloren –, aber die Robben zu teilen kam überhaupt nicht in Frage.

Mit Entsetzen liest man, wie die Robben der Süd-Shetland-Inseln in diesen wenigen Monaten abgeschlachtet wurden. Nach Schätzungen James Weddells wurden in zwei Jagdzeiten 320 000 Felle erbeutet, dazu 940 Tonnen See-Elefanten-Tran. Weitere 100 000 Robbenjunge seien nach dem Tod der Mutter umgekommen. Als Schutzmaßnahme empfahl er, die Jagdquote auf 100 000 Robben pro Saison zu begrenzen. Es blieb ein frommer Wunsch. Die Robben wurden getötet, wie ein englischer Robbenjäger schrieb, »einzig und allein wegen der Haut des Tieres und zur Befriedigung unseres Stolzes«. Nach der Saison 1820/21 kamen mehr als 200 000 Robbenfelle auf den Markt in London – die von weniger als der Hälfte der Robbenjägerflotte erbeutet wurden. Bei vorsichtiger Schätzung wurden insgesamt 500 000 Robben abgeschlachtet.

Andererseits war das seemännische Können der Robbenjäger hervorragend, ihr Mut groß. Das gilt vor allem für die Männer auf den kleinen Schaluppen, die die Felle von den ungeschützten Stränden zu den Mutterschiffen brachten. Denn sie segelten in gefährlichen, nicht kartierten Gewässern; auf grob skizzierten Karten hielten sie ihre Erfahrungen fest, während sie zwischen den Inseln und den Meerengen hindurchschlüpften. Noch der heutige *Antarctic Pilot* enthält dunkle Warnungen und frostige Namen für diese gefährlichen Gewässer: Neck-or-Nothing-Passage (Kopf-und-Kragen-Passage), in der ein Schiff, das sein Ankerseil in einem Sturm aus Ost verliert, aufs Meer getrieben werden kann; Hell Gates (Höllenpforten), wo viele »Leben und Boote verlorengegangen sind«; Turmoil Rock (Felsen des Aufruhrs) in der Nähe des Chaosriffs, Orte, die man meiden sollte; Cape Danger (Kap der Gefahr) auf Desolation Island (Insel der Einsamkeit) mit einem nahe gelegenen Ankergrund in der Blythe Bay, wo man mit Pinguinfleisch als Köder bequem Fische angeln kann. Der unvorsichtige Seemann kann aber leicht in die Klemme geraten. Gutes Wetter bedeutet, daß eine steife Brise aus Osten kommt, ebenso die Ansammlung großer Schwärme von Kaptauben in der Bucht. Der Seefahrer soll schleunigst den Anker lichten und anderswo Schutz suchen. Das sind authentische Stimmen der alten Robbenjäger – über Jahre erhalten.

Zwei Tage nachdem sich die Stoningtoner Schiffe in New Plymouth versammelt hatten, schickte Pendleton Palmer und die *Hero* los. Sie sollten nach neuen Robbennistplätzen und, wenn möglich, nach besseren Ankerplätzen suchen. Palmers Logbucheintrag vom 15. November: »...brachen zu einer Fahrt auf und hielten auf Deception zu...« Deception Island liegt etwa 20 Meilen von New Plymouth entfernt (das Land, das Bransfield gesichtet und »bei dichtem Nebel verloren« hatte). Die Frage lautet: Woher wußte Palmer, daß die Insel »Deception« hieß? Von Pendleton, der den Namen von anderen Robbenfängern erfahren hatte? Oder taufte Palmer, der sich flüchtige Notizen machte, die Insel auf diesen Namen, als er später auf einem Ankerplatz sein Logbuch schrieb? Auf diese Frage, wie auf so viele, die die Aktivitäten der Robbenjäger aufwerfen, wird es nie eine Antwort geben.

Deception Island hat einen Durchmesser von rund 13 Kilometern. Sie ist eine Caldera, ein Kraterrand, der durch Einsturz eines Vulkans entstanden ist. In den mit Wasser gefüllten Krater gelangt man von See her nur durch einen engen Durchlaß, wobei die Einfahrt schwer zu finden ist. Daher der Name »Deception« (Täuschung). Die Insel liegt etwa 60 Meilen von der Antarktischen Halbinsel entfernt; an einem der seltenen klaren Tage kann man vom hohen Kraterrand den Hauptgebirgszug der Halbinsel sehen. Für die Robbenjäger war die Insel ein Naturhafen, ebenso für die Walfänger ein Jahrhundert später; Maschinentrümmer und Ölfässer säumen noch heute das Ufer. Hier startete 1928 Sir Hubert Wilkins zum ersten Flug über die Antarktis.

Heute laufen Kreuzfahrtschiffe die Insel an; die Touristen nehmen in den heißen Quellen in der Pendulum Cove ein kurzes Bad. Verstehe, wer will, warum das als Höhepunkt ihrer Fahrt durch die Antarktis gilt. Die Thermalquellen erinnern daran, daß der Vulkan noch nicht erloschen ist: Die letzten größeren Eruptionen in den Jahren 1967, 1969 und 1970 zerstörten die Forschungsstationen der Chilenen und der Briten.

Palmer fand die Einfahrt zum Kratersee Neptune's Bellows. Im Inneren fand er einen guten Ankerplatz. Dann ging er »an Land und besorgte sich ein paar Eier«. Nachdem er den Krater erkundet und festgestellt hatte, daß »er ein vortrefflicher Ankerplatz ist, geschützt vor allen Winden«, glitt die *Hero* durch Neptune's Bellows wieder hinaus und ging auf Südkurs. Zehn Stunden später, nach einer angenehmen Segelfahrt mit Wind aus Südwest, war die *Hero* dicht am Land (vermutlich Trinity Island), das Meer ringsum war voller Eisberge. Um Mitternacht drehten sie bei und warteten bis zum Morgen. Um vier Uhr morgens rasselte das Großsegel hinauf, und vorsichtig schlängelten sie sich durch die Eisberge. Bald fanden sie eine Meeresstraße. Weil sie »buchstäblich randvoll mit Eis war, und die Küste so unzugänglich, hielten wir es für unklug, uns hineinzuwagen ...« Palmer wußte nicht, daß er einen Kurs gesegelt war, der wenige Meilen westlich der Route lag, die Bransfield im Januar gefahren war. Die unzugängliche Küste war vermutlich der westliche Abschnitt von Trinity Land, das Bransfield entdeckt hatte. Natürlich konnte man in dieser See voller Eis nichts erkennen – deshalb segelte er nach Norden davon. Er schätzte – er stellte keine Himmelsbeobachtung an –, daß die Mündung der Meeresstraße auf 63° 45′ südlicher Breite lag: nahe der Mündung der heutigen Orleansstraße. Auf Nordkurs gelangten sie nach Livingston Island zurück, wo sie während der kurzen Nacht, nur unter Stagsegel, vom Land abhielten. Am frühen Morgen fuhren sie nach Nordnordost die Küste entlang und fanden eine Meeresstraße (McFarlane-Straße) und zwei ausgezeichnete Ankerplätze (Half Moon Island und Yankee Harbor auf Greenwich Island). Am 21. November war Palmer mit seinen Gefährten wieder in New Plymouth. Das zunächst gute Wetter verschlechterte sich, immer wieder gingen Hagelschauer nieder. Aber Palmer brachte die gute Nachricht von »schönen Robbenfangstränden« und den beiden guten Ankerplätzen mit. Die Hagelschauer kündigten noch schlechteres Wetter an – das sich auch bald einstellte. Die *Frederick* lichtete die Anker; Pendleton wollte mit der Flotte zu dem neuen Ankergrund fahren, und alle warteten, wie Palmer notierte, »sorgenvoll darauf, endlich aufzubrechen, da der Ankerplatz sehr schlecht ist«. Das Wetter klarte auf, und am 24. November lagen alle fünf Schiffe der Stonington-

Flotte in Yankee Harbor vor Anker. Dort blieben sie für den Rest der Saison.

Auf seiner kurzen Erkundungsfahrt sah Palmer zum zweitenmal die Antarktische Halbinsel, auch wenn das Logbuch keinen Hinweis enthält, es könnte sich um kontinentales Land handeln. Es ist durchaus möglich, ja wahrscheinlich, daß andere Robbenjäger die Küste vor Palmer erblickt haben. Aber weder ihre Logbücher noch andere Aufzeichnungen haben überdauert – außer Palmers Logbuch und ein Bericht der ersten Landung auf dem Kontinent.

Im November 1820 trafen sich John Davis, Kapitän des New Havener Schiffs *Huron,* und Christopher Burdick, Kapitän des Schoners *Huntress* aus Nantucket, auf den Falklandinseln, Knotenpunkt von Robben- und Walfängern sowie Kaperschiffen. Burdick war im August von Nantucket aus in See gestochen und hatte Kurs auf die Süd-Shetland-Inseln genommen. Daß man die Süd-Shetlands entdeckt hatte, war für Davis neu – er war bereits im März von New Haven losgesegelt. Die Nachricht klang gut. Die beiden Kapitäne kamen überein, beim Robbenfang zusammenzuarbeiten. Davis hatte eine kleine, als Schoner getakelte Schaluppe, die *Cecilia,* dabei. Sie war »in Einzelteile zerlegt« an Bord der *Huron* gewesen und lag nun zusammengesetzt nahebei vor Anker. Am 22. November segelten die drei Schiffe ab. Am 30. November kamen die Süd-Shetlands in Sicht; aber das Wetter – Regen, Schnee und Nebel – machte jede Annäherung gefährlich. Außerdem hatten sie natürlich keine Seekarten. Als das Wetter drei Tage später aufklarte, näherten sie sich der trostlosen Küste bis auf eine Entfernung von weniger als 1 Meile. Plötzlich kam wieder dichter Nebel auf. Nun kam die kleine *Cecilia* zum Zuge, und die Neuengländer zeigten ihr seemännisches Können. Während die beiden größeren Schiffe abdrehten, verschwand die *Cecilia* im Nebel, um nach einem geeigneten Ankerplatz zu suchen. Die nächsten Tage verbrachten die Männer auf den beiden großen Schiffen in sorgenvoller Erwartung, während sie im dichten Nebel hin und her kreuzten. Erst am 7. Dezember sahen sie die *Cecilia* wieder. Die hatte gute Nachrichten: Man hatte einen Ankerplatz, Yankee Harbor, gefunden, dort lagen vier Schiffe aus Stonington. Die *Cecilia* voraus, gingen die drei Neuankömmlinge nahe ihren Landsleuten vor Anker. In den zwei Wochen, in denen die Stoningtoner Schiffe in Yankee Harbor geankert hatten, hatte die *Hero* mehr als 12 000 beste Felle an Bord genommen.

Davis und Burdick wollten keine Zeit verlieren. Am nächsten Tag segelte die *Cecilia* mit Vorräten, Segeltuch, Knüppeln und Messern ab. Alles sollte an geeigneten Stränden an Land gebracht werden. Doch unbesetzte Küstenabschnitte waren schwer zu finden. Inzwischen hielten sich bei der Insel 60 Schiffe mit 1000 Mann Besatzung auf. In einem Monat, in dem die *Cecilia* vier Fahrten unternahm, konnte sie lediglich 5000 Felle an Bord nehmen. In derselben Zeit lud die *Hero* 35 000 Felle.

In der letzten Januarwoche traf Davis eine Entscheidung: Er wollte »neue Gebiete suchen, denn die Robben sind hier ausgerottet...« Nachdem er am 30. Januar von den drei Robbenfängergruppen auf Livingston Island Felle übernommen hatte, nahm er mit der *Cecilia* Kurs auf Smith Island. Die Insel war eine Enttäuschung, denn hier stießen sie auf 17 Männer und zwei Walfangboote von der Sydneyer Brigg *Lynx*. Davis fuhr zu Low Island hinüber, die etwa 20 Meilen nach Südosten lag.

Das war schon besser. Denn hier waren keine Robbenjäger; nach vier Tagen hatten sie 1000 Felle an Bord. In der Ferne, in südöstlicher Richtung, lag noch eine Insel (Hoseason Island): Am 6. Februar um 7 Uhr abends steuerte die *Cecilia* darauf zu. Und fuhr daran vorbei. Vor ihnen lag eine viel größere Landmasse. Um 10 Uhr am nächsten Morgen war die *Cecilia* dicht an der Küste. Das Walfangboot wurde zu Wasser gelassen; die Mannschaft hielt auf den Strand zu. Eine Stunde später waren die Leute zurück, hatten aber »keine Hinweise auf Robben« gefunden. Da das Wetter klar war, stellte Davis eine Mittagsberechnung der Breite an: 64° 01'. Dann stieß er mit der *Cecilia* vorsichtig in die große Bucht vor; »das Land war hoch und völlig mit Schnee bedeckt«.

Der Wind wurde heftiger und drehte auf Nordost. Am Nachmittag stürmte es, es fiel dichter Schnee. Es war Zeit, die Segel zu streichen. Mit gerefftem Hauptsegel, das Bonnett vom Focksegel genommen, steuerte der kleine Schoner langsam zum etwa 110 Meilen entfernten Yankee Harbor zurück. Der letzte Eintrag an diesem Tag lautet: »... ich halte dieses Südland für einen Kontinent«. Davis hatte intuitiv richtig geraten. Die *Cecilia* war in der Hughes Bay gewesen; die Bootsleute hatten knapp eine Stunde lang als erste Antarktika betreten. Der Abschnitt heißt heute Davisküste. Die Namen der Männer, die an Land sprangen sind nicht bekannt. Am 9. Februar segelte die *Cecilia* zwischen Deception und Livington Island, wo sich nur einige Tage zuvor Palmer und Bellingshausen getroffen hatten. Am 10. Februar ging die *Cecilia* in Yankee Harbor vor Anker. An Bord befanden sich 1670 Felle.

Die Saison neigte sich dem Ende zu; es gab kaum noch Robben. Deshalb verließen die Schiffe allmählich, eines nach dem anderen, die Inseln – einige nur mit halber Ladung, um auf den Falklandinseln zu überwintern; andere mit vollen Laderäumen, um nordwärts nach Neuengland – die Männer aus Stonington mit 88 000 Fellen – und nach London zu segeln. Ende März lagen die blutdurchtränkten Strände verlassen da, abgesehen von den »Aasgeiern« der Inseln, den Riesensturmvögeln – von den Seeleuten »Stinker« genannt –, die sich um die Tausende Kadaver rauften. Aber nicht alle Menschen hatten die Inseln verlassen: Auf King George Island sollten ein Offizier und zehn Mann von der Londoner *Lord Melville* einen höchst ungemütlichen Winter verbringen, nachdem ihr Schiff gestrandet und nicht mehr zurückgekehrt war. Sie wurden im folgenden Sommer abgeholt.

In der Saison 1821/22 fuhren nur etwa 40 Fangschiffe zu den Süd-Shetlands. Es wurde ein verheerender Schlag für die Pelzrobben, der sie nahezu ausrottete. Nach der ersten Attacke hatten die Leute von Stonington einen hübschen Gewinn eingestrichen. Obwohl es auf der Hand lag, daß das Gemetzel während einer weiteren Saison nicht die gleichen hohen Erträge bringen würde, stellten Edmund Fanning, sein Sohn William und Pendleton eine Flotte von sechs Schiffen zusammen – ein Schiff mehr als im Jahr zuvor. Palmer übernahm das Kommando über ein größeres Schiff, die *James Monroe*; die *Hero* wurde diesmal von Harris Pendleton geführt. Beide Schiffe sollten »als Leichter oder Schaluppen den Schiffen dieser Unternehmung dienen«. Am 6. November ging die Flotte vor Deception Island vor Anker. Yankee Harbor war im Eis versunken. Es wurde eine schlechte Saison. Am 27. Januar schrieb ein enttäuschter William Fanning auf Deception Island an Bord der *Alabama Packet* einen Brief an seinen Vater, in dem er berichtete, die Flotte habe nur etwa 1000 Seehundfelle und 1100 Fässer See-Elefanten-Tran eingenommen. Die *Express*, die *Free Gift* und die *James Monroe* würden in ein paar Tagen nach Stonington zurückkehren. Die *Frederick*, die *Alabama Packet* und die *Hero* wollten ihr Glück an der Küste Chiles versuchen und Seelöwen jagen. Die *Hero* wurde später im chilenischen Coquimbo verkauft, und die Stoningtoner kehrten mit 47 000 minderwertigen Seelöwenfellen nach Neuengland zurück.

Zu Beginn der Jagdsaison hatte sich Palmer mit der *James Monroe* auf die Suche nach weiteren Robbengebieten begeben. Auf Elephant Island hatte er am 30. November ein kleines englisches Schiff, die *Dove*, getroffen, die von George Powell befehligt wurde. Powell stammte aus London und war im gleichen Alter wie Palmer; es war seine dritte Fahrt als Kapitän eines Robbenfängers. Er hatte Palmer ein Jahr zuvor auf den Falklands kennengelernt – er auf der *Eliza* und Palmer auf der *Hero*. Powell war ein gebildeter Mann und interessierte sich – ungewöhnlich für einen Robbenjäger – für Entdeckungen und naturwissenschaftliche Fragen. Er führte ein meteorologisches Logbuch, maß die Temperatur des Meerwassers, notierte Abweichungen der Kompaßnadel und nahm Bodenproben für die Royal Society. Außerdem hatte er ein Chronometer an Bord.

Der Engländer machte Palmer den Vorschlag, gemeinsam das Gebiet weiter östlich zu erkunden. Nachdem sie nördlich von Elephant Island und südlich von Clarence Island gesegelt waren, gingen sie bei tückischem Seegang, frischer Brise und dem üblichen endlosen Nebel auf Ostkurs. Der Nebel wurde dichter. Weil das Eis ihnen ziemlich zusetzte und sie fürchteten, Land zu verfehlen, drehten die Schiffe bei und warteten bei trostloser, schwerer See, bis sich die Sicht besserte. Bei dieser Zwangspause übergab die *Dove* 120 Gallonen Trinkwasser an die Amerikaner, deren Vorrat allmählich zur Neige ging. Am nächsten Nachmittag lichtete sich der Nebel, und bald steuerten die beiden Schaluppen bei leichter Fahrt nach Osten. Plötzlich kam die Sonne durch, Powell maß die Höhe: sie lagen bei 60° 10' südlicher Breite und 49° 07' westlicher Länge. Früh am nächsten Morgen sichtete der Ausguck auf der *Dove* Land. Die *James Monroe* lag ungefähr 4 Meilen achtern. Powell ließ die Segel streichen, damit die Amerikaner aufschließen konnten. Palmer, notierte er, »hatte Zweifel, ob es Land oder Eis war; allerdings wollte er mir, wie er sagte, auf alle Fälle folgen ...«

Es war Land: »drei gewundene, völlig unzugängliche Felsen, ohne jede Vegetation«, wie Powell schrieb. Die Sonne schien, der Horizont war klar, das Chronometer tickte vor sich hin. Powell maß Länge und Breite: Die Inseln lagen bei 46° 52' westlicher Länge und 60° 32' südlicher Breite. Er nannte sie Inaccessible Islands (Unzugängliche Inseln). Weiter im Osten lag noch mehr Land. Nach Powell hatten sie jedoch »wegen der gewaltigen Eismengen, die überall umhertrieben, große Schwierigkeiten, da heranzukommen ...« Am Nachmittag des 7. Dezember landete Powell auf der neuen Entdeckung, nahm sie für König Georg IV. in Besitz, nannte sie Coronation Island und ließ eine Flasche mit einem Brief über die Entdeckung zurück. Die Amerikaner waren nicht gelandet, »weil es sich nicht gelohnt hätte, da es keine Robben gab«. Die beiden Schiffe segelten nördlich einer Inselgruppe. Nachdem sie am Ostende von Coronation Island einen Ankerplatz gefunden hatten, machten sich die Boote auf die Suche nach Robben, fuhren zu anderen Inseln hinüber und nahmen dabei eine ungefähre Vermessung vor. Powell fertigte eine grobe Skizze der heutigen Süd-Orkney-Inseln an.

Palmer war – Powell deutet es an – wenig an der kartographischen Aufnahme interessiert und war von den Inseln enttäuscht, auf denen es keine Pelzrobben, sondern nur einige Seeleoparden gab. Nach dem 11. Dezember kommt die *James Monroe* in Powells Aufzeichnungen nicht mehr vor. Der Engländer segelte weiter nach Süden, wurde aber unter 63° 20' südlicher Breite vom Packeis gestoppt. Da die Vorräte langsam zur Neige gingen, segelte die *Dove* nach Clothier Harbor auf den Süd-Shetland-Inseln zurück. Palmer kehrte nach Deception Island zurück.

Powell lief im August 1822 die Themse hinauf. Im November konnte jeder Interessierte bei R. H. Lauries, dem Londoner Kartengeschäft, die *Chart of South Shetland, including Coronation Island* sowie *Notes on South Shetland ... Printed to Accompany the Chart of These Newly Discovered Lands, which has been Constructed from the Explorations of the sloop Dove* kaufen. Es war eine der ersten gedruckten Karten, die zusammen mit Segelanweisungen veröffentlicht wurden und einen Teil der Antarktis verzeichneten.

Wir kennen das Schicksal der Pelzrobben. Aber was wurde aus den Männern, deren Routen sich während weniger Monate in der Antarktis kreuzten? William Smith starb im Armenhaus, vergessen, unbekannt. Die *Williams* überlebte ihn um 35 Jahre und befuhr die Nordsee als Kohlenbrigg, ehe sie 1882 verschrottet wurde. Bransfield und Bellingshausen, die beiden Marineoffiziere, starben 1852; letzterer hatte es zum Admiral und Gouverneur von Kronstadt gebracht, seine Frau erhielt eine jährliche Pension von 50 Pfund. John Davis geriet in Vergessenheit, bis in den fünfziger Jahren unseres Jahrhunderts sein Logbuch wieder auftauchte, das ihm einen Platz in der Geschichte der Südpolarforschung sicherte. Georg Powell, dieser recht ungewöhnliche Kapitän eines Robbenfängers, wurde auf der südpazifischen Insel Vavau nur knapp drei Jahre nach seiner Entdeckung der Süd-Orkney-Inseln von Eingeborenen ermordet. Nathaniel Palmer unternahm noch eine weitere Reise zu den Süd-Shetland-Inseln – eine chaotische, privat finanzierte Robbenfang- und Forschungsexpedition, auf der es zur Meuterei kam, keine Entdeckungen gemacht und wenig Robben gefangen wurden. Die größte Leistung vollbrachte Dr. James Eights of Albany, der als Naturforscher an der Expedition teilnahm. Doch gerieten er und seine fünf nach der Reise veröffentlichten Aufsätze in Vergessenheit; immerhin darf er als erster wissenschaftlicher Antarktisforscher gelten, da er fossiles Holz entdeckt und die zehnbeinige Seespinne beschrieben hat. Außerdem war er Charles Darwin sechs Jahre voraus, als er darauf hinwies, daß manche Eisberge Felsgestein befördern.

Aber wer hat nun als erster Antarktika gesichtet? Die einen verweisen auf Palmer und müssen daran erinnert werden, daß Bransfield auf der *Williams* die Antarktische Halbinsel zehn Monate früher entdeckt hat. Die Russen führen Bellingshausen an, der das Schelfeis vor Königin-Maud-Land einige Tage früher gesichtet hat als Bransfield sein Trinity Land. Der Streit ist so unfruchtbar wie die polaren Eiskappen – Verlierer sind in jedem Fall die Robben.

IX

Weddell und Brisbane segeln nach Süden

WEDDELLMEER: großes, von Eis bedecktes Randmeer, das die Antarktis zwischen der Palmer-Halbinsel und Coatsland buchtartig einkerbt; das Zentrum liegt bei etwa 73° S, 45° W. Entdeckt wurde es im Jahr 1823 von James Weddell, Master der Royal Navy, der es Georg-IV.-Meer nannte. Den heute allgemein bekannten Namen, der den Entdecker ehrt, schlug Dr. Karl Fricker 1900 vor. Abgelehnt wurde: Georg-IV.-Meer.

»United States Board on Geographic Names«,
in *Gazetteer*, Nr. 14, 1956

Ein flüchtiger Blick auf die Karte der Antarktis zeigt zwei Meere, die den Kontinent buchtartig einkerben und die Wasserlinie bis auf 700 Meilen an den Südpol heranführen: das Weddellmeer und das Rossmeer. Schaut man sich eine Liste der Robben an, die in den südpolaren Gewässern leben, fallen einem die Weddellrobbe und die Rossrobbe ins Auge. Meere und Robben sind nach zwei Seefahrern des 19. Jahrhunderts benannt, die die Gewässer des südlichen Pazifiks erforschten. Beide Männer waren schottischer Herkunft und dienten in der Royal Navy.

James Clark Ross war ein typisches Mitglied der Königlichen Marine – vom Scheitel seiner romantisch zerzausten Haare bis zur Sohle seiner blank polierten Stiefel. Ross, der schönste Mann der Navy, wie man sagte, war der Schwarm aller viktorianischen Mädchen, die von einem Kapitän der Royal Navy träumten. Ross hatte seinen Ruhm nicht nur durch Fahrten in die Arktis gewonnen. Er gehörte auch dem exklusiven Club der großen Erforscher des Südpolarmeeres an, allesamt Mitglieder der Kriegsmarine: der Engländer James Cook, der Russe Fabian Gottlieb von Bellingshausen, der Franzose Jules Sébastien César Dumont d'Urville und der Amerikaner Charles Wilkes. Von ihnen hätte sich James Weddell wohl am besten mit James Cook verstanden. Doch Cook war bereits acht Jahre tot, als Weddell 1787 geboren wurde, und der Seefahrer, der sich am ehesten mit Weddell vergleichen läßt, ist William Scoresby.

Scoresby war ein Zeitgenosse Weddells. Er stammte aus der Grafschaft Yorkshire. Im zarten Alter von zehn Jahren fuhr er an Bord des Walfängers des Vaters erstmals in die arktischen Meere. Damals erlebte er zum erstenmal, was es bedeutet, von Packeis eingeschlossen zu sein. Mit 21 Jahren hatte er sein erstes Kommando und strafte alle Meinungen Lügen, die man in den Seemannskneipen über einen so jungen Mann hatte, als er 30 Wale in den Hafen von Whitby zurückbrachte. Im nächsten Jahrzehnt erwies sich Scoresby als einer der erfolgreichsten Kapitäne, die in der Arktis auf Walfang gingen. Aber er war mehr als nur ein außergewöhnlich guter Walfänger und Seemann. Ausgerüstet mit Wißbegier, scharfer Beobachtungsgabe und analytischem Verstand – den er im Winter durch Studien an der Universität Edinburgh schärfte; im Sommer ging er auf Walfang –, machte er das Nordpolarmeer zu seinem Forschungsgebiet. Unter seinen wißbegierigen Forscherblick gerieten Schneeflocken, Eis (er baute sogar optische Linsen aus Eis und entfachte Holz mit Hilfe der Sonnenstrahlen, setzte Schießpulver in Brand und entzündete die Tabakspfeifen seiner verblüfften Walfanggefährten), Meteorologie, Magnetismus, Hydrologie und die polaren Witterungsverhältnisse. 1815 wurde sein Aufsatz über die Bildung des polaren Eises vor der Wernerian Society, einer wissenschaftlichen geologischen Gesellschaft, verlesen. Es war die erste Schrift ihrer Art und enthielt Hinweise und Empfehlungen, wie man den Nordpol über das Packeis erreichen konnte. Scoresby empfahl leichte biegsame Schlitten, die man auch zu Wasser benutzen konnte, indem man sie mit einer wasserdichten Haut bedeckte. Die Schlitten sollten von Rentieren oder Hunden gezogen werden – Scoresby favorisierte Hunde; die Schlittenführer sollten von den Eskimos spezielle Kenntnisse erwerben. Die Schlittenfahrten sollten früh im Jahr beginnen, vor Ende April, bevor der Schnee weich wurde – denn »weicher Schnee würde die Geschwindigkeit verringern und die Tiere eher erschöpfen«. Kluge Ratschläge – von denen die Royal Navy bei ihrem Angriff auf die Nordwestpassage und den Nordpol im 19. Jahrhundert überhaupt keine Notiz nahm. 1820 brachte Scoresby sein klassisches Buch *An Account Of the Arctic Regions* heraus, ein Buch, das den Grundstein für die wissenschaftliche Erforschung der Arktis legte.

Möglicherweise sind sich Weddell und Scoresby begegnet – beide waren Mitglieder der Royal Edinburgh Society. Aber auch wenn sie sich nicht getroffen haben, so war Weddell doch mit Scoresbys Schriften gut vertraut, da er sich in seinem eigenen Klassiker *A Voyage Towards the South Pole ... Containing An Examination Of the Antarctic Sea* (Reise in das südliche Polarmeer in den Jahren 1822 bis 1824), das 1827 herauskam, auf Scoresby bezieht.

Weddells Eltern hatten, anders als Scoresbys, keine Beziehung zur See. Sein Vater, ein gelernter Polsterer, war von Dalserf in Schottland nach London umgesiedelt. Seine Mutter, Sarah Pease, stammte aus einer bekannten Quäkerfamilie. Der geistig-religiöse Hintergrund beider hätte einen starren, verstockten Verstand hervorbringen können. Daß dies nicht der Fall war, ist vermutlich Weddells Mutter zu verdanken, die alle aufgeschlossenen, freundlichen und anziehenden Aspekte des Quäkertums in sich verband. Weddell war ihr treu ergeben. Der Vater starb, als James noch ein Kind war; Sarah lebte fortan in bescheidenen Verhältnissen. Die antimilitärische Einstellung der Quäker hatte man offensichtlich überwunden, denn der ältere Sohn Charles trat in die Royal Navy ein. Beide heuerten auf der Vierzig-Kanonen-Schaluppe *Swan* an, James, neun Jahre alt, als Schiffsjunge. Heute, da die Jugend immer länger dauert, kann man sich kaum vorstellen, wie plötzlich damals Kinder in die rauhe Erwachsenenwelt gestoßen wurden. Dennoch – das Kind kam durch; es muß allerdings eine qualvolle Erfahrung gewesen sein, denn die *Swan* unterstand dem Kommando eines tyrannischen Offiziers, dessen Vorstellung, was Disziplin sei, auf der Peitsche beruhte. Es war daher kein Wunder, daß der Junge bereits nach sechs Monaten den Dienst auf eigenen Wunsch quittierte.

Selbst nach jenen unglücklichen Monaten in der Royal Navy blieb Weddell der See eng verbunden – zunächst in der Handelsmarine, dann meldete er sich überraschend auf Jamaika freiwillig als Vollmatrose bei der Royal Navy. Sechs Monate später war der Vollmatrose kometenhaft zum Deckoffizier aufgestiegen, und im Dezember 1810 wurde er diensthabender Master.

Im zwanzigjährigen Krieg Großbritanniens gegen das revolutionäre und das napoleonische Frankreich hat Weddell nur an einer einzigen Kampfhandlung teilgenommen. 1813 hat er als Master der Brigg *Hope* (zehn Kanonen) das amerikanische Kaperschiff mit dem patriotischen Namen *True Blooded Yankee* im Ärmelkanal aufgebracht.

Im Juni 1815, als Napoleon in Waterloo die Entscheidungsschlacht verlor und nach Sankt Helena verbannt wurde, führte er die *Espoir* von den Westindischen Inseln nach Halifax in Neuschottland. Fast sechs Jahre hatte er in einer Kriegsmarine mit über 1000 Schiffen und 130 000 Mann gedient. Der lange Krieg war vorüber, die Navy radikal auf 100 Schiffe und 23 000 Mann verkleinert. Von dieser drastischen Kürzung blieben die ernannten Offiziere – aufgrund politischer Interessen, Macht und Privilegien – so gut wie ausgenommen. Das führte zu der absurden Situation, daß auf einen Navy-Offizier drei Seeleute kamen.

Für Weddell, Anfang Dreißig, voller Energie, intelligent und ehrgeizig, bot diese Marine keine Perspektive, da er mit keiner Beförderung rechnen konnte; alle höheren Positionen waren auf Jahre hinaus besetzt. So verlor die Navy einen tüchtigen Kapitän, einen fähigen Kommandanten, einen ausgezeichneten Nautiker, der sich gut mit den neumodischen Chronometern auskannte und auch die alte Methode der Berechnung der Länge mit Hilfe der Monddistanzen beherrschte. Nutznießer war die Handelsmarine. Weddell segelte zu den Westindischen Inseln.

Als sich Nachrichten aus Übersee noch mit der Geschwindigkeit von Segelschiffen verbreiteten, waren Tavernen und Kontore so etwas wie Nachrichtenbörsen. Hier trafen sich die Seeleute und tauschten bei Ale, Rum und Branntwein die letzten Neuigkeiten aus. In den ersten Monaten des Jahres 1819 machte in den Hafenvierteln von Valparaíso und Montevideo das Gerücht die

James Weddell

Runde, William Smith habe südlich von Kap Hoorn Land entdeckt. Weddell kann davon auf den Westindischen Inseln erfahren haben, bevor die Zeitungen der USA und Großbritanniens darüber berichteten. Auch wenn die Gerüchte falsch waren, die Robben an den Küsten Falklands, Südgeorgiens und Patagoniens waren Tatsachen. Und die neuen Fabriken brauchten Öl, zum Schmieren der Maschinen und für die Beleuchtung, und die rasch wachsende Bevölkerung verlangte nach mehr Leder, Filz und Pelzen. Ende 1819 segelte Weddell nach Süden über den Äquator. Sein Schiff war die in Amerika gebaute Zweimastbrigg *Jane,* etwa 75 Fuß lang und 20 Fuß breit, gerüstet für die Jagd auf Pelzrobben, See-Elefanten und Wale. Die *Jane,* im Krieg 1812 gekapert, war ungefähr 30 Jahre alt, wegen ihrer Größe ideal für die Robbenjagd. Die Reeder waren neu im Robbengeschäft, kannten sich jedoch in der Schiffahrt aus: James Strachan vom Schiffsbauunternehmen Strachan & Gavin und James Mitchell, ein Londoner Versicherungsmakler.

1762 hatte das spanische Schiff *Aurora* auf einer Fahrt von Lima nach Cádiz etwas gesichtet, was man für Inseln östlich von Kap Hoorn auf 53° südlicher Breite und 48° westlicher Länge hielt. Nach weiteren Berichten wurde 1794 die spanische Korvette *Atrevida* zur genaueren Erkundung der Angelegenheit ausgesandt. Die Position der Insel wurde bestätigt, und die Aurorainseln erschienen pflichtschuldig auf den Karten der Spanier. Weddell allerdings war skeptisch. Natürlich ließ sich nicht ausschließen, daß die Inseln existierten – und auf ihnen vielleicht Robben. Mit großer Sorgfalt begab sich Weddell auf die Suche. An Bord der *Jane* waren Chronometer, ungewöhnlich für einen normalen Robbenfänger (die meisten Eigner und ihre Kapitäne waren in Fragen der Navigation recht knausrig: Ungefähre Besteckberechnung und die Bestimmung der Breite nach den Gestirnen mußten genügen). Ihre Ganggenauigkeit wurde im Hafen von St. John auf der Staateninsel überprüft, etwa 500 Meilen westlich der kartierten Position der fraglichen Inseln. Danach nahm die *Jane* Trinkwasser und Brennholz an Bord. Am 27. Januar 1820 segelte sie von der Staateninsel ab. Als man nach gründlicher Suche keine Inseln finden konnte, ging es weiter zu den Falklands, offensichtlich zur großen Erleichterung der Mannschaft, die Robben jagen wollte.

Weddell war ein sorgfältiger und erfahrener Nautiker.

Daher dachte er darüber nach, »was die spanischen Offiziere zu einem so krassen Irrtum veranlaßt haben könnte«. Dabei waren sie sogar mit Chronometern ausgerüstet gewesen und von den Falklandinseln (ungefähr eine Dreitagesstrecke von den vermuteten Inseln entfernt) zu einer Reise aufgebrochen, deren einziger Zweck darin bestanden hatte, die Wahrheit herauszufinden. Wenn sie Inseln gesichtet hatten, dann konnten es nur die stellen Klippen der Shag Rocks sein, 210 Meilen östlich der angegebenen Aurorainseln; sollte das zutreffen, dann hatten sie schwerste Navigationssünden begangen. Vielleicht aber hatten die Offiziere, die vermutlich »Männer waren, die es nicht gewohnt waren, kalte und stürmische Meere voller Eishindernisse zu überqueren«, Eisberge für Land gehalten.

Weddell wußte nicht, daß nur einige Wochen zuvor sich ein anderer Robbenfänger auf die Suche nach den Aurorainseln gemacht hatte: die amerikanische Brigg *Hersilia* aus Stonington, Connecticut, unter dem Kommando von Kapitän James Sheffield, mit William Fanning als Frachtbegleiter. Laut dessen Vater, Edmund Fanning, besaßen beide Männer »nautisches Talent und waren imstande, die Schiffsposition nach den Gestirnen zu bestimmen«. Sie hatten eine spanische Karte, auf der die Position der fraglichen Inseln verzeichnet war. Und tatsächlich stießen die Amerikaner dort auf Inseln. Sheffields Beschreibung trifft jedoch ziemlich genau auf die Shag Rocks zu, so daß sich wohl auch die Amerikaner bei der Berechnung der Länge ungeheuer vertan hatten. Auf diesen steilen Felsen gab es keine Landestelle, keine Robben. Die enttäuschten Amerikaner kehrten um und nahmen Kurs auf die Staateninsel. Als Sheffield im Juli 1819 in Stonington aufgebrochen war, konnte er nicht ahnen, daß William Smith südlich von Kap Hoorn Land entdeckt hatte; aber irgendwo auf seiner Fahrt nach Süden, vielleicht in Buenos Aires (er hatte Waren für den südamerikanischen Markt an Bord) oder auf den Falklandinseln, erfuhr er von Smith' Entdeckung. Am 11. Januar 1820 segelte die *Hersilia* von der Stateninsel nach Süden ab; sie sollte der erste – und einzige – amerikanische Robbenfänger bei den robbenreichen Süd-Shetland-Inseln sein.

In der Erforschung der Antarktis spielt der Januar 1820 eine besondere Rolle. Die *Williams*, gechartert von der Royal Navy, vermaß die Süd-Shetland-Inseln, von ihr aus wurde die Antarktische Halbinsel gesichtet; weiter im Osten segelten die russischen Schiffe *Wostok* und *Mirnij* in 30 Meilen Entfernung an dem Kontinent entlang.

Zum Glück wußten Weddell und seine Mannschaft nichts von diesen Aktivitäten im Süden, und so fuhren sie zu den Falklandinseln, wo sie den Winter verbrachten. Drei Jahrzehnte lang hatten hier amerikanische, britische und französische Walfänger und Robbenjäger Zuflucht gesucht. Es gab geschützte Häfen mit Trinkwasser, Felle und Tran für die Heimat, für den Eigenverbrauch Pinguineier, Albatroseier, Fische, Gänse und, auf den östlichen Falklands, Wildrinder, die man zu Frisch- und Pökelfleisch, Leder und Talg verarbeiten konnte. Und seit einem Jahrzehnt gab es keine schikanöse Verwaltung. Der einzige Nachteil bestand darin, daß es kein Brennholz gab; doch statt dessen konnte man Torf schneiden, trocknen und die Kochstellen damit befeuern.

Weddell brachte die Wintermonate damit zu, Informationen über sichere Ankerplätze, Orte, wo man Wasser aufnehmen konnte, Gefahren und Gezeitenströme rings um die Inseln zu sammeln. Gleichzeitig bereiteten in der nördlichen Hemisphäre amerikanische und britische Robbenjäger ihre Schiffe eiligst für den Großangriff auf die Fanggründe der Süd-Shetland-Inseln vor. Hier wußten es nun alle. Es ging nur noch darum, wer als erster dort eintraf und die größte Beute machte. Einige (darunter die kleine Stoningtoner Schaluppe *Hero* unter dem Kommando des jungen Nathaniel Palmer) legten auf dem Weg nach Süden eine Zwischenlandung auf den Falklands ein. Im November machte sich auch die *Jane* auf und ging auf Südkurs, um ihren Anteil an den Fellen zu erbeuten.

Im Januar 1821 war der Laderaum der *Jane* voll. Weddell setzte Segel und begab sich auf die lange Rückfahrt nach England, an Bord Briefe von Männern und Offizieren der anderen Robbenfänger; einer, verfaßt von einem Offizier der 90 Fuß langen Brigg *George,* spricht vielleicht allen Beteiligten aus dem Herzen:

> Wir verließen die Falklands am 25. November und erreichten diesen abscheulichen Ort am 1. Dezember; ich nenne ihn *abscheulich,* weil er von Gott dem Allmächtigen gewiß zuletzt geschaffen wurde ... da der Schnee ihn niemals verläßt, nicht einmal jetzt, im Hochsommer ... und es ist so kalt, wie sonst zu Weihnachten. Alles ist feucht, und wir waten in Blut und Tran. Da die Robben nicht so zahlreich sind, wie man uns vor der Abreise aus Liverpool sagte, müssen wir uns mit einer geringen Menge zufriedengeben. Wir haben jetzt 9000 Felle an Bord, und ich habe immer noch die Hoffnung, daß wir etwa 2000 pro Woche verladen können ...

Die *George* kehrte mit 18 000 Seehundfellen zurück.

Die Fahrt der *Jane* erbrachte ebenfalls einen ansehnlichen Gewinn – genug für Weddell und Strachan, ein kleineres Schiff zu kaufen, das als Begleitschiff der *Jane* dienen sollte: die *Beaufoy*, ein Kutter mit steilem Bug und langem Bugspriet. Drei Monate nach seiner Ankunft in London segelte Weddell mit der *Jane* in Begleitung der *Beaufoy* unter dem Befehl von Michael McLeod wieder den Ärmelkanal hinab. August 1821 erreichten sie Madeira und nahmen Vorräte sowie Inselwein auf, dann ging es zu den Kapverdischen Inseln, um Salz zu laden. Einige Wochen später machten sie eine letzte Zwischenlandung auf New Island/Falklands, wo sie auf die amerikanische Brigg *Charity*, im Besitz und unter dem Kommando von Charles H. Barnard, trafen.

Die *Jane*, die *Beaufoy* und die *Charity* trafen Ende Oktober bei den Süd-Shetland-Inseln ein. Es war jetzt die dritte Jagdsaison, und es wurde immer schwieriger, Robben zu finden. Fast 1000 Männer und etwa 45 amerikanische und britische Robbenfänger waren hier versammelt. Da man verzweifelt nach neuen Robbenfanggründen suchte, wurden die kleineren Schiffe auf Erkundungsfahrt geschickt. Auch die *Beaufoy*. Drei Tage vor Weihnachten 1821 lief sie in Yankee Harbor auf Greenwich Island ein und ging zwischen den amerikanischen Robbenfängern vor Anker. An Bord waren drei Kapitäne: McLeod, Weddell und Barnard; sie kamen von einer Erkundungsfahrt zur Elephant Island zurück. Dabei hatten sie am 11. Dezember etwa 240 Meilen östlich von Elephant Island Land gesichtet. Sie wußten nicht, daß dieses Land – die Süd-Orkney-Inseln – am 7. Dezember von George Powell in der winzigen *Dove* und Nathaniel Palmer an Bord der *James Monroe* entdeckt worden war, als beide Schiffe zusammen eine ähnliche Erkundungsfahrt unternommen hatten wie jetzt die *Beaufoy*.

Hier auf den Süd-Shetlands kam es zu einem Zwischenfall, der den Legenden, die sich um Meerjungfrauen und Wassergeister ranken, neue Nahrung gab. Einer von Weddells Männern sollte am Strand die Robbenfelle bewachen, während seine Gefährten einen anderen Küstenabschnitt absuchten. Er war eingeschlafen, dann aber von einem Laut geweckt worden, der wie eine menschliche Stimme klang. Er konnte aber nichts entdecken. Dann hörte er ihn wieder – vielleicht war eine Bootsmannschaft in Schwierigkeiten und brauchte Hilfe. Die Rufe wurden lauter, diesmal klangen sie wie eine Melodie. Lassen wir Weddell weiter erzählen:

Endlich sah er ein Tier etwa 11 Yards von der Küste auf einem Felsen liegen, worüber er sehr erschrak. An Gesicht und Schultern glich es einem Menschen, seine Farbe war rötlich, über die Schultern hing langes grünes Haar, der Schwanz glich dem der Robbe, die Arme konnte er nicht deutlich unterscheiden. Etwa zwei Minuten lang gab das Tier den musikalischen Ton von sich, als es den Matrosen erblickte, verschwand es augenblicklich. Sobald der Offizier ankam, erzählte ihm der Matrose diese sonderbare Geschichte, der wenig Glauben beigemessen wurde, aber zur Bestätigung machte der Matrose, der katholisch war, ein Kreuz in den Sand und küßte es.

Weddell, sichtlich amüsiert, ließ den seherischen Matrosen zu sich kommen, der in der Kajüte seinen Schwur wiederholte. Weddell konnte die Geschichte entweder nur glauben oder annehmen, daß der Matrose Opfer seiner überreizten Phantasie geworden war. Der Autor sah einmal auf den Süd-Shetlands eine mit Seetang behangene Robbe (langes, grünes Haar), die Laute von sich gab, sie man auch ohne überreizte Phantasie als Melodie hätte bezeichnen können. Es war eine Weddellrobbe, die unter Wasser Rufe von sich gab, entweder um sich per Echolot zu orientieren oder um sich mit seinen Artgenossen zu verständigen. Wahrscheinlich gehörte also auch jener Seehund zu der nach Weddell benannten Robbenart: *Leptonychotes weddellii.*

Mittlerweile waren Robben auf den Süd-Shetlands selten geworden; im Februar 1822 befand sich die *Jane* vor den Süd-Orkney-Inseln. Die Saison neigte sich dem Ende zu, und er besaß kein zweites Schiff, weil die *Beaufoy* nach Südgeorgien abgesegelt war, wo andere Robbenjäger magere Ausbeute machten. Hier schloß sich die *Jane* wieder der *Beaufoy* an, und Ende März fuhren beide Schiffe nach England. Im Juli löschten sie die Ladung aus Fellen und Tran.

Da die zweite Reise nur einen geringen Gewinn erbracht hatte, beschloß man, ein drittes Mal in den Süden zu segeln. Während die Schiffszimmerleute die beiden Schiffe ausbesserten und kalfaterten, kontrollierte Weddell alle wichtigen Gerätschaften. Besonders am Herzen lagen ihm die drei Chronometer: einer für acht Tage, hergestellt von James Murray, einer für zwei Tage, von Murray & Strachan, und einer für einen Tag, ebenfalls von James Murray hergestellt. Sie alle mußten genau eingestellt werden. Dann wurden Kompasse, Barometer und Thermometer überprüft. Es wurden die neuesten Karten gekauft und die letzten Neuigkeiten aus dem Süden beschafft.

Genügend Papier, Logbücher, Tagebücher, Tinte mußten an Bord gebracht werden und vielleicht die neuen, modischen Stahlfedern statt der alten Federkiele, die man ständig anspitzen mußte. Für die Kartenarbeit verwendete man die vortrefflichen neuen Schreibstifte, die der Franzose Nicholas-Jacques Conté und der Österreicher Josef Hardtmuth erfunden hatten. Wie die Federkiele mußten zwar auch sie angespitzt werden, aber die Graphit-Ton-Mischung, eingebettet in Weichholz, eignete sich hervorragend zum Zeichnen und Schreiben, und ihr Strich ließ sich wieder ausradieren.

Später sollte Weddell bedauern – er hatte nicht damit gerechnet, so hohe südliche Breiten zu erreichen –, daß »Ich mich nicht mit Instrumenten versorgt hatte, die es mir ermöglicht hätten, meine Beobachtungen auszuweiten«.

Mitte September lagen Weddells Schiffe klar zum Auslaufen. Sie hatten Vorräte, Proviant, Ballast geladen, die Mannschaft war an Bord. Weddell:

Wir sollten Robbenhäute holen; unsere Schiffe waren die Brigg *Jane* aus Leith, 160 Tonnen, und der Kutter *Beaufoy* aus London, 65 Tonnen, beide auf gewöhnliche Weise ausgerüstet und auf zwei Jahre verproviantiert: die Brigg, mit 22 Personen bemannt, stand unter meinem Befehl, der Kutter, mit 13 Mann an Bord, unter dem des Hrn. Matthew Brisbane.

Matthew Brisbane ist ein neuer Name. Der fünfunddreißigjährige Schotte hatte seinen Landsmann Michael McLeod als Kommandant der *Beaufoy* abgelöst. Er stammte aus einer alten Seemannsfamilie und war ein zäher, geistig beweglicher und sehr befähigter Kommandant: die beiden Männer sollten gut miteinander auskommen, und Weddell hatte für Brisbane nur Lob übrig. Aber Brisbane war vom Pech verfolgt: Vor ihm lagen drei Schiffbrüche und der Tod durch brutalen Mord auf den Falklandinseln.

Es war ein schöner Sommer gewesen, 1822, im siebten Jahr nach der Schlacht von Waterloo. Die Ernte war früh eingebracht, bis auf die Hackfrüchte. Es hatte viel Obst gegeben, und noch hingen die Äpfel schwer an den Bäumen. Der für die Bierherstellung so wichtige Hopfen war von ganz ausgezeichneter Qualität. Selbst die Weintrauben, die man im Freien angebaut hatte, waren so gut wie die aus dem Treibhaus.

Dieser friedliche Sommer paßte eigentlich nicht so recht zu den stürmischen Zeiten seit Kriegsende. 300 000 Soldaten und Seeleute hatten ihren Job verloren. Und das in einem Land, dessen Bevölkerung sich in wenigen Jahren verdoppelt hatte und dessen Wirtschaft von Krisen erschüttert war. Die düstere Vorhersage des Thomas Malthus, die Bevölkerung werde schneller als die Mittel zu ihrer Ernährung wachsen, schien wahr zu werden. Soziale Konflikte konnten die Folge sein. Mit Sorge beobachteten Staatskirche, Adel und neureiche Fabrikbesitzer, wie die Ideen der Französischen Revolution – längst totgesagt – wieder aufgegriffen wurden.

In dieser unruhigen Zeit konnte Großbritannien seinen Reichtum verblüffend rasch steigern. Er beruhte auf Baumwolle und Kohle. Der Import von Rohbaumwolle und der Export der Endprodukte geschah mit Schiffen, ebenso der Transport der Kohle die Küste entlang und über See. Denn Kohle brauchten die dampfgetriebenen Webstühle in den Fabriken im Norden des Landes; Kohle wurde zu Koks veredelt, um Eisen zu schmelzen, mit dem man weitere Maschinen baute. Maschinen und Webstühle mußten geschmiert werden, dazu brauchte man Tran, ebenso zur Weiterverarbeitung grober Leinen- und Wollstoffe. Auch Spinnereien und Manufakturen waren auf Ölbeleuchtung angewiesen, ebenso die Straßen der wachsenden Städte; hier allerdings kam immer mehr Leuchtgas, gewonnen aus Kohle, zum Einsatz, was die Tranhändler zunehmend beunruhigte. In allen größeren Städten entstanden Gaswerke, in London hatte sich die Zahl der Gasometer in weniger als zehn Jahren von 1 auf 47 erhöht. Die Geschäftsleute, die mit Tran handelten, mußten sich irgendwie zur Wehr setzen, etwa, indem sie sich für die Verwendung von Gas aus Tran einsetzten. Für Robbenfelle allerdings gab es immer Nachfrage.

Am Freitag, dem 13. September – ein Unglückstag für die abergläubischen Seeleute –, segelten die *Jane* und die *Beaufoy* bei günstigem Wind die Themse zu den Downs hinab. Die Downs sind eine Reede, die sich an der südöstlichen Küste zwischen dem North Foreland und dem South Foreland entlangzieht, wobei die tückischen ablandigen Goodwin Sands ein wenig Schutz bieten. Hier gingen die Themselotsen an Bord oder verließen das Schiff, und hier warteten die Schiffe auf günstigen Wind, mit dem sie den Ärmelkanal hinabsegeln konnten. Blieb er längere Zeit aus, füllte sich die Reede mit Hunderten von Schiffen, ein schwimmender Mastenwald. Wenn dann Wind aufkam, löste sich der Wald in Wolken aus Segeltuch auf.

Die *Jane* und die *Beaufoy* lagen weniger als eine Woche in den Downs vor Anker. Doch der abergläubische Seemann sollte schon noch recht bekommen. Ein anderes, ziemlich schlecht geführtes Schiff rammte den Bug der *Jane*, wobei ihr Bugspriet, Klüverbaum und die Rah des Sprietsegels fortgerissen und die zusammengerollten Klüver zerrissen wurden. Solche Unfälle kamen hier öfter vor, denn die offenen Boote, die vom Strand kamen, huschten zwischen den ankernden Schiffen wie Seevögel umher; sie beförderten Vorräte, Proviant, Passagiere, Mannschaften, Kapitäne und Lotsen. Bei stürmischem Wetter boten sie darüber hinaus einen einträglichen, wenngleich gefährlichen Bergungs- und Rettungsdienst an. Außerdem waren sie der Schrecken der Zollbehörde.

Am 17. September, nachdem der Wind auf Nordosten gedreht hatte, lichteten die Schiffe, die in den Downs vor Reede lagen, darunter die *Jane* und die *Beaufoy*, die Anker und fuhren mit dem auffrischenden Wind den Ärmelkanal hinab. Dann trennten sich die beiden Schiffe: Die *Jane* steuerte nach Madeira, und die *Beaufoy* nahm Kurs auf die Kapverdischen Inseln. Die *Jane* blieb nur einen Tag im Hafen von Madeira und nahm Fässer des Inselweines an Bord. Am 14. Oktober trafen sich die *Jane* und die *Beaufoy* auf den Kapverden wieder. Beide Schiffe nahmen 36 Tonnen Salz zum Konservieren der Robbenfelle an Bord.

Am 20. Oktober stachen sie wieder in See. Einen Tag später stellte sich heraus, daß die Gillung leckte. Das Schiff drehte bei; alle beweglichen Gegenstände wurden nach vorn gebracht, damit sich der Bug senkte und das Heck aus dem Wasser ragte. Nun konnte die Gillung notdürftig repariert werden; danach wurde alles wieder nach hinten verfrachtet, und die Fahrt ging weiter. Auf den Falklands oder an der südamerikanischen Küste würde man eine gründlichere Reparatur vornehmen.

Am 7. November passierten sie den Äquator; eine Woche später sichteten sie vor der Küste Brasiliens einen portugiesischen Schoner. Weddell wußte sofort, wann er ein Sklavenschiff vor sich hatte. Er holte den Schoner ein und zwang das Schiff zum Beidrehen. Nachdem die *Jane* und die *Beaufoy* nahe längsseits und in Schußnähe waren, ging Weddell mit einigen Offizieren und der Bootsmannschaft an Bord. Auf dem Schiff waren 250 Sklaven, die in Bahia verkauft werden sollten. Die Männer waren im Laderaum zusammengepfercht, Frauen und Kinder hockten gefesselt auf Deck. Weddell, der Quäker, war entsetzt. Und enttäuscht. Vierzehn Jahre zuvor war die Sklaverei in Großbritannien abgeschafft worden, aber in Nord- und Südamerika florierte sie noch immer. Doch wußte er nur zu gut, daß ihm jedes Vorgehen gegen die Sklavenhändler – seine Offiziere wollten das Schiff kapern – den Vorwurf der Piraterie einbringen würde. Widerstrebend kehrte er auf sein Schiff zurück, das Sklavenschiff mit seiner Menschenfracht setzte seine Fahrt nach Bahia fort.

Am meisten lag Weddell die Reparatur des Lecks am Herzen, denn es drohten die schweren Brecher des Südatlantiks. Da die Falklandinseln zu weit entfernt waren, beschloß Weddell, eine geschützte Bucht an der Küste Patagoniens zu suchen. Außerdem würde man an dieser einsamen Küste bestimmt Robben finden. Am 10. Dezember lagen sie vor der Península Valdés; doch die Einfahrt zum Hafen war flach mit einer starken Strömung. Daher entschied man, weiter südlich nach einem geschützten Ankerplatz zu suchen. Am 19. Dezember gingen die *Jane* und die *Beaufoy* in der Bucht von Port St. Elena vor Anker. Brisbane und die *Beaufoy* blieben nur einen Tag; dann segelten sie an der Küste des Golfo de San Jorge nach Süden auf der Suche nach Robben. Die beiden Kapitäne vereinbarten, sich rund 200 Meilen weiter südlich, bei der Pinguininsel vor der patagonischen Küste, wiederzutreffen.

Während die Schiffszimmerleute die Planken ausbesserten, vermaß Weddell die Bucht und fertigte eine Seekarte von dem Gebiet an. Denn jeder geschützte Ankerplatz konnte an dieser gottverlassenen, von Wind umtosten, baumlosen Küste von Wert sein. Außerdem gab es hier, etwa eine halbe Meile vom Ufer entfernt, Trinkwasser sowie frisches Fleisch: Hasen und Guanakos, eine Art Lama. Am ersten Weihnachtstag waren die Reparaturen beendet. Das Fest verbrachte man in der Bucht, wo man sich an Guanakos delektierte, die wie gut gefütterte Hammel schmeckten. Am nächsten Tag stachen sie in See.

Am Neujahrstag 1823 befanden sich die beiden Schiffe gemeinsam auf Südkurs, auf halbem Wege zwischen den Falklandinseln und der patagonischen Küste. Es war nun spät in der Saison, einige Monate zu spät, um auf den Süd-Shetland-Inseln noch Robben in größerer Menge aufzuspüren. Beide Kapitäne wußten nur zu gut, daß es nach den vier Saisons intensiven Gemetzels hier so gut wie keine Robben mehr gab. Die Alternative war, nach bislang unbekannten Stränden Ausschau zu halten. Zunächst mußten sie jedoch zu den Stränden auf den Süd-Orkney-Inseln, die Powell und Palmer entdeckt hatten und die Weddell in der letzten Saison kurz besucht hatte. Danach wollte Weddell weiter im Süden in bislang unerforschtes Gebiet vordringen. Aber als erfahrener Seemann wußte er, daß alles von den Eisverhältnissen abhing.

Es wurde eine rauhe Überfahrt. Am 6. Januar kamen bei Temperaturen unter Null stürmische Winde auf; die See wurde unruhig und gefährlich. Eine schwere See fegte über Bord, zerdrückte zwei Boote und riß einen Teil der Reling der *Jane* fort. Und wie es auf See manchmal geht, gerieten sie in eine Flaute und rollten wie wild in der Dünung. Als sie einige Tage später die Polarfront passierten, fiel die Temperatur von 10 auf 0,5 Grad Celsius. Eisberge kamen in Sicht, und die Kaptauben, die frechen Vögel der Südmeere, schossen um die *Jane* und die *Beaufoy*.

Am 12. Januar sahen sie die Gipfel der Süd-Orkneys. Da sie aber bei leichten Winden ständig die Richtung wechseln mußten und eine schwere Dünung ging, benötigten sie zwei weitere Tage, ehe sie unter Land gingen. Weddell fand diese kargen und menschenleeren Inseln mit den aufragenden Gipfeln, die wie die Bergspitzen eines versunkenen Landes wirkten, beeindruckender als die Süd-Shetland-Inseln. Unterdessen kam immer häufiger Nebel auf. Es gab nur wenige Robben, wenn man sie durch die feuchten, wirbelnden Dunstschwaden überhaupt sehen konnte. Am 15. Januar brachte man nur sechs Robben an Bord der *Jane*. Es waren aber keine Pelzrobben; Weddell taufte sie auf den Namen Seeleopard. Hier machte er einen Fehler. Immerhin kamen sie ihm so sonderbar vor, daß er ihnen das Fell abziehen ließ, das er zusammen mit den Schädeln sicher verstauen ließ, getrennt von den Pelzrobbenhäuten.*

---

* Nachdem die *Jane* und die *Beaufoy* zwei Jahre später von ihrer langen Seefahrt wohlbehalten zurückgekehrt waren, schickte man die Felle an Robert Jameson, Professor für Naturgeschichte an der Universität Edinburgh. Jameson hatte schon andere Mitbringsel aus den Polargebieten erhalten. So hatte ihm einige Jahre zuvor William Scoresby einen Eisbären geschenkt, was den Professor in nicht geringe Verlegenheit gestürzt hatte, denn er wußte nicht, wo er das Tier unterbringen und wie er es füttern sollte. Scoresby widmete sein Buch *An Account Of The Arctic Regions* dem verblüfften Professor, der dem arktischen Walfänger und Forscher viel Ermutigung und Rat gespendet hatte. Die Anregungen, die Scoresby fand, stießen beim jungen Charles Darwin, der Jamesons Geologie- und Zoologievorlesungen besuchte, auf wenig Gegenliebe; er fand sie so unerträglich langweilig, daß er sich schwor, nie wieder ein Buch über Geologie zu lesen. In Cambridge änderte Darwin allerdings seine Meinung, als ihn der Geologe Adam Sedgewick unter seine Fittiche nahm. Später sollte Darwin die Geologie als »edle Wissenschaft« bezeichnen.

Mit Beibooten wurden die Küsten der Süd-Orkney-Inseln eingehender erkundet – aber ein 50 Meilen langer Strandabschnitt lieferte ihnen nur eine einzige Pelzrobbe. Die Mutterschiffe lagen zwischen Saddle Island und Laurie Island (Weddells Melville-Land) am Ostende der Süd-Orkney-Inseln. Den Breiten- und Längengrad der Insel Saddle hatte Weddell sehr genau bestimmt. Deshalb beschloß er, nach Westen zu segeln, dabei hatte er zwei Ziele vor Augen: die Suche nach den schwer auffindbaren Robben auszuweiten und das westlichste Ende dieser Inselgruppe aufzuzeichnen. Er fand keine Robben, bestimmte aber die Position des Kaps, danach fuhren die beiden Schiffe zurück nach Osten, um die östlichste Spitze der Inselgruppe ausfindig zu machen. Am 22. Januar lagen sie vor Kap Dundas, man schickte zwei Boote an Land, die nach Robben Ausschau halten sollten, während sich Weddell mit den Sextanten und Chronometern beschäftigte.

An diesem Abend kehrten die Boote mit einem Dutzend Seehunden zurück – doch nur zwei waren Pelzrobben. Die Süd-Orkney-Inseln erwiesen sich als große Enttäuschung. Dennoch – einige Offiziere hatten den Hügel erklommen und weit weg im Südosten eine Ge-

---

Nach sorgfältiger Untersuchung der Haut, der Zähne und des Schädels des Exemplars, das ihm Weddell geschickt hatte, befand Professor Jameson, daß es sich um eine neue Robbenart handele. Der französische Naturforscher R. P. Lesson studierte Jamesons Beschreibung und eine von Weddell angefertigte Zeichnung und gab der Robbe den Namen des Mannes, der sie von den Süd-Orkney-Inseln mitgebracht hatte.

Heute befindet sich das Fell des *Leptonychotes weddellii*, in Plastik gehüllt, im Keller des Königlich-Schottischen Museums in Edinburgh. Der von der Keule des Robbenjägers eingedrückte Schädel liegt in einem Pappkarton. Das Fell selbst ist in erstaunlich gutem Zustand und weist Nadellöcher auf, die vermuten lassen, daß das Exemplar irgendwann einmal ausgestopft und ausgestellt wurde.

birgskette gesichtet. Vielleicht lag hier ein einträglicheres Jagdgebiet. Noch in der Nacht segelten die beiden Schiffe bei günstigem Wind auf die lockenden Berggipfel zu.

In diesen Breiten geht die Sonne früh auf. Als das Zwielicht in der aufgehenden Sonne schwand, sahen die Seeleute zu ihrem Kummer, daß sich das Land in eine ansehnliche Reihe riesiger Eisberge verwandelte. Sie ließen sich, wie Weddell schrieb, »nicht täuschen«. Die Schiffe schlängelten sich südwärts durch die Eisbergkette und gelangten in offeneres Wasser. Da der Wind aus Nord kam, hielt er südlichen Kurs. Man kam jedoch nur langsam voran, häufig zogen Nebel auf, Schnee fiel in dichten Schauern, und nachts mußten sie beidrehen, um Kollisionen mit Eisbergen und Eisfeldern zu vermeiden, die die Schiffe hätten beschädigen können.

Am 27. Januar hatten sie 64° 58′ südlicher Breite erreicht. Damit lagen sie weit südlich der Süd-Shetland-Inseln. Hier traf Weddell eine Entscheidung, die er später bereuen sollte, doch damals beruhte sie auf einer ganz logischen Schlußfolgerung: Da die Sommersaison inzwischen weit vorgeschritten war, schien es das klügste, nach Norden zu fahren und nach Land zwischen den Süd-Orkney-Inseln und Cooks Sandwich Land zu suchen, solange die Nächte verhältnismäßig kurz waren, denn bei Nebel *und* Dunkelheit wurde die Navigation in einem Eismeer ganz besonders gefährlich.

Der Entschluß stand fest, die Schiffe richteten den Bug nach Norden. Überall waren Eisberge. Inzwischen war man mit Ihnen so vertraut, daß sich die beiden kleinen Schiffe, die neben diesen schwimmenden Inseln noch kleiner wirkten, mit einer gewissen Keckheit hindurchschlängelten. Doch bei einer Fahrt in einem Meer

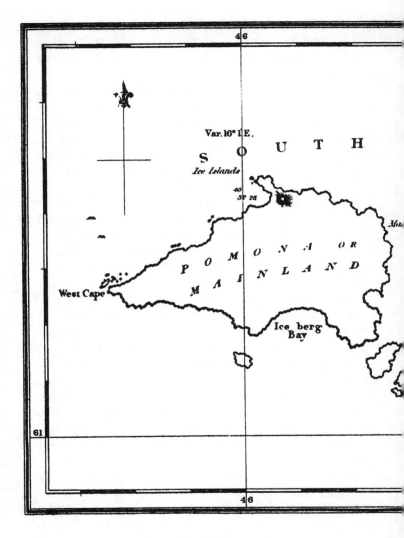

Karte der Süd-Orkney-Inseln

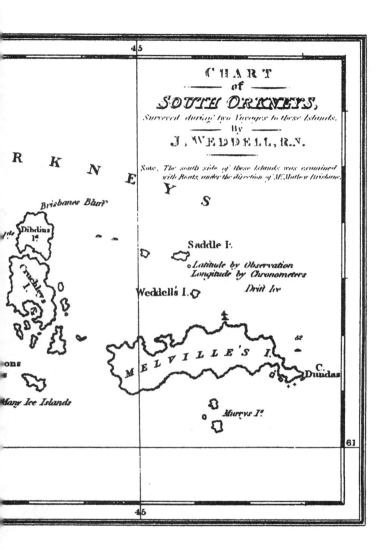

Aus: J. Weddell, A Voyage Towards the South Pole, *London 1827*

voller Eisberge muß man vorsichtig und wachsam sein. Eines Nachts drehte die *Jane* jäh bei, als der Ausguck etwas entdeckte, was wie ein Felsen aussah, der gefährlich nahe auf ihrem Kurs lag. Bei einer Lotung mit der Bleileine fand man keinen Grund, doch klugerweise lagen die beiden Schiffe beigedreht, bis der erste Steuermann erkannte, daß es sich bei dem »Felsen« um den aufgedunsenen Leichnam eines Wales handelte. »Solche Gegenstände«, notierte Weddell trocken, »die man bei Nacht nicht deutlich sieht, sind beunruhigend.«

Am 1. Februar erreichten sie 58° 50' südlicher Breite und befanden sich auf halbem Wege zwischen den Süd-Orkney-Inseln und Sandwich Land (Süd-Sandwich-Inseln). Kein Land war in Sicht, es gab auch keinerlei Hinweise auf Land. Hier änderte Weddell den Kurs nach Südost. Zehn Pfund – das war etwa der Lohn, den ein Vollmatrose für neun Monate bei der Königlich-britischen Marine bekam – bot er als Belohnung dem ersten, der eine Küstenlinie sichtete.

Am 4. Februar lagen die Süd-Sandwich-Inseln weniger als 100 Meilen entfernt. Weddell war nun überzeugt, daß man hier kein neues Land entdecken würde. Wenn es überhaupt Land gab, dann mußte es weiter Richtung Süden liegen. Ein ausführliches Gespräch mit Brisbane erbrachte, daß der unerschütterliche Mann ebenso darauf brannte, nach Süden vorzustoßen, auch wenn es ihnen allen dabei schlechter ergehen sollte.

Seit Wochen lebten die Seeleute der *Jane* und der *Beaufoy* in Kälte und Nässe. Es herrschte dichter Nebel, es regnete, schneite, graupelte, die Wassertemperatur lag bei 2 Grad Celsius. Die Lufttemperatur schwankte um den Gefrierpunkt. Es waren trostlose Lebensumstände. Der Kombüsenofen wurde unter Deck gebracht, damit die Kleidung der Leute trocknen konnte. Damit man sich auch von innen wärmen konnte, wurden täglich drei Weingläser Rum ausgegeben. Die Lebensmittelration blieb jedoch auf 1¼ Pfund Pökelfleisch begrenzt, dazu gab es wöchentlich 5 Pfund Brot, zwei Pinten Mehl, drei Pinten getrocknete Erbsen und zwei Pinten Gerste. Das war zwar kaum ausreichend für die Arbeit bei kaltem Wetter, aber da Weddell nicht wußte, wie lange die Fahrt dauern würde, mußte er äußerst sparsam sein.

Als er am 27. Januar nach Norden abgedreht hatte, war er ungefähr dem 40. westlichen Längengrad gefolgt. Auf dem zweiten Vorstoß nach Süden hielt er sich eng an den 30. westlichen Längengrad. Am 10. Februar, bei 66° südlicher Breite, schien die bislang enttäuschende Suche belohnt zu werden. Im ersten Tageslicht erblickte der Erste Steuermann Land Richtung Süden, von dunkler Farbe und geformt wie ein Zuckerhut. Als Weddell durchs Fernrohr spähte, konnte er nur zustimmen. Der bitterkalte Wind blies aus Süden, die beiden Schiffe lagen zu hart am Wind, um die verlockende Klippe zu erreichen. Langsam verging die Morgenwache, unterbrochen vom halbstündlichen Schlagen der Schiffsglocke. Kurz vor Mittag wurden die »heiligen« Instrumente, Chronometer und Sextant, an Deck geholt, man führte die Zeremonie der Mittagsbeobachtung durch; dann läutete die Glocke einen weiteren nautischen Tag ein. Währenddessen kam die dunkle Klippe immer näher, alle auf Deck wurden von einer fieberhaften Erregung ergriffen.

Nachdem die Hälfte der Nachmittagswache vorüber war, die vielen Schläge der Glocke in der kalten Luft verklungen und die Mannschaft an Deck war, lag die felsige Küste einer Insel ¼ Meile vor ihnen. Ehe der nächste Glockenschlag ertönte, hatten sie die Distanz halbiert. Doch das felsige Eiland entpuppte sich als Eisberg, dessen Nordseite eine dicke Schicht aus schwarzer Erde, Steinen und Felsbrocken überzog. Ein weiterer Schlag, der die schnell sinkende Moral nur noch weiter schwächen mußte.

Auch Weddell war enttäuscht. Aber noch hatte er die Hoffnung, daß der mit Erde überzogene Eisberg von einem Land abgebrochen war – und das Land in der Nähe war. Da der Wind aus Süden kam, hätte man durchaus nach Norden abdrehen können. Sie blieben jedoch hart am Wind und fuhren einen südwestlichen Kurs. Fast eine Woche lang kämpften sie sich südwärts gegen den Wind vor. In 24 Stunden legten sie nur 16 Meilen zurück. Und an einem einzigen Tag begegneten ihnen 66 Eisberge.

Am 16. Februar schienen die stets launenhaften Götter der Antarktis plötzlich ein Einsehen zu haben. Die Leute von der *Jane* und der *Beaufoy* hatten bewiesen, was in ihnen steckte. Nachdem sie die Eisbergbollwerke passiert hatten, kamen sie in ruhige See. Der Wind schwang nach West und fühlte sich fast warm an, nur wenige Eisberge waren zu sehen, Seevögelschwärme umkreisten die Schiffe, die glatte Wasseroberfläche wurde nur durch auftauchende Finn- und Buckelwale unterbrochen. Bei diesen geradezu idyllischen Verhältnissen verließ die *Beaufoy* ihre übliche Position luvseits der *Jane* und entfernte sich, damit sich das Blickfeld vergrößerte.

Die Mittagsposition am 17. Februar betrug 71° 34' südlicher Breite und 30° 12' westlicher Länge. So weit südlich war vor ihnen keiner gekommen. Cook hatte mit der *Resolution* 71° 10' südlicher Breite erreicht. Damit hatten sich die kleine *Jane* und die noch kleinere *Beaufoy* in den erlesenen Kreis der wenigen Polarexpeditionsschiffe eingereiht. Tags darauf blieben die idealen Segelbedingungen bestehen. Weddell:

> Am Abend sahen wir viele Wale, und die See war mit blauen Sturmvögeln übersäet, ABER AUCH NICHT EIN STÜCKCHEN EIS WAR ZU SEHEN. Das Wetter war ruhig und mild. Hätte ich nicht daran denken müssen, daß wir auf der Fahrt nach Norden wieder auf Hindernisse stoßen werden, hätte man uns um unsere Lage beneiden können. Der Wind ging während der Nacht schwach östlich und wir fuhren mit allen Segeln.

Das Wetter blieb gut, die See ruhig. Am folgenden Tag reparierte der Schiffszimmermann eines der Boote, während die Mannschaft die Rundhölzer, die Segel und die Takelage instand setzte.

Am 20. Februar drehte der Wind nach Süden und frischte auf. In der Ferne, Richtung Südost, lag ein bewölkter Horizont voller Vogelschwärme. Zu diesem »Wunder« kämpften sich die beiden Schiffe, die nun hart am Wind segelten, mühsam voran. Kurz vor Mittag klarte der Himmel auf, unter der mittäglichen Sonne funkelten die beiden Schiffe mit ihren gischtnassen Decks und Takelagen wie Juwelen. Der Horizont war klar, die einzigen Begleiter waren drei Eisberge, auf einem davon drängten sich Pinguine. Die Mittagsbeobachtung ergab eine Position von 74° 15′ südlicher Breite und 34° 16′ westlicher Länge. Im Süden gab kein Zeichen von Land.

Da der Wind von Süden kam, mußte Weddell eine Entscheidung treffen. Der Einsatz war hoch. Er konnte viel gewinnen: neue Robbenjagdgründe und Ruhm als Forscher. Wenn er verlor, kamen er und seine Leute ums Leben. Cook war auf allen seinen Vorstößen nach

Die Jane *und die* Beaufoy
auf 68° südlicher Breite, Februar 1823

Süden vom Eis gestoppt worden. Aber Weddell befand sich bereits 185 Meilen weiter südlich als Cook – allerdings war es ein Monat später im Jahr, und er hatte eine klare See vor sich. Wegen des Südwinds konnten sie zwar nach Südosten oder Südwesten segeln, aber nicht nach Süden. In jeder Richtung konnte Land liegen. Doch selbst wenn man Land und Robben fand, die Saison neigte sich dem Ende zu, und achtern lagen über 1000 Meilen mit Eis übersätes Meer, Nebel und länger werdende Nächte. Wenn das Eis sie einschloß, gab es keine Hoffnung mehr. Weddells Lage glich der Lage Ernest Shackletons, der 86 Jahre später noch etwa 155 Kilometer vom Südpol entfernt war. Shackleton wußte, daß er und seine Begleiter den Pol zwar erreichen konnten, dann jedoch keine Aussicht bestand, sicher zum Winterquartier bei Kap Royds zurückzukehren. Er kehrte um. Widerstrebend kam Weddell zu dem gleichen Schluß. Besser ein kluger als ein toter Seemann. Und ebenso wie Shackleton beim Erreichen der südlichsten Position in der Eis- und Schneewüste eine kleine Zeremonie abhielt, veranstaltete auch Weddell eine Feier auf dem glitzernden Meer, das er Georg-IV.-Meer taufte.

Weddell signalisierte der *Beaufoy,* auf Nordwestkurs zu gehen. Dann holte er seine Leute zusammen und informierte sie von seinem Entschluß. Um der Enttäuschung der Männer zu begegnen, deren Lohn vom Wert des Fangs abhing, teilte er ihnen mit, daß sie weiter nach Süden vorgestoßen seien als irgendwelche Seeleute vor ihnen, einschließlich des großen Kapitäns Cook. Die Flaggen wurden gehißt, Kanonen abgefeuert, es gab eine Extraration Rum, und die Seeleute brachten drei Hurrarufe aus. Dann ging's nach Norden.

Wie gut, daß Weddell nicht wußte, daß die Küste von Coatsland nur zwei Tage Fahrt in Südost und das Filchnerschelfeis drei Tage Fahrt nach Süden lag.

Küste und Schelfeis mußten warten – sie wurden erst zu Beginn des 20. Jahrhunderts von W. S. Bruce an Bord der *Scotia* und Dr. Wilhelm Filchner an Bord der *Deutschland* entdeckt. Beide Schiffe waren zwar mit Hilfsmotoren ausgerüstet, die Rümpfe verstärkt; doch die *Scotia* entkam nur mit letzter Not dem Eis, und die *Deutschland* lag neun Monate im Eis fest. Weniger Glück hatten das schwedische Forschungsschiff *Antarctic* unter Dr. Otto Nordenskjöld und Sir Ernest Shackletons *Endurance:* Beide wurden vom Packeis im Weddellmeer eingeschlossen, festgehalten, zerdrückt, so daß sie schließlich sanken.

Auch kurz nach Weddells Vorstoß in die Antarktis scheiterten drei Expeditionen bei dem Versuch, das Packeis des Weddellmeeres zu überwinden. 1838 gelangte Dumont d'Urville mit seinen beiden Schiffen der französischen Marine, der *Astrolabe* und der *Zélée,* nur bis 63° 23' südlicher Breite. Mit gallischer Herablassung urteilte der französische Kommandant, daß Weddell »ein einfacher Robbenschläger« gewesen sei und daß er ihn für einen Lügner halte.

Den nächsten Versuch, Weddells südlichste Position zu übertreffen, unternahmen die Amerikaner mit ihren schlecht ausgerüsteten Schiffen der United States Exploring Expedition unter Leutnant Charles Wilkes. Er sollte »Weddells Route so nahe wie möglich folgen und sich bemühen, einen hohen südlichen Breitengrad zu erreichen«. Ende Februar 1839 segelte Wilkes, viel zu spät im Jahr, von Feuerland aus mit der *Porpoise* und der *Sea Gull* in Richtung Weddellmeer. Zwei weitere Schiffe, die *Peacock* und die *Flying Fish,* stachen am selben Tag in See und steuerten einen westlicheren Kurs, dabei hielten sie sich an die Order des US-Marineministeriums, »so weit wie das Ne Plus Ultra von Cook oder bis zum 105. westlichen Längengrad Richtung Süd und West vorzudringen«. Cook und Weddell hatten die Maßstäbe gesetzt in diesem chauvinistischen Spiel, in dem es um das Prestige ging, welche Nation dem Südpol mit einem Schiff am nächsten kommen würde.

Wilkes scheiterte jämmerlich im Weddellmeer und gelangte nur bis zur Spitze der Antarktischen Halbinsel und zu den Süd-Shetland-Inseln. Die Eismassen und das Wetter waren schrecklich. Die Kleidung der Männer war völlig unzulänglich für die strengen Witterungsverhältnisse. Wilkes machte dunkle Andeutungen, die Lieferanten und Regierungsinspektoren, deren »Namen ich nur ungern in der Öffentlichkeit nenne«, hätten Fehler begangen. Was aber schwerer wog – und hier muß man Wilkes verantwortlich machen: Beide Schiffe hatten zu viele Männer an Bord (die *Vincennes* und die *Relief* hatte man bei Feuerland zurückgelassen). Außerdem zeigten die Seeleute – überraschend bei einer so kurzen Fahrt – Anzeichen von Skorbut. Schließlich gab man den Versuch auf, Weddell zu übertreffen. Auch die Schiffe, die Cooks Rekord brechen sollten, scheiterten.

1840 machten die amerikanische und die französische Expedition den Verlust an nationaler Selbstachtung mit ihren Entdeckungen auf der anderen Seite des antarktischen Kontinents wett.

Die dritte nationale Marineexpedition, eine britische, unterstand dem Kommando von Kapitän James Clark Ross mit den beiden Schiffen *Erebus* und *Terror*. Die Expedition war gegenüber den Forschungsfahrten der Franzosen und der Amerikaner im Vorteil – nicht nur wegen der Qualität der Schiffe und der Lebensmittel. Die Fahrt der Briten diente einzig dem Ziel, in den hohen südlichen Breiten die Abweichungen der Kompaßnadel festzustellen und den magnetischen Südpol aufzufinden. Mit gewichtigem Ton beginnen die Anweisungen der Admiralität an Ross:

> Da man uns dargelegt hat, daß die Wissenschaft vom Magnetismus durch umfangreiche Beobachtungen in den hohen südlichen Breiten grundlegend verbessert werden kann, und zwar durch einen Vergleich mit anderen, die an bestimmten festen Stationen durchgeführt wurden, und da die praktische Navigation am Ende bedeutenden Nutzen aus jeder Verbesserung dieser Wissenschaft ziehen muß, haben wir in Anbetracht dieser Zielsetzung die Schiffe *Erebus* und *Terror* Ihrer Majestät veranlaßt, in jeder Hinsicht für eine Fahrt gerüstet zu sein, auf der die oben erwähnten Ziele bis zum Ende ausgeführt werden.

Karten des Nordpols und Südpols

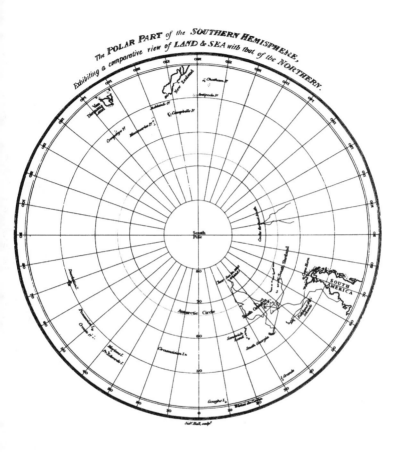

Aus: J. Weddell, A Voyage Towards the South Pole, *London 1827*

Nach magnetischen Beobachtungen auf Sankt Helena, dem Kap der Guten Hoffnung und der Kergueleninsel sollte Ross nach Van Diemen's Land (Tasmanien) segeln, um eine weitere magnetische Meßstation zu errichten. Der Militärgouverneur, Sir John Franklin, hatte den Auftrag erhalten, Instrumente bereitzustellen. Ross sollte die Beobachtungswarte in der günstigsten Position errichten und unter der Obhut eines Offiziers und Assistenten zurücklassen, »wobei man solche Vorkehrungen für ihre Kost und Logis treffe, die am geeignetsten erscheinen und den Vorschriften der Marine nicht widersprechen«. Nun kommen die Anweisungen auf ihr eigentliches Anliegen zu sprechen:

> Im darauffolgenden Sommer, nachdem Sie alle nötigen Nahrungsmittel aufgenommen haben und Ihre Mannschaft erfrischt ist, werden Sie direkt Richtung Süden fahren, um die Position des Magnetpols zu bestimmen und – wenn möglich – ihn zu erreichen, was, wie zu hoffen ist, zu den bemerkenswerten und glaubwürdigen Ergebnissen der Expedition zählen wird.

Ross' Versuch, zum magnetischen Südpol zu gelangen – was nicht möglich ist, da der Pol schließlich auf Festland liegt –, wurde dadurch belohnt, daß er am 180-Grad-Meridian in das nach ihm benannte Meer segelte. Man passierte Weddells südlichste Position am 23. Januar 1841 und feierte das Ereignis, so wie seinerzeit die Leute der *Jane* und der *Beaufoy*, mit einer Extraration Grog. Ein paar Tage später erreichten die Schiffe das undurchdringliche Schelfeis, das Ross Eisbarriere nannte (heute das Ross-Schelfeis), und ihre südlichste Position von 78° 04' südlicher Breite.

Nachdem er auf Tasmanien und in Sydney überwintert hatte, verbrachte Ross den zweiten antarktischen Sommer im Rossmeer und fuhr dann nach Osten, um den dritten Winter auf den Falklandinseln zu verbringen. Der letzte Kampf mit dem antarktischen Eis begann im Januar 1843 im Weddellmeer; der weiteste Vorstoß nach Süden bei 71° 30' südlicher Breite gelang erst im März. Ross wußte nicht, daß das Kap Norvegia an der Ostküste des Weddellmeeres nur 50 Meilen entfernt lag. Erst 1930 wurde das Kap entdeckt – und zwar aus der Luft, von Rijser-Larsen, der in einem Wasserflugzeug vom kleinen norwegischen Walfangschiff *Norvegia* gestartet war.

Nach dem nicht enden wollenden Kampf mit dem Packeis konnte Ross nur zu dem Schluß kommen, daß »Weddell durch eine ungewöhnlich gute Saison begünstigt wurde, und wir uns darüber freuen können, daß ein tapferer Mann und kühner Seefahrer zur Stelle war, der die günstige Gelegenheit nutzte«. Das war eine großherzigere und zutreffendere Einschätzung der Fahrt Weddells als die verächtlichen Kommentare von Dumont d'Urville und die patriotischen Prahlereien des jungen Leutnants Reynolds an Bord eines der Schiffe der US-Forschungsexpedition. Beim zweiten Anlauf waren die Amerikaner am 26. Dezember 1839 von Sydney aus losgesegelt und bis 65° 25' südlicher Breite gelangt, sichteten aber kein Eis. »Wir werden 70° passieren«, schrieb der Leutnant erregt, »Cook in den Schatten stellen und den Hochstapler Weddell um Längen schlagen.« Ja, wenn das so einfach wäre! Reynolds hatte seinen ersten Eisberg erst einige Tage zuvor gesichtet.

Man kann die Leistung Weddells nur würdigen, wenn man die klimatischen Bedingungen im Weddellmeer berücksichtigt. Ein Blick auf die Karte zeigt, daß die Antarktische Halbinsel wie ein Daumen aus der geballten Faust des Kontinents herausragt. Die Winde am Rand des Kontinents blasen entgegen dem Uhrzeigersinn und treiben Eis und Eisberge in die Bucht des Weddellmeeres. Hier stoppt die Halbinsel das Eis, so daß die südwestlichen und westlichen Gebiete des Meeresbeckens für Schiffe praktisch unpassierbar werden. Unter dem enormen Druck schieben sich die Eisplatten über- und untereinander und falten sich auf, das Eis drängt langsam nach Norden an der Halbinsel entlang, bis es schließlich deren Spitze erreicht. Hier geraten die Oberflächenströmungen unter den Einfluß der hier vorherrschenden Westwinde, und das Eis treibt in östlicher Richtung davon, wie eine Rauchfahne aus einem Schornstein. Diese Eisfahne bildet eine starke Barriere für jedes Schiff, das nahe der Antarktischen Halbinsel ins Weddellmeer vorzudringen versucht.

Später beginnt winterliches See-Eis im Osten des Weddellmeeres aufzubrechen. Doch selbst im Winter kommen eisfreie Wasserflächen an der östlichen Küstenlinie vor, sobald nämlich die Ostwinde das Treibeis aufreißen. Eine solche eisfreie Zone ist auf Satellitenfotos der siebziger Jahre dieses Jahrhunderts zu erkennen: eine riesige offene, eisfreie See, etwa 300 000 Quadratkilometer groß, umgeben von Packeis.

Die Robbenjäger auf den Falklandinseln lernten sehr schnell, daß sich die Eisverhältnisse von Sommer zu Sommer stark ändern konnten. In der einen Saison gab es wenig Eis, in der nächsten gefährlich viel. Ross' Einschätzung, daß eine ungewöhnlich günstige, eisfreie Saison Weddell begünstigt hatte, traf zu. Das Glück hatte es mit Weddell in jenem Sommer 1823 gut gemeint.

X

Weddell auf Feuerland

> Es gibt keinen Grund zu der Annahme, daß die Ureinwohner Feuerlands weniger werden; offenbar werden sie der Glückseligkeit, von welcher Art sie auch sein mag, in ausreichendem Maße teilhaftig, so daß ihnen das Leben lebenswert erscheint. Die Natur hat, indem sie Gewohnheit allmächtig macht und ihre Wirkungen vererbt, die Feuerländer dem Klima und den Erzeugnissen dieses trostlosen Landes angepaßt.
>
> Charles Darwin, *The Voyage of the Beagle*, 1839

Nach jenem tiefen Vorstoß im Februar 1823 lag das nächstgelegene Land, wo James Weddell seine Leute zu Kräften kommen und seine Schiffe instandsetzen konnte, rund 1200 Meilen nach Norden. Die Fahrt verlief relativ ruhig – wenn man eine Segelreise mitten im Nebel, in Eis, bei häufigen Stürmen und länger werdenden Nächten ruhig nennen kann. In der Nacht zum 5. März verloren die beiden Schiffe bei dichtem Nebel den Kontakt. Die Trennung machte Weddell Sorgen. Er sorgte sich aber nicht nur um die kleinere *Beaufoy*. Zwei Tage später fuhr die *Jane* mit mehr als 10 Knoten vor einem Südweststurm durch Eisberge und aufgebrochenes Eis. Der Obermaat saß oben im Fockmars und rief dem Rudergänger Kursänderungen zu, sobald er Eisschollen sah, die in den Tälern der tobenden Wellen tief im Wasser lagen. Gleichzeitig spülte die kalte See alle beweglichen Gegenstände von Deck. Aber Weddell war entschlossen, das Beste aus diesem günstigen Sturm zu machen, und die *Jane* brauste durch die Tage und die Nächte, während alle Wachen an Deck waren und das Meer nach Eis absuchten.

Am Morgen des 9. März legte sich der Wind und schwenkte nach Nordwest. Laut der Mittagsbeobachtung lagen sie rund 100 Meilen vor Südgeorgien; zu Weddells großer Erleichterung war das so weit nördlich, daß sie nicht mehr in weiteres Eis geraten würden. Statt dessen plagten sie dichter Nebel und leichte Winde aus wechselnden Richtungen. Aber am 12. März, um acht Uhr morgens, sichteten sie zu ihrer großen Freude, nachdem das Wetter aufgeklart und der Wind aufgefrischt war, vertraute Segel in Nordwest. Dann lagen sie längsseits der *Beaufoy*. Brisbane und seiner Mannschaft ging es gut. Eine Stunde später erblickten sie die Berggipfel Südgeorgiens. Wie erleichtert Weddell war, zeigt folgender Abschnitt aus seinem Bericht *Reise in das südliche Eismeer*:

> Obgleich das Land gar nichts Einladendes hat, so heftete doch jeder von uns die Augen auf die langersehnte Küste und um 3 Uhr Nachm. warfen beide Schiffe in der Adventure-Bai [Undine Harbor] im s. w. Teil der Insel, bei 7 Faden Wasser die Anker aus.
>
> Obgleich die Insel, wie ich schon bemerkte, nichts Angenehmes hat, so erschien uns doch unsere Ankunft als ein glückliches Ereignis. Meine Leute hatten seit zwei Monaten von dem kalten Nebel und der anhaltenden Feuchtigkeit viel gelitten, und wir hatten den von langen Reisen unzertrennlichen Scharbock [Skorbut] zu fürchten. Auch unsere Schiffe waren so beschädigt, daß sie einer großen Reparatur bedurften; kurz, für uns war diese unwirtliche Insel in jeder Art ein Ort des Heils. Wir fanden hier allerlei Gemüse,

das zwar von bitterem Geschmack war, aber kräftig gegen den Scharbock wirkte; es gab junge d. h. ein Jahr alte Albatrosse, deren Fleisch nicht übel ist, aber bei weitem nicht die Festigkeit des von zahmem Geflügel hat.

Die nötigen Arbeiten wurden sogleich mit Eifer begonnen, wenn wir auch oft durch die jetzt, nahe an der Herbst-Tag-und-Nachtgleiche dieser Hemisphäre, vorherrschenden Stürme unterbrochen wurden; auch durchsuchten wir die Insel, um unsere Ladung zu vervollständigen.

Weddell folgte den Spuren Cooks. Wie dieser nutzte er die natürlichen Ressourcen des Landes zum Kampf gegen den Skorbut, ganz gleich, wie fremdartig sie waren. Bei dem Gemüse, auf das er sich bezieht, handelt es sich vermutlich um die Pimpinella, die auf der Insel wächst und die er wiedererkannt haben müßte. Laut Nicholas Culpeper, einem Herbalisten des 17. Jahrhunderts, wußte man, daß einige Stengel und Blätter der »Großen Pimpinella ..., in ein Glas Wein, insbesondere Rotwein, gegeben, den Geist erquicken, das Herz erfrischen und erfreuen und die Schwermut vertreiben«.

In seinem Reisebericht entschuldigt sich Weddell bei seinen Lesern für die Schilderungen der Tier- und Pflanzenwelt Südgeorgiens; er fürchtete, sie seien langweilig und von geringer Bedeutung. Doch sämtliche Bücher über die Insel und ihre Flora und Fauna beziehen sich in irgendeiner Form auf ihn. Ein sehr schönes Kompliment spendete ihm Robert Cushman Murphy, Hauptkurator für Meeresvögel am American Museum of Natural History und Autor des Standardwerks *Oceanic Birds of South America*. Murphy verbrachte den Sommer

1912/13 in der Bay of Isles nahe einer großen Kolonie von Königspinguinen. In seinem *Logbook for Grace* schrieb er, daß Weddells Bericht über das Leben dieser Vögel nicht verbessert werden könne und er kein Wort daran ändern würde.

Weddell war von den eleganten, würdevollen und majestätischen Vögeln fasziniert: »Sie schauen auf allen Seiten an sich hinab, scheinen sich an ihrer Schönheit zu erfreuen und entfernen sorgfältig jeden Schmutz. Auf den Betrachter wirkt das ganz possierlich.« Die kleineren Pinguine, Knirpse, die leider Diebereien begehen, indem sie von den Nachbarnestern Steine stehlen, werden beschrieben, ebenso der aristokratische Wanderalbatros mit einer Flügelspannweite von 3,50 Meter und einem majestätischen Werbungsritual, der sich »über eine halbe Stunde gegen einen sehr tätigen Hund verteidigte«, der Riesensturmvogel – der »Stinker« der Seeleute –, von dem man weiß, daß ein Schwarm von 600 dieser gefräßigen Tiere »in wenigen Stunden wohl 10 Tonnen See-Elephantentran fressen«.

Er schätzte, daß nach 30 Jahren Robbenjagd 20 000 Tonnen See-Elefantentran auf dem Londoner Markt verkauft und mindestens 1,2 Millionen Pelzrobbenfelle von amerikanischen und britischen Robbenjägern erbeutet worden waren.

Länger als einen Monat lagen die *Jane* und die *Beaufoy* in Undine Harbor vor Anker. Die Männer suchten die Küste nach Robben ab, aber sie fanden nur wenige. Heute drängen sich während der Brutsaison auf den Stränden von Elsehul so viele Pelzrobben, daß es nicht nur gefährlich – der Bulle ist ein aggressives und schnelles Tier –, sondern praktisch unmöglich ist, sich dort blicken zu lassen.

Eines Tages begab sich Weddell mit seinen Chronometern, dem Sextanten und einer Quecksilberpfanne auf eine Anhöhe. Der Tag war – auf Südgeorgien eher die Ausnahme – windstill, wolkenlos, die schneebedeckten Berge und das Meer glitzerten in der strahlenden Sonne. Ideale Bedingungen, um die Sonne von einer stabilen Plattform aus zu schießen statt von einem schwankenden Schiffsdeck. Die Quecksilberpfanne diente als künstlicher Horizont. Nachdem Weddell seine Instrumente aufgestellt hatte, sah er zu seiner Verwunderung, daß das Quecksilber von einer unsichtbaren Kraft gekräuselt wurde. Die Erschütterung konnte nur von sehr kleinen Erdstößen verursacht worden sein. Er mußte mit der Bestimmung der Breite aufhören. Zwei Jahre vor diesem seltsamen Erlebnis hatte er Bridgeman Island in den Süd-Shetlands passiert und dabei eine merkwürdige Erscheinung bemerkt. Das Eiland hat die Form einer stumpfen Pyramide, die sich etwa 300 Meter über den Meeresspiegel erhebt und fast schneefrei ist. Als er vorübersegelte, hatte er bemerkt, daß aus den Rissen im Felsen Dampf austrat. Dies, die Erdstöße aus Südgeorgien und die Ähnlichkeit des Felsgesteins der Süd-Shetlands, Südgeorgiens und Feuerlands veranlaßten ihn als ersten zu der Vermutung, daß Südamerika und die antarktischen Inseln geologisch verwandt seien.

Am 17. April segelten die *Jane* und die *Beaufoy* von Südgeorgien ab und nahmen Kurs auf die Falklandinseln. Die 900 Meilen lange Überfahrt dauerte drei Wochen. Es war sehr stürmisch. Die *Jane* hätte beinahe den Mast verloren, als die Pardunen und Wanten in einer wilden, unberechenbaren See rissen. Aber Weddell, der kluge Seemann, hatte für diesen Notfall zusätzliche Wanten und Stütztaue gesetzt. Während eines Sturms riß die schwere See den Bugspriet der *Beaufoy* mit sich;

doch auf der *Jane* gab es ein passendes Rundholz als Ersatz. Am 11. Mai gingen die beiden arg zugerichteten Schiffe bei New Island vor Anker, einige Tage später 12 Meilen entfernt in Quaker Harbor auf Swan Island, heute Weddell Island. Hier wurde die Marsstenge der *Jane* niedergeholt, und man richtete sich gemütlich für den Winter ein. Weddell sammelte weitere Informationen über Ankergründe, Strömungen und Gezeiten. Das war leichter, als Ladung aufzunehmen. Man würde also noch eine weitere Saison im Süden verbringen müssen, um die leeren Frachträume zu füllen. Am 7. Oktober segelten die *Jane* und die *Beaufoy* von den Falklandinseln ab und nahmen Kurs auf die Süd-Shetland-Inseln, wobei die Schiffe, wie Weddell bedauernd bemerkte, »nur mit kärglichen Mitteln für eine Fahrt nach Süden ausgerüstet waren«.

Eine Woche später, nur 100 Meilen südlich von Kap Hoorn, kam der erste Eisberg in Sicht. Das versprach nichts Gutes. Am Morgen des 16. Oktober segelten sie an einem 2 Meilen langen Tafeleisberg vorbei, später in jener halb erleuchteten Nacht glitten sie zwischen sieben weiteren Eisbergen hindurch. Daß es so hoch im Norden Eisberge gab, überraschte Weddell, doch Schlimmeres zeichnete sich hinter dem Horizont Richtung Süden ab. 95 Meilen vor den Süd-Shetlands gerieten sie bei dichtem Nebel in undurchdringliches Packeis. Da man es nur für ein kleines Feld hielt, liefen die *Jane* und die *Beaufoy* vor dem Wind in östlicher Richtung 20 Meilen am Rand des Eises entlang. Doch die Eisfront blieb unerbittlich geschlossen. Als es dunkel wurde, gingen sie auf Nordkurs, entfernten sich von der unheimlichen Mauer, die sich im Wellengang langsam hob und senkte, und warteten bis Tagesanbruch.

Daß es zu dieser Jahreszeit so weit im Norden Eis gab, war ziemlich ungewöhnlich. William Smith, der Entdecker der Süd-Shetland-Inseln, war mitten im Winter 1819 weiter nach Süden gelangt. Das Ganze war ausgesprochen beunruhigend. In der feuchten, grauen Morgendämmerung des 17. Oktober segelten sie wieder nach Süden. Weddell hatte eine starke Ostströmung bemerkt und glaubte, das Eis vielleicht an der linken Flanke umgehen zu können. Er gab der *Beaufoy* Signal, die beiden Schiffe fuhren vorsichtig längs der Packeisgrenze nach Westen. Doch sie hatten keinen Erfolg. Glücklicherweise hatten die Mannschaften keine Ahnung, daß dies nur der Eröffnungszug in einem monatelangen Kampf mit dem Eis war.

Es sollte ein regelrechter Feldzug gegen das Packeis werden. Wasserrinnen lockten sie nach Süden, schlossen sich hinter ihnen wieder, wodurch sie hilflos in eine kleiner werdende Lagune gerieten; also mußten sie sich nach Norden durch den schwächsten Abschnitt des Kordons durchschlagen. Bitterkalte und stürmische Winde verbündeten sich mit dem Eis. »Ich war froh«, schrieb Weddell, »daß die *Beaufoy* in gutem Stande war, übrigens hat ein Kutter so bedeutende Vorteile vor einem viereckig aufgetakelten Schiff, weil er weniger Ladung hat und hinten und vorn mit Segeln versehen ist. Unser Haupt-Marssegel war so eingezogen, daß es nur noch die Größe einer Serviette hatte.« Die schwere See brach über die Decks, riß eines der Walfangboote mit sich, an dessen Stelle sich rasch dicker werdendes Eis bildete. Weddells Meinung nach trug der Eismantel an Rumpf und Deck dazu bei, das Schiff unter dem ständigen Anprall der Seen zusammenzuhalten. Doch fuhr das Schiff unter dem zusätzlichen Gewicht des Eises immer langsamer. Und was alles noch schlimmer machte: Das Ruder fror ein, wodurch das Schiff faktisch manövrierunfähig wurde.

Das Leben der Männer war furchtbar. Es war eiskalt, auf und unter Deck. Nach zwölf Monaten waren ihre Sachen abgetragen und verschlissen; viele Seeleute besaßen keine andere Kleidung als die nassen Lumpen, die sie am Leibe trugen. Weddell verschenkte seine Reservekleidung, aus Decken wurden Strümpfe genäht, aus altem Segeltuch Jacken, mit dem Pumpenleder Stiefel geflickt. Weddell hatte nichts als Lob für seine Begleiter: »Niemals habe ich auf See eine solche Geduld und Ausdauer erlebt. Niemand äußerte auch nur ein Wort der Unzufriedenheit, alle erfüllten mit größtem Eifer ihre Pflicht.«

Als das Packeis einmal dünner war, drangen sie rund 8 Meilen tief in die Treibeisfelder vor; dann saßen sie fest. Die *Jane* war vorausgefahren und hatte mit ihrem größeren Gewicht eine Passage durch die Eisfelder gebrochen; im lockeren Eis kam die *Beaufoy* längsseits. Um sie herum lagen im Packeis etwa 40 Eisberge. Angetrieben von einer Unterwasserströmung bewegten sich einige von ihnen rasch westwärts, während das Packeis, das die beiden Schiffe umklammerte, vom Westwind in die entgegengesetzte Richtung getrieben wurde. Besonders ein Eisberg, der durch das Packeis hoch aufragte und unerbittlich auf sie zutrieb, wurde mit Schrecken beobachtet. Die gewaltige, rund 55 Meter hohe, überhängende Eismasse konnte die beiden Schiffe ohne weiteres unter sich begraben: Zuerst würden die Masten abrasiert, dann käme der Überhang herunter, und Tonnen des Eises würden auf die Decks herabdonnern. So sehr sie sich auch bemühten, die beiden Schiffe aus dem Kollisionskurs des Eisbergs zu steuern, es war umsonst. Erst als die glitzernde Masse das Achterdeck der *Jane* überragte, hatte das Schicksal ein Nachsehen. Ein großes, dickes Treibeisfeld diente als Puffer und hielt die Spiere und Mastenden frei von dem vorragenden Ungetüm. Innerhalb von Minuten wurden die Schiffe am Eisberg vorbei in dessen Kielwasser gerissen, das sich hinter dem Koloß auftat.

Vier Tage später, nachdem sie nach Norden aufgebrochen waren, erreichten sie offenes Wasser. Allerdings nicht, ohne Schaden genommen zu haben. Der monatelange Kampf mit dem Eis hatte seinen Tribut gefordert. Zu den größeren Schäden zählten eingedrückte Planken, die man notdürftig geflickt hatte, eine beschädigte Bordwand und ein abgerissenes Hauptwachebord. Sie konnten von Glück reden, daß das Schiff noch schwamm.

Weddell hatten die Sorgen zermürbt, seine Männer waren erschöpft und entmutigt, die Schiffe übel zugerichtet. Er gab auf, signalisierte der *Beaufoy* und ging auf Nordwestkurs nach Kap Hoorn. Achtern sahen sie die Süd-Shetland-Inseln: Sie hatten sich zu ihnen bis auf eine Entfernung von 30 Meilen vorgekämpft, aber das Packeis hatte gesiegt und das Feld behauptet.

Am 23. November gingen die Schiffe in dem kleinen geschützten Hafen Wigwam Cove, rund 10 Meilen nördlich von Kap Hoorn, vor Anker. In wenigen Stunden waren die Boote und die Männer an Land, sammelten Holz und nahmen Trinkwasser auf, während Weddell und der Schiffszimmermann die Schiffe inspizierten und eine Liste der Schäden aufstellten. Sie blieben drei Monate auf Feuerland und fuhren von Ankerplatz zu Ankerplatz auf der Suche nach Robben. In Indian Cove wurden Heck und Planken der *Jane* ausgebessert. Im Dezember versuchten Brisbane und die *Beaufoy* noch einmal die Süd-Shetlands zu erreichen. Ohne Erfolg.

Karte der Süd-Shetland-Inseln

Aus: J. Weddell, A Voyage Towards the South Pole, London 1827

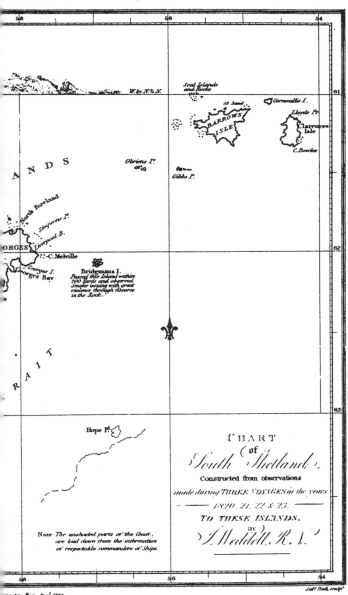

Die Inseln waren immer noch vom Eis umschlossen. Nach den bemerkenswert eisfreien Verhältnissen des vorhergehenden Winters war das Packeis im Sommer 1823/24 um so gewaltiger zurückgekehrt.

In seinem Buch widmet Weddell Feuerland ein ganzes Kapitel. Hätte er die Wünsche der Leserschaft nach Geschichten über nackte Wilde, die an einer wilden, einsamen Küste am äußersten Rand der Welt leben, berücksichtigt, wäre ein ganz anregender Lesestoff, ein Gegenbild zu dem behaglichen Zuhause im kultivierten, schönen England entstanden.

Aber Weddells Ausführungen zeigen sein Interesse und seine Aufgeschlossenheit gegenüber diesem archaischen Volk, das sein nomadisches Leben auf See in einfachen Kanus führte und das in noch einfacheren Behausungen lebte. Gewiß hatten sie – aber dies traf auch auf Cooks Pazifikinsulaner zu – höchst bedauerliche Ansichten über die Heiligkeit des Eigentums –, jedenfalls ganz andere als die, die in europäischen Gesellschaften galten. Mit überraschender Schläue stahlen sie Belegnägel, Zinntöpfe, Eisenreifen und Robbenfelle von der *Jane* und der *Beaufoy*. Ein Dieb war so geschickt, daß Weddell der Geduldsfaden riß, er den Mann in die Takelage setzen und ihm einen Schlag mit der Peitsche verabreichen ließ. Danach waren die Diebereien nicht mehr so offensichtlich, doch gingen die Eingeborenen nur mit noch größerer Umsicht ans Werk.

Aber sie waren nicht nur diebisch, sie verfügten auch über eine außergewöhnliche Nachahmungsgabe. Mit großem Vergnügen berichtet Weddell von einem Vorfall an Bord der *Beaufoy*:

Ein Matrose hatte einem Feuerländer einen zinnernen Topf voll Kaffee gegeben, er trank ihn aus und wendete alle Kunst an, um ihn zu stehlen. Nach einiger Zeit fiel dem Matrosen ein, daß er den Topf nicht zurückerhalten hatte, er verlangte ihn, aber statt des Topfes gab ihm der Feuerländer jedes seiner Worte deutlich zurück. Endlich wurde der Matrose ärgerlich, nahm eine drohende Stellung ein und rief in heftigem Tone: Du kupferfarbiger Spitzbube, wo ist mein Zinntopf? Der Feuerländer nahm ganz dieselbe Stellung an und rief mit demselben Ton: Du kupferfarbiger Spitzbube, wo ist mein Zinntopf? Alle Umstehenden lachten überlaut, denn die Nachahmung war sehr täuschend, nur der Matrose blieb ernsthaft und untersuchte den Dieb, der den Topf unter dem Arm verborgen hatte; er sollte bestraft werden, aber Mr. Brisbane schenkte ihm die Strafe und schickte ihn bloß in sein Canoe mit dem Bedeuten, nicht wieder an Bord zu kommen.

Der Umgang mit Eingeborenen, die unwissentlich das Achte Gebot brachen, war eine Sache. Daß sie aber das Erste – »Du sollst keine anderen Götter neben mir haben« – nicht kannten, war eine ganz andere. Weddell war Quäker und stand damit fest in der evangelischen Reformbewegung des 19. Jahrhunderts – jener einflußreichen und bekehrenden Form des Christentums der Mittelschicht, das in den nonkonformistischen Sekten wurzelte und dem stärker an der Errettung der Seelen als am Zeremoniell der anglikanischen Hochkirche gelegen war. Aber zur Rettung der Seelen ist sprachliche Kommunikation erforderlich. Also versuchte Weddell die Sprache der Feuerländer wenigstens ansatzweise zu erlernen. Er glaubte, daß sie dem Hebräischen nahestehe und deshalb »sicherlich für die Philologen von einigem Interesse« sei. Er las den Eingeborenen aus der Bibel vor, »nicht als wenn ich geglaubt hätte, sie würden es verstehen, sondern nur um ihnen durch Zeichen Tod, Auferstehung und Gebet deutlich zu machen«. Doch die kupferhäutigen Heiden zeigten darauf nur eine Reaktion; sie ahmten Weddells Worte und Gesten nach. Einer legte das Ohr an die Bibel, »weil er glaubte, daß sie rede«, und ein anderer – wieder kam dieser bedauerliche Drang zum Vorschein – versuchte, das Buch Gottes in sein Kanu zu schmuggeln. Betrübt fügt Weddell hinzu: Wenn sie »den rechten Gebrauch von der Bibel hätten machen können, dann hätte ich sie ihnen gern geschenkt«. Nach drei Monaten mußte er sich eingestehen, daß die Feuerländer »keine Form des Gottesdienstes kannten«. Diese Seelen waren reif, gerettet zu werden.

Ich würde bereitwillig zur Ehre der menschlichen Natur dieses vernachlässigte Volk ein wenig höher in der Skala der Einschätzung durch den Verstand einstufen, als es erreicht hat; doch ich muß anerkennen, daß ihre Lebensumstände zu den niedrigsten der Menschheit zählen. In diesem Zeitalter erscheint es fast unglaublich und sicherlich schändlich, daß ein solch fügsames Volk im Zustande beinahe ursprünglicher Unwissenheit lebt ...

Das philanthropische Prinzip, das diese Menschen untereinander zeigen, sowie ihr friedliches Verhalten gegenüber Fremden berechtigen sicherlich zu dieser Beobachtung zu ihren Gunsten, daß sie zwar aufgrund der örtlichen Umstände am weitesten vom zivilisierten Leben entfernt sind, dennoch die gelehrigsten und fügsamsten Wilden sind, mit denen wir bekannt sind, und deshalb sollten sie darin unterwiesen werden, was den Menschen über das Tier erhebt.

In diesen beiden Absätzen bereitet Weddell seine Leser auf den Schluß des Kapitels und seine Folgerungen vor:

> Mir bleibt nun nichts übrig, als diese Völker, für die ich mich lebhaft interessiere, den wahren Menschenfreunden zu empfehlen, die hier ein noch unbebautes, aber nicht unfruchtbares Feld für ihre Bemühungen zur Verbesserung ihrer Mitmenschen finden. Wenn das echte menschliche und christliche Erbarmen an ersten da angewendet wird, wo man der Hilfe bedarf und sie willig annimmt, so sind gewiß unter allen unzivilisierten Völkern die Feuerländer die, welche es am meisten verdienen, daß für ihre geistige Ausbildung etwas geschieht.

Neun Jahre später ankerte ein anderes Schiff in Wigwam Cove. Auf der 100 Fuß langen Zehn-Kanonen-Brigg H.M.S. *Beagle* unter dem Kommando von Kapitän Robert FitzRoy der Royal Navy drängten sich mehr als 70 ganz unterschiedliche Menschen, und im Laderaum befand sich eine bunte Mischung recht bizarrer Gegenstände, die man nur selten auf einem Schiff der Royal Navy antraf.

Die *Beagle* war im Dezember 1831 von England aufgebrochen und stand nun, ein Jahr später, vor einem ihrer Ziele. FitzRoy kannte sich aus in Feuerland, denn 1828 hatte der damals Dreiundzwanzigjährige das Kommando der *Beagle* übernommen und sich nach dem Selbstmord ihres Kommandanten, Kapitän Pringle Stokes, an der Vermessung des großen Labyrinths aus Inseln und Kanälen an der Spitze Südamerikas beteiligt. Zwei Jahre lang hatte er in den Wasserstraßen rund um Feuerland seine Befähigung als Kommandant und Landvermesser unter Beweis gestellt. Für einen so jungen Mann war es eine herausragende Leistung. Aber er hatte auch die Selbstsicherheit und das Selbstvertrauen eines Aristokraten, denn er entstammte einer Liaison zwischen König Karl II. und dessen Mätresse Barbara Villiers. Dazu kam eine ganz und gar fundamentalistische Auffassung von der buchstäblichen Wahrheit der Bibel.

FitzRoy hatte Weddells Buch gelesen und den Ruf vernommen, die Ureinwohner Feuerlands aus ihrem Zustand wilder Unzivilisiertheit zu erheben. Aus eigenem Antrieb faßte er den Plan, vier junge Feuerländer nach England zu bringen, wo sie eine christliche Erziehung erhalten sollten, und sie dann in ihre Heimat zurückbringen, damit sie das Wort Gottes verbreiteten. In einem Brief vom 12. September 1830 rechtfertigte er seine Handlungsweise gegenüber seinem vorgesetzten Offizier Kapitän Philip Parker King. Der letzte Absatz lautet:

> Sollte die Regierung Ihrer Majestät nicht anders entscheiden, werde ich diesen Menschen eine passende Erziehung verschaffen und nach zwei, drei Jahren in ihre Heimat schicken oder mitnehmen, dazu einen so großen Vorrat, wie ich von diesen Artikeln sammeln kann, die ihnen am meisten nützen und die am ehesten geeignet sind, die Lebensumstände ihrer Landsleute, die sich kaum über diejenigen eines Tieres erheben, zu verbessern.

In dem Antwortschreiben der Admiralität – King hatte den Brief an *seine* Vorgesetzten weitergeleitet – hieß es, »daß sich ihre Lordschaften nicht in die persönliche Oberaufsicht von Kommodore FitzRoy einmischen werden, auch nicht in seine wohlmeinenden Absichten gegenüber diesen vier Menschen, sondern ihm alle Einrichtungen zur Verfügung stellen werden, die zum Unterhalt und zu ihrer Erziehung in England erforderlich sind, und ihnen die Heimreise ermöglichen«.

Hier nun, in Wigwam Cove, waren die drei zurückgekehrten Eingeborenen (einer war in England an Pocken gestorben). Sie wurden begleitet von einem unerfahrenen jungen Missionar und brachten einige wenig geeignete Vorräte mit, die wohlmeinende, aber naive Wohltätigkeitsorganisationen gespendet hatten: Weingläser, Teebretter, Suppenterrinen, Toilettenkästchen aus Mahagoni, weiße Wäsche, Filzhüte, Teller, Tassen, Untertassen und – Nachttöpfe. Wochen später, an einem anderen Ankerplatz, schrieb ein junger Mann mit freundlichen Gesichtszügen und Stupsnase einige sarkastische Bemerkungen darüber nieder. Der Tagebuchschreiber, drei Jahre jünger als FitzRoy, war der zivile Naturforscher an Bord der *Beagle* – er hatte für dieses Privileg 500 Pfund bezahlt, und da er eine passende soziale Herkunft aufweisen konnte, saß er beim Essen am Kapitänstisch: Charles Darwin, der insgesamt fünf Jahre auf der *Beagle* zubrachte.

Doch Darwin sah keine »gelehrigen und fügsamen« Eingeborenen. »Verkümmert«, »elend«, »bitter arm«, »häßlich«, »schmutzig« und »schmierig« – so sah er die Eingeborenen. Für den angehenden Geistlichen aus der sherryseligen Atmosphäre des anglikanischen Cambridge war die schockierende Verschiedenheit zwischen den wilden und den zivilisierten Menschen geradezu unfaßbar. Die Kluft war größer als die zwischen wilden und domestizierten Tieren. Er konnte aus alledem nur den Schluß ziehen, daß die Natur die Feuerländer dem Klima und den »Erzeugnissen dieses elenden Landes angepaßt« habe. Die Eingeborenen und ihre seiner Meinung nach geradezu tierhafte Lebensweise sollten ihn und sein Denken für den Rest seines Lebens beschäftigen.

22 Jahre später veröffentlichte John Murray zum Preis von 15 Shilling das Buch *Über die Entstehung der Arten durch die Mittel der natürlichen Auslese oder die Bewahrung begünstigter Rassen im Lebenskampf.* Die erste Auflage von 1250 Exemplaren war am Tag des Erscheinens vergriffen. Seit 1859 wird das Buch ununterbrochen nachgedruckt. Die Idee, die es enthält, steckt nach wie vor wie ein Knochen im Hals der christlichen Fundamentalisten und Verfechter der Lehre vom Schöpfungsakt Gottes.

Sigmund Freud schrieb, daß die Wissenschaft dem naiven Selbstbewußtsein des Menschen zwei große narzißtische Kränkungen versetzt habe: einmal die Erkenntnis, daß die Erde nicht der Mittelpunkt des Universums sei (Kopernikus), die zweite, daß die Menschen nichts Besonderes seien, kein Schöpfungsvorrecht besäßen, sondern aus dem Tierreich abstammten (Darwin).

In der Einleitung zu *Über die Entstehung der Arten* würdigt Darwin, was er den fünf Jahren auf der *Beagle* zu verdanken hat. Zweifel sind angebracht, ob das Buch, das unsere Sicht auf die belebte Welt revolutioniert hat, ohne diese Zeit jemals geschrieben worden wäre – zumindest von Charles Darwin. Der junge Mann, den der Vater gescholten hatte, weil er sich »für nichts als die Jagd ... interessiert [und bestimmt dazu,] eine Schande für dich selbst und unsere ganze Familie zu werden«, wäre ohne diese Reise später sicherlich ein Käfer sammelnder Reverend geworden, finanziell unabhängig und mit einer Landpfarrei.

Darwins Entdeckung auf historische, soziale und politische Bereiche zu übertragen bedeutet, ein philosophisches Minenfeld zu betreten. Kommunisten, Faschisten und Kapitalisten haben sich alle die Ideen des »Sozialdarwinismus« zu eigen gemacht, um ihre machtorientierten, materialistischen Dogmen zu stützen. Karl Marx schrieb an Engels, Darwins Buch enthalte »die Grundlage der Naturgeschichte für unsere Ansicht« – auch wenn es »in rohem englischen Stil« geschrieben sei. Deutsche Militaristen hielten den Krieg für »eine biologische Notwendigkeit«. Und für den amerikanischen Soziologen William Sumner bewiesen die Räuberbarone, die Rockefellers, Morgans und Carnegies, daß »Millionäre das Produkt einer natürlichen Auslese« seien. Es ist verführerisch, obwohl man dabei sehr vorsichtig sein muß, den Darwinschen Mechanismus der kumulativen Wirkung kleiner Änderungen auf ihn selbst anzuwenden: Dann wären vom Augenblick in der Kajüte der *Beagle,* als sich Kapitän Pringle Stokes die Pistole an die Schläfe setzte und sich erschoß, die folgenden 31 Jahre eine keineswegs zufällige Reihe von Ereignissen, deren kumulative Wirkung zur Veröffentlichung des Buchs *Über die Entstehung der Arten* geführt hat.

Dazu zählte dann auch der missionarische Eifer FitzRoys, nachdem er Weddells Bitte an den »philanthropischen Teil der Menschheit« gelesen hatte, »humane und religiöse Nächstenliebe am besten all jenen zu bezeugen, die unserer Hilfe bedürfen ...« Nämlich den Feuerländern. Denn ohne die Verschleppung der Feuerländer nach England hätte die zweite Reise der *Beagle* gar nicht stattgefunden. Und so spielte Dumont d'Urvilles »einfacher Robbenschläger« unwissentlich eine Nebenrolle, als sich die Ansicht der menschlichen Art über sich selbst entscheidend wandelte.

In der ersten Woche des Jahres 1824 setzten sich die Kapitäne der *Jane* und der *Beaufoy* zusammen und erarbeiteten einen Plan, wie man die Laderäume füllen könnte. Brisbane und seine Männer sollten bis zum 20. Januar auf Feuerland bleiben, dann zu den Falklandinseln und nach Südgeorgien segeln. Weddell sollte vor den Küsten Feuerlands und Patagoniens kreuzen, sich dabei nach Osten halten und dann zu den Falklandinseln übersetzen. In der letzten Märzwoche wollten sich beide Schiffe vor Punta Lobos an der patagonischen Küste treffen und zusammen nach London zurücksegeln.

Weddells Überfahrt zu den Falklandinseln verlief ruhig. Die Strände lieferten ihnen Pelzrobben, und unter Land sahen sie die ersehnten Züge der Grindwale. Diese waren ein willkommenes Zubrot für Weddell und seine Leute, nicht nur wegen des Trans normaler Güte, welches der Speck ergab, sondern auch wegen des Trans allerbester Qualität, aus den Fettgeweben der vorgewölbten Stirn, der Höchstpreise erzielte, da er als Schmieröl von Präzisionsinstrumenten diente.

Die *Jane* kreuzte Richtung Norden bis zum Fluß Santa Cruz und erlegte Wale in den Küstengewässern und Robben an den Stränden. In geschützten Buchten verarbeiteten sie den Speck, füllten den Tran in Fässer ab, füllten den Laderaum für die Rückfahrt nach England und versuchten erfolglos, Guanakos zu schießen. Denn die Tiere waren so scheu, daß sie sich außer Schußweite der Musketen hielten. Daraufhin schickte Weddell Leute aus, damit sie die blauschwarzen Beeren der Berberitze sammelten; »reif schmecken sie sehr angenehm und sind sehr wirksam gegen Skorbut, das nutzten wir aus und aßen die Beeren in großer Menge«.

Am 17. Februar brachen sie auf; am 2. März erreichten sie die Falklandinseln und ankerten im inzwischen vertrauten Ship Harbour in New Island. Hier nahmen sie Wasser und Torf für den Kombüsenherd auf. Nachdem sie in West Point Island zwischengelandet waren, gingen sie am 12. März bei Port Egmont nahe der britischen Ansiedlung aus dem Jahr 1765 vor Anker. Nur Ruinen waren übriggeblieben. Ein paar Tage später sah Weddell zu seiner großen Überraschung zwei Kriegsschiffe, die das Vorgebirge umrundeten und vorsichtig in den Hafen einliefen. Weddell ruderte mit einigen Männern hinaus, um die Besucher zu begrüßen.

Es waren die *Asia* mit 70 Kanonen und die *Achilles* mit 20 Kanonen, beides spanische Schiffe. Weddell ging an Bord, wo man ihn »höflich aufnahm«, und zeigte den Spaniern den besten und sichersten Ankerplatz. Sie schlugen den Rat in den Wind, wodurch sie, wie er notierte, »nur mit vieler Mühe wieder loskamen«, denn am nächsten Tag kam ein schwerer Sturm aus Nordwest auf.

Laut Auskunft der Offiziere der *Asia* waren sie von Lima nach Spanien unterwegs. Weddell hielt das jedoch für eine List, da sie sich nach Einzelheiten der Navigation um Kap Hoorn herum und durch die Le-Maire-Straße erkundigten. Er sah sich bestätigt, als er von seinen Bootsleuten hörte, die Männer von der *Asia* hätten ihnen gesagt, sie seien erst vor zehn Wochen in Cádiz aufgebrochen.

Das Täuschungsmanöver der spanischen Offiziere läßt sich auf ihr tief verwurzeltes Mißtrauen zurückführen, alle englischen Seeleute seien aus dem gleichen Holz geschnitzt wie der furchtbare *corsario* Drake. Ein solcher Korsar, »El Diablo«, Lord Cochrane, war zu Ruhm gekommen, als er während er Napoleonischen Kriege spanische Hafenstädte plünderte und mehrere spanische Schiffe kaperte. In den letzten Jahren hatte er als Admiral der winzigen chilenischen Kriegsmarine mit amerikanischen und britischen Söldnern den Kampf Chiles um die Unabhängigkeit von Spanien unterstützt. Er hatte Valdivia eingenommen die loyalen Spanier terrorisiert, die spanische Fregatte *Esmeralda* aus dem Hafen Callao mit außergewöhnlicher Frechheit und großem Wagemut entführt und übermütig die Küsten Chiles und Perus heimgesucht. Kein Wunder, daß sich die Spanier jetzt nicht in die Karten schauen lassen wollten.

Unterdessen beobachtete Weddell aufmerksam die Moral der Leute und den Zustand der beiden Schiffe: »Sie waren nicht so rasch und geübt in ihren Manövern wie die englischen Seeleute, aber rastlos und sicher.« In der Tat ein großes Lob. Mit einiger Genugtuung konnte er die spanischen Offiziere darauf aufmerksam machen, daß ihre Karten hinsichtlich der Aurorainseln unrichtig waren.

Am 19. März war das Wetter ruhig, es ging ein günstiger Wind für ein Treffen mit der *Beaufoy* vor der patagonischen Küste. Weddell verabschiedete sich von den spanischen Schiffen und brach auf. Doch die Überfahrt nach Punta Lobos war stürmisch, es blies ein heulender Sturm aus Süd, zwei Boote wurden von Brechern fortgerissen. Als die *Beaufoy* nicht auftauchte, konnte Weddell nur hoffen, daß das kleine Begleitschiff von den Stürmen nach Norden abgedrängt worden war und nun auf eigene Faust nach London zurückkehrte. Auch die *Jane* wurde nach Norden abgetrieben und schlug vor dem Río de la Plata leck, so daß man den Hafen von Montevideo anlaufen mußte.

Über die vom Krieg erschütterte Stadt notierte er: »Einige Straßen waren so aufgerissen, daß man sie gar nicht mehr passieren konnte«, und »die häufigen politischen Umwälzungen und Kriege, die die Bewohner seit 20 Jahren erlebt hatten, verhinderten alle nützlichen Anstalten und Einrichtungen.« Er traf Sir Murray Maxwell, Kommodore der Station in Südamerika und Kommandant der H. M. S. *Briton*. Maxwell hatte gehört, daß auf den Falklandinseln Kriegsschiffe eingetroffen seien, und vermutete, daß der alte gallische Feind etwas im Schilde führe. Weddell konnte seine Befürchtungen zerstreuen und versichern, daß es Spanier seien, keine »als Spanier verkleidete Franzosen, denen man eine derartige *finesse* durchaus zutraut«.

Als Dank durfte er sich die Schiffszimmerleute von der *Briton* ausleihen; in drei Wochen war die *Jane* ausgebessert. Weddell wurde zu mehreren Abendgesellschaften mit britischen Kaufleuten eingeladen, die den Geburtstag von König Georg IV. feierten, sowie zu einem höchst ungewöhnlichen Dinner mit ortsansässigen Spaniern und Portugiesen, bei dem es zwischen den beiden rivalisierenden Gruppen zu Handgreiflichkeiten kam. Das alles war doch recht anders als bei den Feuerländern.

In dieser von inneren Kämpfen zerrissenen Stadt, die von Portugiesen gegründet und von Spaniern erobert worden war, lebten »die Reichen erwartungsgemäß in Wohlleben und haben Macht und Autorität«, während die »arbeitende Klasse des Volkes wenig Fleiß zeigte, und mehr dem Müßiggang und der Trunksucht ergeben war«. Die Frauen fand er klein von Statur und attraktiv. Die Gauchos, die berittenen Viehhirten der Pampas, die in die Stadt kamen, »gelten nicht als der ehrlichste Stand, sie haben vielleicht mehr Morde begangen als irgendein anderer«. Dies sollte für Matthew Brisbane noch eine traurige Bedeutung erlangen.

Am 4. Mai war die *Jane* auf Kosten der britischen Marine repariert. Bei günstigem Wind fuhr das Schiff den Río de la Plata hinab und begab sich auf die letzte Etappe der langen Reise. Die Fahrt verlief ruhig, nach 59 Tagen lagen sie vor Falmouth; sie waren vor dem Postschiff aus Montevideo eingetroffen, das zwei Tage vor der kleineren *Jane* losgesegelt war.

Am 9. Juli segelte die *Jane* die Themse nach Gravesend hinauf: Endlich waren sie wieder zu Hause, nach einer fast zwei Jahre währenden Seefahrt. Unter den vielen Schiffen lag auch wohlbehalten die *Beaufoy* mit Brisbane: Er war am 20. Juni eingetroffen.

Als erstes mußte der Rekord der *Jane* und der *Beaufoy* anerkannt werden. Daß man drei Grad weiter nach Süden als James Cook gelangt war, wurde in bestimmten Kreisen der Marine mit erhobenen Augenbrauen quittiert. Denn der neue Rekord war schließlich von zwei ganz normalen Robbenfängern aufgestellt worden, nicht von einer gut ausgerüsteten Expedition der Marine. Weddell ließ seinen Ersten Steuermann und zwei Seeleute vor dem Vertreter der Zollbehörde seiner Majestät beeiden, daß die Logbücher der Schiffe die Wahrheit berichteten.

Weddell war jetzt 37 Jahre alt. Fünf Jahre hatte er im Südlichen Eismeer verbracht, und seine privaten Tagebücher enthalten viel mehr als die bloßen Fakten des Logbuchs. Er hatte Informationen über Häfen und Ankerplätze, Gezeiten und Meeresströmungen, magnetische Ortsmißweisungen, Eisverhältnisse, Flora und Fauna gesammelt. Mehrere Monate hatte er in unmittelbarer Nähe von Kap Hoorn zugebracht, seine Kenntnisse der Segelbedingungen, des Wetters und der sicheren Ankergründe nahe dieses legendären und gefürchteten Kaps waren unübertroffen. Als Ergänzung hatte er grobe Skizzen seiner Vermessungen der Häfen, Ankerplätze und Inseln angefertigt. Das Ganze wollte er an den Vertreter der Königlichen Marine schicken; Freunde und seine Miteigentümer James Strachan und James Mitchell überredeten ihn jedoch, ein Buch über die Reise zu schreiben. Schon daß es veröffentlicht wurde, sollte der Rekordfahrt mehr Glaubwürdigkeit verleihen. Doch das Hauptmotiv ist im Schlußabsatz des Buchs enthalten:

> Stets ist eine besonders geduldige und sorgfältige Forschung erforderlich, wenn man korrekte Kenntnisse über jenen Teil der Wissenschaft erlangen will, welche ich in den vorherigen Seiten behandelt habe. Wenn ich durch mein Abenteuer die Kenntnisse der Meereskunde befördert habe, so habe ich meines Erachtens nur getan, was sich jeder Mensch zu vollbringen bemüht, der auf der Suche nach Reichtum auch eifrig genug ist, im Namen der Wissenschaft keine Gelegenheit verstreichen zu lassen, Informationen zum Nutzen der Menschheit zu sammeln.

Zwei Monate nach seiner Rückkehr schickte Weddell seine Karten an die Admiralität. Ein Jahr später erschien sein Buch *A Voyage Towards the South Pole*; eine zweite Auflage kam 1827 heraus. Es war mehr als nur ein einfacher Bericht über seine Reisen, denn es enthält einen Anhang mit »Observations On The Navigation Round Cape Horn« (Beobachtungen über die Schiffahrt rings um Kap Hoorn), »Observations On The State Of The Poles« (Beobachtungen zum Zustand der Pole) und »Observations For Finding The Longitude By Chronometers« (Beobachtungen zum Auffinden der Länge durch Chronometer), Karten mit Ankerplätzen und Naturhäfen und Skizzen mit Ansichten von Vorgebirgen und Zugängen zu Land. Kurzum: Es ist ein Werk mit Segelanweisungen für einen Teil des Südpolarmeers.

Obwohl Weddell an dem Massaker an Pelzrobben und See-Elefanten auf den Süd-Shetland-Inseln teilgenommen hatte, erkannte er doch die Torheit dieses habgierigen Massenmordens. In seinem Buch schlägt er für den Fall, daß man neue Robbenjagdgründe entdecken sollte, neue Methoden der Arterhaltung vor. Es sind die ersten Überlegungen zum Tierschutz im Südlichen Eismeer.

Auf diesen Inseln sind 1821 und 1822 von verschiedenen Fahrzeugen gewiß 320 000 Robben getötet worden; der Tran der See-Elephanten mag 940 Tonnen betragen. Wenn es für den Robbenfang ähnliche zweckmäßige Gesetze gäbe wie für die Fischerei, so hätten jährlich wenigstens 100 000 Robben ihr Leben behalten, um in späteren Jahren mit größerem Vorteil eingefangen zu werden. Man dürfte nämlich die Mütter nicht eher töten, als bis ihre Jungen in die See gehen können, und immer nur die Älteren, damit die Jüngeren zur Fortpflanzung bleiben. So verfährt man am Río de la Plata, an dessen Mündung die Insel Lobos liegt, die der Gouverneur von Montevideo gepachtet hat, aber mit der Einschränkung, daß die Jäger nur zu bestimmten Zeiten Robben töten dürfen. Auf Schettland aber befolgt man allgemein ein Ausrottungssystem, jedes Tier wird getötet, so wie es ans Ufer kommt, so daß in wenigen Jahren die Robben beinah ganz vertilgt sind, weil die Jungen, die ihre Mütter wenige Tage nach der Geburt verloren, alle starben, was jährlich gewiß 100 000 Stück betrug.

Während Weddell an seinen Karten und seinem Buch arbeitete, rüstete sich Brisbane mit der *Beaufoy* zu einer weiteren Fahrt nach Süden. Zwei Monate nach ihrer Rückkehr glitt die *Beaufoy* allein die Themse hinunter und nahm Kurs auf Patagonien, die Falklandinseln und Feuerland. Weddell hatte Brisbane spezielle Anweisungen mitgegeben, die Eingeborenen zu besuchen, die sie 1823 kennengelernt hatten, um zu sehen, ob die Feuerländer aus dem Kontakt mit den Leuten von der *Jane* und der *Beaufoy* Nutzen gezogen hätten. Nach Brisbanes Rückkehr am 14. April 1816 fügte Weddell der zweiten Auflage seines Buchs einen kurzen Bericht dieser Reise hinzu, der hauptsächlich von den Feuerländern handelt.

Obwohl zwei Jahre vergangen waren, erkannten die Eingeborenen Brisbane und einige Seeleute wieder. Das lag wohl daran, daß Brisbane auf der früheren Reise die Feuerländer dadurch beeindruckt hatte, daß er Wild mit der heimischen Schleuder aus Robben- oder Otternhaut erlegen konnte. Die Medaillen wurden hervorgeholt, die Weddell ihnen geschenkt hatte, dann aber rasch wieder eingesteckt, »wahrscheinlich aus Furcht, wir wollten sie zurückhaben«. Die Diebereien wurden aber leider nach wie vor mit der üblichen Geschicklichkeit ausgeführt. Dennoch hielt man die freundschaftlichen Beziehungen aufrecht; »ihre Kranken kamen regelmäßig, um sich medizinisch versorgen zu lassen, und die Frauen brachten ihre kranken Kinder, damit wir ihnen halfen«.

Der andere Nutznießer der Reise war Professor Jameson in Edinburgh, der Fell und Schädel eines südamerikanischen Pumas erhielt, den Brisbane an der patagonischen Küste erlegt hatte.

Einen Monat nach Brisbanes Rückkehr stachen zwei Schiffe der Royal Navy, die *Adventure* mit Kapitän Philip Parker King, und die H. M. S. *Beagle* mit Kapitän

Pringle Stokes, im Plymouth-Sund in See. Sie waren auf dem Weg nach Südamerika und standen vor der gewaltigen Aufgabe, die Küste Südamerikas von der Mündung des Río de la Plata in den Atlantik bis zur Insel Chiloé im Pazifik zu vermessen, einschließlich des Labyrinths von Inseln und Kanälen Feuerlands. Einen Monat später wurde Matthew Brisbane in London zum Kommandanten der *Prince of Saxe Coburg* ernannt, einem 60 Fuß langen Schoner im Besitz von Mr. John Pirie; es sollte zu den Süd-Shetland-Inseln gehen, um Robben zu jagen. Brisbane ahnte nicht, daß er und seine Besatzung an den einsamen Küsten Feuerlands mit der *Beagle* zusammentreffen würde.

Im selben Jahr, als Brisbane das Kommando über sein neues Schiff übernahm, bot Weddell seine Dienste der Admiralität an. Zugleich schlug er eine Forschungsfahrt in die hohen südlichen Breiten vor. Sein Vorschlag wurde von der Admiralität abgelehnt. Die Weigerung der Admiralität und die Unwägbarkeiten der Robbenfängerei machten Weddell und die *Jane* – er war immer noch Teileigentümer – mit den eher stumpfsinnigen Aspekten des Seemannslebens im Dienst der Handelsmarine bekannt. Unter anderen unternahm er Reisen ins Mittelmeer, nach Madeira und Südamerika.

1829 wurden die finanziellen und emotionalen Bande Weddells an sein kleines Schiff schließlich gekappt. Die treue *Jane* war alt geworden. Sie litt unter den vielen Jahren im Packeis. Auf einer Fahrt von Buenos Aires nach Gibraltar, als sie so sehr leckte, daß die Pumpen ständig bemannt waren, lief sie, fast sinkend, in den Hafen von Horta auf den Azoren ein. Nachdem er die Ladung schnell gelöscht und das Schiff kurz untersucht hatte, war es um die *Jane* geschehen. Doch er hatte weiter Pech, denn das Schiff, auf das er ging, um die Rückfahrt nach England anzutreten, erlitt an der Insel Pico Schiffbruch, wobei er fast ertrunken wäre. Der Verlust der *Jane* bedeutete den wirtschaftlichen Ruin, so daß er sich gezwungen sah, eine Stellung als angestellter Schiffsführer anzunehmen. Im September 1830 stach er als Kapitän der *Eliza* von England aus in See und fuhr zum Swan River an der Westküste Australiens.

Wenige Wochen vor seiner Abreise starteten die *Tula* und die *Lively*, zwei Robbenfänger im Besitz der Gebrüder Enderby und unter dem Kommando von John Biscoe, von London aus in die Gewässer der Antarktis. Im Mai 1831 machte die *Eliza* im Derwent River in Tasmanien an der *Tula* fest und brachten Biscoes von Skorbut geschwächte Mannschaft ins Hospital.

Die *Eliza* segelte im Januar 1832 nach England zurück. Es war Weddells letzte Fahrt. Er lebte zur Untermiete in London und wurde von einer Miss Rosanna Johnstone unterstützt. Er starb am 9. September, im Alter von nur 47 Jahren. Wie so viele Walfänger und Robbenjäger starb er in Armut. Doch seine großen Fahrten und sein Buch hatten ihm einen gewissen Ruhm eingebracht. Es erschienen einige Nachrufe in Zeitungen und Zeitschriften, darunter in der *Times* und, wie es einem Mitglied der Royal Society in Edinburgh gebührt, im *Edinburgh Evening Courant*.

Irgendwo in der Nordwestecke des Gemeindefriedhofs von St. Clement Danes in London liegen die sterblichen Überreste James Weddells. Zeit und Wetter haben die Inschrift auf dem Grabstein oder der Grabplatte ausgelöscht. Die wahren Denkmäler aber sind das nach ihm benannte Meer – König-Georg-IV.-Meer setzte sich nicht durch – und die zweithäufigste Robbe der Antarktis.

Das Leben des Matthew Brisbane nach seinen Seereisen auf der *Beaufoy* war ein einziges Abenteuer: Schiffbrüche, Rettungen in letzter Minute und so weiter, alles in rascher Folge.

1826 suchte die *Prince of Saxe Coburg*, die das Eis vor den Süd-Shetland-Inseln bedrängt und beschädigt hatte, Zuflucht auf Feuerland. Fury Bay und Fury Island an der abweisenden Küste nordwestlich von Kap Hoorn waren die unwirtlichen und gefährlichen Ankerplätze, die Brisbane anlaufen mußte. Wenige Jahre später schrieb Charles Darwin von diesem Küstenabschnitt, er lasse »eine Landratte eine Woche lang von Schiffbrüchen, Gefahren und Tod träumen«. Brisbanes Schoner strandete in den starken »Williwaws« (Windböen bis zu 100 Knoten Geschwindigkeit), die die feuerländischen Ankergründe peitschten. Drei Boote des Schiffes wurden gerettet, dazu der größte Teil des Proviants. Provisorisch wurden Zelte aus Segeltuch errichtet. Sieben Männer machten sich in einem der Walfangboote zur Mündung des Rio Negro auf, rund 500 Meilen südlich von Buenos Aires und der nächstgelegene Außenposten der Zivilisation. Eine solche Fahrt in einem offenen Boot über Hunderte von Meilen unkartierter Wasserwege, aus denen das Labyrinth der feuerländischen Meerengen besteht, gefolgt von einer 1000-Meilen-Fahrt entlang der öden patagonischen Küste, scheint tollkühn und zum Scheitern verurteilt. Doch die Männer erreichten den Rio Negro und schließlich auch Buenos Aires.

Die beiden anderen Boote schickte Brisbane auf Erkundungsfahrt. Sie sollten die Wasserstraßen absuchen – in der Hoffnung, einem vorbeifahrenden Schiff zu begegnen. Er selbst blieb mit einigen Männern am Strand von Fury Bay zurück; aus den Wrackteilen des

Schoners versuchten sie ein Boot mit Deck zu zimmern. Am 3. Mai 1827, drei Monate nach dem Schiffbruch, sichtete eines der nun rund 100 Meilen von der Fury Bay entfernten Suchboote die *Beagle* in der Magellanstraße. So wurden die Leute in der Fury Bay gerettet und die Robbenfelle auch.

In England wurde Brisbane von John Pirie, der ihm den Verlust der *Prince of Saxe Coburg* nicht nachtrug, zum Kapitän der *Hope* ernannt, einem anderen Schoner, der ebenfalls Pirie gehörte und der für die Robbenjagd ausgerüstet war. Am 23. April 1829 lief die *Hope* vor Südgeorgien auf Grund. Wieder baute man aus Wrackteilen eine kleine Schaluppe, und Brisbane segelte mit zwei Besatzungsmitgliedern das Provisorium die 1500 Meilen lange Strecke über den Südatlantik nach Montevideo. Ein Jahr später erlitt er erneut Schiffbruch an der Ostspitze von Feuerland. Nachdem man das Wrack ausgeschlachtet hatte, segelte ein Boot zu den Falklandinseln.

Einige Monate nach diesem dritten Schiffbruch begegnete Brisbane der *Beagle* zum zweitenmal. Sie unterstand nun dem Befehl von FitzRoy und befand sich auf der Rückreise nach England, mit den Feuerländern an Bord. Brisbane arbeitete inzwischen auf den Falklands für Louis Vernet und versuchte einen funktionierenden Vieh- und Fischereibetrieb aufzubauen, der mit seinen Produkten Südamerika und die Schiffe, die hier ankerten, versorgen sollte. FitzRoy dinierte an Land in einer Runde, zu der Vernet, dessen Frau und Brisbane zählten, und zeichnete ein erstaunlich häusliches Bild: ein Steinhaus mit dicken Wänden, eine gut ausgestattete Bibliothek mit spanischen, deutschen und englischen Büchern, lebhafte Konversation beim Abendessen und danach Musik und Tanz. Er empfand das Ganze als äußerst angenehm und »nicht wenig seltsam auf den Falklandinseln, wo wir, bis auf ein paar Robbenschläger, nichts anzutreffen erwarteten«.

Das häusliche Glück sollte von kurzer Dauer sein. 1831 wurde die kleine Siedlung am Berkeley Sound von der Korvette *Lexington* der US-Marine völlig zerstört und geplündert. Ein Vergeltungsschlag, weil Vernet den amerikanischen Walfänger *Harriet* wegen Wilderei beschlagnahmt hatte. Einige der führenden Siedler, darunter Brisbane, wurden an Bord der *Lexington* geholt und in Eisen gelegt; Brisbane wurde herausgegriffen und besonders übel malträtiert. Danach wurden die Siedler nach Montevideo gebracht und freigelassen, wobei die Regierung der USA ihre Kriegshandlung damit rechtfertigte, »daß die Vereinigten Staaten die Inseln seit 50 Jahren als Fischereigebiet nutzen«.

Der Raubzug der *Lexington* setzte eine Kette von Ereignissen in Gang, die schließlich in die Geschichtsschreibung der Falklandinseln eingingen: die Morde von Port Louis.

Im März 1833 segelte die *Beagle* abermals in den Berkeley Sound und besuchte die Siedlung bei Port Louis. Wieder führte FitzRoy das Kommando, außerdem fuhr der junge Naturforscher Charles Darwin mit. Beide waren bestürzt über das, was sie sahen, insbesondere FitzRoy. Er hatte den angenehmen Abend mit den Vernets und Brisbane noch in guter Erinnerung. Die niedrigen Steinhäuser und die gepflegten Gärten waren verschwunden. Nur ein paar eingefallene Mauern, einige aus Grassoden gebaute Hütten waren zu sehen, ein paar Kohlköpfe und Kartoffeln wuchsen auf dem Grundstück, das eher einer Müllhalde glich. Die wenigen Einwohner wirkten verschlagen. Der Union Jack wehte über der armseligen Siedlung – aber keine Macht stand dahinter, die sie hätte schützen können. Die Briten fürchteten, die Vereinigten Staaten könnten die Insel zum Schutz der nordamerikanischen Robbenjäger zum Marinestützpunkt erklären und besetzen. Deshalb hatten sie ihren Anspruch auf die Insel wieder angemeldet »und einen Straßenköter ... [zurückgelassen], um einen Union Jack zu beschützen«, wie Darwin sarkastisch bemerkte.

In dieses Chaos kehrte Brisbane (Vernet war immer noch in Südamerika) zurück, um einen Teil von Vernets Investitionen und Eigentum zu retten. Die *Beagle* und Brisbane trafen sich zum drittenmal.

Fünf Monate später wurden Brisbane und vier andere Siedler von einer Mörderbande aus Indianern und Gauchos umgebracht. Thomas Helsby, den Brisbane als Buchhalter nach Port Louis geholt hatte, und der dem Mordanschlag nur knapp entkommen war, beschrieb Brisbanes Tod: »Dann befahlen sie mir, in Kapitän Brisbanes Haus zu gehen. Als erstes sah ich den toten Brisbane auf dem Boden liegen. Offenbar hatte er seine Pistolen ergreifen wollen, bevor man ihn niederstreckte. Auf seinen Zügen zeigte sich ein Lächeln, das Verachtung oder Abscheu verriet. Mit einem Pferd schleiften sie den Leichnam weg und plünderten das Haus.«

Die *Beagle* kehrte im März 1834 nach Port Louis zurück. FitzRoy, der Brisbane sehr gemocht hatte, war tief betroffen, als er von der Art seines Todes erfuhr.

Zweihundert Yards entfernt von dem Haus, in dem er gewohnt hatte, sah ich zu meinem Grauen die Füße des armen Brisbane aus dem Boden ragen. Das Grab war so flach, daß Hunde seine sterblichen Überreste gestört und den Leichnam angefressen hatten. Das war das Schicksal eines ehrlichen, fleißigen und höchst treuen Mannes; eines Mannes, der keine Gefahr fürchtete und jedes Beschwernis verachtete. Er wurde von Schurken ermordet, weil er das Eigentum seines Freundes verteidigte; er wurde von ihnen übelst mißhandelt, damit sie ihre teuflische Bosheit befriedigen konnten; mit einem Lasso von Pferden weggeschleift, fort von den Häusern, und den Hunden zum Fraß überlassen.

Auch andere Mitglieder der Royal Navy erwiesen Brisbane auf ihre Art die Ehre, nämlich als Kapitän James Clark Ross mit seinen beiden Schiffen, der *Erebus* und der *Terror,* 1842 auf den Falklandinseln überwinterte. Brisbanes Leichnam wurde exhumiert und anständig neu beerdigt, mit einem Grabkreuz aus Holz:

DEM
ANDENKEN
MR. MATTHEW BRISBANES,
gewidmet,
der am 26. August 1833
barbarisch ermordet wurde

Als Kommandant des Kutters
Beaufoy war er der eifrige
und fähige Begleiter von
Kapitän James Weddell während
dessen kühner Reise
über den 74. südlichen Breitengrad
im Februar 1823

Seine sterblichen Überreste wurden
am 25. August 1842
an diesem Ort von der Besatzung der H. B. M.
Schiffe »Erebus« und »Terror« umgebettet

Weddell erfuhr vom tragischen Tod des alten Freundes und Segelgefährten wahrscheinlich einige Monate vor seinem eigenen Tod. Die beiden Männer hatten viel gemeinsam erlebt und durchlitten. Nicht starre Marinedisziplin, sondern das lockere – und stärkere – Band gegenseitiger Achtung hatte sie verbunden. Sie stammten aus ähnlichen Verhältnissen und hatten ihre Menschlichkeit in einem verrohenden Geschäft bewahrt. Brisbane war ein freier und zäher Charakter; man kann ihn sich gut an einer der Grenzen des 19. Jahrhunderts vorstellen: Nord- und Südamerika, Australien, Neuseeland, Afrika oder Asien. Weddell hatte eine andere Wesensart, er war komplizierter, schwerer zu ergründen: ein protestantischer Forscher mit Wißbegier und Abenteuerlust. Anders als der freundliche Charles Darwin trat Weddell entschieden für die Ureinwohner Feuerlands ein – aber vielleicht besaß er, der aus einer entbehrungsreicheren Welt stammte, eine natürliche Toleranz.

Brisbanes hölzernes Grabkreuz befindet sich heute im Museum von Port Stanley, auf dem Grab steht ein haltbarerer Grabstein aus Marmor. Fünf Jahre nach Weddells Beerdigung überreichte Sir John Barrow – er war 1835 geadelt worden – ein Bildnis Weddells der Royal Geographical Society. Es war eine großherzige Geste zu Ehren eines privaten Entdeckers.

Die Pelzrobben sind an die Küsten Südgeorgiens zurückgekehrt. Ihr Bestand wird heute auf fast 1,5 Millionen geschätzt. Die Ureinwohner Feuerlands waren weniger widerstandsfähig. Einst hatten sie sich erfolgreich der rauhen Natur des Landes angepaßt, der später viele Europäer zum Opfer fielen. Doch deren Krankheiten und Ausrottungsmethoden waren sie nicht gewachsen. Sie selbst und ihre Kultur können heute als ausgestorben gelten.

XI

John Biscoe:
Die dritte Umsegelung

Und den Mut, sich nie zu beugen oder nachzugeben:
was sonst gilt es, zu überwinden?

John Milton, *Paradise Lost*, 1667

Kein Bildnis von John Biscoe ist überliefert. Überhaupt weiß man wenig über sein Leben – bis auf die drei Jahre, als er als Mittdreißiger eine Expedition von zwei kleinen Schiffen befehligte und die dritte Umsegelung Antarktikas unternahm. Zehn Jahre später starb er, verarmt und krank, auf See.

Als John Biscoe 1830 mit den beiden kleinen Schiffen, der *Tula* und der *Lively*, bei günstiger Tide die Themse hinabglitt, folgte er den Spuren Cooks und Bellingshausens. Doch anders als bei Cook und Bellingshausen war es keine staatliche Expedition, sondern eine kleine kommerzielle Unternehmung auf der Suche nach Robben. Ausgerüstet war sie für zwei Jahre vom englischen Walfangunternehmen der Gebrüder Enderby für 6147 Pfund.

Herman Melville hat diesem Geschäftshaus in seinem Roman *Moby Dick* ein literarisches Denkmal gesetzt. Kapitän Ahab und die *Pequod* treffen auf ihrer Suche nach dem großen weißen Wal mit einem anderen Walfänger zusammen. Der Kapitän der englischen *Samuel Enderby* hat einen Arm durch den weißen Wal verloren. Nun trägt er einen aus Elfenbein, was gut zu Ahabs Beinprothese paßt. »Bevor das englische Schiff außer Sicht gerät«, schreibt Melville, »will ich festhalten, daß es aus London kam und nach dem verstorbenen Samuel Enderby getauft war, ein Kaufmann dieser Stadt und Begründer der berühmten Walfangfirma Enderby & Sons, eines Geschäftshauses, das nach meiner bescheidenen Walfängermeinung in seiner wirklichen historischen Bedeutung den beiden Königshäusern der Tudors und der Bourbonen kaum nachsteht.«

Der Gründer, Samuel Enderby, war 1797 verstorben. Er hatte ein blühendes Unternehmen hinterlassen. 1830 war die Firma, die nun Samuel Enderbys Enkel Charles, Henry und George leiteten, im Niedergang begriffen, wie die englische Walfangindustrie insgesamt. Kohlengas, nicht Walöl, erhellte nunmehr die Straßen in den Städten und die Fabriken (die Gas Light & Coke Company war 1809 gegründet worden). In der Textilindustrie wurde Rapsöl verwendet. Ausschlaggebend war jedoch, daß die Konkurrenz der australischen und der amerikanischen Walfänger übermächtig war.

Samuel Enderby hatte eine Tradition begründet, die seine Söhne und Enkel fortsetzten: Alle Kapitäne auf Enderby-Walfängern sollten Exemplare von naturgeschichtlichem Interesse sammeln und nach England bringen. Die Enkel erweiterten den Auftrag, der nun auch geographische Erkundungen mit einschloß. Eine gefährliche Politik für ein kränkelndes Unternehmen. Doch Charles und George waren Gründungsmitglieder der Royal Geographical Society. Charles ging am 10. Juli 1830 an Bord der *Tula,* um Lebewohl zu sagen. Seine letzte Anweisung an Biscoe lautete, »möglichst in den hohen südlichen Breiten Entdeckungen zu machen«.

Biscoe war es gewohnt, Befehle entgegenzunehmen. Geboren 1794, war er mit 17 Jahren als Freiwilliger in die Royal Navy eingetreten und hatte in den nordamerikanischen und den westindischen Stützpunkten als Leutnant und Master gedient. Mit 21 Jahren, nach Beendigung der Napoleonischen Kriege, war er aus der Kriegsmarine ausgetreten. Da er nichts als Seefahrt gelernt hatte, trat er in die Handelsmarine ein.

In den wenigen Jahren in der Royal Navy war Biscoe einem seiner Vorgesetzten aufgefallen. Kapitän Moberly von der *Moselle* empfahl ihn zur Beförderung mit den Worten: »Er ist ein tatkräftiger Junge, stellt eine gute Besteckrechnung an, ist aufmerksam und verspricht ein guter Offizier zu werden.« Da er sich weder in der Robbenjagd noch im Walfang auskannte, muß er damit die Aufmerksamkeit der Enderbys erregt haben.

Biscoe unterstanden zwei Schiffe, die *Tula* und die *Lively*, mit einer Besatzung von 27 Mann und zwei Schiffsjungen. Beide Schiffe waren klein, die *Tula* hatte 157 Tonnen, war 74 Fuß lang und als Brigantine getakelt. Das Schiff hatte einen breiten Bug und ein Plattgattheck; das einzige Zugeständnis an die Schönheit war die Galionsfigur einer Frau unter dem Vordersteven. In Biscoes Tagebuch findet sich eine kleine Skizze der *Tula*. Darin sieht man das Schiff mit einem Focksegel bei hoher See. Darunter steht in seiner Handschrift: »Die Tula segelt auf einen Eisberg zu.«

Die *Lively* war noch kleiner: Gebaut als Lotsenboot, nur 52 Fuß lang, ein Kutter mit nur einem Mast. Sie hatte einen geringen Tiefgang von 8 Fuß – nützlich für die Küstenschiffahrt. Sie war soeben in Begleitung des 72-Fuß-Kutters *Sprightly*, ebenfalls im Besitz der Enderbys, von einer Robbenfahrt zu den Kerguelen zurückgekehrt, wo sie eine Gruppe britischer Robbenjäger gerettet hatte, die zwei Jahre zuvor auf diesem öden Außenposten gestrandet war.

Verglichen mit Cooks und Bellingshausens For-

Der Kutter Lively

schungsfahrten, war Biscoes Expedition ziemlich spartanisch ausgerüstet. Die Firma stellte drei Chronometer zur Verfügung, doch mußte der Kapitän – wie es Brauch war – die Seekarten mitbringen. Von Bellingshausens Reise wußte Biscoe nichts. Allerdings wird er wohl Weddells Buch, dessen Karten und auch einige Karten der Süd-Shetland-Inseln und Süd-Orkney-Inseln von George Powell gekannt haben. Doch selbst in diesem Fall war es immer noch eine Fahrt ins Ungewisse. Die Mannschaft mußte sich selbst einkleiden; immerhin schenkte ein freundlicher und großzügiger Kauffahrer allen Seeleuten, als er von ihrem Reiseziel erfuhr, ein Paar Seestiefel.

Walfang, insbesondere im Südlichen Eismeer, galt den britischen Seeleuten nicht viel; noch schlechter war die Robbenjagd angesehen. Beim Walfang mußte man wenigstens noch Geschick beweisen. Robbenjagd galt schlicht als Gemetzel, wobei die Robbenjäger meistens an Land lebten; dort war es dreckiger als auf dem Vorderdeck irgendeines Walfängers. Wer an solchen Fahrten teilnahm, war entweder tollkühn, suchte verzweifelt eine Koje oder hatte ein selbstmörderisches Verlangen nach Strapazen und Abenteuern.

Am 21. Juli 1830 stach Biscoe bei Deal im Ärmelkanal in See. Sein Ziel: die Kapverden, wo er Proviant und Trinkwasser aufnehmen wollte. Man kam nur quälend langsam voran. Einen Monat brauchten sie, bis sie die Inseln erreichten. Die *Tula* war bei leichten Winden nur schwierig zu steuern, und bei Windstille rollte sie teuflisch, mit schnellen, abrupten Bewegungen; das war ermüdend für die Mannschaft und strapaziös für das laufende und das stehende Gut. Zwei Wochen blieben sie auf den Kapverden, nahmen Lebensmittel und Wasser ein und brachten am Großmast zusätzliche Wanten an. So wollten sie den Druck auf das Tauwerk verringern – in der frommen Hoffnung, dadurch vor einem Mastbruch geschützt zu sein. Der nächste Anlegehafen waren die Falklandinseln, eine Fahrt von über 6000 Meilen über den Äquator bis in die entlegenen Gebiete des Südatlantiks.

Auf den Weltmeeren gibt es Hindernisse, die durchaus mit jenen zu Lande verglichen werden können. Passatwinde werden gemieden oder gesucht, je nach Richtung der Fahrt. Ruhige Gebiete oder solche mit Winden aus leicht wechselnden Richtungen (windstille Zonen) entsprechen den Sümpfen zu Lande; in beiden Gebieten kommt man nicht voran. Schließlich gibt es die Strömungen der Weltmeere, die ein Segelschiff zu seinem Vorteil nutzen kann oder zu seinem Nachteil gegenlaufen muß.

In Jahrhunderten haben zahllose Seeleute die Informationen über diese unsichtbare Meerlandschaft gesammelt. Auf der Fahrt zu den Kapverdischen Inseln hatte Biscoe die nordöstlichen Passatwinde und den südwärts gerichteten Kanarenstrom genutzt. Von hier aus ging es durch die äquatorialen windstillen Gebiete zu den Falklandinseln; es ist ein Gürtel mit windarmen Gegenden, Gewittern, Böen und leichten Winden aus wechselnden Richtungen, ein Gebiet, das sich zwischen den nordöstlichen und südöstlichen Passatwinden nahe dem Äquator hinzieht. Bei solchen Verhältnissen verhießen die schlechten Steuereigenschaften der *Tula* eine langsame und unbequeme Fahrt über den weiten launischen Ozean.

Am besten kreuzt man diesen Gürtel irgendwo zwischen 24° und 29° westlicher Länge, wo er am schmalsten ist. Wegen des Wetters und der schlechten Segeleigenschaften der *Tula* mußte Biscoe bei 17 Grad kreuzen. Es wurde eine weitere langsame Überfahrt, ehe sie schließlich am 8. November die Falklandinseln zu Gesicht bekamen. Drei Tage später warfen sie bei Port Louis im Berkeley Sound den Anker. Die Fahrt hatte über zwei Monate gedauert.

Port Louis liegt an der Mündung des Berkeley Sound. Die Carenage ist ein idealer, von Land eingeschlossener Hafen, der von sanft gewellten, baumlosen Hügeln umgeben ist. Dennoch kann der Wind hier zum Problem werden. Und auf den Falklandinseln gibt es Winde von erstaunlicher Kraft. Obwohl Biscoe wegen stürmischer Böen Schwierigkeiten hatte, Wasser aufzunehmen, empfahl er den Berkeley Sound: »Fische, Ochsen und Trinkwasser lassen sich mühelos einnehmen. Außerdem gibt es viele verschiedene Antiskorbutkräuter, die man als Gemüse verwenden kann. Auch die Einfahrt ist unbehindert, der Ankergrund gut und die Wassertiefe nahe dem Strand beträchtlich. Man könnte hier leicht eine Reparaturwerft zu großem öffentlichem und privatem Nutzen einrichten.«*

Auf der Überfahrt von England war der Master der *Lively* ein Mr. Smith gewesen. Auf den Falklands desertierte er aus unbekannten Gründen. Vielleicht schien es ihm wenig ratsam, mit dem kleinen Schiff in die hohen südlichen Breiten zu segeln. Ein Mr. Avery ersetzte ihn. In den folgenden Monaten sollte auch er seine Entscheidung noch einmal überdenken.

Beide Schiffe stachen am 17. November im Berkeley Sound in See. Sie begaben sich nun auf den wichtigsten Teil ihrer Reise: in die unwirtlichen Gegenden der höheren Breiten; es war zugleich eine kommerzielle und eine Forschungsfahrt.

Biscoes Weisungen lauteten, nach den Aurorainseln Ausschau zu halten – jenen mythischen Inseln, nach denen Weddell vergebens gesucht hatte – und dann nach Cooks »Sandwich Land« weiterzufahren. Aber auch er fand keine Inseln: »Entweder müssen sie von nun an als nicht vorhanden gelten, oder man muß sie in irgendeiner anderen Position suchen.« Nun segelte er nach Osten und lief nördlich an Südgeorgien vorbei. Kein Grund, hier an Land zu gehen – die Robben auf

---

* Außer den Fundamenten der Gebäude und den Resten einer Kaimauer ist von der Siedlung nichts mehr übrig. Doch dient der Sund, einst Zuflucht der Wal- und Robbenfänger, den multinationalen Fischereiflotten, die in den Gewässern rund um die Insel operieren, heute wieder als Schutzhafen.

der Insel hatte man so gut wie ausgerottet. Am 10. Dezember begegneten ihnen die ersten Eisberge.

Am nächsten Tag umgab sie dichter Nebel. Seeleute haben noch nie Nebel gemocht – vor allem dann nicht, wenn sie zwischen Eisbergen segeln. Biscoes Sorgen wuchsen, als die beiden Schiffe den Kontakt verloren; und sie wuchsen weiter, da man sich laut Karte in der Gegend der nördlichen Inseln der Süd-Sandwich-Gruppe befand. Als er über eine unter Wasser liegende Eisscholle fuhr – es machte einen Höllenlärm, als sie an den Planken entlangschrammte –, wurden seine Befürchtungen noch größer. Und dann zersprang auch noch »das Barometer von allein«, das wichtigste Meßgerät bei veränderlichem Wetter.

Am 14. Dezember kam endlich Land in Sicht, und sie gingen auf Südkurs. Bald dämmerte es Biscoe, daß seine Karte ungenau war; deshalb änderte er am 17. Dezember den Kurs, da er annahm, daß die Inseln im Westen lagen. Zwei Tage kämpften sie gegen den Westwind an. Dann bemerkten sie bei schlechter Sicht, wie in Westsüdwest »ein Land auftauchte«. Am 21. Dezember schien sein Entschluß, nach Westen vorzustoßen, gerechtfertigt. »Das Land«, schrieb er, »macht einen schrecklichen Eindruck und ist nichts anderes als ein einziger Felsen von 6 oder 7 Meilen Länge ... und so sehr mit Eis und Schneemassen bedeckt, daß es kaum möglich war, den Felsen, den Schnee und die Wolken darüber voneinander zu unterscheiden; da auch keine Landestelle zu sehen war, nachdem wir bis auf 5 oder 6 Meilen an die Küste herangekommen waren, meinten die meisten an Bord, daß dort nicht viel zu holen sei. Da ich derselben Meinung war, segelte ich nach Südwesten, weil ich hoffte, daß sich woanders eine bessere Gelegenheit bieten würde.«

Die restlichen Tage des Jahres 1830 verliefen deprimierend. Der Kutter und die kleinen Boote wurden ausgeschickt. Sie sollten die steilen Hänge der Inseln untersuchen – aber stets kehrten sie mit enttäuschenden Nachrichten zurück. Keine Landestellen, keine Pelzrobben, keine See-Elefanten. Offenbar gab es auf diesen lebensfeindlichen Inseln nur Pinguine: »Nichts an Land zu sehen, außer Pinguinen in großer Zahl.«

Weihnachten befanden sie sich im Südosten der Inseln. Wind und Treibeis hatten sie nach dort abgedrängt. Der einzige Trost war, daß die See ruhig war, auch wenn der Wind stark aus westlicher Richtung blies. Das war ein ermutigendes Zeichen: Es könnte auf eine große Landmasse in Richtung Süden hinweisen. Sie irrten sich. Die Ursache war wohl eher ein windwärts gelegenes Packeisgebiet, das den Wellengang dämpfte. Aber man nutzte dankbar jeden Vorteil. »Unabhängig von den kleinen Gebieten mit Eisfeldern«, notierte Biscoe, »war die gesamte Gegend völlig mit Treibeis bedeckt, das verschiedentlich sehr tief ins Wasser reichte. Da es die Schiffe leicht leckschlagen konnte, wenn man darauf traf, konnten wir vom 26. bis zum 29. vormittags nur einige Minuten einen bestimmten Kurs halten ... und niemals waren wir von weniger als 50 oder 100 Eisinseln umgeben.«

Jetzt bewies Biscoe die Zähigkeit und Entschlossenheit, die ihn in den nächsten Monaten auszeichnen sollte. Er beschloß umzukehren, sich zu den Inseln durchzuschlagen und die Suche nach Robben fortzusetzen. Am 30. Dezember befanden sie sich auf den Inseln, die Walfangboote begaben sich wieder einmal auf eine ergebnislose Suche. Der Mangel an Robben und Landestellen veranlaßten ihn, neben den Wetterverhältnissen, zu dem Neujahrsentschluß, diese nebelumhüllten unwirtlichen Inseln zu verlassen und nach Süden zu segeln. Dort wollte er Land suchen. Und sich möglichst nahe am Rand des Packeises halten, in der Hoffnung, weiter in den Süden vorstoßen zu können.

Eine Woche später gerieten sie in eine große Eisbucht. Biscoe stieg in den Mastkorb und notierte, »daß nach Süden das Eis so glatt und fest aussah, als ob man darauf gehen könnte«. Die Sicht war funkelnd klar. Kein düsterer Nebel mehr, wie er auf den Süd-Sandwich-Inseln geherrscht hatte. Deshalb war er überzeugt, daß »man jedes Land von irgend erheblicher Höhe aus 80 oder 90 Meilen Entfernung hätte erblicken müssen«. Der blaue Himmel und die weite Fläche glatten, weißen Eises wirkten um so unfruchtbarer, da weder Tiere noch Pflanzen zu sehen waren. Normalerweise hatten Sturmvögel und Pinguine die Schiffe begleitet. Nun war nichts mehr von ihnen zu sehen. Aber ob es nun Tiere und Pflanzen gab oder nicht, »das Wasser blieb sehr ruhig«, wie Biscoe sichtlich erleichtert schrieb.

Vom 7. bis zum 16. Januar – letzterer war ein denkwürdiger Tag: 58 Eisberge in Sicht, Wassertemperatur etwa 1 Grad Celsius, Lufttemperatur 7 Grad im Schatten und 25 Grad in der Sonne, »mit entsprechenden heiteren Gefühlen der Mannschaft« – fuhren sie einen fast östlichen Kurs. Er wurde diktiert von Wind und Eis. Am folgenden Tag bogen sie um die Ecke des undurchdringlichen Packeises und fuhren langsam bei westlichem Wind durch die Eisfelder nach Südost. Am 21. Januar war das Meer frei. Tags darauf überquerten sie den südlichen Polarkreis. So launenhaft ist das Packeis.

Doch schon bald war es vorbei mit den eisfreien Gewässern und den günstigen Winden. Die Seevögel waren zurückgekehrt, aber auch das Eis, und – ein böses Omen – der Wind kam aus Ost. Das war das genaue Gegenteil ihrer Wünsche und Hoffnungen. Am 28. Januar, bei 10° 43' östlicher Länge, erreichten sie ihre südlichste Position von 69° südlicher Breite. Das Packeis verhinderte jedes weitere Vordringen nach Süden. Biscoe sah und wußte nicht, daß nur 60 Meilen entfernt der Rand der Schelfeisfront lag, die heutige Prinzessin-Astrid-Küste. Diese Küstenstrecke entdeckte ein Jahrhundert später eine norwegische Walfangexpedition.

In den folgenden beiden Monaten kämpften die zwei Schiffe aber nicht nur gegen das Eis. Die verfluchten Ostwinde, die Biscoe eine so unangenehme Überraschung bereitet hatten, bescherten ihm nun »eine peitschende Fahrt«, dann wieder Windstille, »hin und wieder eine starke Bö aus Südost, zeitweilig hoher Seegang aus derselben Richtung, dazu kam trübes Wetter. Das alles inkommodierte mich sehr.« Es war nicht das einzige Ärgernis. Auch der Kutter bereitete ihm Kopfzerbrechen. Das treffend *Lively* (Lebhaft) getaufte Schiff geriet im Nebel ständig außer Sicht, und wegen des Packeises mußte er ständig Kursänderungen vornehmen. Einmal sah sich Biscoe gezwungen, den Kutter an der *Tula* zu vertäuen: »Um Mitternacht wurde das Wetter so schlecht, daß ich zwar mit dem Kutter sprechen, ihn aber nicht sehen konnte. Da wir ganz von Eisschollen umgeben waren und die langen Ruder einsetzen mußten, ließ ich eine Leine an ihm festmachen, damit wir nicht getrennt wurden; das Wetter sehr ruhig und das Meer glatt.«

Dabei grübelte er immer wieder darüber nach, wie sich dieses riesige Gebiet aus Packeis und Tausenden von Eisbergen gebildet haben könnte. Unter 68° südlicher Breite hatte er gesehen, daß das Wasser über Nacht zu einer dicken Schicht gefror – und das im Sommer. Was, so fragte er sich, war hier im Winter los? Eisberge waren eine andere Frage. Biscoe wußte, daß Weddell einmal einen Eisberg mit so viel schwarzer Erde gesehen hatte, daß er ihn zunächst für Land hielt. Außerdem glaubten die meisten Seefahrer, daß Eisberge »nahe dem Land« entstanden. Biscoe war da anderer Meinung. Nachdem er nun Hunderte Eisberge, aber keine Erde gesehen hatte, war er überzeugt, daß sie »von einer großen Eisfläche stammten, die auf dem Wasser gefror, und sich im Laufe der Zeit vergrößerten«.

Er war tatsächlich davon überzeugt, daß zwischen ihm und dem Südpol nichts als eine kompakte Treibeismasse lag, vielleicht mit einigen Inseln, und hier entstanden die Eisberge. In gewisser Hinsicht hatte er recht, denn wenn es ihm gelungen wäre, 60 Meilen weiter zu segeln und die Küste zu erreichen, dann hätte er auf festem Eis zum Südpol gehen können. Aber eine Eisdecke, die eine Mächtigkeit von mehr als 3000 Metern erreicht, hätte ihm die Sprache verschlagen.

Besonders ein stark verwitterter Eisberg erregte Biscoes Aufmerksamkeit, denn plötzlich brach ein großes Stück Eis unter gewaltigem Lärm ab. Daraufhin befahl er – vielleicht wollte er der Mannschaft auch etwas Unterhaltung bieten –, Kugeln und Schießpulver zu holen. Während die beiden Schiffe sanft in der Dünung schaukelten, wurde eine Kanone geladen und auf den Eisberg gerichtet. Der erste Schuß ging darüber, weil die *Tula* rollte, und Schwärme von Seemöwen stoben davon. Der zweite Schuß war ein Treffer, bewirkte jedoch nur, daß ein paar Eisstücke absprangen. Daraufhin ließ er das Walfangboot zu Wasser, ruderte um den Eisberg herum und überzeugte sich davon, daß keine Erde zu sehen war.

Einige Tage später kam im Süden »Land in Sicht«. Vom Mastkorb aus sah Biscoe ein großes Eiskliff »so hoch oder fast so hoch wie das North Foreland«, etwa 30 oder 40 Meilen lang. Ein paar eisbedeckte Erhebungen konnten Land bedeuten. Nur sehr enge Wasserrinnen liefen im Zickzack durchs Packeis, sie waren zu schmal für die Schiffe. Man ließ ein Walfangboot zu Wasser, mit einigen Männern schlängelte sich Biscoe durch die schmalen Kanäle auf das Eiskliff zu. Als sie fast eine Stunde gepullt hatten, waren sie überzeugt, daß sie niemals durch das Eis kämen. Da die Schiffe weit weg waren und das Wetter langsam bedrohlich aussah, zog er sich klugerweise zurück. Bestimmt war das Ganze nichts weiter als Eis, dachte Biscoe. In Wahrheit hatten sie die kontinentale Eisdecke nahe dem Tange Promontory erblickt.

Zwei Tage später herrschte noch immer schlechte Sicht, das Schneetreiben nahm zu. Der Wind kam hartnäckig aus Ost, zu allem Überfluß herrschte ein tückischer Seegang, die kleinen Wellen warfen die beiden Schiffe derart hin und her, daß man die Segel kürzen mußte, um den Druck auf Spieren und Takelage zu verringern.

Am Morgen des 28. Februar wurde die See ruhiger. Sie befanden sich nun unter 47° 20′ östlicher Länge und 66° südlicher Breite; durch aufgebrochenes Packeis steuerten sie weiter nach Süden. Um 4 Uhr nachmittags sichteten sie »südwärts mehrere Eishügel, die wie Berggipfel aussahen«. Wer keinen Dienst hatte, erklomm die Takelage, und die Offiziere richteten ihre Fernrohre nach Süden. Die Eishügel lagen jetzt frei und klar umrissen. Sie sahen aus wie dunkle Berge mit eis- und schneebedeckten Abhängen. Der Anblick muß bei den Seeleuten viel Aufregung und Jubel hervorgerufen haben. So waren die feuchten und kalten Monate, in denen man ein elendes Leben geführt hatte, nicht umsonst gewesen. Biscoe erwähnt in seinem Tagebuch nichts davon, sondern berichtet nur lakonisch »von großer Zufriedenheit«.

Zwei Tage lang drängten und quetschten sich die beiden Schiffe durch das Packeis auf die lockenden Berggipfel zu – wobei ihnen ein paar heftige Schläge versetzt wurden. Es klappte nicht. Es wehte ein leichter, unbeständiger Wind, über Nacht hatte sich in den Wasserrinnen eine fast 3 Zentimeter dicke Eisschicht gebildet. Die Enttäuschung war groß. Seit ihrer Abreise von den Süd-Sandwich-Inseln kämpften sie sich nun schon zwei Monate lang nach Süden vor, um Land zu entdecken. Sie hatten es gefunden, konnten es aber nicht erreichen. Die beiden letzten Monate waren eine Herausforderung gewesen, die nächsten beiden sollten die Hölle werden.

Es begann am 3. März mit dem beeindruckenden Naturschauspiel des Südlichts. Biscoe hat die Leuchterscheinung beschrieben:

> Fast die ganze Nacht leuchtete das Südlicht sehr hell, manchmal rollte es sich über uns zu wunderschönen Säulen, dann bildete es sich, als wäre es die aufgerollte Kante eines Vorhangs, plötzlich schoß es zu einer Schlangengestalt zusammen, dann wieder schien es nicht mehr als einen Meter über uns zu stehen; es fand ganz bestimmt in unserer Atmosphäre statt und war sicherlich das großartigste Naturphänomen seiner Art, dessen Zeuge ich je geworden bin. In dieser Zeit waren wir ganz von Treibeis umgeben, und obwohl die Schiffe in Gefahr waren, wenn sie mit einer frischen Brise, die jetzt aufkam, hindurchfuhren, konnte ich die Leute kaum davon abhalten, auf das Südlicht statt auf den Kurs des Schiffes zu achten.

Nach dieser »Light show« steuerte eine teuflische List die *Tula* und die *Lively* in eine drei Meilen breite, offene Wasserrinne, die steuerbord von Eisbergen, backbord von Packeis flankiert war und Richtung Land führte. Doch es war eine Sackgasse. Biscoe segelte in offenes Wasser zurück und suchte am Eisrand nach einer anderen Durchfahrt zu dem Vorgebirge, das man Kap Ann genannt hatte. Andere Berge waren auf den Namen der Enderby-Brüder getauft, einer, Mount Gordon, nach einer der Enderby-Schwestern. Am Nachmittag des 5. März blies ein Schneesturm aus Südost. Man sah nichts mehr. Auch die *Lively* geriet aus den Augen. Um Mitternacht blies der Wind mit Orkanstärke.

Die *Tula* war jetzt praktisch nicht mehr zu steuern. Sie wurde nach Nordwest getrieben, ob sie es wollte oder nicht. Riesige Wogen brachen über sie herein, rissen ein Walfangboot mit sich und zerschlugen ein anderes; Teile der Reling wurden fortgerissen; das Eis auf dem Deck, den Masten und der Takelage wurde dicker. Die Seeleute konnten in der bitteren Kälte kaum ihre Arbeiten verrichten, ihre Hände und Finger glichen gefrorenen Klauen. Diese Wetterverhältnisse hielten bis zum 8. März an. Danach war die *Tula,* wie Biscoe schreibt, »fast ein Wrack«. Von der *Lively* war nichts zu sehen.

Der Orkan hatte die *Tula* 120 Meilen nach Norden getrieben. Doch sobald sich der Wind etwas legte, wendete Biscoe das übel zugerichtete Schiff und hielt wieder Kurs nach Süden. Mehrere Männer waren verletzt, fünf »in Behandlung«: der Skorbut, die gefürchtete Krankheit der Seeleute, war ausgebrochen. Während sie wieder auf das Kap Ann zuhielten, nahm das Wetter einen tückischen Kreislauf an: alle 24 Stunden ein Sturm aus Südost, unterbrochen durch eine kurze Windstille, ununterbrochen Schnee- und Graupelschauer. Am

16. März – die Lufttemperatur betrug 5 Grad unter Null – sichteten sie erneut Kap Ann.

Biscoe hatte gehofft, daß die Stürme das Packeis, das das Land säumte, fortgetrieben hätten – aber die Barriere war noch da. Selbst er war jetzt erschöpft, aber er mußte an seine Männer denken. Der Schiffszimmermann und zwei weitere Mannschaftsmitglieder konnten die Beine nicht mehr bewegen, bei anderen führte der Skorbut offenbar langsam zum Tod. Da kein anderes Segel am Horizont zu erkennen war, mußte er davon ausgehen, daß die *Lively* gesunken war. Angesichts dieser Überlegungen ist es kein Wunder, daß er am 16. März traurig notierte:

> Ich muß in dieser Gegend unbedingt jede weitere Suche aufgeben. Das Land ist unzugänglich, täglich haben wir schwere Stürme, einige Leute sind krank ... das Schiff ist sehr angeschlagen ... nimmt eine große Menge Wasser ein und ist nun an der Außenseite, am Rumpf und am Tauwerk, wo die Gischt hinkommt, eine einzige Eismasse.

Aber die Formulierung »in dieser Gegend« verrät, daß er noch nicht völlig kapitulieren wollte. Am Kap Ann mußte er sich geschlagen geben, trotzdem war er entschlossen, an einer anderen Front zu gewinnen. Doch ihm blieb nicht mehr viel Zeit, der Winter rückte näher, der Gesundheitszustand seiner Leute verschlechterte sich rapide. Noch weitere drei Wochen jagte die *Tula* an der Packeisgrenze dahin und suchte nach einer Durchfahrt, um Land zu erreichen. Am 6. April gab er schließlich auf. Auf der *Tula* – eine einzige Eismasse – waren nur noch drei Männer auf den Beinen, arbeiten konnte niemand mehr.

Die vom Wetter übel zugerichtete *Tula* mit der aus Invaliden bestehenden Mannschaft segelte langsam nach Osten, Richtung Neuseeland. Am 23. April starb der Schiffszimmermann, bald danach ein weiteres Besatzungsmitglied. Inzwischen segelten ein Matrose, die beiden Maate und Biscoe die *Tula*. Sie waren zum Erbarmen schwach und mußten bei Sonnenuntergang beidrehen, bei Tagesanbruch erneut die Segel setzen und die inzwischen langen und finsteren Nächte, nur hin und wieder vom Südlicht erhellt, abwarten.

Während die Mittagspositionen langsam über die Karte krochen, wurde ihm klar, daß er einen sicheren Hafen anlaufen mußte, bevor sie Neuseeland erreichten. Seine Männer mußten so schnell wie möglich an Land gebracht werden. Hobart auf Tasmanien war der nächste Hafen. Obwohl er keine Karten von diesem Gebiet besaß, änderte er den Kurs, um sich dem Land zu nähern. Gegenüber seinen Männern ließ er sich nichts anmerken – aber die Logbücher verraten, was er wirklich empfand: »Ich tat alles in meiner Macht Stehende, um die Leute an Bord bei guter Laune zu halten, und setzte oft ein Lächeln auf, obwohl es in mir ganz anders aussah.«

Anfang Mai erreichte Biscoe mit seinem schwimmenden Lazarett Hobart. James Weddell, der mit der *Eliza* gerade dort war, schickte Männer, die der *Tula* beim Festmachen halfen. Dann wurden die Kranken an Land gebracht, ins Krankenhaus. Das Treffen zwischen Weddell und Biscoe muß spannend gewesen sein. Beide Männer waren fast gleichaltrig, beide überdurchschnittliche Seefahrer und Navigatoren; beide hatten in der Royal Navy gedient; beide waren wißbegierig. Weddells Buch mitsamt der Karten befand sich sicherlich an Bord der *Tula*. Worüber unterhielten sie sich? Über Eisberge? Religion? Robbenjagd? Gemeinsame Bekannte aus Marinetagen? Antiskorbutmaßnahmen? Chronometer? Schiffseigner und ihre Schwächen? Takelage? Politik? Die Zuchthäusler in Hobart? Die Probleme mit Dampfmaschinen auf Wasserfahrzeugen? Berichtete Biscoe Weddell von seinen Entdeckungen? (Die Enderby-Brüder hatten ihn instruiert, über die Entdeckung neuer Robbenjagdgebiete Stillschweigen zu bewahren. Etwas anderes war es, Seeleuten den Mund zu verbieten. Matrosen, die in Hafenkneipen zusammensitzen, zeichnen sich nicht durch besonders große Verschwiegenheit aus, Rum lockert fast jede Zunge.) Worüber sie auch gesprochen haben mögen – nichts ist darüber bekannt. Die Vergangenheit schweigt. Fest steht jedoch, daß zwischen den beiden Männern Freundschaft und Kameradschaft entstanden, wie wir sehen werden.

Die nächsten Monate blieben sie in Hobart, um die *Tula* auszubessern und wieder zu Kräften zu kommen. In dieser Zeit hörte man nichts von der *Lively*. Anfang September wollte sich die *Tula* auf die zweite Etappe der Reise begeben. An der Flußmündung des Derwent kam ihr ein kleines Schiff entgegen: die *Lively*. Die Schiffe trafen sich, tauschten Neuigkeiten aus und fuhren gemeinsam nach Hobart zurück.

Avery hatte eine ungewöhnliche Geschichte zu erzählen. Nachdem sie in dem Märzsturm auseinandergetrieben worden waren, war es der *Lively* noch schlechter ergangen als der *Tula* – wenn das überhaupt möglich war. Avery, den ein Reporter der Zeitung *Tasmanian* als »einfachen Mann, wie ein Matrose« beschrieb, »aber sehr intelligent und gut unterrichtet«, hatte bis auf einen Seemann und einen Schiffsjungen mit gebrochener Hand die gesamte Besatzung verloren. Zwei Männer waren unter Deck gestorben. Es muß eine makabre

Szene gewesen sein, als Avery, der als einziger noch genug Kraft besaß, die Leichen an Leinen mit Hilfe eines Flaschenzugs durch die Ladeluke hievte, ehe er sie, in den melodramatischen Worten des Reporters, »in die Tiefe entließ«.

Auch Avery wollte, wie Biscoe, nach Tasmanien. Er war aber nur bis Port Phillip (nahe dem heutigen Melbourne/Australien) gekommen. Das war ungefähr einen Monat vor Biscoes Ankunft in Hobart gewesen. Mit letzter Kraft warfen sie Anker und taumelten an Land, drei zerlumpte gespenstische Gestalten, zwei Männer und ein Schiffsjunge auf der Suche nach Trinkwasser und etwas zu essen. Als sie zurückkehrten, war die *Lively* verschwunden – entweder Eingeborene hatten sie entwendet, oder sie hatte sich vom Anker gerissen. Zwei Wochen lang suchten sie die Ufer und die Meeresarme der Bucht ab. Schließlich fanden sie das Schiff; es war auf Grund gelaufen. Mit großer Anstrengung konnten sie es wieder flottmachen. Dann segelten sie nach Hobart, wo sie gerade noch rechtzeitig mit der *Tula* zusammentrafen.

In Hobart wurde die *Lively* instand gesetzt. Die beiden Männer und der Schiffsjunge genasen. Am 8. Oktober 1831 frühstückten James Weddell und andere Freunde Biscoes in der kleinen Kajüte der *Tula*. Nach den letzten Lebewohls lichteten die *Tula* und die *Lively* die Anker und segelten nach Neuseeland. Nachdem sie hier Trinkwasser und Brennholz aufgenommen hatten, fuhren sie zu den Chatham Islands vor der Ostküste Neuseelands, um ihr Glück bei der Pelzrobbenjagd zu versuchen. Da die Robben jedoch nahezu ausgerottet waren, befanden sich nur 23 Felle im Frachtraum, als sie zu den etwas weiter südwärts gelegenen Bounty Islands segelten. Die Inseln erbrachten gar nichts.

Biscoe nahm Kurs auf einen Flecken im Ozean, der ungefähr auf einem Drittel der Entfernung zwischen Neuseeland und Kap Hoorn lag. Er wollte noch einmal auf die Suche nach Inseln gehen, von denen man berichtet hatte, den Nimrodinseln. Nachdem sie über den angegebenen Punkt hinausgefahren waren, warf er diese Inseln, so wie die Aurorainseln, auf den Müllhaufen der Kartographie. Danach steuerten sie die Süd-Shetland-Inseln an, wo sie ein paar Felle zu der bisher erbärmlichen Ausbeute hinzufügen wollten.

Da er Richtung Osten und zugleich leicht südwärts fuhr, entschloß sich Biscoe, südlich der Route von James Cook aus dem Jahr 1774 zu kreuzen. So hoffte er, auf Land zu stoßen – er wußte nicht, daß ihm Bellingshausen elf Jahre zuvorgekommen war. Doch er wollte nicht zu weit südlich segeln, denn nach seinen Erfahrungen im letzten Jahr brauchte er in den Robbenjagdgebieten seetüchtige Schiffe und eine gesunde Mannschaft.

Verglichen mit den schrecklichen Erlebnissen vor Enderby Land war diese Fahrt geradezu angenehm. Am 24. Januar kam der erste Eisberg in Sicht. Ein paar Tage später sahen sie einen weiteren, der plötzlich wie mit einem Donnerschlag auseinanderbrach. An einem anderen Tag zählten sie bei guter Sicht 250 Eisberge. Kaptauben umflogen die beiden Schiffe; in größerer Entfernung glitt ein Albatros durch die Lüfte; Sturmvögel schwebten dicht über den Wellen, in denen die Fontänen der Wale und das Spritzwasser tauchender und springender Pinguine zu sehen waren. Das neue Barometer kündigte stürmische Winde an, doch sie blieben aus.

Am 15. Februar 1832, fünf Wochen nachdem sie die Bounty Islands verlassen hatten, kam in großer Entfernung bei Ostsüdost Land in Sicht. Biscoe änderte den

Kurs, um heranzukommen. Am nächsten Tag lagen sie ein paar Meilen davor. Für Biscoe, der von Bellingshausens Entdeckungen der Peter-I.-Insel und der Alexander-Insel nichts wußte, war diese neue Entdeckung so etwas wie ein Siegespreis – das südlichste Land, das man bislang auf dem Globus gefunden hatte. Er nannte die Insel nach Königin Adelaide, Gattin Wilhelms IV., und beschrieb sie mit den Worten:

Diese Insel, die das am südlichsten bekannte Land nach Süden ist, habe ich mit dem Namen Ihrer Majestät Königin Adelaide geehrt. Die Insel sieht höchst eindrucksvoll und schön aus, da nur ein sehr hoher Gipfel bis in die Wolken aufstrebt und manchmal sowohl über als auch unter den Wolken erscheint; ungefähr ein Drittel der Berge, die sich auf einer Länge von rund 4 Meilen von Norden nach Süden erstrecken, trägt auf den Gipfeln eine dünne Schneedecke. Zum Fuß hin verbergen sich die beiden anderen zwei Drittel in Schnee und Eis von höchst glitzernder Helligkeit. Dieses Bett aus Schnee und Eis hat etwa eine Ausdehnung von 4 Meilen und neigt sich allmählich bis zu seiner Begrenzung hinab: einem Kliff, zehn oder zwölf Fuß hoch, das in allen Richtungen mindestens zwei- oder dreihundert Yards von seiner Kante nach innen gespalten ist. Hier entstehen wohl Eisberge, wenn etwa heftige Stürme sie losbrechen und in Bewegung setzen. Aus der großen Wassertiefe schließe ich, daß die Insel ursprünglich eine Gruppe senkrechter Felsen war, und ich bin zutiefst davon überzeugt, daß das Land, das ich vorletztes Jahr erblickte, wenn ich bis dorthin gelangt wäre, in demselben Zustand gewesen wäre wie dieses Land und auch alles Land, das man in den hohen südlichen Breiten findet.

Biscoe ritt wieder sein Steckenpferd. Zu seiner Genugtuung schien Adelaide Island seine fehlerhafte Prämisse zu bestätigen, derzufolge Eisberge aus Meerwasser zwischen Gruppen senkrechter Felsen gefroren.

Tags darauf war das Wetter besonders klar. Es war einer jener gar nicht so seltenen Tage, in denen die Antarktis vor lauter Sauerstoff zu bersten scheint und die Luft von solch diamantener Klarheit ist, daß die Bergketten noch in großer Ferne wirken, als habe ein übermütiger Bühnenbildner sie gemalt. Richtung Süden sichteten sie weiteres Land, das nach Biscoes Schätzung 90 Meilen entfernt lag. Eine erstaunlich genaue Schätzung – es handelte sich um die Berggipfel der Nordecke von Alexander Island, die ungefähr 100 Meilen entfernt war.

Am nächsten Tag verhüllte Nebel den Blick auf dieses »Bühnenbild«. Während sie vorsichtig nach Nordwesten fuhren, riß der Nebel plötzlich auf. Dabei stellten sie fest, daß sie an einer Inselgruppe – Biscoe Islands – vorbeisegelten, die zwar nicht so bergig wie Adelaide Island war, aber mit einem Schild aus Schnee und Eis bedeckt und bis auf die Küste vollkommen glatt war. Dahinter lag ein Gebirgszug, »der großartig aussah«. Es waren die Berge der Antarktischen Halbinsel. Am 19. Februar wurde ein Boot losgeschickt, um eine Insel zu erkunden – in der Hoffnung, Robben zu finden, doch kehrte es mit dem üblichen negativen Bericht zurück. Biscoe nannte sie Pitt's Island (William Pitt hießen zwei britische Politiker), da ihn ein naher Eisberg an einen Staatsmann in »sitzender Stellung« erinnerte.

In der Namensgebung der wichtigsten Orte der Antarktis durch die frühen Forscher zeichnet sich ein deutliches Schema ab: Wirft man einen Blick auf die Karte der Antarktis, erkennt man, daß Mitglieder von Königshäusern, Politiker und Millionäre die besten Plätze innehaben: Könige, Königinnen und Politiker, weil sie zukünftig Patronage bieten können, Millionäre, weil sie ihre Unterschrift unter einen Scheck setzen können. Biscoes Namensgebung, Pitt's Island, entsprang einer plötzlichen Eingebung und vielleicht Bewunderung – der jüngere Pitt (britischer Premierminister 1783–1801, † 1806) war schon viele Jahre tot. Über 100 Jahre später erhielten alle Inseln und vorgelagerten Felsen der Gruppe eigene Namen: Trundle, Jinks, Snubbin, Nupkins, Sawyer, Pickwick (die größte der Inseln), Winkle, Fizking, Snodgrass, Weller und Jingle Islands. In einen kleinen Naturhafen läuft man durch den Wardle Entrance ein, und die vorgelagerten Felsen heißen Bardell, Buzfuz und schließlich Dickens Rock.

New Plymouth auf den Süd-Shetland-Inseln ist knapp über 200 Meilen entfernt. Nach zwei Wochen Nebel, Stürmen und windstillen Zeiten fielen die Anker der *Tula* und der *Lively* spritzend ins Wasser des alten Robbenfängerhafens. Sie blieben zwei Wochen. Einmal besuchte Biscoe eine größere Bucht (ungefähr 5 Meilen von der heutigen Palmer-Forschungsstation auf Anvers Island entfernt). Dort »war das Wasser«, wie er schrieb, »so ruhig, daß die Schiffe, hätte man Robben gefunden, leicht hätten beladen werden können, denn man hätte einfach längs der Felsen beidrehen können ... und die Sonne schien so warm, daß der Schnee auf allen Felsen an der Wasserlinie geschmolzen war«. In der irrigen Annahme, daß dieses Land zum Festland gehöre, nahm er es offiziell in Besitz und benannte die beiden höchsten Berge: den einen nach Wilhelm IV. und den anderen nach Kapitän Moberly. Das war der Moberly, der den jungen Biscoe schriftlich zur Beförderung empfohlen hatte.

Biscoe war seit 19 Monaten auf einer Handelsfahrt, die zwar bedeutende Entdeckungen gemacht, aber weder Felle noch Tran erbracht hatte, die die Kosten der Reise hätten rechtfertigen können. Hier bei New Plymouth könnte sich das wirtschaftliche Glück des Unternehmens vielleicht wenden. Ein Landsmann, Adam Kellock, und sein 76-Fuß-Schoner, die *Exquisite,* ankerten ebenfalls in New Plymouth. Und Kellock machte ihm Mut – es gebe jede Menge See-Elefanten, wie er sagte. Biscoe schickte zwei Boote los, die Männer erlegten 30 Robben. Am 17. März lichtete die *Exquisite* den Anker. Am nächsten Tag segelte Biscoe, der eine kleine Mannschaft an Bord der *Tula* zurückließ, mit dem Kutter los, um Robben zu suchen. Am 2. April kehrten sie zurück: Sie hatten nur elf See-Elefanten-Junge zu Gesicht bekommen.

Es war Zeit aufzubrechen. Die *Lively* sollte nach England zurückkehren, die *Tula* zum nächsten Walfanggebiet fahren; vielleicht konnte man dort Tran laden.

Biscoe verfaßte seine Berichte über die Reise und einen Brief an Kapitän Beaufort, den Hydrographen der Marine in London. Biscoe war überzeugt, daß das Land, das er im Februar in Besitz genommen und nach Wilhelm IV. benannt hatte, und das Land, das er im Jahr zuvor entdeckt hatte, »die vorgelagerten Landzungen eines Südkontinents sind ... Ich unterbreite Ihnen hier, daß es in diesen südlichen Gegenden ein großes Feld für Entdeckungen gibt, woraus die Wissenschaft und die Schiffahrt großen Nutzen ziehen können.«

Noch aber war der Südkontinent mit den Leuten von der *Tula* und der *Lively* nicht ganz fertig. Am 10. April – beide Schiffe waren klar zum Auslaufen – kam ein starker Sturm auf, der gewaltige Wellen in die Ankerbucht trieb; es war völlig unmöglich auszulaufen. Die *Tula,* die einen größeren Tiefgang hatte, geriet in den Wellentälern auf Grund, das Ruder wurde zerfetzt. Alle Mann verließen das Schiff und kamen zur *Lively* herüber, wo die Seeleute hilflos zusahen, wie die *Tula* mit den Brechern kämpfte und die Seen über das Deck fegten. Das Leben hing auch hier an einem Faden, der Ankerkette. Die Ankerkette hielt.

Biscoe schätzte die höchsten Brecher auf etwa 6 Meter. Als die See ruhiger wurde, ruderten die Matrosen erleichtert zur *Tula* zurück. Erfinderisch wie immer zimmerten sie ein Notruder. Über die 700 Meilen lange Fahrt zu den Falklandinseln findet man nur wenig in Biscoes Aufzeichnungen: »Wir trafen im Berkeley Sound nach einer sehr rauhen Fahrt ein.«

Es war der 29. April 1832. Biscoe und seine Mannschaft hatten mit ihren wenig tauglichen Schiffen die dritte Umsegelung der Antarktis vollbracht. Sie blieben einen Monat im Berkeley Sound, um sich zu erholen und um am Strand ein neues Ruder aus Eisen zu schmieden. Danach wurde die Suche nach Robben fortgesetzt. New Island vor Westfalkland war das erste Ziel. Aber es war schon spät in der Saison, man fand kaum Robben. Beunruhigender war allerdings, daß sie die *Lively* auf der Fahrt vom Berkeley Sound aus den Augen verloren hatten.

Einen Monat nach der Abfahrt aus dem Sund – ohne Robben und ohne die *Lively* – ging Biscoe in See, um die Inseln nach dem vermißten Begleitschiff abzusuchen. Als er Ende Juli zum Berkeley Sound zurückkehrte, empfing ihn eine Hiobsbotschaft. Die kleine *Lively*, das ehemalige Lotsenschiff aus Cowes, das Gewässer befahren hatte, von denen ihre Erbauer nicht einmal zu träumen gewagt hätten, war im Südatlantik verlorengegangen. »Mr. Avery«, schrieb Biscoe, »der Kommandant der

Lively, kam mit einem Teil der Mannschaft an Bord; sie waren vor Mackay's Island von der *Unicorn* unter dem Kommando von Kapitän Couzens unter der Flagge von Montevideo aufgenommen worden, nachdem die *Lively* auf jener Insel Schiffbruch erlitten hatte und ein Totalverlust war.«

Im Berkeley Sound wartete Biscoe auf Nachrichten aus England. Man hatte vereinbart, daß die Enderbys die *Rose* mit Vorräten und Proviant entsendeten, damit er eine weitere Saison im Südlichen Eismeer zubringen konnte. Da er nun auch noch die Mäuler von der *Lively* zu stopfen hatte, kürzte er die Rationen auf $3^1/_2$ Pfund Brot pro Woche; er hielt »das zusammen mit frischer Suppe und anderen Notwendigkeiten ... für ganz ausreichend; doch weigerte sich die ganze Mannschaft zu arbeiten, so daß ich 5 Pfund Brot pro Woche ausgeben und versprechen mußte, zur Aufstockung der Lebensmittel irgendeinen Hafen anzulaufen ... Aber die Männer sind der Reise herzlich überdrüssig und laufen einer nach dem anderen davon, sobald sich die Gelegenheit ergibt, und ich kann ihnen deswegen kaum Vorwürfe machen.«

Weil ihm die Leute davonliefen und die *Rose* nicht auftauchte, beschloß er – mit einem Vorrat frischen Rindfleischs, damit er die 5 Pfund Brot aufstocken konnte –, nach Santa Catarina in Brasilien zu segeln. Dort trafen sie am 20. September ein und nahmen Vorräte und Proviant an Bord, darunter Geflügel, Schweine, Fisch und Brennholz. Im selben Monat, 1000 Meilen südlich, nahe der befestigten Siedlung Bahia Blanca, zeigte man Charles Darwin den Gebrauch der Bolas, einer Wurfschlinge mit Kugeln – ohne großen Erfolg –, wie man im eigenen Panzer gekochte Gürteltiere – sie schmeckten wie Entenfleisch –

und Pamapasstraußeierpudding aß. Aufregender fand er die riesigen fossilen Knochen ausgestorbener Tiere in einem niedrigen Felsufer.

Währenddessen erwog Biscoe, zu den einsamen Islas de Diego Ramirez vor Kap Hoorn zu fahren und auf Robbenjagd zu gehen. Aber auch wenn er Lust zu einem neuerlichen Vorstoß in das Südpolarmeer verspürte – seine Offiziere und seine Mannschaft hatten andere Pläne. Verlockt von den Wonnen Brasiliens, desertierten alle Mann bis auf vier Seeleute und drei Schiffsjungen. Ohne Mannschaft und völlig mittellos sah er sich gezwungen, einiges vom Schiff, aber auch aus seiner persönlichen Habe zu verkaufen. Dann blieb ihm nichts anderes mehr übrig, als nach England zurückzukehren.

Am 8. Februar 1833, nach zweieinhalb Jahren auf See, lief die vom Wetter gezeichnete *Tula* in den Londoner Docks mit einer Ladung von 30 Robbenfellen ein. Es war ein kommerzielles Desaster für die Enderbys. Aber Charles Enderby konnte wenigstens ein wenig nationalen und geographischen Ruhm ernten. Nach drei Tagen legte er der Royal Geographical Society eine Schrift mit dem Titel »Jüngste Entdeckungen im Antarktischen Ozean« vor. Sie wurde auch in den Vereinigten Staaten im *Naval Magazine* abgedruckt. Die wissenschaftliche Gesellschaft verlieh Biscoe ihre Goldmedaille – er war der zweite Empfänger – und nahm ihn auf, ohne daß er einen Mitgliedsbeitrag zu entrichten hatte. Vielleicht war es ein kleiner Ausgleich für die Strapazen der Reise. Es war in jeder Hinsicht eine bemerkenswerte Expedition gewesen. Mit zwei kleinen, kaum tauglichen Schiffen und einer schlecht gekleideten und ernährten Mannschaft hatte Biscoe mit größter Zähigkeit jene verlockenden Berge von Enderby Land zu erreichen versucht.

Biscoe war der dritte Umsegler der Antarktis und der erste, der erkannte, daß seine Entdeckungen »die vorgelagerten Landzungen eines Südkontinents« waren und dies einem Hydrographen in London mitteilte. John Davis' Notiz im Logbuch war eine begründete Vermutung, nicht mehr. Er besaß nicht Biscoes Erfahrung, der ähnliche und weit auseinander liegende antarktische Landmassen gesichtet hatte. Biscoes zweiter hart erarbeiteter Beitrag zur Entschleierung des Kontinents war der Rat, künftige Reisen in die hohen südlichen Breiten von Ost nach West zu unternehmen. Er wurde im nächsten Jahrzehnt von staatlichen Expeditionen der USA, Frankreichs und Großbritanniens beachtet und befolgt.

Auch Biscoe ließ die Antarktis nicht los. Doch vor der Rückkehr zu den kalten Versuchungen der Südpolargebiete kam die Hochzeit, ein Kommando auf einer Kauffahrerbrigg zwischen Liverpool und Westindien. 1837 segelte er schließlich, als Kapitän der Dreimasterbark *Superb*, mit seiner Familie nach Australien. Hier schufen sie sich ein neues Zuhause.

Im Dezember 1838 stach Biscoe mit der 67 Fuß langen *Emma*, einem Walfänger, von Sydney aus in See. Im Mai 1839 lag die *Emma* wieder im Hafen. Ein ziemlich verärgerter Reporter des *Sydney Herald* schrieb, »daß wir nicht in der Lage waren, irgendwelche Einzelheiten zu erfahren, sondern nur, daß das Schiff bis zu 75° südlicher Breite gelangt sei«. Wenn Biscoe 75° südlicher Breite erreicht hätte, wäre das eine erstaunliche Leistung gewesen – er wäre weiter südlich als Cook oder Weddell gekommen und entweder tief ins Ross- oder Weddellmeer vorgestoßen. Aber Zeitungsreporter müssen keine Wahrheitsfanatiker sein. Biscoe traf Dumont d'Urville im Dezember 1839 in Hobart. Der Kommandant der französischen Expedition berichtete, Biscoe

»habe kürzlich versucht, über den Meridian von Neuseeland weiter nach Süden zu gelangen, ihn das Eis aber bei 63° südlicher Breite gestoppt habe ...«

In seinen letzten Lebensjahren fuhr Biscoe als Kapitän auf Passagier- und Handelsschiffen zwischen Sydney, Port Phillip und Hobart. Aber seine Gesundheit war angegriffen. Ein erfolgreicher Spendenaufruf in der Lokalzeitung von Hobart ermöglichte ihm und seiner Familie eine Passage auf der Bark *Janet Izat* nach England zu buchen. Es sollte seine letzte Seereise werden; er starb auf der Rückfahrt nach England. Auf welchem Breitengrad die Seebestattung stattfand, ist nicht überliefert.

XII

Kemp und Balleny:
Die letzten Entdeckungen
durch Robbenjäger

> Obwohl viel Zeit seit der Entdeckung des westlichen Kontinents vergangen ist und obwohl der Entdeckergeist dadurch neue Impulse erhalten hat, ist es ein bemerkenswerter Umstand, daß der interessanteste Abschnitt unserer Erdkugel noch immer unerforscht und fast völlig unbekannt ist. Es ist eine Schande für jedes zivilisierte Land, daß die Menschen unseres aufgeklärten Zeitalters eine so geringe Kenntnis der Meere, Inseln und – vielleicht – der Kontinente haben, die in den Polargebieten der südlichen Erdhalbkugel existieren.
>
> Benjamin Morrell, *A Narrative of Four Voyages* 1822–1831, 1832

Die Enderby-Brüder entsandten, beeindruckt von den geographischen Entdeckungen John Biscoes und keineswegs abgeschreckt durch ihre finanziellen Verluste, mit dem Schoner *Hopefull* und der Yawl *Rose* eine weitere Robbenjagdexpedition in den Antarktis. Die Fahrt wurde ein totales Fiasko. Das Packeis vor den Süd-Shetland-Inseln zerdrückte und versenkte die *Rose*, ihre Leute wurden von der *Hopefull* aufgenommen. Das Defizit in der Bilanz der Enderbys wurde ein wenig dadurch ausgeglichen, daß ihnen das Schatzamt sonderbarerweise 2539 Pfund auszahlte. Es war ein Beispiel für den listigen Scharfsinn der Kaufleute: Die Admiralität hatte garantiert, einen Teil der Verluste zu übernehmen, vorausgesetzt, man ließ einen Vertreter der Marine, einen Leutnant Rea, an Bord. Der verblüffte Offizier, der an die Disziplin der Navy gewöhnt war, fand das rauhe, ungeschliffene Verhalten der Robbenjäger nicht nach seinem Geschmack und bezeichnete sie als eine »höchst aufrührerische Gruppe von Hunden«.

Damit begann der wirtschaftliche Niedergang des Hauses. Er sollte mit dem finanziellen Ruin der Enderbys, dem selbstverschuldeten Bankrott der Southern Whale Fishery Company sowie mit dem fehlgeschlagenen Versuch enden, die entlegenen Auckland Islands südlich von Neuseeland zu besiedeln. Doch das alles lag in der Zukunft für Charles, Henry und George. 1833 waren sie noch unbekümmert und freuten sich über die geographischen Trophäen, die John Biscoe zurückgebracht hatte und mit denen sie in die Geschichtsschreibung der Antarktiserforschung eingingen.

Die Enderbys hatten ein Konkurrenzunternehmen, das Geschäftshaus Daniel Bennett & Sons zu London. Die wechselnden Erfolge und die Ambitionen dieser klugen und fleißigen Familie lassen sich an ihren Berufsbezeichnungen im Handelsregister ablesen. Aus der bescheidenen Bezeichnung »Kupferschmied« wird »Schiffseigner«, daraus »Kaufmann«, dann schließlich »Südsee-Schiffseigner«. Anders als die Enderbys hatte das klug geführte Familienunternehmen allerdings mit Entdeckungen wenig im Sinn. Wenn ihre Kapitäne ihnen davon berichteten, wurden die Berichte sorgfältig studiert und mit Vorsicht betrachtet. Die Bennetts gehörten auch nicht der Royal Geographical Society an. Trotzdem hatte ein Bennett-Kapitän auf einem Bennett-Schiff, George Powell auf der *Dove*, 1821 die Süd-Orkney-Inseln entdeckt. Und von ihm stammte die beste Karte mitsamt Segelanweisungen, die es damals für die Süd-Shetlands gab.

Im Juli 1833, einige Monate nach Biscoes Rückkehr, fuhr eine kleine Schnau (zweimastiges Schiff) im Besitz der Bennetts, die 72 Fuß lange *Magnet*, von London aus in das Südpolarmeer. Sie stand unter dem Kommando von Peter Kemp, an Bord waren achtzehn Männer. Über Kemp ist wenig bekannt. Er tritt aus der Menge unbekannter Kapitäne der Handelsmarine heraus, gerät durch eine antarktische Entdeckung für einen Moment ins Rampenlicht und tritt wieder von der Bühne ab. Bevor er das Kommando der *Magnet* übernahm, war er auf sieben anderen Schiffen als Kapitän gefahren und hatte mindestens ein Dutzend Reisen ins Südmeer unternommen, von wo er Fischtran, Spermöl und Robbenfelle mitgebracht hatte. Er war ein erfahrener und fähiger Kommandant.

Kemp segelte in voller Kenntnis der Entdeckungen Biscoes und mit zwei Arnold & Kent-Chronometern ab: Nr. 173 und Nr. 279, die er sorgsam in seiner Kajüte verstaut hatte. Das fabelhafte Unternehmen hatte soeben einen Preiskrieg entfacht und den Preis für verläßliche Chronometer von 80 Guineas (das entspricht heute rund 10 000 DM) auf 40 Guineas herabgesetzt. Trotzdem war der Kauf keine geringe Investition bei diesem riskanten Geschäftsvorhaben.

Kemp fuhr nun mit der *Magnet* ohne Zwischenlandung zu den Kerguelen – eine lange Reise von 11 000 Meilen auf die andere Seite des Globus, was Zeitmangel und zugleich ausreichende Verproviantierung verrät. Die triste Vulkaninsel zwischen Afrika und Australien hatte der Bretone Yves Joseph de Kerguélen de Trémarec 1772 entdeckt. 1774 hatte sie James Cook auf der dritten Weltumsegelung besucht. Selbst der normalerweise gleichmütige Cook spürte die niederdrückende Atmosphäre der Insel und nannte sie Desolation Island

(Insel der Einsamkeit). Ein passender Name. Da die Insel am Rand der antarktischen Polarfront und zwischen zwei Wettersystemen liegt, herrscht auf ihr ein Klima, das man nur als scheußlich bezeichnen kann: Wind, Schnee, Graupel, Regen.

Amerikanische Walfänger und Robbenjäger, die den Namen Kerguelen schwer aussprechen konnten, nannten sie wie Cook Desolation Island. Sie machten die Insel zum Zentrum ihrer Unternehmungen in diesem Gebiet.

Im Dezember 1792 begaben sich die *Asia*, die *Alliance* und die *Hunter* aus Nantucket, nachdem sie im Indischen Ozean auf Walfang gegangen waren, auf die Jagd nach See-Elefanten. Kapitän Bartlett Coffin von der *Asia* starb während des dreimonatigen Aufenthalts; seine Schiffskameraden »beerdigten ihn auf anständige Weise« an der öden Küste, weit weg von seiner Heimatinsel. Es war das erste von vielen Gräbern.

1799/1800 verbrachte Kapitän Robert Rhodes mit der *Hillsborough* acht Monate in den Buchten und an den Küsten der Insel mit der Jagd auf Wale und Robben. Außerdem zeichnete er eine prächtige Karte der nördlichen und nordöstlichen Küste, komplett mit Segelanweisungen: 40 Jahre später bediente sich Kapitän James Clark Ross bei der *Erebus*- und *Terror*-Expedition dieser kostbaren Informationen, als er sich drei Monate lang auf der Insel aufhielt und magnetische Beobachtungen vornahm. Zu Ehren Rhodes' taufte Ross eine Bucht nach dem »eifrigen Forscher«. Von den 68 Tagen, die sie an einem Ankergrund verbrachten, bliesen 45 Tage lang stürmische Winde, nur drei Tage waren frei von Schnee oder Regen. Ross schilderte seinen Aufenthalt kurz und bündig als »trist und unangenehm«.

Das also war die reizlose Insel, die Kemp nach der

Umrundung der Spitze Afrikas nach Osten in den Weiten des Südindischen Ozeans ansteuerte. Sie war zwar trostlos und öde, bot aber auch gewisse Vorteile. Nach der langen Fahrt gab es hier reichlich Trinkwasser und Frischfleisch: Enten, Pinguine und Robben, dazu Pinguineier zur Herstellung des von den Matrosen so sehr geschätzten Mehlpuddings mit Rosinen. Ausschlaggebend war aber, daß die Insel frisches Gemüse, eine Art Kohl lieferte. Cooks Schiffsarzt, William Anderson, hatte die wertvolle Pflanze aufgespürt und nach Sir John Pringle, dem Präsidenten der Royal Society, benannt. Die Seeleute der *Resolution* freundeten sich mit der seltsamen Neigung ihres Kapitäns an und aßen den Kohl roh, Anderson hielt ihn für ein wertvolles Antiskorbutikum; so wurde *Pringlea antiscorbutica* für die Walfänger und Robbenjäger, die nach Cook kamen, zu einem Hauptnahrungsmittel.

Für Kemp bestand ein weiterer Vorteil in der Lage der Insel: rund 1200 Meilen nördlich und leicht östlich von Biscoes antarktischen Entdeckungen. Von hier konnte er bei den vorherrschenden Westwinden zur Breite von Enderby Land hinabgelangen und dann nach Westen segeln – wobei er sich nach Biscoes Erfahrung richtete, daß in den hohen Breiten nahe des südlichen Polarkreises Ostwind vorherrscht.

In der letzten Novemberwoche fuhr er mit der *Magnet* nach Süden. In der ersten Woche kamen sie gut voran. Am Morgen des 27. November, rund 180 Meilen südlich von Kerguelen, kam Land in Sicht. Auf Kemps Karte, die den Kurs der *Magnet* verzeichnet, heißt es knapp »Land in Sicht«. Dies galt den Briten als Beweis, daß sie als erste Heard Island gesichtet haben – noch ein öder Außenposten mitten im Südpolarmeer. Da aber die *Magnet* rund 120 Meilen von der Insel entfernt war, ist es äußerst unwahrscheinlich, daß man Land gesehen hat, und mehr als wahrscheinlich, daß es eine jener Wolken war, die die Seefahrer seit Jahrhunderten zum Narren halten.

Erst im Jahr 1853 sollte Kapitän J. Heard mit der amerikanischen Bark *Oriental,* die von Boston nach Melbourne unterwegs war und einen großen Bogen ins Südpolarmeer machte, den Leutnant Matthew Fontaine Maury, Direktor der amerikanischen Marine-Sternwarte, befürwortete, an der Insel vorbeilaufen und deren Position bestimmen.

Kemp ging nicht vom Kurs ab und steuerte weiter nach Süden. Eine Woche später, bei 60° südlicher Breite, stießen sie auf Eisberge und Packeis, aber auch auf Pelzrobben – ein ermutigendes Zeichen. Am 14. Dezember, nach einer entbehrungsreichen zehntägigen Segelreise, die auf der Karte wie die Zickzackwanderung eines angeheiterten Trunkenboldes aussieht, konnten sie schließlich das Packeis durchbrechen und gelangten in offenes Wasser. Die *Magnet* fuhr mit aufgezogenen Segeln nach Südwest. Am 19. Dezember gerieten sie abermals ins Packeis und mußten an der Grenze nach Westen segeln. Drei Tage später erreichten sie das Ende der Eisbarriere und setzten ihren Südkurs fort. Sie befanden sich nun etwas westlich des 60. östlichen Meridians und näherten sich schnell dem Osten der Entdeckungen Biscoes. Kemp war genau dort, wo er sein wollte. Am ersten Weihnachtstag, direkt nördlich des südlichen Polarkreises, gerieten sie plötzlich in undurchdringliches Packeis. Tags darauf erblickten sie bei klarer Sicht nach Süden hin Land – aber sie konnten es genausowenig erreichen wie den Mond. Als am 29. Dezember das Land Richtung Süden immer noch zu sehen war, beendete Kemp seine vergeblichen Bemühungen und steuerte die

Magnet auf Nordkurs. Biscoes Erfahrung hatte ihn überzeugt, daß die Chance, die Küste zu erreichen, praktisch gleich Null war. Tran war jetzt wichtiger.

Fast 100 Jahre sollten verstreichen, bis ein Mensch diesen Abschnitt der antarktischen Küste wieder zu Gesicht bekam. Am 12. Januar 1930 beschrieb Sir Douglas Mawson an Bord der *Discovery*, nahe Kemps Position, das Land als Eishänge mit vorspringenden Felsspitzen, die bis zu 900 Meter über den Meeresspiegel emporsteigen. Die Hänge hatten tiefe Spalten und endeten in hohen Eiskliffs am Rand der eisbedeckten See: Bei diesem Eismassiv hatte die *Discovery* ebensowenig Chancen, das Land zu erreichen, wie vormals die *Magnet*.

Kemp verließ die öde Eisküste und segelte zu den Kerguelen zurück. Dort machten sich die Männer an die Arbeit; See-Elefanten wurden geschlachtet, ihr Speck wurde zu Tran verarbeitet. Ende März segelte die *Magnet* nach Simonstown in Südafrika ab. Während der Fahrt, am 21. April, fiel Kemp über Bord und ertrank.

Die *Magnet* kehrte im Januar 1835 nach England zurück. Das Logbuch, so sagt man, sei in einer Londoner Kutsche verlorengegangen. Kemps Fahrt von den Kerguelen an die antarktische Küste ist nur als rote Linie auf einer Karte im Amt für Hydrographie überliefert. Darauf ist auch ein schraffiertes Gebiet mit der Notiz »Land, gesichtet von Kapitän Kemp, 26. & 27. Dezember 1833« zu sehen. Dieselbe Karte zeigt Biscoes Route und die Küste, die die *Tula* gesichtet hatte, mit der Eintragung »Enderby's Land«.

George Enderby erstattete der Royal Geographical Society einen kurzen Bericht über Kemps Reise – und hinterließ dabei den Eindruck, daß die *Magnet* zu seinen Schiffen gehörte. Die Admiralität war sichtlich beeindruckt von den feinsinnigen Einlassungen. Auf der

Karte von 1847, die die Routen und Entdeckungen von James Clark Ross mit der *Erebus* und der *Terror* zeigen, sind Enderby Land und Kemp Land zwar eingetragen, aber als Entdeckungen Biscoes verzeichnet. Der Robbenjäger hatte auf hoher See sein Leben und nun auch seine Entdeckung verloren.

Weit südlich von Neuseeland und 170 Meilen vor der antarktischen Küste liegen fünf eisbedeckte vulkanische Inseln: die Balleny Islands. Sie sind nach fünf Londoner Kaufleuten und als Gruppe nach dem Kapitän eines Robbenfängers benannt.

Sie liegen in Packeis und Nebel und sind unzugänglich für jede Landung. Wenn die Antarktis eine Mythologie hätte, dann wären diese tristen Inseln die Heimat heimtückischer Trolle, böser Kobolde, buckliger Zauberer und bösartiger Zwerge. Es sind Inseln ohne Freude.

Die Kaufleute, nach denen sie benannt sind, waren allesamt Männer von Rang – Mitglieder einer rasant wachsenden Mittelschicht. Thomas Sturge war ein Spermölsieder; George Young besaß einen Walfänger; John Buckle war ein Kaufmann mit Verbindungen zur Ostindischen Kompanie, James Row ein Tranhändler und William Borradaile ein Kaufmann und Schiffsagent. Diese Männer waren zusammen mit William Beale und William Brown – nach ihnen wurde keine Insel benannt – Gesprächspartner und hielten die Mehrheit der Anteile zweier Schiffe; die restlichen besaßen die Enderbys. Vielleicht ist es ein Zeichen für Charles Enderbys Überzeugungskraft – selbst noch nach dem Debakel der Reisen der *Hopefull* und der *Rose* –, daß sich diese wohlhabenden Männer einem riskanten Unternehmen anschlossen, zumal sich die britische Walfangindustrie im Niedergang befand.

In den 19 Jahren seit William Smith' Entdeckung der Süd-Shetland-Inseln hatte sich das wirtschaftliche Gesicht Großbritanniens gewandelt. In den dreißiger Jahren des 19. Jahrhunderts hatte die industrielle Revolution buchstäblich Dampf bekommen. Die wenigen ertragreichen Jahre der Pelzrobbenjagd waren vorüber. Die Geschäftsleute interessierten sich nun für Tran, der entweder aus dem Speck der Wale oder der See-Elefanten gewonnen wurde. Oder lockte Charles Enderby auch die gesellschaftliche Anerkennung durch geographische Entdeckungen?

Sechs Jahre, nachdem er Partner von Enderby geworden war, sagte George Young vor einem parlamentarischen Sonderausschuß, der den Zustand der britischen Schiffsindustrie untersuchte, daß »mich keine Überlegung freiwillig dazu bewegen könnte, 1000 Pfund in den Walfang zu investieren; denn ich bin davon überzeugt, daß wir niemals, durch keine Änderung oder Verringerung der Kosten durch die Gesetzgebung, in der Lage wären, der Konkurrenz standzuhalten, der wir in diesen Wirtschaftszweigen ausgesetzt sind.« Damit sprach er vielen britischen Walfängern aus der Seele.

Die Konkurrenz ging aus vom Kohlegas, vom amerikanischen und australischen Walfang sowie – das Handelsministerium hatte den Geist des freien Handels vorbehaltlos übernommen – von der Streichung des Zolls auf Rapsöl und die teilweise Streichung des Zolls auf importiertes Walöl. Das Ganze, schloß Young düster und wies zugleich anklagend auf die Vertreter des Freihandels in dem Ausschuß, könne nur in einer Katastrophe enden: »Wenn Sie die Politik weiterverfolgen, deren einziger Zweck im Nutzen aus dem Seehandel für den Verbraucher besteht, dann werden Sie die britische Seeschiffahrt zugrunde richten.«

Die Reeder hatten ihr Geld in den 76-Fuß-Schoner *Eliza Scott* unter John Balleny und den 56 Fuß langen Kutter *Sabrina* unter dem Kommando von Thomas Freeman gesteckt. Beide Kommandanten waren weder in der Robbenjagd noch im Walfang erfahren. Ein merkwürdiger Umstand. Außerdem war Balleny schon älter, in den Sechzigern, und war seinem Beruf überwiegend im Nordsee- und Ostseehandel nachgegangen. Hier aber ging es um Hochseeschiffahrt, die Seemannskunst und Navigationsfertigkeiten erforderte. Allerdings war er ein sehr fähiger astronomischer Navigator, der sich in den Geheimnissen sowohl der Mondbeobachtungen als auch der Chronometer auskannte. Er war fromm und hielt gern Gottesdienste ab, weswegen ihm der trinkfreudige und illoyale Obermaat hart zusetzte. Die übrigen Männer waren kaum besser. Nach zwei Monaten gab der Schiffsführer seine sonntäglichen Gottesdienste auf.

Am 18. Juli 1838 segelten der Schoner und der Kutter aus den Downs ab. Balleny hatte zwei Chronometer, einen Azimutkompaß und – um das Hydrographische Amt zu informieren –, ein Quecksilberbarometer an Bord. Die beiden Schiffe fuhren jedoch so unruhig, daß das Quecksilber in der Barometerröhre rauf- und runterschoß. Daher nahm er keine weiteren Luftdruckmessungen vor.

Die Fahrt sollte ihn um die halbe Welt führen. Zunächst segelte er den Atlantik hinab, um das Kap der Guten Hoffnung, gelangte in den südlichen Indischen Ozean und nahm Kurs auf die Amsterdaminsel.

Diese Felsengruppe vulkanischen Ursprungs war erstmals 1522 während der fürchterlichen Fahrt vom Malaiischen Archipel nach Spanien – die letzte Etappe der ersten Weltumsegelung – vom Deck der *Victoria* gesichtet worden. Die Amsterdaminsel, die 700 Meilen nördlich der Kerguelen liegt, hat ein milderes Klima; Balleny wollte dort Pelzrobben und See-Elefanten jagen. Am frühen Morgen des 4. November lagen die *Eliza Scott* und die *Sabrina* beigedreht vor der Nordküste der Insel, und Balleny ging in einem der Walboote an Land. Vier Stunden später kehrte das Boot zurück. Er hatte lediglich die Überreste einer Hütte der Robbenjäger und einen Walkadaver gesehen. Aber man hatte ein paar Fische gefangen, die eine willkommene Abwechslung zum ewigen Pökelfleisch waren.

Einen Monat später fuhren die beiden Schiffe in die Chalky Bay an der südwestlichen Küste der Südinsel von Neuseeland ein. Die Fahrt von England hatte fünf Monate gedauert, die Schiffsmannschaft stand kurz vor der Meuterei. Zu den ständigen Problemen auf Wal- und Robbenfängern gehörte, daß Besatzungsmitglieder davonliefen.

Die abgelegene Chalky Bay erschien Balleny als idealer Ankerplatz, der so etwas vielleicht verhindern konnte. Er irrte sich. Einige Männer verschwanden – wahrscheinlich zu einem anderen Walfänger, der in der Bucht ankerte. Die verkleinerte und murrende Mannschaft machte sich an die Arbeit, fing Fische, jagte Wild, nahm Holz und Wasser an Bord. Die wertvollen Chronometer wurden auf ihre Ganggenauigkeit überprüft. Am 7. Januar 1839 lichteten die beiden Schiffe ihre Anker. Balleny nahm Kurs auf Campbell Island, 400 Meilen südlich von Neuseeland. Diese von Walfängern und Robbenjägern oft angelaufene Insel war 1810 von Frederick Hasselborough, Kapitän des Robbenfängers *Perseverance*, entdeckt worden. Er ertrank, als ein kleines Boot, in dem er fuhr, in einer heimtückischen Windbö kenterte.

Die *Eliza Scott* und die *Sabrina* blieben weniger als eine Woche auf Campbell Island. Als Freeman an Land ging, um nach Robben zu suchen, fand er statt dessen drei Männer und eine Frau, die in einer armseligen Grashütte lebten und vier Jahre auf der Insel verbracht hatten – wobei sie vergeblich versuchten, auf Robbenjagd zu gehen. Als ein anderes Schiff eintraf, ging Balleny an Bord und traf auf Master John Biscoe; das Schiff war die *Emma* aus Sydney. »Ich stellte fest, daß Capt. Bisco, so wie wir, auf der Suche nach Land ist«, schrieb er in sein Logbuch. Die Verbindung zwischen James Weddell, John Biscoe und John Balleny, alles Forscher auf Robbenfängern, war hergestellt.

Am 17. Januar fuhren die Schiffe Ballenys von Campbell Island los. Nun begann die Hauptaufgabe ihrer Reise – die Entdeckung von Land. Die *Sabrina* sollte sich in einer halben Meile Entfernung bei der *Eliza Scott* halten; würde man wegen schlechten Wetters getrennt, wollte man sich bei 170° östlicher Länge und 66° südlicher Breite wiedertreffen. Das Wetter blieb jedoch gut. Zehn Tage später sichteten sie den ersten Eisberg bei 63° 37' südlicher Breite und 176° 30' östlicher Länge und kreuzten Bellingshausens Route von 1820 nach Süden. Hier waren die Russen auf undurchdringliches Packeis gestoßen und mußten eine Kursänderung vornehmen – nach Osten. Aber sie waren in diesen Gewässern sechs Wochen früher in der Saison gesegelt. Die Zeit arbeitete für Balleny, selbst wenn der einsame Eisberg nichts Gutes verhieß. Zwei Tage später überquerten sie den südlichen Polarkreis und fuhren bald inmitten von Eisbergen und lockerem Packeis – das reichte allerdings, um jedes weitere Vordringen nach Süden zu stoppen. Am 1. Februar, als das Wetter aufklärte, schoß Balleny die Sonne: seine Position war 68° 45'. Als sie in offenes

Wasser einfuhren, war vom Topp aus kein Eis in Sicht. Das alles war sehr ermutigend, und so fuhren die beiden Schiffe bei günstigem Wind nach Süden.

Aber diese idealen Verhältnisse währten nur einige Stunden. Noch am selben Tag tauchte wie durch Zauberei festes Packeis auf. Die seewärtige Kante, die sich langsam in der Dünung hob, war eine stumme, feindliche Mauer. Vom Topp aus betrachtet, erstreckte sich die grauweiße Fläche bis zum Horizont. Sie hatten 69° südlicher Breite und 172° 11' östlicher Länge erreicht – das war rund 250 Meilen weiter südlich, als Bellingshausen auf demselben Meridian vorgestoßen war. Verborgen hinter dem Horizont, bei klarer See nur zwei Tage entfernt, lag die antarktische Küste. Aber das sollten sie nicht erfahren.

Nun konnten sie nicht weiter nach Süden vorstoßen, denn Wind und Packeis zwangen Balleny, in nordwestlicher Richtung zu segeln. In der nächsten Woche gab es wieder die üblichen Wetterverhältnisse der Antarktis: Starke Winde wechselten mit Flauten und Nebel ab. Es war bitter kalt, die einzigen ermutigenden Zeichen waren die zahlreichen Robben, Pinguine und Wale.

Als sich am 9. Februar der Nebel lichtete, waren sie von vielen Eisbergen und dahinschwimmenden Pinguinen umgeben. Größere Bedeutung hatte eine dunkle Erscheinung am südwestlichen Horizont. Binnen einer Stunde schien die Sonne hell, nach der Mittagsbeobachtung befanden sie sich bei 66° 37' südlicher Breite – direkt südlich des Polarkreises. Der dunkle Fleck schien Land zu sein. Bei strahlender Sonne und günstigem Wind fuhren die beiden Schiffe über das glitzernde Meer darauf zu.

Um 8 Uhr abends befanden sie sich schätzungsweise 5 Meilen vor dem Land, drei Inseln von beträchtlicher

Höhe. In der Nacht lagen sie beigedreht vor der mittleren und warteten bis zur Morgendämmerung. Im frühmorgendlichen Licht, als die Welt jeder Farbe beraubt schien, brachen die beiden Schiffe auf und versuchten, zwischen den Inseln einen Durchlaß zu finden – mußten aber feststellen, daß Eis die Durchfahrt blockierte. Das Wetter schien wieder schlechter werden zu wollen, und als plötzlich Nebel aufzog, drehte Balleny, der kluge Seefahrer, ab und wartete in sicherer Entfernung, bis es wieder aufklarte.

Da tauchte plötzlich im Nebel – es war windstill, das Schiff also manövrierunfähig, nur das Klatschen der feuchten Rahsegel, das Klappern der Blocks und das Knarren der Takelage war zu hören – ein Eisberg auf. Es war fast wie bei Weddells *Jane* und *Beaufoy*, allerdings war die *Eliza Scott* nicht vom Packeis eingeschlossen. Rasch wurde ein Boot zu Wasser gelassen und der Schoner aus der Richtung gezogen, in die die Eismasse trieb. Im Südlichen Eismeer lauern Gefahren sogar bei Windstille.

Als sich am 11. Februar der Nebel kurz lichtete, sahen sie die Inseln, sie lagen Westsüdwest, waren »ungeheuer hoch, mindestens wohl 12 000 Fuß [3650 Meter] und eisbedeckt«. Das ist etwas übertrieben, denn der höchste Punkt erhebt sich nur etwa 1340 Meter über den Meeresspiegel. Doch das antarktische Licht kann Entfernungs- und Höheneinschätzungen beeinträchtigen, wie spätere Forscher – auf Kosten ihres guten Rufs – herausfinden sollten. Tags darauf standen die beiden Schiffe im Nebel zum Land, um weitere Erkundungen vorzunehmen. Um 6 Uhr abends wurde das Boot der *Sabrina* ausgesetzt. Die beiden Kapitäne begaben sich mit einigen Männern auf die Suche nach einer günstigen Landestelle. Aber »... als wir mit dem Boot näher kamen, gab es nur einen Strand von höchstens 3 oder 4 Fuß Breite. Kapitän Freeman sprang hinaus und holte ein paar Steine, aber er war bis zum Bauch im Wasser. An diesem Land gibt es keine Landemöglichkeit, keinen Strand; bis auf die blanken Felsen, die Stellen, wo die Eisberge abgebrochen waren, hätten wir es zunächst gar nicht als Land erkannt, doch als wir darauf zuhielten, wurde ganz deutlich, daß von den Bergspitzen Rauch aufstieg. Das Land ist eindeutig vulkanischen Ursprungs, das werden die Gesteins- oder Holzproben beweisen. Die Kliffe sind senkrecht, und das, was aller Wahrscheinlichkeit nach Täler oder Strände hätten sein müssen, ist von massiven Eisblöcken bedeckt. Einen Strand oder einen Ankerplatz oder etwas Ähnliches konnte ich nicht erkennen.«

Ballenys knappe Beschreibung der Inseln spiegelt ihre abweisende, düstere Ödnis wieder. Einzig die Gewässer schienen reich an Leben, denn dort gab es Wale, Pinguine, Robben und Seevögel in großer Zahl. Sei's drum: Freemans kurze und nasse Landung hat historische Bedeutung, da bis dahin niemand so weit südlich Land betreten hatte. Sie darf sogar als erste Landung jenseits des südlichen Polarkreises gelten.

Offensichtlich würde die Suche nach weiteren Landeplätzen nichts ergeben. Daher steuerten die beiden Schiffe nach Nordwest, mit der kleinen Sammlung von Felsgestein (es erwies sich als Gesteinsschlacke und Basalt, mit Olivinkristallen) und der Skizze der Insel an Bord, die John McNab, der zweite Maat der *Eliza Scott*, gezeichnet hatte; auf ihr sieht man zwei Rauchfahnen von Buckle Island aufsteigen.

Balleny taufte nun die Inseln und die Berggipfel nach den Herren Young, Borradaile, Buckle, Sturge, Brown, Row und Beale, den »beherzten Kaufleuten, die sich mit Mr. Enderby verbunden und die Expedition entsandt haben«. Später gab Kapitän Beaufort, der Hydrograph der Admiralität, den Inseln dann den gemeinsamen Namen Balleny Islands. Einige Jahre später wurden sie zum Mittelpunkt einiger recht scharfer, erbittert geführter Auseinandersetzungen zwischen den Führern einer britischen und einer amerikanischen Marineexpedition.

Die restlichen Februartage steuerten sie am Packeis entlang einen westlichen Kurs zwischen 65° und 63° südlicher Breite. Im Süden, hinter dieser Eisbarriere, sah Balleny kurz offenes Meer, aber die Aussicht, es zu erreichen, war so groß wie die Chance, durch eine Bergkette zu segeln. Und wenn sich ein Durchlaß zeigte – welche Möglichkeit bestand denn, wieder zurückzukehren? Das Wetter wechselte zwischen Schnee, Graupel und Nebel. Inzwischen fuhren sie seit fünf Wochen unterhalb der südlichen Polarfront, Luft- und Wassertemperatur lagen nahe dem Gefrierpunkt. Die Deckswachen, die nach kleinen und großen Eisbergen Ausschau halten mußten, waren völlig durchgefroren. Auch die Arbeit an der Ruderpinne war nicht einfach, denn die Kompaßnadel drehte sich so nahe dem südlichen Magnetpol ganz wild; Balleny stellte später bei besserem Wetter Kompaßabweichungen zwischen 50 und 30 Grad fest. Das trostlose, eintönige Bild wurde einzig von den riesigen Seevögelschwärmen, den ziehenden Walen, den dahinschwimmenden Pinguinen und Robben etwas belebt.

Dieser Kurs verlief, 66 Jahre nach James Cooks Fahrt, im selben Quadranten der Antarktis, fast parallel zur Route der *Resolution,* allerdings 300 Meilen weiter südlich, allerdings in entgegengesetzter Richtung, denn Cook war nach Osten gefahren, Balleny segelte nach

Westen. Auch der Kapitän der *Eliza Scott* hatte John Biscoes Rat beherzigt.

Am 2. März wurde dann bei 64° 58' südlicher Breite und 121° 08' östlicher Länge, an einem Tag mit Schnee- und Graupelschauern aus Südost und bei einer Temperatur knapp über Null, das Meer plötzlich spiegelglatt. Schnell refften sie die Segel und drehten bei. Während sie in dieser sonderbar ruhigen See lagen, umgeben von Treibeisfeldern, klarte das Wetter auf: Richtung Süden sahen sie Land. Die Sicht wurde wieder schlechter, um Mitternacht schneite es. Am nächsten Morgen segelten sie im geisterhaften Licht der Morgendämmerung, während auf Deck immer noch Schnee lag, langsam südwärts durch das dichter werdende Packeis. Bald waren sie von Eisbergen umgeben, und dann stießen sie auf das unvermeidliche geschlossene Packeis. Dahinter ragte das verlockende Land empor. Da nun aber wieder Nebel aufkam, mußte Balleny in nördlicher Richtung am Packeis entlangfahren. Das Land, das sie gesehen hatten, verzeichnen die Karten heute als Sabrinaküste. Es war das erste und das letzte Mal, daß sie den Kontinent sahen.

Dann nahmen sie Kurs nach Nordosten, ihre ständigen Begleiter waren Eisberge, die sich schwach in den Schnee- und Graupelschauern abzeichneten. Um Mitternacht des 10. März wurde die Mannschaft durch ein prächtiges Polarlicht in Erstaunen versetzt. Drei Tage später liefen sie an einem Eisberg vorbei, darin eingebettet ein großer Felsen, den sie auf 3,50 x 1,80 Meter schätzten. John McNab, der Zeichner der Balleny Islands, holte seinen Skizzenblock hervor und hielt den ungewöhnlichen Anblick fest.

Noch immer war die Frage umstritten, wie denn eigentlich die Eisberge der Antarktis entstehen. Cook,

Bellingshausen, Weddell und Biscoe hatten darüber Spekulationen angestellt. Besonders über Eisberge mit Felsen und Erde hatte man sich gewundert.

Im selben Jahr, 1839, erschien die dreibändige Ausgabe der *Voyages of His Majestys Ships Adventure and Beagle*, der offizielle Bericht von FitzRoy und King. Von Darwin stammt der dritte Band. Die ersten beiden Bände lagen, wie die meisten offiziellen Reiseberichte, unberührt in den Bibliotheksregalen, aber Darwins Beitrag war ein sofortiger Erfolg und erlebte im ersten Jahr zwei Auflagen. Kurzum: Darwin war ein bekannter Name.

Nach der Rückkehr der *Eliza Scott* nach England trafen sich Darwin und John McNab – durch die Vermittlung Charles Enderbys – und gingen der Frage nach, wie die Felsen in die Eisberge gelangten. Das Problem, wie Steine und Felsen über weite Strecken an ihre Fundplätze gelangt waren (Findlinge, erratische Blöcke), verwirrte die Geologen. Und hier lag ein klassischer Fall von Beförderung durch Eis vor. Darwin hörte zum zweitenmal davon (offenbar hatte er Weddells Bericht nicht gelesen). Biscoe hatte auf seinen Reisen in die Antarktis keinen einzigen gesehen, aber der Bootsmann der *Beagle*, ein ehemaliger Robbenjäger, hatte auf einem Eisberg im Osten der Süd-Shetland-Inseln einen großen Felsbrocken entdeckt. Darwin wies darauf hin, daß allen Antarktisreisenden die große Zahl von Eisbergen und die niedrigen Breitengrade, in denen sie trieben, aufgefallen waren. »Wenn also«, schloß Darwin, »ein Eisberg unter Tausenden oder einer unter Zehntausenden ein Felsstück mit sich führt, müssen der Grund der antarktischen Gewässer und die Küsten der Inseln bereits mit Massen fremden Gesteins übersät sein – das Gegenstück zu den Findlingen der nördlichen Halbkugel.«

46 Jahre später wurde Darwins Vorhersage bestätigt, als Sir John Murray von der *Challenger*-Expedition aus den Jahren 1872 und 1876 (das erste Dampfschiff, das den südlichen Polarkreis überquerte) berichtete: »Die *Challenger* hat Glimmerschiefer, Quarzit, Sandstein, Kalkstein und Ton vom Grund emporgeholt, was kaum einen Zweifel daran läßt, daß es innerhalb des südlichen Polarkreises eine kontinentale Landmasse gibt, die ähnlich wie andere Kontinente aufgebaut ist.« Murrays Umrißzeichnung dieser unbekannten Landmasse fußte auf den Erkenntnissen, die er aus Bodenschleppnetzen gewonnen hatte, und dem, was von den wenigen Entdeckungen bekannt war. Sie kam der tatsächlichen Gestalt erstaunlich nahe.

Der Eisberg vom 13. März 1839 würde also die Aufmerksamkeit eines der großen Männer des 19. Jahrhunderts erregen. Doch dieser Tag sollte auch für zwei junge Männer an Bord des Schoners und des Kutters entscheidend werden. »Heute morgen«, heißt es im Logbuch der *Eliza Scott,* »kam Kapitän Freeman an Bord und brachte den Schiffsjungen Smith und nahm den Schiffsjungen Juggins mit.« Es wird kein Grund für den Wechsel angeführt, aber für den armen Juggins sollte er verhängnisvolle Folgen haben.

Die Schiffe segelten diagonal zu Cooks Route aus dem Jahr 1773 nach Norden. Ein paar Tage nachdem Juggins zum Kutter übergewechselt war, kreuzten sie den 60. Breitengrad. Seit den Balleny Islands waren die Männer nun mehr als einen Monat unterwegs, 2250 Meilen unter elenden Bedingungen. Allmählich machten sich die Strapazen bemerkbar. Zu den vernünftigen Gewohnheiten auf Schiffen auf hoher See gehört, daß der Rudergänger jede Kursänderung, die ihm der wachhabende Offizier gibt, wiederholt. Auf diese Weise erkennt der Offizier, ob sein Befehl richtig verstanden wurde.

Ein mürrischer Rudergänger wiederholte Ballenys Anweisungen nicht, als dieser den Schoner näher zum Kutter heranbringen wollte. Balleny fragte, ob der Rudergänger die Weisungen gehört habe. Woraufhin dieser wüste Beschimpfungen ausstieß und mit dem Steuerreep nach Balleny schlug. Der vergaß das fromme Gebot, die andere Wange hinzuhalten, packte den Mann beim Kragen und stieß ihn vor sich her. Dann erinnerte er sich an ein anderes biblisches Gebot, »Auge um Auge, Zahn um Zahn, Schlag um Schlag«, und verprügelte den Mann. Eine andere Sprache verstanden diese Seeleute wohl nicht.

Unmittelbar nördlich der antarktischen Polarfront, bei 50° südlicher Breite und 95° östlicher Länge, gerieten die beiden Schiffe in stürmisches Wetter. In der Nacht des 24. März brannte die *Sabrina* eine blaue Seenotfackel ab, ein einsames, flackerndes, geisterhaftes Licht inmitten des Chaos aus Gischt und heulendem Sturm. Die *Eliza Scott* hatte selbst Schwierigkeiten, mit den riesigen Wogen fertig zu werden. Eine schwere See fegte über Bord, zerschmetterte die beiden Boote und riß alle beweglichen Gegenstände von Deck. Dann legte sie sich für zehn Minuten stark auf die Seite und schlingerte wie ein angestochenes Schwein. Alles schien verloren, doch dann richtete sich der kleine Schoner wieder auf. Aber die *Sabrina* war verschwunden. Der kleine Kutter, Freeman und die Mannschaft, darunter Juggins, hatten ihre letzte Ruhestätte in den stürmischen Gewässern des Südpolarmeers gefunden.

Balleny fuhr mit der *Eliza Scott* nordwärts durch das Gebiet der Westwinde, gelangte in den Bereich der Ostwinde im südlichen Indischen Ozean, segelte vor diesen warmen, sanften Passatwinden und landete im Süden Madagaskars. Obwohl die Insel unter der grausamen Herrschaft der furchtbaren Königin Ranavalona I. litt, bot sie nach dem Aufenthalt in der Antarktis eine willkommene Erholung. Hier herrschte ein tropisches Klima, es gab frisches Wasser und frisches Essen für eine leidende und kranke Besatzung, die sich seit neun Monaten von eingesalzenen Lebensmitteln ernährte. Auch um die *Eliza Scott* mußte man sich kümmern. Daher blieben sie einen Monat auf der Insel. Die Leute waren bald wieder bei Kräften und setzten den von Eis und Wetter übel mitgenommenen Schoner instand.

In der ersten Juniwoche brach Balleny auf und nahm zusammen mit zwei Walfängern Kurs auf Sankt Helena. Nach einem zweiwöchigen Aufenthalt auf der Insel begab sich der Schoner auf die letzte Etappe zurück nach England. Balleny war inzwischen krank und mußte einen passierenden amerikanischen Walfänger um medizinische Hilfe bitten. Am 18. September 1839 gingen der Zollbeamte und der Themselotse an Bord der *Eliza Scott* und begleiteten sie die kurze Fahrt die Themse hinauf zu den Westindien-Docks. An Bord waren weniger als 200 Robbenfelle: Vorbei waren die Tage, als der Laderaum eines Robbenfängers mit Tausenden von Fellen vollgepackt war.

Der unermüdliche Charles Enderby, dem die finanziellen Verluste nichts auszumachen schienen, informierte die Mitglieder der Royal Geographical Society alsbald über die Reise des John Balleny und dessen neue Entdeckungen. Ein Bericht, der auf dem Logbuch der *Eliza Scott* beruhte und den Titel »Discoveries In The Antarctic Ocean In February 1839« trug, erschien im *Geographical Journal.* Darin kommt das Thema »Eisberg« erneut zur Sprache; Charles Enderby vermutete, daß »dieser Eisberg 1400 Meilen vom nächstgelegenen *mit Sicherheit bekannten* Land namens Enderby Land entfernt war, das sich Westsüdwest davon befindet. Doch wegen der Festigkeit des Eises usw. ist es sehr wahrscheinlich, daß zwischen dem 66. und 68. südlichen Breitengrad Land existiert, und in diesem Fall wäre der Eisberg nicht weiter als 300 Meilen von diesem mutmaßlichen Land entfernt gewesen ...« Eine gute Schätzung: Die Küste in diesem Abschnitt liegt zwischen 66° und 68° südlicher Breite. Die Schätzung 300 Meilen traf also mitten ins Schwarze.

Balleny geriet bald in Vergessenheit. An ihn erinnern die Inseln, die nach ihm benannt wurden, und sein Logbuch, das sich im Besitz der Royal Geographical Society befindet. Dem Logbuch ist ein Brief beigefügt, den der Nordpolarforscher Admiral Sir George Back 1856 schrieb, in dem er auf eine Anfrage der Gesellschaft bezüglich der Echtheit des Logbuchs antwortet. Es zu bezweifeln, schrieb Back, wäre »eine Ungerechtigkeit gegenüber dem Andenken und den Anstrengungen dieses abenteuerlustigen Seefahrers«.

Wie es das Schicksal wollte, fuhr die *Eliza Scott* auf ihrem Weg die Themse hinauf an zwei Schiffen der Royal Navy vorbei, die in den Chatham-Docks für eine Antarktisexpedition ausgerüstet wurden. Als H. M. S. *Erebus* und H. M. S. *Terror* zehn Tage später in See stachen, hatte Kapitän James Clark Ross Kopien von Ballenys Karte und Logbuch dabei. Wichtiger aber war, daß Ross die unschätzbare Information erhalten hatte, daß zwischen dem 180. und dem 170. östlichen Längengrad möglicherweise eine Passage durch das Eis zu noch höheren Breiten lag als diejenige, die Balleny befahren hatte. Der altgediente Seefahrer hatte Ross den

Weg gewiesen, der dann die klassische Route ins Herz der Antarktis fand. Sechzig Jahre später sollten Ross die legendären Erforscher der Antarktis folgen: Borchgrevinks *Southern Cross;* Scotts *Discovery* und *Terra Nova;* Shackletons *Nimrod* und *Aurora* und das außergewöhnlichste Schiff von allen, Amundsens *Fram*.

Epilog

Als die *Eliza Scott* ihre dürftige Fracht Robbenpelze auslud und das Logbuch für Kapitän James Clark Ross abgeschrieben wurde, waren zwei französische Expeditionsschiffe, die *Astrolabe* und die *Zélée* unter ihrem Kommandanten Kapitän Dumont d'Urville, der in einer Badewanne mit heißem Wasser saß, um die quälenden Gichtschmerzen zu lindern, zwischen Borneo und Java unterwegs nach Tasmanien. Die Franzosen, die 1838 einen recht unbefriedigenden Vorstoß ins Weddellmeer unternommen hatten, befanden sich jetzt, eher widerstrebend, noch einmal auf dem Weg nach Süden.

Während Dumont d'Urville in der Wanne lag, lagen die Schiffe der United States Exploring Expedition etwa 6000 Meilen weiter östlich bei Tahiti vor Anker. Leutnant Charles Wilkes litt zwar nicht unter Gicht, bewies aber seine leicht reizbare und »gichtige« Wesensart, indem er seinen Leuten befahl, daß alle bei Sonnenuntergang wieder an Bord zu sein hätten. Samstags – der Feiertag der Missionare im Pazifik – hielten alle Offiziere und Besatzungsmitglieder eine feierliche Parade ab – zur großen Freude der Eingeborenen, die anschließend zum Gottesdienst in die Missionskirche zogen. Und dies auf der Insel, die seit ihrer Entdeckung im Jahr 1767 die Gedanken der philosophierenden Herren Europas gefangennahm, denn in ihr sahen sie die Heimat des »edlen Wilden«; normale Seeleute schätzten sie wegen der fleischlichen Freuden, die sie bot. Das amerikanische Geschwader hatte, wie das französische, einen höchst enttäuschenden Kampf mit dem Packeis im Weddellmeer hinter sich und war nun unterwegs nach Süden – nach Sydney. Eine weitere Auseinandersetzung mit der Antarktis stand bevor.

Die französischen, amerikanischen und britischen Expeditionen sollten der sich allmählich abzeichnenden Küstenlinie des antarktischen Kontinents Tausende von Meilen hinzufügen. Dabei verwickelte sich Wilkes in heftige Auseinandersetzungen mit Ross, Dumont d'Urville, den eigenen Offizieren, den wissenschaftlichen Mitarbeitern und den Vorgesetzten in Washington.

Ballenys Fahrt hatte eine entscheidende Linie in der Geschichte der Erforschung der Antarktis überschritten. In den 20 Jahren seit der Entdeckung der Süd-Shetland-Inseln durch William Smith bis zu Ballenys Sichtungen im Jahr 1839 hatten die Robbenjäger und Bellingshausen russische Entdeckungsfahrten auf Cooks große Reise aufgebaut und Teile eines neuen Kontinents eingezeichnet. Cooks und Bellingshausens Expeditionen hatten die Regierungen finanziert; sie waren von der üblichen Mischung aus nationalistischem Eigeninteresse und Selbstlosigkeit geprägt. Das Ziel der Robbenjäger war einfacher: Profit. Für die meisten waren die Antarktis und ihre Inseln zwar eine höchst gefährliche und unwirtliche Gegend, die aber in kurzer Zeit riesige Gewinne versprach, eine Gegend, die man ausplündern und ausbeuten konnte, und so geschah es auch, mit tödlicher und blutiger Tüchtigkeit. Nur einige wenige beteiligten sich nicht daran und gingen wissenschaftlichen und geographischen Forschungen nach. Männer wie Weddell und Biscoe repräsentierten diesen Forschergeist, der sich damals in einer sich rasch ändernden Welt langsam durchsetzte.

Als James Cook mit der *Resolution* die südlichste Breite erreicht hatte, 1774, vereinten zwei Männer ihre Talente und gründeten im Herzen Englands ein Maschinenbauunternehmen. Die »Soho Engineering Works« und die Geschäftspartner James Watt und Matthew Boulton sollten das Gesicht Großbritanniens und der Welt verändern. Sie bauten neuartige Dampfmaschinen, die gegenüber der Dampfmaschine Newcomes deutlich verbessert waren; sie wurden auch auf Schiffen installiert. Das erste betriebsfähige Dampfboot baute 1783 der Franzose Marquis Jouffroy d'Abbas. Im ersten Jahrzehnt des 19. Jahrhunderts verkehrte der 30-Fuß-Schaufelraddampfer *Charlotte Dundas* auf dem Forth-und-Clyde-Kanal in Schottland. In Amerika dampfte die von Robert Fulton konstruierte und mit Maschinen von Boulton und Watts ausgestattete 150 Fuß lange *Clermont* von New York nach Albany in 32 Stunden den Hudson hinauf; die Rückfahrt dauerte 30 Stunden. 1817 erschien ein Protestschreiben in der englischen Zeitung *Colchester Gazette*. Darin ging es um das Desaster an Bord des Dampfboots *Courier:* Nachdem ein übereifriger Maschinist ein Gewicht von 14 Pfund an das Sicherheitsventil gehängt hatte, war der Kessel explodiert, acht Passagiere kamen ums Leben:

> Von allen Anwendungsgebieten der Dampfmaschine ist die Seefahrt besonders ungeeignet – zumal wenn es sich dabei um Passagierschiffe handelt. Es gibt viele, die ohnehin ihr Leben auf dem Wasser aufs Spiel setzen; daß man aber sein Leben auf einem Dampfschiff riskiert und sich tatsächlich zwischen Feuer und Wasser begibt, läßt sich nur schwer erklären ... Es bleibt zu wünschen, daß die Unglücksfälle der jüngsten Zeit die Begeisterung für Dampfmaschinen dämpfen werden.

Der Autor hätte ebensogut versuchen können, den Gezeiten an der Küste seiner heimischen Grafschaft East Anglia Einhalt zu gebieten.

Im Jahr 1835 sah W. R. M'Phun aus Glasgow ausreichend Grund, den *The Scottish Tourist's Steam Boat Pocket Guide to the Western Highlands and Islands* zu veröffentlichen, ein handliches Büchlein für den Reisenden, »in der Größe einer Schnupftabaksdose«. Im selben Jahr wurden in der Vorstandssitzung der Great Western Railway größere Vorhaben erörtert. Einer der Direktoren beklagte sich gegenüber Isambard Brunel, dem Chefingenieur des Unternehmens, die geplante Eisenbahnlinie von London nach Bristol sei zu lang. Brunel blieb unbeeindruckt, dachte wie üblich in großem Maßstab und antwortete: »Warum verlängern wir sie nicht einfach? Wir bauen ein Dampfschiff, das nach New York fährt, und nennen es die *Great Western*.« Dieser kühne Gedanke war typisch Brunel – von London nach New York im Zug und auf dem Schiff des eigenen Unternehmens. Im Juli 1837 lief die 212 Fuß lange, dampfgetriebene *Great Western* vom Stapel. Am 8. April 1838 überquerte sie erstmals den Atlantik und traf am 23. April in New York ein. Die erste Dampfschiffahrts-Passagier-Linie über den Atlantik war ins Leben gerufen.

Dampfgetriebene Lokomotiven, die auf eisernen Rädern liefen, dampfgetriebene Schiffe mit Schaufelrädern... die uralte Beförderung durch Pferdefuhrwerke und Segelschiffe wandelte sich.

Für die Menschen in den dreißiger Jahren des 19. Jahrhunderts vollzog sich dieser Wandel immer schneller. Es entstanden Eisenbahnunternehmen, die eiserne Schienenwege verlegten, Brücken bauten, Tunnel gruben und Erdmassen mit verwirrender Geschwindigkeit abtrugen. Das alles betrieb man mit geradezu missionarischem Eifer. Großbritannien produzierte 60 Prozent der Kohle Europas und beinahe 50 Prozent des Eisens. Diese entmutigende Statistik wird in Alexander Kinglakes Reisebuch *Eothen* lebendig. Darin beschwört der Autor einen imaginären türkischen Pascha, der seine grenzenlose Bewunderung für die neuen technischen Wunderwerke, die dieser riesigen Menge Kohlen und Eisen entstammen, in den Worten zusammenfaßt: »Schwirr! Schwirr! alles auf Rädern – zisch! zisch! alles durch Dampf!«

Die Robbenjäger waren in die unkartierten, unwirtlichen, von Eis bedeckten Gewässer der Antarktis auf Schiffen gefahren, die sich nur wenig von den Fischerbooten, Küstenschiffen und hochseegängigen Schiffen ihrer Vorfahren im 16. Jahrhundert unterschieden: Sie hätten sich wohl gefühlt an Bord dieser Kähne, Heringsfischerboote, Koggen, Kohlenschiffe, Karavellen, Logger, Karracken, Schmacken, Tartanen und Pinken. Auch kleidete und ernährte man sich an Bord noch immer wie damals.

Vor der Ägide von Dampf und Eisen war das Segelschiff das technisch fortgeschrittenste, von Menschenhand gemachte Gebilde. Und um die Schwierigkeiten von festem und laufendem Gut, von Masten und Spieren, Knoten und Splissungen, Takelblock und Talien, Segeln und Steuern zu meistern, mußten die Männer eine seltsame Sprache erlernen, die sich grundsätzlich von derjenigen ihrer Brüder auf dem Lande unterschied. Sobald man die Feinheiten beherrschte, war man ein guter Seemann.

Die Dampfschiffe kamen erst spät in die Antarktis, dann aber mit um so größerer Kraft. 1864 lief ein 90 Fuß langer, dampfgetriebener Walfänger, die *Spes et Fides* (Hoffnung und Glaube), vom Stapel der Schiffswerft in

Oslo. Das Schiff war mit Granatharpunen ausgerüstet; Schiff und Bewaffnung hatte sich der Norweger Svend Foyn ausgedacht. Der moderne Walfang begann. Am 22. Dezember 1904, 40 Jahre später, erlegte ein anderer norwegischer Dampfwalfänger, die *Fortuna,* zum erstenmal einen Wal – einen Buckelwal – vor Südgeorgien. In 14 Monaten wurden 236 Wale, meist Buckelwale, in Grytviken zu Tran verarbeitet. In der Saison 1909/10, als Südgeorgien und Deception Island die Hauptstützpunkte des Walfangs waren, durchstreiften 37 Walfänger die Antarktis und erlegten dabei über 6000 Wale. Svend Foyn, ein aufrechter, gottesfürchtiger Mann, das norwegische Gegenstück zu den puritanischen Walfängern aus Neuengland, ist in die Dämonologie der heutigen Antiwalfangkampagnen eingegangen.

Und was wurde aus den Brüdern Enderby, deren Unternehmungen sich wie ein roter Faden durch die ersten Erkundungsfahrten im Südpolarmeer ziehen? Der Niedergang von Charles, Henry und George liest sich wie eine warnende Parabel für Geschäftsleute. Der alte Samuel Enderby, ihr Großvater, hatte das Unternehmen gegründet, 1789 hatte eines seiner Schiffe, die *Amelia,* Kap Hoorn umrundet und den ersten Pottwal im Pazifik erlegt. Die Offiziere und Mannschaft kamen fast alle aus Nantucket. Der Maat, Archaelus Hammond, der Mann, der den Wal harpunierte, liegt im Old-North-Friedhof bei Nantucket beerdigt. Nachdem die *Amelia* voll beladen nach London zurückgekehrt war, brachen die Dämme, und der Pazifische und der Indische Ozean wurden zum Dorado für Walfänger und faktisch zu einem amerikanischen See.

Der alte Samuel starb 1797 und hinterließ seinen drei Söhnen ein blühendes Schiffahrts- und Walfangunternehmen. Einer von ihnen, Samuel Enderby Jr., war ebenso produktiv bei der Zeugung von Kindern wie es sein Vater bei der Einfuhr von Tran gewesen war; nach seinem Tod 1829 fiel die Firma an drei seiner acht Kinder: Charles, Henry und George. Charles und George waren beide Gründungsmitglieder der Royal Geographical Society und hatten einen Sitz im Rat. Damit setzten sie eine Familientradition fort, denn ihr Großvater und ihr Vater hatten ein lebhaftes Interesse an Fragen der Naturgeschichte gezeigt und ihre Kapitäne angewiesen, Proben für Sir Joseph Banks, Cooks altem Schiffskameraden und nun Präsidenten der Royal Society, zu sammeln. Daß der alte Samuel das Ohr einflußreicher Leute hatte, steht fest. 1792 kaufte er von der Royal Navy die Schaluppe *Rattler* und entsandte sie mit finanzieller Unterstützung des Schatzamtes und unter dem Kommando eines Marineoffiziers auf halbem Sold, Kapitän James Colnett, auf eine Forschungsreise in den Pazifik. Die Fahrt war ein Erfolg, den die Enkel für die desaströse Reise der *Hopefull* und der *Rose* nutzten. Nach Ballenys Reise versuchten die Brüder es noch einmal. Aber das Schatzamt war nun vorsichtig bei jeder von den Enderbys vorgeschlagenen Unternehmung.

Enderby-Schiffe beförderten auch Häftlinge zu den Strafkolonien in Neusüdwales; in den dreißiger Jahren des 19. Jahrhunderts brachten sie Wolle mit zurück. Doch läßt sich das steil fallende Glück der Enderbys an den trockenen Zahlen der Statistik ablesen. 1821 besaßen sie 14 Schiffe. 1836 hatten sie nur noch eines, die *Samuel Enderby,* die 1834 in Cowes gebaut worden war. Ihre Spanten waren in einem Kohlenteerderivat getränkt, das als Konservierungsmittel dienen sollte (Charles, der da und dort investierte, war Direktor der Firma, die diesen Stoff verkaufte). Herman Melville schrieb liebevoll über das letzte Schiff der Enderbys:

»Ich bin einmal um Mitternacht an Bord gegangen, irgendwo vor der patagonischen Küste und trank auf dem Vordeck guten Punsch ... ein fröhliches Schiff; mit gutem und reichlichem Essen; feinem, starkem Punsch; es waren prima Burschen allesamt, schmuck vom Stiefelabsatz bis zum Hutband.«

Nach wenigen Jahren lebten Charles, Henry und George in bescheidenen Verhältnissen, das heißt, eigentlich waren sie arm, und zwar wegen einer Beteiligung an einem ruinösen Vorhaben des in finanziellen Dingen verantwortungslosen Charles: Er wollte die Auckland Islands südlich von Neuseeland kolonisieren und Tran exportieren.

Weil die Enderbys mit der Royal Geographical Society verbunden waren, erinnert man sich noch heute an das Geschäftshaus. Anders liegen die Dinge bei Daniel Bennett und seinen Söhnen. Das Unternehmen gedieh, aber da es außerhalb seines Geschäftsbereiches nicht für sich warb, ist sein Name aus der Antarktiserforschung verschwunden. Kap Bennett auf Coronation Island auf den Süd-Orkney-Inseln, die George Powell auf der *Dove* nach ihnen benannte, ist ihr einziges Denkmal in der Antarktis.

Die Atmosphäre der Antarktika bringt allerlei optisches Gaukelspiel hervor: Gebirgszüge scheinen ganz nahe emporzuragen, wenn sie tatsächlich Kilometer entfernt sind; Pinguine werden auf dem Eis für Menschen gehalten und Menschen für Pinguine; wellenförmige Schneerücken sehen, aus Augenhöhe betrachtet, wie tiefe Schründe und Eiswellen aus. Sehr leicht verliert man die Orientierung. Ähnliche Possen treibt die junge Geschichte des Kontinents, seitdem der Mensch hier aufgetaucht ist. Manches scheint sich zu wiederholen, ist aber doch ganz anders. James Cooks Reisen brachten die Robbenjäger nach Süden, die zum erstenmal Antarktika ausbeuteten. James Clark Ross' Fahrten zogen die Walfänger nach sich, die den Kontinent zum zweitenmal ausbeuteten. Die Rolle der Enderby-Familie als forschende Walfangkaufleute wiederholt sich 100 Jahre später bei der norwegischen Christensen-Familie, deren Schiffe mit der Hilfe von Wasserflugzeugen neue Küstenstrecken Antarktikas entdeckt haben.

Vielleicht spiegelt sich in King George Island von den Süd-Shetlands die Geschichte von Antarktika im kleinen. Die Insel wurde 1819 entdeckt, bald darauf gab es hier keine Pelzrobben und See-Elefanten mehr. Elf Männer von der *Lord Melville* verbrachten der Überlieferung zufolge erstmals 1821 den antarktischen Winter auf der Insel. Fast 100 Jahre später kamen die Walfänger, die ausgebleichten Knochen und Schädel, über deren verwitterte Oberflächen Flechten wachsen, liegen noch überall an den Stränden. Dann errichteten Staaten ihre Forschungsstationen, Bulldozer kamen, eine Landebahn wurde gebaut. Acht Nationen haben ihre eigentlich überflüssigen Stationen auf der Insel errichtet: China, Chile, Rußland, Uruguay, Korea, Argentinien, Polen und Brasilien. Bärtige Doktoranden messen feierlich die Entfernung zwischen den Geröllnestern der Pinguine, und in Parkas gekleidete Touristen watscheln wie Michelin-Männchen an den Ufern und starren durch die Linsen ihrer Camcorder Richtung Antarktika und murmeln in Mikrophone. Man fragt sich, was die bärtigen, fettverschmierten, blutbefleckten Robbenjäger und Walfänger davon gehalten hätten. Vermutlich hätten sie ungläubig den Kopf geschüttelt, in die Hände gespuckt, die Messer am Wetzstein geschliffen und ungerührt ihre Arbeit fortgesetzt.

Robben und Wale kehren zurück, aber die Arbeit der Bulldozer läßt sich nicht mehr rückgängig machen.

Karten

Das Südpolarmeer

Halleys Route 1699–1700

Cooks Route 1772–1775

Bellingshausens Route 1819–1821

Die Süd-Sandwich-Inseln

Das Gebiet der Robbenjäger, 1820–1823

Die Süd-Shetland-Inseln

Die Süd-Shetland-Inseln

Die Süd-Shetland-Inseln

Weddells Route 1823

Südgeorgien

Biscoes Route 1830–1832

Kemps Route 1833 und Ballenys Route 1839

Balleny-Inseln

Das Südpolarmeer

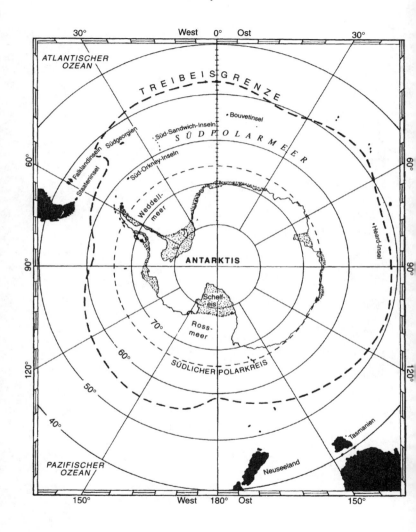

Halleys Route 1699–1700

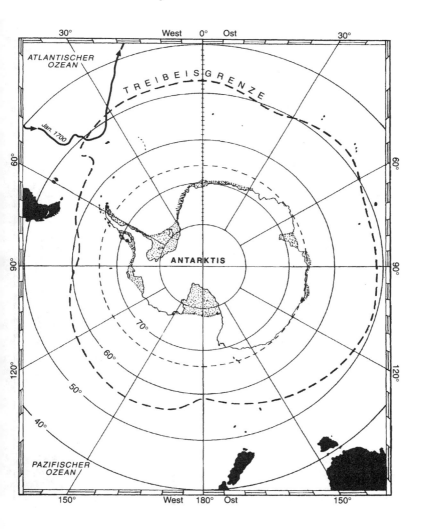

Cooks Route 1772–1775

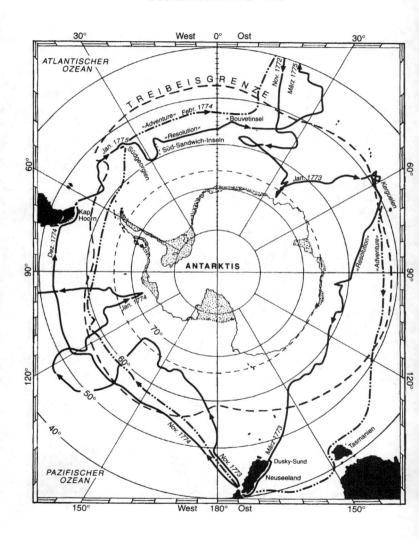

Bellingshausens Route 1819–1821

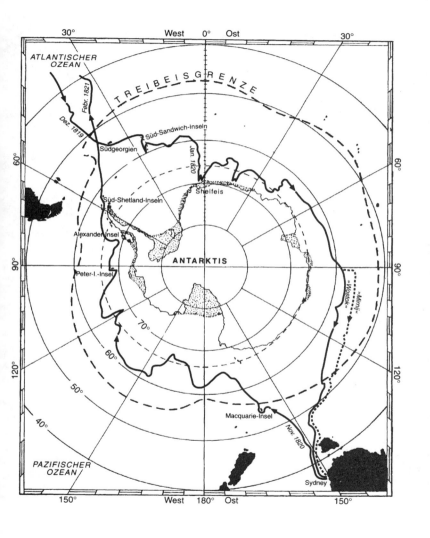

Süd-Sandwich-Inseln

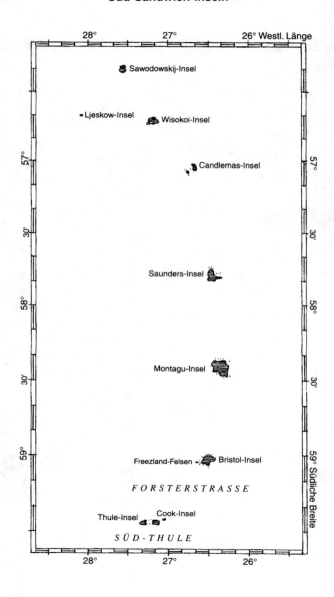

Das Gebiet der Robbenjäger 1820–1823

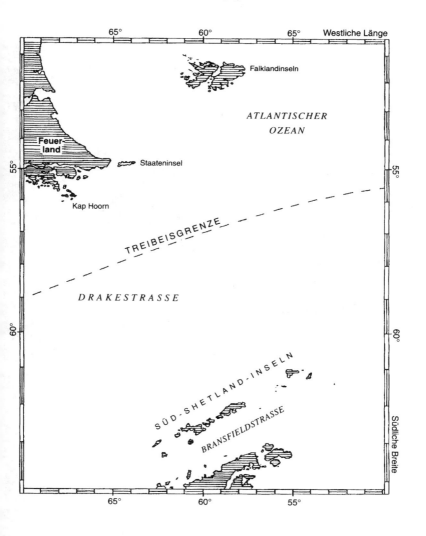

Süd-Shetland-Inseln

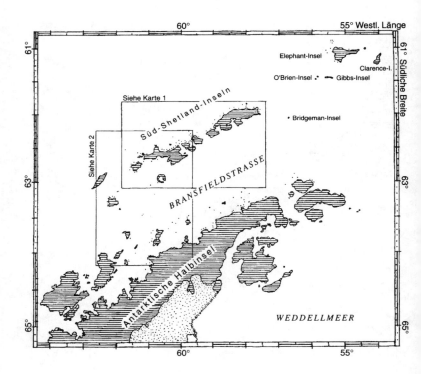

Süd-Shetland-Inseln
Karte 1

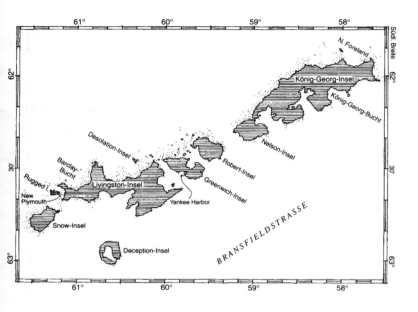

Süd-Shetland-Inseln
Karte 2

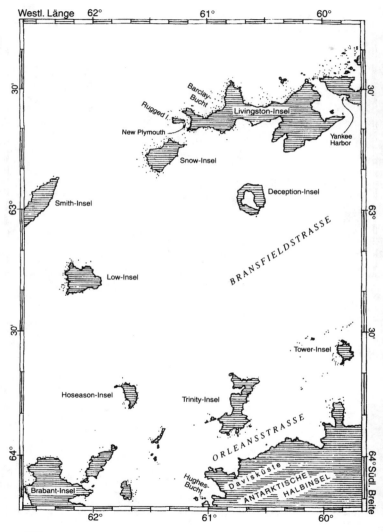

Weddells Route 1823

Südgeorgien

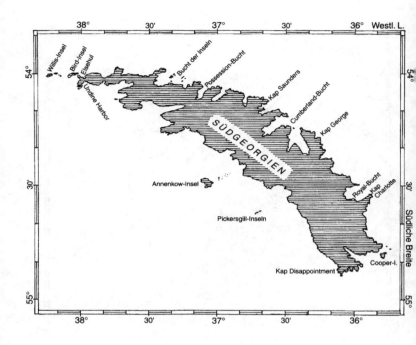

Biscoes Route 1830–1832

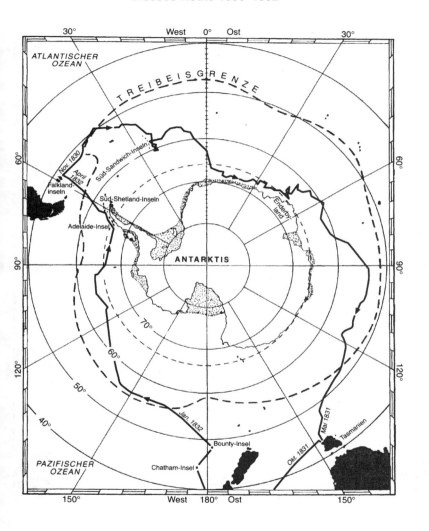

Kemps Route 1833 und Ballenys Route 1839

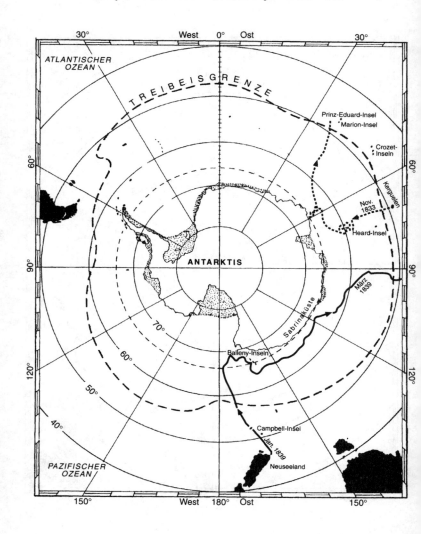

Balleny-Inseln

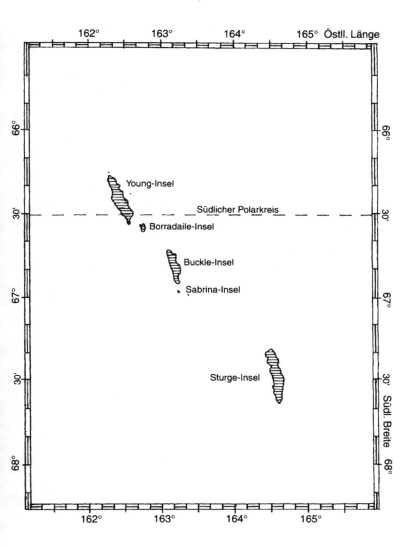

Danksagung

Die Quellen für das vorliegende Buch sind in der Bibliographie aufgeführt; zusätzliches Quellenmaterial stammt aus der Mitchell Library, Glasgow, der Bodleian Library, Oxford, sowie dem Public Record Office, Kew Gardens in London. Insbesondere dankt der Autor der Hakluyt Society für die freundliche Genehmigung, aus ihren Veröffentlichungen zu zitieren und die Abbildung der *Paramore* abzudrucken. Außerdem gilt mein Dank J. Herman vom Natural History Department des Royal Museum of Scotland, Edinburgh, der mir freundlicherweise ein Präparat der Weddellrobbe gezeigt hat, sowie A. B. Cruickshank, dem Direktor der Royal Scottish Geographical Society, für die Erlaubnis zum Abdruck des Porträts von James Weddell.

Bibliographie

I Terra australis incognita

Beaglehole, J. C., *The Exploration of the Pacific*. London 1975
–, *The Life of Captain James Cook*. London 1974
Beazley, C. R., *The Dawn of Modern Geography*. London 1897
Burney, J. A., A *Chronological History of the Discoveries in the South Sea or Pacific Ocean*. London 1803–1817
Dalrymple, A., *An Historical Collection of the Several Voyages and Discoveries in the South Pacific*. London 1770/71 (dt.: *Historische Sammlung der verschiedenen Reisen nach der Südsee im 16., 17., 18. Jahrhundert und der daselbst gemachten Entdeckungen*. Hamburg 1786)
–, *A Collection of Voyages, chiefly in the Southern Atlantick Ocean*. London 1975
Dampier, W., *Voyages*. Hg. v. J. Masefield. London 1906 (dt.: *Freibeuter 1683–169i. Das abenteuerliche Tagebuch eines Weltumseglers und Piraten*. Tübingen, Basel 1970)
–, *A New Voyage Round The World*. Hg. v. A. Gray. London 1927
Debenham, F., *6000 Jahre mußten vergeben. Entdeckung und Erforschung unserer Erde von den Anfängen bis heute*. Stuttgart 1960
The Encyclopedia of Discovery and Exploration, *The Glorious Age of Exploration*. New York 1973
Fernandez-Armesto, F., *Columbus*. Oxford 1992
Gibbon, E., *The Decline and Fall of the Roman Empire*. London 1776–1788 (dt.: *Geschichte des Verfalls und Untergangs des Römischen Reiches*. Leipzig 1779–1806)
Gould, R. T., *Captain* Cook. London 1935
Hakluyt, R., *The Principal Navigations, Voyages and Discoveries of the English Nation*. London 1908

Hogben, L., *Astronomer Priest & Ancient Mariner*. New York 1973
–, *Maps, Mirrors & Mechanics*. New York 1973
McLaren, M., *The Highland Jaunt*. London 1954
Mill, H. R., *The Siege of the South Pole*. London 1905
Mitchell, M., *Elcano: The First Circumnavigator*. London 1958
Moorehead, A., *The Fatal Impact*. New York 1966
Morison, S. E., *Admiral of the Ocean Sea: A Life of Christopher Columbus*. Boston 1942 (dt.: *Mit Kolumbus an Bord*. Hamburg 1949)
–, *The European Discovery of America: The Northern Voyages 1500–1600*. New York 1971
–, *The European Discovery of America: The Southern Voyages 1492–1616*. New York 1974
Nansen, F., *Nebelheim. Entdeckung und Erforschung der nördlichen Länder und Meere*. Leipzig 1911
The Oxford History of the Classical World. Oxford 1986
Skelton, R. A., *Explorer's Maps*. London 1958
Slocum, J., *Sailing Alone Around the World*. New York 1900
Swift, J., *A Tale of a Tub*. London 1704 (dt.: *Märchen von der Tonne*. Übers. v. J. K. Risbeck. Zürich 1787)
Toynbee, A. J. A., *A Study of History*. Hg. v. D. C. Somervell. Oxford 1946 (dt.: *Studien zur Weltgeschichte*. Hamburg 1949)
Wilford, J. N., *The Mapmakers*. New York 1982

II Die Kunst, einen Hafen zu finden

Cook, J., *The Journals of Captain James Cook on his Voyages of Discovery*. Bd. 2. Hg. v. J. C. Beaglehole, Cambridge (England) 1969 (Hakluyt Society) (dt.: *Entdeckungsfahrten im Pacific. Die Logbücher der Reisen von 1768–1779*. Hg. v. A. Grenfell Price. Übers. v. R. Wagner u. B. Willms. Tübingen, Basel ²1972) [Gekürzte Ausgabe]
Forbes, E. G., *The Birth of Navigational Science*. London 1980
Gould, T. T., *The Marine Chronometer: Its History and Development*. London 1923

Stackpole, E. A., *The Sea Hunters*. New York 1953
Wilford, J. N., *The Mapmakers*. New York 1982

III Die Geißel der Meere

Brillat-Savarin, J. A., *Physiologie des Geschmacks*. Übers. v. R. Hals. Leipzig o. J.
Drummond, J. C., u. A. Wilbraham, *The Englishman's Food*. London 1991
Gerard, J., *The Herball*. Hg. v. B. D. Jackson. London 1876
Hakluyt, R., *The Principal Navigations... of the English Nation*. London 1908
Hartley, D., *Food in England*. London 1954
Hickey, W., *Memoirs of William Hickey*. Hg. v. P. Quenell. London 1975
Johnson, S., *Letters of Samuel Johnson*. Hg. v. R. W. Chapman. Oxford 1952
Labat, Jean-Baptiste, *The Memoirs of Père Labat*. Hg. v. J. Eaden. London 1931 [Gekürzte engl. Übers.] (frz.: *Nouveau voyage aux isles de l'Amerique*. Paris 1722; dt.: *Des Pater Labat, aus dem Orden der Predigermönche, Reisen nach Westindien oder den im amerikanischen Meer liegenden Inseln*. Übers. v. G. F. C. Schad. Nürnberg 1782–1788)
Lind, J., *A Treatise on the Scurvy*. Edinburgh 1753
Lloyd, C., *The British Seaman*. London 1968
Masefield, J., *Sea Life in Nelson's Time*. London 1905
Morrison, S. E., *The Great Explorers*. New York 1978
Pigafetta, A., *Die erste Reise um die Erde*. Tübingen, Basel 1968
Veer, G. de, *Die Reisen des Wilhelm Barents zur Entdeckung der nordöstlichen Durchfahrt in den Jahren 1594–97*. Würzburg 1954
Walter, R., *A Voyage Round The World In the Year 1740*, 1, 2, 3, 4. London 1748
Watt, J., E. J. Freeman u. W. F. Bynum (Hg.), *Starving Sailors*. London 1981

IV Das Südpolarmeer

Belloc, H., *The Cruise of the Nona*. New York 1925
Bonner, W. N., *Seals and Man*. Washington (D. C.) 1982
–, u. D. W H. Walton (Hg.), *Antarctica*. Oxford 1985
Campbell, V., *The Wicked Mate*. Hg. v. H. G. R. King. Harleston (England) 1988
Deacon, G., *The Antarctic Circumpolar Ocean*. Cambridge (England) 1984
Debenham, F., *Antarcitica*. New York 1961
Hardy, A., *Great Waters*. New York 1967
Hydrographic Center, *Sailing Directions for Antarctica*. Washington (D. C.) 1976
Hydrographic Department, *Antarctic Pilot*. Taunton (England) 1974
Martin, R. M., *Mammals of the Oceans*. New York 1977
Ponting, H. G., *The Great White South*. London 1921
Ross, J. C., *A Voyage of Discovery and Research in the Southern and Antarctic Regions 1839–43*. London 1847
Simpson, G. G., *Penguins*. New Haven (Connecticut) 1976
Stonehouse, B., *Animals of the Antarctic*. New York 1972
Watson, G. E., *Birds of the Antarctic and Sub-Antarctic*. Washington (D. C.) 1975
Watson, L., *Whales of the World*. New York 1981
Wilson, E., *Diary of the »Terra Nova« Expedition to the Antarctic 1910–1912*. New York 1972

V Edmond Halley und die *Paramore*

Armitage, A., *Edmond Halley*. London 1966
Aubrey, J., *Brief Lives*. Oxford 1898 (dt.: *Lebens-Entwürfe*. Übers. v. W. Schlüter. Frankfurt am Main 1994)
Evelyn, J., *The Diary of John Evelyn*. Hg. v. A. Dobson. London 1908
Halley, E., *The Three Voyages of Edmond Halley in the Paramore*

1698–1701. Hg. v. N. J. W. Thrower. London 1981 (Hakluyt Society)

Ronan, C. A., *Edmond Halley: Genius in Eclipse.* London 1969

VI James Cook

Beaglehole, J. C., *The Life of Captain James Cook.* London 1974

Benham, H., *Once Upon a Tide.* London 1955

Besant, W., *Captain Cook.* London 1890

Boswell, J., *The Life of Samuel Johnson.* London 1791 (dt.: *Das Leben Samuel Johnsons…* Übers. v. J. u. A. Schlösser. Leipzig 1984)

Cook, J., *The Journals of Captain James Cook on his Voyages of Discovery.* Bd. 1–4. Hg. v. J. C. Beaglehole. Cambridge (England) 1955–1969 (Hakluyt Society) (dt.: *Entdeckungsfahrten im Pacific. Die Logbücher der Reisen von 1768–1779.* Hg. v. A. Grenfell Price. Übers. v. R. Wagner u. B. Willms. Tübingen, Basel ²1972 [Gekürzte Ausgabe]

Elliot, J., *Captain Cooks Second Voyage.* Hg. v. C. Holmes. London 1984

Forster, G., *Reise um die Welt.* Frankfurt am Main 1967

Forster, J. R., *The Resolution Journal of Johann Reinhold Forster 1772–1775.* Hg. v. M. E. Hoare. London 1982 (Hakluyt Society)

Gould, R. T., *Captain Cook.* London 1935

Hoare, M. E., *The Tactless Philosopher.* Melbourne 1976

Kippis, A., *A Narrative of the Voyages Round the World by James Cook.* London 1788

Knox, J., *An Historical Journal of The Campaigns in North America for the Years 1757, 1758, 1759 and 1760.* London 1769

O'Brian, P., *Joseph Banks.* London 1987

Taylor, H., *Memoirs of the Principal Events in the Life of Henry Taylor.* North Shields 1811

Villiers, A. J., *Captain James Cook. Seefahrer und Entdecker.* Hamburg 1971

VII Die Fahrt der *Resolution* und der *Adventure*

Beaglehole, J. C., *The Life of Captain James* Cook. London 1974

Boswell, J., *The Private Papers of James Boswell.* Hg. v. G. Scott, u. F. A. Pottle. New York 1928–1937

Burney, J., *The Private Journal of James Burney.* Hg. v. B. Hooper. Canberra 1975

Cook, J., *The Journals of Captain James Cook on his Voyages of Discovery.* Bd. 1–4. Hg. v. J. C. Beaglehole. Cambridge (England) 1955–1969 (Hakluyt Society) (dt.: *Entdeckungsfahrten im Pacific. Die Logbücher der Reisen von 1768–1779.* Hg. v. A. Grenfell Price. Übers. v. R. Wagner u. B. Willms. Tübingen, Basel ²1972) [Gekürzte Ausgabe]

Dalrymple, A., *An Historical Collection of the Several Voyages and Discoveries in the South Pacific.* London 1770/71 (dt.: *Historische Sammlung der verschiedenen Reisen nach der Südsee im 16, 17., 18. Jahrhundert und der daselbst gemachten Entdeckungen.* Hamburg 1786)

–, *A New Voyage Round the World.* Hg. v. A. Gray. London 1927

Elliot, J., *Captain Cooks Second Voyage.* Hg. v. C. Holmes. London 1984

Forster, G., *Reise um die Welt.* Frankfurt am Main 1967

Forster, J. R., *The Resolution Journal of Johann Reinhold Forster 1772–1775.* Hg. v. M. E. Hoare. London 1982 (Hakluyt Society)

Furneaux, R., *Tobias Furneaux, Circumnavigator.* London 1960

Gould, R. T., *Captain* Cook. London 1935

Hawkesworth, J., *An Account of the Voyages undertaken... for making Discoveries in the Southern Hemisphere.* London 1773 (dt.: *Geschichte der See-Reisen und Entdeckungen im Süd-Meer.* Berlin 1774)

Hoare, M. E., *The Tactless Philosopher.* Melbourne 1976

Kippis, A., *A Narrative of the Voyages Round the World by James Cook.* London 1788

Migot, A., *The Lonely South.* London 1957

O'Brian, P., *Joseph Banks.* London 1987

Sparrman, A., *A Voyage Round the World.* London 1953

Villers, A. J., *Captain James Cook. Seefahrer und Entdecker.* Hamburg 1971

VIII Ein Kontinent wird entdeckt

Adams, J. C., *The Writings of John Quincy Adams.* Hg. v. W. C. Ford. New York 1917

Auger, H., *Passage to Glory: John Ledyard's America.* New York 1946

Balch, E. S., *Antarctica.* Philadelphia 1902

Bellingshausen, T. T., *Voyage of Captain Bellingshausen to the Antarctic Seas 1818–1821.* Hg. v. F. Debenham. London 1945 (Hakluyt Society) (dt.: Bellingshausen, F. v., *Forschungsfahrten im Südlichen Eismeer.* Hg. v. Verein f. Erdkunde zu Dresden. Leipzig 1902) [Gekürzte Ausgabe]

Bertrand, K. J., *Americans in Antarctica.* New York 1971

Bonner, W. N., *Seals and Man.* Washington (D. C.) 1982

–, u. D. W. H. Walton (Hg.), *Antarctica.* Oxford 1985

Clark, A. H., *The Fisheries and Fishery Industries of the United States.* Washington (D. C.) 1887

Delano, A., *A Narrative of Voyages and Travels in the Northern and Southern Hemisphere.* Boston 1817

»Edward Bransfield's Antarctic Voyage, 1819–20, and the Discovery of the Antarctic Continent«, in: *Polar Record.* Cambridge (England) 1946

Fanning, E., *Voyages Round the World.* New York 1833

Goodridge, C. M., *Narrative of a Voyage to the South Seas.* London 1832

Gould, R. T., »The First Sighting of the Antarctic Continent«, in: *Geographical Journal.* London, März 1925

–, »The Charting of the South Shetlands 1819–1828«, in: *Mariners Mirror.* London, Juli 1941

Hobbs, W. H., »Discoveries of Antarctica Within the American Sector, As Revealed by Maps and Documents«, in: *Transactions of the American Philosophical Society.* Philadelphia, Januar 1939

Jackson, G., *The British Whaling Trade.* London 1978

Jones, A. G. E., *Antarctica Observed.* Whitby (England) 1982

–, *Polar Portraits.* Whitby (England) 1992

Kirwan, L. P., *The White Road.* London 1959

Ledyard, J., *A Journal of Captain Cooks Last Voyage to the Pacific Ocean.* Hartford (England) 1783

Martin, L., »Antarctica Discovered by a Connecticut Yankee, Captain Nathaniel Brown Palmer«, in: *Geographical Review,* Oktober 1940

Matthews, L. H., *Sea Elephant.* London 1952

Miers, J., *Travels in Chile and La Plata.* London 1826

–, »An Account of the Discovery of New South Shetland«, in: *Edinburgh Philosophical Journal.* 1820

Mill, H. R., *The Siege of the South Pole.* London 1905

Mitterling, P. I., *America in the Antarctica to 1840.* Urbana (Illinois) 1859

»Notice of the Voyage of Edward Bransfield, Master of his Majestys Ship Andromache, to New South Shetland«, in: *Edinburgh Philosophical Journal.* 1820

Nunn, J., *Wreck of the Favorite.* London 1850

Palmer, N. B., *Logbook of the Hero.* Washington (D. C.), Library of Congress

Spears, J. R., *Captain Nathaniel Brown Palmer.* New York 1922

Stackpole, E. A., *The Voyage of the Huron and the Huntress.* Mystic (Connecticut) 1955

–, *The Sea Hunters.* New York 1953

Thomas, D., *Cochrane.* London 1978

Weddell, J., *A Voyage Towards the South Pole Performed in the Years 1822–24.* London 1825, 2. Aufl. 1827 (dt.: *Reise in das südliche Polarmeer in den Jahren 1822 bis 1824.* Weimar 1827) [Gekürzte Ausgabe]

IX Weddell und Brisbane segeln nach Süden

Barnard, C. H., *A Narrative of the Sufferings And Adventures...* New York 1829
Bertrand, K. J., *Americans in Antarctica.* New York 1971
Cobbett, W., *Rural Rides.* London 1830
Darwin, C., *The Autobiography of Charles Darwin 1809 bis 1882.* Hg. v. N. Barlow. New York 1969
Dumont d'Urville, J. S. C., *Two Voyages to the South Seas.* Hg. u. übers. v. H. Rosenman. Melbourne 1987
Jones, A. G., *Polar Portraits.* Whitby (England) 1992.
Plumb, J. H., *The First Four Georges.* Boston 1956
Reynolds, W., *Voyage to the Southern Ocean.* Hg. v. A. H. Cleaver u. E. J. Stann. Annapolis (Maryland) 1988
Ross, J. C., *A Voyage of Discovery and Research in the Southern and Antarctic Regions 1839–43.* London 1847
Scoresby, W., *An Account Of The Arctic Regions.* London 1820
Stamp, T. u. C., *William Scoresby, Arctic Scientist.* Whitby (Kanada) 1975
Trevelyan, G. M., *English Social History.* London 1944
Weddell, J., *A Voyage Towards the South Pole Performed in the Years 1822–24.* London 1825 (dt.: *Reise in das südliche Polarmeer in den Jahren 1822 bis 1824.* Weimar 1827) [Gekürzte Ausgabe]
Wilkes, C., *Narrative of the United States Exploring Expedition during the Years 1838, 1839, 1840, 1841, 1842.* Philadelphia 1845

X Weddell auf Feuerland

Bridges, E. L., *Uttermost Part of the Earth.* New York 1949
Cawkell, M. B. R., D. H. Maling u. E. M. Cawkell, *The Falkland Islands.* London 1960

Darwin, C., *The Origin of Species*. London 1859 (dt.: »Über die Entstehung der Arten«, in: Darwin, C., *Gesammelte Werke*. Stuttgart 1874–1899, Bd. 2.)

–, *The Voyage of The Beagle*. Hg. v. L. Engel. New York 1961 dt.: *Reise um die Welt 1831–36*. Hg. v. G. Giertz. Stuttgart 1981)

–, *The Autobiography of Charles Darwin 1809–1882*. Hg. v. N. Barlow. New York 1969

Fisher, M. u. J., *Shackleton*. London 1957

FitzRoy, R., *Narrative of the Surveying Voyages of HMS Adventure and HMS Beagle*. London 1839

Mellersh, H. E. L., *FitzRoy of the Beagle*. New York 1968

Murphy, R. C., *Logbook for Grace*. New York 1947

Shackleton, E., *South*. London 1920

Weddell, J., *A Voyage Towards the South Pole Performed in the Years 1822–24*. London 1825 (dt.: *Reise in das südliche Polarmeer in den Jahren 1822 bis 1824*. Weimar 1827) [Gekürzte Ausgabe]

Worsley, F. A., *Shackleton's Boat Journey*. New York 1977

XI John Biscoe:
Die dritte Umsegelung

Biscoe, J., »Recent Discoveries in the Antarctic Ocean from the log-book of the brig Tula«, in: *Geographical Journal*. London 1833

Cumpston, J., »The Antarctic Landfalls of John Biscoe in February 1839«, in: *Geographical Journal*. London 1963

Jones, A. G. E., *Polar Portraits*. Whitby (England) 1992

Kirwan, L. P., *The White Road*. London 1959

Mill, H. R., *The Siege of the South Pole*. London 1905

Melville, H., *Moby Dick*. Hamburg 1946

Murray, G., *The Antarctic Manual*. London 1901

Savours, A., »Biscoes Antarctic Voyage 1830–33«, in: *Geographical Journal*. London 1982

–, »John Biscoe, Master Mariner 1794–1843«, in: *Polar Record*. Cambridge (England) 1983

XII Kemp und Balleny: Die letzten Entdeckungen durch Robbenjäger

Balleny, J., »Discoveries of the Antarctic Ocean in February 1839«, in: *Journal of the Royal Geographical Society*. London 1839

Bertrand, J. K., *Americans in Antarctica*. New York 1971

Eden, A. W., *Islands of Despair*. London 1955

Jackson, G., *The British Whaling Trade*. London 1978

Jones, A. G. E., *Polar Portraits*. Whitby (England) 1992

Kerr, I. S., *Campbell Island – A History*. Wellington (Neuseeland) 1976

Kirwan, L. P., *The White Road*. London 1959

Mill, H. R., *The Siege of the South Pole*. London 1905

Moseley, H. N., *Notes by a Naturalist on HMS Challenger*. London 1880

Ross, J. C., *A Voyage of Discovery an Research in the Southern and Antarctic Regions 1839–43*. London 1847

Spry, W. J. J., *The Cruise of HMS Challenger*. London 1877

Stackpole, E. A., *The Sea Hunters*. New York 1953

Allgemeine Literatur

Fogg, G. E., *A History of Antarctic Science*. Cambridge 1991

Headland, R. K., *Chronological List of Antarctic Expeditions*. Cambridge (England) 1989

Hydrographic Department, *The Antarctic Pilot*. Taunton (England) 1974

–, *The Antarctic Pilot*. London 1948

–, *The Mariners Handbook*. Taunton (England) 19711

–, *Ocean Passages for the World*. Taunton (England) 1971

–, *South America Pilot*. Bd. 2. Taunton (England) 1971

Jones, A. G. E., *Ships Employed in the South Seas Trade 1775–1861*. Canberra 1986

Murray, G., *The Antarctic Manual*. London 1961 (Royal Geographical Society)

United States Board on Geographic Names, »Geographic Names of Antarctica«, in: *Gazetteer*, Nr. 14. Washington (D. C.) 1956

Abbildungen

- S. 24/25 Weltkarte, aus: Abraham Ortelius, *Theatrum Orbis Terrarum*, Antwerpen 1570
- S. 129 Thomas Murray, *Edmond Halley*. Royal Society, London
- S. 132 Die *Paramore*. Hakluyt Society
- S. 153 Nathaniel Dance, *Kapitän James* Cook, 1776. National Maritime Museum, Greenwich
- S. 201 William Hodges, Die *Resolution* und die *Adventure* versorgen sich mit Wasser, indem sie Eisblöcke an Bord nehmen, 1773. State Library of New South Wales
- S. 256/257 Aus dem Leben der Robbenjäger
- S. 259 E. W. Cooke, Eine Brigg zum Kohlentransport, ähnlich der *Williams*, 1828
- S. 283 Paul Michailow, Bellingshausens *Wostok* und *Mirnij*. Scott Polar Institute
- S. 319 *James Weddell*. Royal Scottish Geographical Society
- S. 336/337 Karte der Süd-Orkney-Inseln, aus: James Weddell, *A Voyage Towards the South Pole*, London 1827
- S. 342 Die *Jane* und die *Beaufoy* auf 68° südlicher Breite, Februar 1823
- S. 346/347 Karten des Nordpols und Südpols, aus: James Weddell, *A Voyage Towards the South Pole*, London 1827
- S. 360/361 Karte der Süd-Shetland-Inseln, aus: James Weddell, A *Voyage Towards the South Pole*, London 1827
- S. 389 Der Kutter *Lively*
- S. 448–461 Karten von Achim Norweg, München, unter Berücksichtigung der Originalkarten

Register

Eine Übersicht der Abbildungen im Text findet sich auf Seite 475.

Abhandlung über den Skorbut (Lind) 79
Abhandlungen über die Winde, Brisen, Stürme, Tiden und Strömungen in den heißen Zonen (Dampier) 33
Account Of the Arctic Regions, An (Scoresby) 316, 333
Achilles 371
Adams, John Quincy 266, 296
Adelaide Island 406
Adventure s. *Resolution*- und *Adventure*-Expedition
Alabama Packet 310
Albatros 104, 120, 202, 230
Alexander I. Pawlowitsch, Zar 272, 274, 292
Alexander IV., Papst 20
Alexander-Insel (Alexander I. Land) 290, 406
Alliance 418
Amsterdaminsel 424
Anderson, William 245, 419
Anson, George 77, 158
Antarctic 343
Antarctic Pilot 101 f., 267, 282, 300
Antarktika s. Terra australis incognita
Antarktische Halbinsel 109, 258, 270, 306, 322
antarktische Polarfront 104, 107, 198, 202, 263, 332
Anville, Jean Baptiste Bourguignon dí 229
Appert, Nicolas 94 f.
Aristarchos von Samos 15
Aristoteles 11 f.
Armstrong, Neil 65
Arnold, John 182, 191
Asia (span.) 371
Asia (US-amer.) 418
Astrolabe 95, 344, 438
Astrolabium 14, 48
Astronomie 18 f., 36, 40 f., 52 f., 140
Atlantic Coast Pilot 293
Aucklandinseln 106
Aurora 320
Aurora australis (Südlicht) 399
Aurorainseln 320 f., 392
Australien 26, 205

Australische Kompanie 26
Avery (Master auf der *Lively*) 392, 403 f., 410

Bachstrom, Johannes 74
Balleny, John 424–436, 439
– Route 460 (Karte)
Balleny Islands 422–430, 461 (Karte)
Banks, Joseph 38, 42, 60, 152, 168 f., 171–176, 181, 189, 217
Barclay Bay 267
Barnard, Charles H. 324
Barrington, Daines 237
Barrow, John 385
Bartensz, Willem 70
Basilius 16
Bayfield, Kapitän 168
Bayly, William 183
Beagle-Expedition 226, 365–369, 381 ff.
Beaglehole, J. C. 184
Beaufort, Kapitän 168, 279, 409, 430
Beaufoy s. *Jane-* und *Beaufoy*-Expedition
Beazley, C. R. 18
Behm, Magnus von 246
Bellingshausen, Fabian Gottlieb von 64, 95, 233, 272–293, 312 f., 388, 426 f., 439
Belloc, Hilaire 100
Benbow, John 136 f.
Bennett, Daniel 416, 445
Bergami, Bartolomeo 297

Bericht über die Entdeckungen, die vor 1764 im südpazifischen Ozean gemacht wurden, Ein (Dalrymple) 35
Bevis, John 166
Bimsstein 105
Bird Island 230
Biscoe, John 379, 386–414, 426, 432, 439 s. auch *Tula-* und *Lively*-Expedition
Biscoe Islands 407
Blane, Gilbert 80
Bligh, William 63
Board of Longitude 51, 53, 56 f., 60 f., 75, 182
Borradaile, William 422
Boswell, James 40, 149
Bougainville, Louis 91, 221, 286
Boulton, Matthew 440
Bounty 63 f.
Bounty Islands 404 f.
Bouvet de Lozier, Jean 193, 232
Bouvetinsel 193, 221
Bransfield, Edward 266 f., 271, 282, 303, 312
Breitengradbestimmung
– durch Berechnung 48 f.
– durch Himmelsbeobachtung 140
Brisbane, Matthew 327, 331, 338, 370, 373 f., 376, 378, 380, 382–385
British Mariners Guide, The 53
Briton 37

Bruce, Alexander 54
Bruce, William 86, 271, 343
Brunel, Isambard 441
Buckle, John 422
Buckle Island 429
Buffon, Comte du 116
Burchett, Josiah 144
Burdick, Christopher 306
Burney, James 181
Byers, James 296 ff.

Campbell, John 52
Campbell, Victor 114
Campbell Island 425
Candlemas Island 233 f.
Caroline, Königin 297
Cartier, Jacques 69 f., 82
Cassini, Giovanni (Jean) Domenico 128, 140
Castlereagh, Lord 274, 297
Catalogus stellarum Australium (Halley) 127
Cavendish, Thomas 116
Cecilia 306 ff.
Centurion 56
Challenger 433
Chapman, Thomas 251
Charity 324
Chart of South Shetland ... (Powell) 312
Chatham Islands 354
Chile 310, 372
China 46, 70, 249
christliche Glaubenslehre 16–19

Chronometer 54–56, 75, 182 f., 191, 239, 260 f., 279, 310, 320, 326, 375, 389
Clarence Island 271, 310
Cleirac, Estienne 97
Clerke, Charles 180, 190, 201, 213, 237, 244 ff.
Cochlearia Curiosa (Moellenbrock) 72
Cochrane, Thomas 262, 265, 371
Cockburn, William 73
Coffin, Bartlett 418
Colbert, Jean Baptiste (Sohn) 140
Colbert, Jean Baptiste (Vater) 97
Coleridge, Samuel Taylor 183
Collection of Voyages chiefly in the Southern Atlantick Ocean (Dalrymple) 243
Colnett, James 444
Colville, Lord 163
Commerson, Philibert de 189
Compleat System of Astronomy, A (Leadbetter) 161
Conté, Nicholas Jacques 327
Cook, Elizabeth 163 f., 247
Cook, James 15, 38 ff., 43, 149–186, 280
  s. auch *Endeavour*-Expedition; *Resolution*- und *Adventure*-Expedition

- Astronomie 39 f., 60 f., 166
- Erkrankung auf der *Resolution* 222
- Erster Leutnant der *Endeavour* 168
- *Journals* 11, 100, 187
- Karten 167 f.
- Master der Royal Navy 159, 162
- Messungen 160–163
- Navigation, Navigationsinstrumente 46, 62 f., 106
- Proviant 89 f., 93
- Tod 247
- *Voyage Towards the South Pole* 244

Cooper, John Palliser 180
Coronation Island 311
Crozet, Julien Marie 240
Crozetinseln 240
Culpeper Nicholas 353
Cyprianus, hl. 67

Dalrymple, Alexander 34–38, 40, 43, 166, 170, 180, 182, 210, 221, 228 f., 243 f.
Dampier, William 32 f., 250
Dance, Nathaniel 152 f., 245
Darwin, Charles 279, 313, 333, 367 ff., 380, 382, 411, 432
Davis, John 48, 306 ff., 312
Debenham, Frank 273

Deception Island 270, 303 f., 309
Delano, Amaso 24 f.
Desolation Island 264, 303
Deutschland 343
Diaz, Bartolomeu 20
Diego-Ramirez-Inseln 27, 412
Diemen, Anthony van 26
Discovery (Clerke) 245
Discovery (Mawson) 421
Dolphin 39 f., 90
Douglas, John 244
Dove 310 ff., 324, 415
Downs 39, 41, 137, 173, 424
Drake, Francis 22, 116
Drakestraße 22, 260
Dumont d'Urville, Jules Sébastien 95, 118, 344, 349, 413, 438 f.
Dunbar, Thomas 295
Dusky Sound 207 f.
Dutton 62

Eendracht 27
Eights, James 313
Eisberge 431 ff., 435
- Kalben 231
- Tafeleisberge 108, 142, 356
Eisdecke, kontinentale 398
Elephant Island 111, 238, 258, 291, 310
Elisabeth I. von England 75
Eliza 300, 379, 402
Eliza Scott 424 ff., 428 f., 431–436, 438

Elliott, John 179, 183, 185, 189–192, 230, 236
Endeavour-Expedition 168, 206 f., 227
– Ausrüstung 170 f.
– Cook wird Erster Leutnant 168
– Eis 109, 124
– Ergebnisse 41 f.
– Hawkesworth' Bericht 240 ff.
– Meßinstrumente, Meßmethoden 60 f., 182
– Order 41
– Proviant 94
– Skorbut 81 f.
Enderby, Familie 379 f., 386, 400, 411, 415 f., 423, 432, 443–446
Enderby Land 400, 405, 412, 419, 421 f., 436
Endurance 343
England 30, 95, 156 f., 159, 249, 371
Eratosthenes von Kyrene 12 f.
Erebus- und *Terror*-Expedition 95 f., 117, 122, 289, 418, 436
– Order 345, 348
Ernährung an Bord 44, 86–90, s. auch Proviant
Espirito Santo 268, 271
Espíritu Santo 221
Expeditionen s. unter
– *Beagle*
– *Endeavour*
– *Erebus* und Terror
– *Jane* und *Beaufoy*
– *Magnet*
– *Paramore*
– *Resolution* und *Adventure*
– *Tula* und *Lively*
– *Wostok* und *Mirnji*
Express 295, 300, 310

Faden (Maßeinheit) 47
Fahrtgeschwindigkeit, Berechnung der 45 f.
Falklandinseln 170, 298, 306, 322, 355 f., 382, 390
Fanning, Edmund 250, 294, 309, 321
Fanning, Herbert 252
Fanning, William 309, 321
Fernández, Juan 221
Fernández de Quiros, Pedro 221
Fernando de Noronha (Insel) 136
Feuerland 21, 27, 227, 359–365
– Eingeborene 226 f., 362–365, 369, 377, 385
Filchner, Wilhelm 343
Fimbulisenschelfeis 282
Finé, Oronce 23, 228
FitzRoy, Robert 226, 279, 365–369, 432
Flamsteed, John 50, 147
Flying Fish 344
Folger, Matthew 63
Forster, Georg 183 ff., 189, 191, 193, 199, 219, 225 ff.

Forster, Johann Reinhold 117 f., 183 ff., 191, 196, 202, 204, 212, 217, 222 f., 230 f., 237, 243 f.
Foyn, Svend 443
Franklin, Benjamin 157, 159
Franklin, John 348
Frankreich 96 f., 156 f., 159, 193–196, 318
Frederick 294, 300, 305, 310
Free Gift 295, 300, 310
Freeman, Thomas 424, 426, 429, 433
Freezland, Samuel 233
Fresne, Marion du 240
Freud, Sigmund 368
Funk, Casimir 74
Furneaux, Tobias 182, 185, 203, 209 f., 214, 237 f., 284

Galilei Galileo 32, 140
Gama, Vasco da 20, 67
Garcia de Nodal, Bartolomé 27
Garcia de Nodal, Gonzalo 27
Gauchos 373
Geodäsie 12, 35
Georg III. von England 61, 88, 149, 223, 247, 264, 297
Georg IV. von England 297, 311, 373
Geschichte des Verfalls und Untergangs des Römischen Reiches (Gibbon) 13

geschichtliche Sammlung von Seereisen im südpazifischen Ozean, Eine (Dalrymple) 35
Gibbon, Edward 13, 16
Gibbs Island 270
Gilbert, Joseph 141, 239
Goldsmith, Oliver 118
Gonneville, Sieur de 193
Goodridge, Charles 252
Graham, George 56, 147
Gray, John 117
Green, Charles 37
Greenwich Island 305
Grenville 165, 167, 170
Griechen 10
Grindal, Richard 150 f.
Guanakos 332

Hadley, John 52 f.
Hakluyt, Richard 66
Halley, Edmond 125–148, 228, s. auch Paramore-Expedition
– Astronomie 36, 125 ff.
– *Catalogus stellarum Australium* 127
– Erfindungen 130
– Karte 146 f.
– Meßinstrumente 127
– Newton und *Principia mathematica* 129 f.
– Routen 228
Halley-Komet 125
Halleysche Linien s. Isolinien
Hammond, Archaelus 443

Hardtmuth, Josef 327
Hardy, Thomas 294, 299
Harrison, Edward 134, 136 f.
Harrison, John 54–65, 147, 151, 182, 191, 239
Harrison, William 57, 60 f.
Hasselborough, Frederick 425
Hawkesworth, John 240 ff.
Hawkins, Richard 67 ff.
Heard, J. 420
Heard Island 203, 419
Heemskerch 28
Heinrich von Portugal (Heinrich der Seefahrer), Prinz 19
Helsby, Thomas 383
Herefordkarte 18
Hero 292, 295, 300, 303 f., 307, 309 f., 323
Herodot 9, 13
Herring, Joseph 268
Hersilia 268 f., 271 f., 294 f., 300, 321 f.
Hevelius 128
Hickey, William 88
Hillsborough 418
Himmelsnavigation 48 f., 106, 127 f., 279
Hipparchus 48
Historical Journal of the Campaigns in North America, A (Knox) 161
Hodges, William 183, 239
Hogarth, William 52, 94
Holland 26, 191, 236

Holland, Samuel 160, 167
»Holländer Log« 45
Hooke, Robert 54
Hoorn 27
Hope 381
Hopefull 415, 422
Hopkins, Frederick 73
Horaz 232
Hughes Bay 306
Hunt, Leigh 183
Hunter 418
Huntress 301, 306
Hurd, Thomas 166, 299
Huron 301, 306
Huxley, Thomas 43
Huygens, Christiaan 54

Idea longitudinis (Harrison) 134
Islam 17
Isolinien 146

Jakobsstab 48
James Monroe 309–312, 324
Jameson, Robert 291, 377
Jane- und *Beaufoy-*Expedition 300, 320, 323 f., 327 f., 331 ff., 338, 348, (Karte) 457
– Eisberge 335
– Feuerland 362–365
– Leben auf der *Beaufoy* 358
– Meßinstrumente 320, 339
– Packeis 343, 356 ff.
– Proviant 339

Jefferson, Thomas 240
Johnson, Samuel 42, 90, 181
Johnstone, Rosanna 379
Juan-Fernández-Inseln 64, 78, 223, 250

Kane, Elisha Kent 91
Kannibalismus 212 f., 238
Kap Ann 400
Kap der Beschneidung (Kap Circumcision) 193, 199, 232, 238, 244
Kap Hoorn 22, 27, 106, 227, 319, 359, 375
Kaptauben 332 f.
Kapverdische Inseln 324, 330, 390
Karl II. von England 54, 68, 126, 366
Kartographie 13 ff., 19 f., 22 f., 26, 53, 146 f., 166, 228, 312
Katschiff 155
Kellock, Adam 409
Kemp, Peter 417–422
– Route 460 (Karte)
Kemp Land 422
Kendall, Larcum 60–63, 182, 191, 223, 239
Kerguélen de Trémarec, Yves Joseph de 194 f., 202 f., 235, 240, 417 f.
Kerguelen(inseln) 106, 195, 203, 419, 421
King, Philip Parker 366, 377, 432
King George Bay 268
King George Island 268, 309
Knoten (Maßeinheit) 54
Knox, John 161
Kolumbus, Christoph 15, 20, 67
Kompaß 46, 64, 424
Konvergenzzone s. antarktische Polarfront
Kreuzstab 48
Krill 111, 121
Krusenstern, Admiral 274

Labat, Jean Baptiste gen. Père 44, 97 f.
Lamb, Charles 181, 183
Lancaster, James 75
Längengradbestimmung
– durch Berechnung 39, 50–54, 58, 60 ff.
– durch Schätzung 141
Längengradverordnung 63
Larken, J. 167
Lasarew, Michail 279, 285
Leadbetter, Charles 161
Lebensbaum *(Thuja occidentalis)* 70
Ledyard, John 249
Lehrbuch für den Seemann (Smith) 76
Leon 228 f., 243
Lesson, R. P. 334
Lichtenberg, Georg Friedrich 184 f.
»limey« 80
Limonen(saft) 80, 86, 96
Lind, James 77–82, 96

Linné, Carl von   115, 169, 191
Lively s. *Tula-* und *Lively-*Expedition
Livingston Island   261, 267, 301
Ljeskow-Insel   281
Löffelkraut *(Cochlearia officinalis)* 71 f., 81, 209
Log   44
Lord Melville   309
Lot   44, 46 f.
Low Island   307
Ludwig XIV. von Frankreich   140
Ludwig XV. von Frankreich   194 f.

MacBride, David   79, 82
Macquarie Island   287 f.
Magellan, Ferdinand   20 ff., 49, 67, 91
Magellanstraße   21, 26, 116
Magnet-Expedition   417–421
magnetische Abweichungen   130, 139
Maire, Isaak le   26
Maire, Jacob le   27, 76
Malaspina, Alessandro   84
Malzextrakt   84
Maori   31, 211 ff., 240, 245
Marion Island   240
Marquesasinseln   223
Maskelyne, Nevil   36 f., 53, 58–61, 63
Maury, Matthew Fontaine   420

Mawson, Douglas   421
Maxwell, Murray   373
Mayer, Tobias   53, 58, 60
McDonalds-Inseln   203
McLeod, Michael   324, 327
McNab, John   429, 431 f.
Meares, Cecil   120
Meeresalgen   110
Melville, Herman   386, 444
Mercator, Gerhardus   23, 228
Meridiane   50
Meßinstrumente s. Navigation
Michailow, Paul   282
Middleton, Benjamin   131
Miers, John   265 f.
Mill, H. R.   272
Mirnji s. *Wostok-* und *Mirnji-*Expedition
Missionare   285, 367, 438
Mitchell, James   320, 375
Moby Dick (Melville)   386
Moellenbrock (Andreas Valentinus Molimbrochius)   72
Monddistanzen-Methode   53 f., 58 ff., 63 f., 182
Mondtafeln (T. Mayer)   53, 58, 60
Monroe, James   296 f.
Murphy, Robert Cushman   353
Murray, James   326
Murray, John   368, 433

Nansen, Fridtjof 18
Nares, George 85
Nautical Almanack
   (Maskelyne) 60, 64
Naval Magazine 412
Navigation 44–65, 140 f., 161
– durch Himmelsbeobachtung 48 f., 127 f., 279, 339
– durch Meßinstrumente: s. Astrolabium; Chronometer; Kompaß; Kreuz- oder Jakobsstab; Quadrant; Sextant
Neckam, Alexander 46
Nelson, Horatio Viscount 80, 94, 99
Neue Reisen um die Welt (Dampier) 32, 250
Neue und verbesserte Beschreibung der Welt ergänzt und beabsichtigt für den Gebrauch durch Seefahrer (Mercator) 23, 228
Neufundland 164–167
Neukaledonien 223
Neunschwänzige Katze 179
Neuseeland 31, 211 ff., 169, 205
– Maori 31, 211 ff., 240, 245
Newton, Isaac 32, 36, 51, 53, 128 ff., 140
Nil 9
Nordenskjöld, Otto 343
Nordostpassage 70

Nordwestpassage 9, 70, 85
Norfolk Island 224
North Foreland 264, 291
Northumberland 162 f.
Núñez de Balbao, Vasco 21

O'Brien Island 270
Observatorium circa Scorbutum (Bachstrom) 74
Oceanic Birds of South America (Murphy) 353
Oddidy 213, 215, 223
Omar, syrischer Kalif 17
Oriental 420
Ortelius, Abraham 23, 228
Osterinsel 221, 223
Ostindische Kompanie 75, 98, 126, 144, 156, 161, 249

Packeis 107 ff., 119, 271, 283 f., 288 f., 343, 356 ff., 396
Palliser, Hugh 39, 167
Palmer, Nathaniel 269, 273, 292 f., 295, 303–306, 309 f., 312 f., 323 f.
Paramore Expedition 131–146, 449 (Karte)
– Order 134 f.
– Ergebnisse 144 f.
Parker, Daniel 296
Parmenides 13
Patagonien 337
Patent-Log 46
Patten, James 222
Pechy, John 73
Pelz- und Fellhandel 249 ff.

Pembroke 159 f.
Pendel(uhr) 55, 127
Pendleton, Benjamin 294, 303, 305, 309
Penguin Island 115
Pepys, Samuel 88
Perry, Thomas 82
Perseverance 425
Peter I. von Rußland 132 f., 135
Peter-I.-Insel 290, 401
Pflanzen 42, 231
Philipp III. von Spanien 50
Philosophiae naturalis principia mathematica (Newton) 129 f.
Phipps, Constantine 46
Phytoplankton 110
Pickersgill, Richard 180 f., 188, 297, 227, 245
Pickersgill Harbour 208
Pilots 110 f.
Pinguine 227, 233, 281 f., 341
– Adelie- 114, 118, 120
– Arten 102–120
– Esels- 118, 203
– Felsen- 119
– Gentoo- 118
– Herkunft des Wortes 115
– Kaiser- 114, 117 f.
– Königs- 118, 354
– Magellan- 119
– Schopf- 119
– Zügel- 118, 202
»Pinke« 131
Pirie, John 378, 381

Pitcairn Islands 63
Pitt's Island 407
Planetenbewegungen 128
Plinius 17
Point Venus 285
Polyhistor (Solinus) 17 f.
Pomponius Mela 13
Ponting, Herbert 113
Porpoise 344
Portugal 19 f., 373
Poseidonios 15
Possession Bay 231
Prince Edward Island 240
Prince of Saxe Coburg 378, 380
Pringle, John 81, 149, 419
Projekt zum allgemeinen Nutzen des Menschengeschlechts (Swift) 33
Protector 105
Proviant 76, 86–90
– Büchsenfleisch 95 f.
– Konservierung 87–90
Ptolemäus, Claudius 13–20
Pytheas 233

Quadrant 48, 52, 127

Ramsden, Jesse 52 f.
Ratten 91, 205
Regiomontanus 53
Reise des Kapitäns Bellingshausen in die Antarktischen Meere 1819–1821 (Bellingshausen) 272
Reise in das südliche Eismeer (Weddell) 352

Reise um die Welt, Eine (Walter) 77
Resolution- und *Adventure-*Expedition 117, 150 ff., 181 ff., 185, 209, 340, 377, 430, 440, 450 (Karte)
- Ausrüstung 176 f.
- Banks' Änderungen 172 ff.
- Cooks Erkrankung 222
- Desinfektion 189 f.
- Drei-Wachen-System 189
- Eis 109, 24
- Ergebnisse 234 f.
- Fahrt 187–247
- Feste an Bord 199, 225 f.
- Kap Hoorn 224, 227
- Navigation, Instrumente 41 f., 61–65, 191, 223
- Packeis 198 f., 215 f.
- Polarkreisüberquerung 218 f.
- Proviant 176 f., 191, 217
- Schicksal der *Adventure* 210 ff., 221, 223 f., 236, 238
- Skorbut 205, 209
- Wasserversorgung (Trinkwasser) 200

Reynolds, Jeremiah 251
Rhodes, Robert 418
Robben 121 ff., 227
- Pelzrobbe, antarktische 123, 250 f., 253 ff., 288, 312
- See-Elefanten 123, 250, 253, 255, 258 f., 288, 293, 354, 376, 409, 421
- Rossrobbe 122, 314
- Weddellrobbe 121 f., 314, 326

Robbenfänger 250 f., 298–302, 308 ff.
Robbenjagd 249–258, 268 f., 272, 287 f., 292 f., 296, 300–303, 306 f., 312 f., 323, 376, 386, 390, 404, 439, 452 (Karte) s. auch Pelz und Fellhandel
Robinson, Jeremy 262, 266
Roche, Antoine de la 228 f., 232, 243
Römer 87
Rose 411, 415, 422
Ross, James Clark 106, 117, 122, 289, 314 f., 348, 350, 384, 418, 422, 436–439
Rossinsel 109, 113
Rossmeer 109, 288, 314
Ross-Schelfeis 109, 348
Rotch, Francis 248
Rotch, William 248 f.
Row, James 422
Royal Edinburgh Society 310
Royal Geographical Society 385, 387, 412, 421, 436, 444 f.
Royal Navy 51, 156, 265, 271, 274, 315 ff.
- Ausrüstung der Schiffe 76 f.

- Board of Longitude 51, 53, 56 f., 60 f., 75, 182
- Leben der Seeleute 178 f.
- Master (Dienstgrad) 158 f.
- Preßpatrouillen 157
- Proviant 76, 79, 86–98
- Proviantamt 177
- Schiffskoch 93
- *Sick and Hurt Board* 79

Royal Society 32, 35–39, 56, 81, 126, 130 f., 134, 166, 310
Rugged Island 268, 300
Rum 80, 84, 94
Rußland 84, 95, 107, 132 f., 135, 270

Sabrina 424 ff., 428, 434
Sailing Directions 100
Sanduhren 50
Sandwich, John Montagu, 4. Earl of 172, 174 f., 244
Sankt Helena 143 f., 241
Sauerkraut 70, 84, 178
Saunder's Island 233
Sawodowskji, Iwan 275, 279, 281
Sawodowskij-Insel 195, 281
Schelfeis 108, 282 ff., 396
Schiffswracks, Bergung von 130
Schouten, Jan Cornelius 27
Schouten, Wilhelm (Willem) Cornelius 27, 76
Scoresby, William 315 f., 333

Scotia 343
Scott, Robert Falcon 111, 113
Sea Gull 344
Sedgewick, Adam 333
See-Elefanten s. Robben
Seeleopard 121, 333
Sextant 53, 127, 339
Shackleton, Ernest 114, 343
Shag Rocks 321
Sheffield, James 268 f., 321
Shirreff, William 261 f., 266 f.
Siege of the South Pole, The (Mill) 273
Simcoe, John 159 f.
Sklaven 241, 243
Skorbut 66–99, 285, 400
- *Abhandlung über den Skorbut* (Lind) 79
- Ernährung 86–90
- Kohl gegen 288 f., 419
- Lebensbaum *(Thuja occidentalis)* 70
- Limonen(saft) 80, 86, 96
- Mittel gegen 82–86, 165 f., 178
- Zitronen(saft) 69, 71, 75–80, 84 f.

Skorbutkraut s. Löffelkraut
Skottowe, John 242 f.
Slocum, Joshua 21 f.
Smith, Adam 37
Smith, John 76
Smith, William 238, 260–265, 271, 286, 312, 319, 357, 439

Smith Island 258, 265, 291, 307
Solander, Daniel 217, 245
Solinus, Gaius Julius 17 ff.
Sonnenfinsternis 39, 166
Spanien 19 ff., 27, 76 ff., 371
Sparrman, Anders 197, 199, 208, 218, 220, 230, 236, 239
Sprossenbier 83, 165, 208
Staateninsel 104, 227, 320
Steven, Philip 39
Stokes, Pringle 365, 369, 378
Strachan, James 320, 375
Stubbs, George 42
Sturge, Thomas 422
Sturmvögel 120, 200, 230, 341, 354
Südgeorgien 104 f., 111, 142, 232, 238, 280, 355, 458 (Karte)
Südlicher Ozean, Definition 101 f.
s. auch Südpolarmeer
Südlicht s. Aurora australis
Süd-Orkney-Inseln 312 f., 334, 416
Südpol, magnetischer 348
Südpolarmeer 100–124, 448 (Karte)
Süd-Sandwich-Inseln 105, 111, 233, 281, 452 (Karte)
Süd-Shetland-Inseln 109, 111, 238, 258, 286, 291, 309, 322–325, 454 ff. (Karten)

Süd-Thule 233, 264
Swift, Jonathan 33

Tafeleisberge s. Eisberge
Tahiti 39, 221, 223, 285
Tartar 58
Tasman, Abel Janszoon 28–32
Tasmanien 29 f., 106, 205, 209, 348, 379, 402
Tauchglocke 130
Taylor, Thomas Griffith 111
Terra australis incognita 9, 11–43, 210, 228
Terra australis recenter invento sed nondum plene cognita (Finé) 23
Terra Nova 113 f., 119
Terror s. *Erebus*- und *Terror*-Expedition
Thacker, Jeremy 55
Theatrum orbis terrarum (Ortelius) 23, 228
Tiere 42, 104 f., 110–116, 238 s. auch Pinguine; Robben; Wale
Tierra del Fuego s. Feuerland
Tierschutz 375
Tonga 223
Topaz 63 f.
Tordesillas, Vertrag von 20, 22
Tower Island 270
Trindade (Insel) 145

Trinity Land 270 f., 282, 313
Tristan da Cinha (Insel) 143
Trotter, Thomas 80
Tula- und *Lively*-Expedition 379, 386–411, 459 (Karte)
– Order 392
– Packeis 395 f.
– Skorbut 400 f.

Über die Entstehung der Arten ... (Darwin) 368 f.
Undine Harbor 354
United States Exploring Expedition 344, 349, 438
Untersuchung der Länge, Die (Thacker) 55
USA 344, 349, 418 ff., 438

Van Diemen's Land s. Tasmanien
Vancouver, George 181, 220
Venus Bay 264
Venusdurchgänge 36 ff., 40 ff., 183
Vereinigte Ostindische Kompanie (Holländisch Ostindische Kompanie) 26
Vergil 204
Vernet, Louis 381, 383
Vernon, Edward 94
Victoria 21, 45, 68, 424
Visscher, Frans Jacobszoon 28

Vitamin(mangel) 73 f., 86
Voyage of the Beagle, The (Darwin) 351
Voyage Round the World, A (G. Forster) 244
Voyage Towards the South Pole (Cook) 244
Voyage Towards the South Pole, A (Weddell) 375
Voyages of His Majestys Ships Adventure and Beagle (FitzRoy, King, Darwin) 432

Wachen-System 189, 278
Wale
– Blauwal 110 ff.
– Buckelwal 112
– Grindwal 370
– Schwert- oder Mörderwal 112 f.
– Walfang(industrie) 248, 250, 258, 296, 304 ff., 315, 386 f., 390, 423 f.
Wales, William 37, 182–185, 212, 214, 223, 236
Walker, John 154–157, 169, 192
Wallis, Samuel 90, 182
Walter, Richard 77
Wassertiefe, Messung der 47

Watt, James 440
Weddell, James 300, 302, 314–385, 389, 402, 439
s. auch *Jane-* und *Beaufoy-*Expedition; *Tula-* und *Lively-*Expedition
Weddell Island 356
Weddellmeer 109, 271 f., 314, 343 f.
Weltkarten 22 f., 26, 228 f.
White, Manley 139
Whitehouse, John 191
wichtigsten Seefahrten, Reisen und Entdeckungen der englischen Nation, Die (Hakluyt) 66
Wilkes, Charles 344, 438 f.
Wilkins, Hubert 304
Williams 238, 259 f., 262 ff., 293, 312, 322
Williams Point 261
Willis, Thomas 230
Wilson, Robert 273
Wisokoi (Insel) 281

Wostok- und *Mirnji-*Expedition 64 f., 275–293, 322, 451 (Karte)
– Feste an Bord 281, 289
– Himmelsnavigation 279
– Messungen 282
– Order 276 f.
– Packeis 284, 288
– Skorbut 285
– Wachen-System 278

Yahgan s. Feuerländer
Yankee Harbor 305–309, 324
Young, George 422 f.
Young Mathematician's Companion, The (Leadbetter) 161

Zacharias, Papst 16
Zeehaen 28
Zélée 344, 438
Zitronen(saft) 69, 71, 75–80, 84 f.
Zoffany, John 183
Zooplankton 110

REISEN, MENSCHEN, ABENTEUER

Fred Bruemmer
Mein Leben mit den Inuit
Reisen zwischen Grönland
und Alaska
ISBN 3-89405-106-X

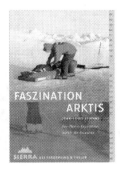

Jean-Louis Etienne
Faszination Arktis
Ein-Mann-Expedition durch
die Eiswüste
ISBN 3-89405-056-X

David L. Mech
Der weiße Wolf
Mit einem Wolfsrudel
unterwegs in der Arktis
ISBN 3-89405-093-4

Christine de Colombel
Der siegreiche Berg
Eine Zweier-Mannschaft
kämpft um den Berggiganten Masherbrum im Karakorum
ISBN 3-89405-005-5

Christina Dodwell
Jenseits von Sibirien
Mit Rentier-Nomaden
durch die weiße Tundra
ISBN 3-89405-096-9

Peter Habeler
Der einsame Sieg
Mount Everest-Besteigung
ohne Sauerstoff
ISBN 3-89405-098-5

SIERRA BEI FREDERKING & THALER

REISEN, MENSCHEN, ABENTEUER

Rosie Swale
Zu Pferd durch Chile
Ein Jahr unterwegs bis zum Kap Hoorn
ISBN 3-89405-030-6

Christian E. Hannig
Abenteuer Mexiko
Mit dem Fahrrad von Baja California nach Mexico City
ISBN 3-89405-074-8

Dieter Kreutzkamp
Mit dem Kanu durch Kanada
Auf den Spuren der Pelzhändler
ISBN 3-89405-045-4

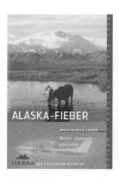

Wolf-Ulrich Cropp
Alaska-Fieber
Wildnis, Abenteuer, Einsamkeit
ISBN 3-89405-007-1

Hugh Edwards
Weisses Gold aus blauer Tiefe
Das Leben des Mike Hatcher und der Porzellanschatz der Tek Sing
ISBN 3-89405-135-3

Stephen Pern
Zu Fuß durch Nordamerika
Entlang der großen Wasserscheide von New Mexico bis Kanada
ISBN 3-89405-046-2

www.frederking-und-thaler.de   BEI FREDERKING & THALER

REISEN, MENSCHEN, ABENTEUER

Christian E. Hannig
Im Land der Schotten
Die Highlands, Hebriden
und Orkneys.
Ein Touren-Tagebuch
ISBN 3-89405-077-2

Christian E. Hannig
Irisches Reisetagebuch
Rad-Abenteuer auf der
grünen Insel
ISBN 3-89405-070-5

Christian E. Hannig
Polarlicht
Rad-Abenteuer in
Skandinavien, Island und
Grönland
ISBN 3-89405-086-1

Christian E. Hannig
**Island – Vulkane, Eis und
Einsamkeit**
Eine extreme Tour per Rad
ISBN 3-89405-049-7

Christian E. Hannig
**Mit dem Fahrrad
durch Alaska**
5.000 km durch das Land
der Bären
ISBN 3-89405-068-3

Christian E. Hannig
**Vom Silberfluss zum
Silberberg**
Auf Abenteuerkurs durch
Südamerika
ISBN 3-89405-125-6

SIERRA BEI FREDERKING & THALER

REISEN, MENSCHEN, ABENTEUER

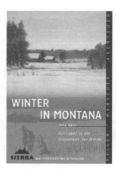

Rick Bass
Winter in Montana
Ein Leben in der Einsamkeit der Wälder
ISBN 3-89405-134-5

Winona LaDuke
Last Standing Woman
Eine indianische Saga von 1862-2018
ISBN 3-89405-113-2

Christian E. Hannig
Mit dem Fahrrad durch Alaska
5.000 km durch das Land der Bären
ISBN 3-89405-068-3

Christian E. Hannig
Vom Silberfluss zum Silberberg
Auf Abenteuerkurs durch Südamerika
ISBN 3-89405-125-6

Sir Francis Chichester
Held der sieben Meere
Allein um die Welt in einer Einhandjacht
ISBN 3-89405-111-6

Wade Davis
Der Kaktus der vier Winde
Reisen in Länder der Sehnsucht
ISBN 3-89405-145-0

www.frederking-und-thaler.de   BEI FREDERKING & THALER